# 국어 한자단어
## 3만자

# 국어 한자 단어 3만자

### 1권

수능·내신·논술·각종 공무원 시험 대비 1등급

# &lt;국어 한자 단어 3만자&gt; 사용법

### 1. 먼저 정확하게 읽어보세요.
 종이에 쓰여 진 글자를 읽는 것은 우리의 두뇌에 주요한 영양공급을 하는 것과 같습니다.

### 2. 소리 내어 읽어보세요.
정확한 발음으로 말하는 것은, 자신의 의사를 학교나 사회에서 발표하는 데에 필요하며, 또 SNS나 유튜브 같은 환경에서도 유용하게 사용할 수 있습니다.

### 3. 빠르게 몇 번 읽어보는 것도 좋습니다.
읽어가는 도중에 자연스럽게 외워지도록 단어를 배치했습니다. 따라서 이 책의 단어 배치는 국어사전과 꼭 일치하지는 않습니다.

### 4. 붉은 색 한자풀이도 꼭 읽어보세요.
한자는 우리 조상들이 오래도록 사용하고 아껴온 우리의 주요한 문화자산 입니다. 우리가 가깝게 사용하고 익혀야 합니다.

### 5. 단어를 써가면서 읽어보세요.
논술 실력이 대폭 향상될 것입니다.

**6.** 추상적인 언어를 통해서 직접 사고할 수 있는 능력을 기르도록 시각적 으로 현란한 그림이나 색은 빼고, 단순화시켰습니다. 흑백의 언어를 통해서 여러분이 직접 무한하고 찬란한 상상력의 나래를 펼칠 수 있습니다.

**7.** 비슷한 말(≒), 반대말(↔), 예시와 참조(※), 설명을 넣었습니다.

**8.** 이해를 돕기 위해서, 사회, 경제, 역사, 생물, 물리, 천문, 문학, 철학, 종교 등으로, 단어를 분류 했습니다. 국어 학습뿐만 아니라 모든 과목에 유용하게 적용될 것입니다.

**9.** 되풀이하여 읽을 것을 권합니다. 정독, 음독, 묵독, 속독 등의 방법으로 읽어보세요. 여러분은 어느새 단어의 마스터, 공부의 신이 되어 있을 것입니다.

**10.** 국어 단어를 읽으면서 영어나 프랑스어 , 중국어, 일어 등 다른 나라 언어들을 쉽게 익힐 수 있도록 익숙한 모양으로 배치했습니다.

**11.** 책을 읽을 때마다 횟수를 표시할 수 있도록 ○△□를 배치했습니다.
○△□가 상징하는 하늘. 땅. 사람은 우리말의 창제 원리입니다.

\* 이 도서는 국립국어원의 표준국어대사전을 참조하였습니다.

ㄱ

**가가대소 呵呵大笑** 꾸짖을 가 / 꾸짖을 가 / 클 대 / 웃음 소 | 소리를 내어 크게 웃음.

**가가호호 家家戶戶** 집 가 / 집 가 / 집 호 / 집 호 | 한 집 한 집.

**가감 加減** 더할 가 / 덜 감 | 더하거나 빼기.

**가감하다 加減하다** 더할 가 / 덜 감 | 더하거나 빼다.

**가감승제 加減乘除** 더할 가 / 덜 감 / 탈 승 / 덜 제 | 덧셈, 뺄셈, 곱셈, 나눗셈.

**가객 歌客** 노래 가 / 손 객 | 예전에 시조 창(唱)을 잘하는 사람.

**가건물 假建物** 거짓 가 / 세울 건 / 물건 물 | 임시 건물.

**가경 嘉慶** 아름다울 가 / 경사 경 | 즐겁고 경사스러움.

**가결 可決** 옳을 가 / 결단할 결 | 회의에서 제출된 안건을 합당하다고 결정함.

**가결하다 可決하다** 옳을 가 / 결단할 결 | 안건을 합당하다고 결정하다.

**❶가계 家系** 집 가 / 계통 계 | 대대로 이어져 내려온 한 집안의 내력.

**❷가계 家計** 집 가 / 계획 계 | 집안 살림의 수입과 지출의 상태. 집안 살림을 꾸려 나가는 방도.

**가곡 歌曲** 노래 가 / 굽을 곡 | 우리나라 전통 성악곡.

**❶가공 架空** 시렁 가 / 빌 공 | 1. 꾸며 냄 2. 거짓이나 상상으로 꾸며 냄.

**가공하다 架空하다** 시렁 가 / 빌 공 | 1. 꾸며 내다 2. 거짓이나 상상으로 꾸며 내다.

**❷가공 可恐** 가능할 가 / 두려울 공 | 무서워 놀랄 만함.

**가공하다 可恐하다** 가능할 가 / 두려울 공 | 무서워 놀랄 만하다.

**가관 可觀** 옳을 가 / 볼 관 | 경치가 꽤 볼만함. 꼴이 볼만하다는 뜻으로 비웃는 말.

**❶가교 架橋** 시렁 가 / 다리 교 | 다리를 놓음.

**❷가교 假橋** 거짓 가 / 다리 교 | 임시로 놓은 다리

**가구 家具** 집 가 / 갖출 구 | 집안 살림에 쓰는 기구. 장롱·책장·탁자 등.

**가극 歌劇** 노래 가 / 심할 극 | 음악을 중심으로 한 종합 무대 예술. 대사는 독창, 중창, 합창 등으로 부르며, 서곡이나 간주곡 같은 기악곡도 덧붙인다.

**가급적 可及的** 옳을 가 / 미칠 급 / 과녁 적 | 할 수 있는 것.

**가긍 可矜** 옳을 가 / 자랑할 긍 | 불쌍하고 가여움.

**가긍하다 可矜하다** 옳을 가 / 자랑할 긍 | 불쌍하고 가엾다.

**가내 家內** 집 가 / 안 내 | 공동으로 살림을 꾸려 나

가는 가족 구성원.

**가내수공업 家內手工業** 집 가 / 안 내 / 손 수 / 장인 공 / 업 업 | 집 안에서 작은 규모로 이루어지는 수공업.

▶ **가능 可能** 옳을 가 / 능할 능 | 할 수 있거나 될 수 있음.

**가능성 可能性** 옳을 가 / 능할 능 / 성품 성 | 앞으로 실현될 수 있는.

❶ **가담 加擔** 더할 가 / 멜 담 | 같은 편이 되거나 들어 감.

**가담하다 加擔하다** 더할 가 / 멜 담 | 같은 편이 되어 들어가다.

❷ **가담 街談** 거리 가 / 이야기 담 | 거리에 떠도는 이야기.

**가담항설 街談巷說** 거리 가 / 이야기 담 / 거리 항 / 말씀 설 | 거리에 나도는 뜬소문.

**가도 街道** 거리 가 / 길 도 | 길거리.

**가독성 可讀性** 옳을 가 / 읽을 독 / 성품 성 | 글을 읽고 이해할 수 있는 능력.

▶ **가동 稼動** 심을 가 / 움직일 동 | 움직여 일함.

**가동하다 稼動하다** 심을 가 / 움직일 동 | 움직여 일하다.

▶ **가두 街頭** 거리 가 / 머리 두 | 길거리.

**가두연설 街頭演說** 거리 가 / 머리 두 / 펼 연 / 말씀 설 | 길거리에서 지나가는 사람들을 대상으로 하는 연설.

**가두판매 街頭販賣** 거리 가 / 머리 두 / 팔 판 / 팔 매 | 길거리에 벌여 놓고 팔거나 길거리를 돌아다니며 파는 일.

▶ **가련 可憐** 옳을 가 / 불쌍히 여길 런(연) | 가엾고 불쌍함.

**가련하다 可憐하다** 옳을 가 / 불쌍히 여길 런(연) | 가엾고 불쌍하다.

**가례 嘉禮** 아름다울 가 / 예도 례(예) | 오례(五禮)의 하나. 왕가(王家)에서는 왕의 성혼이나 즉위, 또는 왕세자·왕세손의 성혼이나 책봉 예식을 이르고, 일반 사가(私家)에서는 관례(冠禮)나 혼례를 이른다.

**가렴주구 苛斂誅求** 가혹할 가 / 거둘 렴 / 목 벨 주 / 구할 구 | 백성에게 세금을 가혹하게 거두어들이는 억압적 정치. ≒ 가정맹어호(苛政猛於虎)

**가정맹어호 苛政猛於虎** 가혹할 가 / 정치 정 / 사나울 맹 / ~보다 어 / 범 호 | 가혹한 정치는 호랑이보다 무섭다. 혹독한 정치의 폐해가 크다는 뜻.

**가로수 街路樹** 거리 가 / 길 로(노) / 나무 수 | 길을 따라 줄지어 심은 나무.

**가면 假面** 거짓 가 / 낯 면 | 1. 얼굴을 감추거나 꾸미기 위하여 쓰는 물건 2. 속뜻을 감추고 겉으로 꾸미는 모습.

**가명 假名** 거짓 가 / 이름 명 | 실제의 자기 이름이 아닌 이름.

**가무 歌舞** 노래 가 / 춤출 무 | 노래와 춤.

**가문 家門** 집 가 / 문 문 | 가족이나 가까운 일가로 이루어진 공동체.

**가미 加味** 더할 가 / 맛 미 | 본래의 것에 다른 요소를 보태어 넣음.

**가미하다 加味하다** 더할 가 / 맛 미 | 본래의 것에 다른 요소를 보태어 넣다.

**가발 假髮** 거짓 가 / 터럭 발 | 머리털 모양을 만들어 씀.

**가배 嘉俳/嘉排** 아름다울 가 / 배우 배 | 역사 신라 유리왕 때에 궁중에서 하던 길쌈놀이. 추석의 유래가 되었다고 함.

**가변 可變** 가능할 가 / 변할 변 | 변화할 수 있음. 바뀔 수 있음. ↔ 불변.

**가변성 可變性** 가능할 가 / 변할 변 / 성품 성 | 바뀔 수 있는 성질.

**가보 家寶** 집 가 / 보배 보 | 한집안에서 대를 물려 전해 오거나 전해질 보배로운 물건.

**가부 可否** 옳을 가 / 아닐 부 | 옳고 그름. 찬성과 반대. ≒ 가불가(可不可)

**가부간 可否間** 옳을 가 / 아닐 부 / 사이 간 | 옳거나 그르거나. 찬성하거나 반대하거나간에.

**가불가 可不可** 옳을 가 / 아닐 불 / 옳을 가 | 옳음과 그름.

**가부장 家父長** 집 가 / 아버지 부 / 길 장 | 봉건 사회에서, 가장권(家長權)의 주체가 되는 남자. 가족에 대하여 절대적인 권력을 가졌다.

**가부장제 家父長制** 집 가 / 아버지 부 / 길 장 / 절제할 제 | 가부장이 가족에 대한 지배권을 행사하는 가족 형태.

**가모장제 家母長制** 집 가 / 어미 모 / 길 장 / 절제할 제 | 가장의 권한을 갖는 여자가 가족에 대한 지배권을 행사하는 형태.

**가부좌 跏趺坐** 책상다리할 가 / 책상다리 할 부 / 앉을 좌 | 불교 좌선할 때 앉는 방법. 왼쪽 발을 오른쪽 넓적다리 위에 놓고 오른쪽 발을 왼쪽 넓적다리 위에 놓고 앉는 것을 길상좌라고 하고 그 반대를 항마좌라고 한다.

**가분수 假分數** 거짓 가 / 나눌 분 / 셈 수 | 수학에서 분자가 분모보다 큰 분수. 3/2, 7/5등.

**가불 假拂** 거짓 가 / 떨칠 불 | 미리 임시로 금액을 지불함.

**가불하다 假拂하다** 거짓 가 / 떨칠 불 | 미리 임시로 금액을 지불하다.

**❶가사 歌詞** 노래 가 / 말 사 | 노랫말.

**❷가사 家事** 집 가 / 일 사 | 살림살이에 관한 일.

**❸가사 假死** 거짓 가 / 죽을 사 | 거의 죽은 것처럼 보이는 상태. 정신을 잃고 호흡과 맥박이 거의 멎은 상태.

**❹가사 歌辭** 노래 가 / 말씀 사 | 문학 조선 초기에 나타난, 시가와 산문 중간 형태의 문학. 형식은 주로 4음보의 율문으로, 3·4조 또는 4·4조를 기조로 하며, 행수에는 제한이 없으며, 마지막 행이 시조의 종장처럼 3.5.4.3조로 끝난다.

**❺가사 袈裟** 가사 가 / 가사 사 | 불교 승려가 장삼 위에, 왼쪽 어깨에서 오른쪽 겨드랑이 밑으로 걸쳐 입는 옷.

**❶가산 家産** 집 가 / 낳을 산 | 한집안의 재산.

❷**가산 加算** 더할 가 / 셈 산 | 더하여 셈함.

**가산하다 加算**하다 더할 가 / 셈 산 | 더하여 셈하다.

❶**가상 假像** 거짓 가 / 형상 상 | 거짓 형상. ↔ 실재.

❷**가상 假想** 거짓 가 / 생각 상 | 사실이 아닌 것을 사실이라고 가정하여 생각함.

❸**가상 假象** 거짓 가 / 코끼리 상 | 철학 주관적으로는 실제 있는 것처럼 보이나 객관적으로는 존재하지 않는 거짓 현상.

❹**가상하다 嘉尚**하다 아름다울 가 / 더욱 상 | 착하고 기특하다. ≒ 아름답다, 착하다.

❶**가설 假說** 임시 가 / 말씀 설 | 어떤 사실을 설명하기 위하여 임의로 만들어놓은 이론.

❷**가설 假設** 임시 가 / 세울 설 | 임시로 설치한 것

**가설하다 假設**하다 임시 가 / 세울 설 | 임시로 설치하다.

**가성 假聲** 거짓 가 / 소리 성 | 일부러 꾸며 내는 목소리.

**가세 家勢** 집 가 / 형세 세 | 집안 살림살이 따위의 형세.

**가소성 可塑性** 옳을 가 / 흙 빚을 소 / 성품 성 | 외부의 힘을 받아 형태가 바뀌어 되돌아가지 않는 성질.

**가속 加速** 더할 가 / 빠를 속 | 점점 속도를 더함.

**가속하다 加速**하다 더할 가 / 빠를 속 | 점점 속도를 더하다.

**가솔 家率** 집 가 / 거느릴 솔 | 한집안에 딸린 구성원.

**가수 歌手** 노래 가 / 손 수 | 직업적으로 노래 부르는 사람.

**가수분해 加水分解** 더할 가 / 물 수 / 나눌 분 / 풀 해 | 화학 무기 염류가 물과 작용하여 산 또는 알칼리로 분해되는 반응.

**가수요 假需要** 거짓 가 / 쓰일 수 / 요긴할 요 | 경제 당장 필요가 없으면서도 일어나는 수요. 가격 인상이나 물자 부족이 예상되는 경우에 생겨난다.

**가승 家乘** 집 가 / 탈 승 | 족보나 문집처럼 집안의 역사적인 기록.

**가시 可視** 옳을 가 / 볼 시 | 볼 수 있음.

**가시광선 可視光線** 옳을 가 / 볼 시 / 빛 광 / 줄 선 | 물리 사람의 눈으로 볼 수 있는 빛. 보통 가시광선의 파장 범위는 380~800나노미터(nm)이다. 등적색, 등색, 황색, 녹색, 청색, 남색, 자색의 일곱 가지가 있다.

**비가시광선 非可視光線** 아닐 비 / 옳을 가 / 볼 시 / 빛 광 / 줄선 | 물리 사람의 눈에 보이지 않는 방사선. 자외선, 적외선, 엑스선(X線) 따위.

**가식 假飾** 거짓 가 / 꾸밀 식 | 1. 말이나 행동을 거짓으로 꾸밈 2. 임시로 장식함. ≒ 가면, 거짓.

**가식적 假飾的** 거짓 가 / 꾸밀 식 / 표적 적 | 말이나 행동 따위를 거짓으로 꾸미는. ≒ 위선적, 작위적.

**가신 家臣** 집 가 / 신하 신 | 높은 벼슬아치의 집에 딸려 있으면서 그들을 섬기는 사람.

**가압 加壓** 더할 가 / 누를 압 | 누르는 힘을 더함.

**가압하다 加壓하다** 더할 가 / 누를 압 | 누르는 힘을 더하다.

**가압류 假押留** 거짓 가 / 누를 압 / 머무를 류(유) 【법률】 법원이 채권자를 위하여 채무자의 재산을 임시로 확보하는 일.

**가액 加額** 더할 가 / 이마 액 | 돈의 액수를 더함.

**가약 佳約** 아름다울 가 / 맺을 약 | 1. 아름다운 약속 2. 부부가 되자는 약속.

**백년가약 百年佳約** 일백 백 / 해 년(연) / 아름다울 가 / 맺을 약 | 부부가 되어 평생을 같이 하자는 아름다운 약속.

**가양 家釀** 집 가 / 술 빚을 양 | 집에서 쓰려고 술을 빚음.

**가양주 家釀酒** 집 가 / 술 빚을 양 / 술 주 | 집에서 빚은 술.

**가역 可逆** 옳을 가 / 거스를 역 | 【물리】 물질의 상태가 바뀐 다음 다시 본디 상태로 돌아갈 수 있는 것.

**비가역성 非可逆性** 아닐 비 / 옳을 가 / 거스를 역 / 성품 성 | 【물리】 변화를 일으킨 물질이 본디의 상태로 돌아오지 아니하는 성질.

**❶가연 可燃** 옳을 가 / 탈 연 | 불에 잘 탈 수 있음.

**가연성 可燃性** 옳을 가 / 탈 연 / 성품 성 | 불에 잘 탈 수 있는 성질.

**❷가연 佳緣** 아름다울 가 / 인연 연 | 1.아름다운 인연  2. 부부나 연인의 연분.

**가열 加熱** 더할 가 / 더울 열 | 어떤 물질에 열을 가함.

**가열하다 加熱하다** 더할 가 / 더울 열 | 어떤 물질에 열을 가하다.

**가옥 家屋** 집 가 / 집 옥 | 사람이 사는 집.

**가옥대장 家屋臺帳** 집 가 / 집 옥 / 대 대 / 장막 장 | 가옥의 주소, 종류, 면적, 소유자 등을 적어 놓은 공용문서.

**가외 加外** 더할 가 / 바깥 외 | 일정한 기준이나 정도의 밖.

**가요 歌謠** 노래 가 / 노래 요 | 대중가요. 대중이 널리 즐겨 부르는 노래.

**❶가용 可用** 옳을 가 / 쓸 용 | 사용할 수 있음.

**가용하다 可用하다** 옳을 가 / 쓸 용 | 사용할 수 있다.

**❷가용 可溶** 옳을 가 / 녹을 용 | 물질이 액체에 잘 녹음.

**가용성 可溶性** 옳을 가 / 녹을 용 / 성품 성 | 물질이 액체에 잘 녹는 성질.

**❸가용 家用** 집 가 / 쓸 용 | 집안 살림에 드는 비용.

**가위 可謂** 가능할 가 / 말할 위 | 1. 한마디 말로 하자면.  2. 참으로.

**가의 佳意** 아름다울 가 / 뜻 의 | 아름다운 마음씨.

**❶가인 歌人** 노래 가 / 사람 인 | 노래를 잘 부르는 사람.

**❷가인 佳人** 아름다울 가 / 사람 인 | 아름다운 사람.

**가인박명 佳人薄命** 아름다울 가 / 사람 인/ 박할 박/ 운명 명 | 아름다운 여인은 운명이 짧다. 미인은 팔자가 기박하다. ≒ 미인박명(美人薄命).

**가일층 加一層** 더할 가 / 한 일 / 층 층 | 정도가 한층 더.

**가입 加入** 더할 가 / 들 입 | 들어 감. 신청함.

**가입하다 加入하다** 더할 가 / 들 입 | 들어가다. 신청하다.

**가작 佳作** 아름다울 가 / 지을 작 | 잘된 작품.

**❶가장 家長** 집 가 / 길 장 | 가정을 이끌어 나가는 사람.

**❷가장 假裝하다** 거짓 가 / 꾸밀 장 | 거짓 꾸밈.

**가장행렬l 假裝行列** 거짓 가 / 꾸밀 장 / 다닐 행 / 벌일 렬(열) | 여러 사람이 갖가지 모습으로 바꾸어 꾸미고 다니는 행렬.

**가재 家財** 집 가 / 재물 재 | 집안의 재물이나 재산. ※ 우리말 '가재'는 개울에 사는 집게발을 지닌 갑각류의 절지동물.

**가전 家傳** 집 가 / 전할 전 | 집안 대대로 전해져 옴.

**가전체 假傳體** 거짓 가 / 전할 전 / 몸 체 | 문학 사물을 의인화하여 서술하는 문학 양식. 임춘(林椿)의 〈국순전〉·〈공방전〉, 이규보(李奎報)의 〈국선생전〉 등.

**가절 佳節** 아름다울 가 / 마디 절 | 좋은 시절. 좋은 계절.

**가점 加點** 더할 가 / 점 점 | 글자의 위나 옆에 점을 찍음.

**❶가정 家庭** 집 가 / 뜰 정 | 한 가족이 생활하는 집.

**가정적 家庭的** 집 가 / 뜰 정 / 과녁 적 | 1.가정과 관계된 2. 가정생활에 충실한.

**가정교육 家庭敎育** 집 가 / 뜰 정 / 가르칠 교 / 기를 육 | 가정에서 어른들이 자녀들에게 주는 영향이나 가르침.

**가정의례 家庭儀禮** 집 가 / 뜰 정 / 거동 의 / 예도 례(예) | 관혼상제 (결혼, 장례, 제사) 등을 가정에서 치르는 의례.

**❷가정 假定** 임시 가 / 정할 정 | 1. 사실이 아닌 것을 임시로 인정함 2. 논리의 근거로 어떤 조건이나 전제를 내세우는 것.

**가정법 假定法** 거짓 가 / 정할 정 / 법 법 | 말하는 내용이 비현실적인 가정이나 원망을 나타내는 말.

**가제 假題** 거짓 가 / 제목 제 | 임시로 붙인 제목.

**가족 家族** 집 가 / 겨레 족 | 주로 부부를 중심으로 하여 친족 관계에 있는 사람들의 집단. 혼인, 혈연, 입양 등으로 이루어진다.

**가족계획 家族計劃** 집 가 / 겨레 족 / 셀 계 / 그을

획 | 가정생활에서 임신이나 출산을 계획적으로 조절하는 일.

**가족주의 家族主義** 집 가 / 거레 족 / 주인 주 / 옳을 의 | 개인이나 사회보다는 가족의 가치에 중심을 둠.

**가중 加重** 더할 가 / 무거울 중 | 부담이나 고통 따위를 더 크게 하거나 어려운 상태를 심해지게 함.

**가중처벌 加重處罰** 더할 가 / 무거울 중 / 곳 처 / 벌할 벌 | 법률에서, 형을 더 무겁게 내리는 것.

**가증 可憎** 옳을 가 / 미울 증 | 괘씸하고 얄미움.

**가증하다 可憎하다** 옳을 가 / 미울 증 | 괘씸하고 얄밉다.

**가지급 假支給** 거짓 가 / 지탱할 지 / 줄 급 | 치러야 할 돈을 미리 앞당겨서 지급함.

**가차 假借** 거짓 가 / 빌릴 차 | 사정을 봐주거나 용서함.

**가차없다 假借없다** 거짓 가 / 빌릴 차 | 사정을 보아주는 것이나 용서함이 없다.

**가책 呵責** 꾸짖을 가 / 꾸짖을 책 | 잘못을 꾸짖고 책망함.

**가책하다 呵責하다** 꾸짖을 가 / 꾸짖을 책 | 잘못을 꾸짖고 책망하다.

**가처분소득 可處分所得** 옳을 가 / 곳 처 / 나눌 분 / 바 소 / 얻을 득 | 경제에서, 개인의 의사에 따라 마음대로 쓸 수 있는 소득.

**가청 可聽** 옳을 가 / 들을 청 | 들을 수 있음.

**가청음 可聽音** 옳을 가 / 들을 청 / 소리 음 | 사람의 귀로 들을 수 있는 소리. 16~2만 헤르츠(Hz) 사이의 주파수.

**가축 家畜** 집 가 / 짐승 축 | 집에서 기르는 짐승. 소, 말, 돼지, 닭, 개 등.

**가출 家出** 집 가 / 날 출 | 가정을 버리고 집을 나감.

**가치 價値** 값 가 / 값 치 | 사물이 지니고 있는 값어치.

**가치관 價値觀** 값 가 / 값 치 / 볼 관 | 세계나 대상에 대하여 평가하는 가치나 태도.

**가치척도 價値尺度** 값 가 / 값 치 / 자 척 / 법도 도 | 가치를 재는 기준.

**가친 家親** 집 가 / 친할 친 | 남에게 자기 아버지를 높여 이르는 말.

**가칭 假稱** 거짓 가 / 일컬을 칭 | 임시로 정하여 부르는 이름.

**가타부타 可타否타** 옳을 가/ 아닐 부 | 옳다느니 그르다느니 따짐. 늑 시야비야, 왈가왈부.

**가탁 假託** 거짓 가 / 부탁할 탁 | 1. 거짓 핑계를 댐 2. 어떤 사물을 빌려 감정이나 사상 따위를 표현하는 일.

**가탁하다 假託하다** 거짓 가 / 부탁할 탁 | 1. 거짓 핑계를 대다 2. 어떤 사물을 빌려 감정이나 사상 따위를 표현하다.

**가탄 可歎** 옳을 가 / 탄식할 탄 | 탄식할 만한 것.

**가탄스럽다 可歎스럽다** 옳을 가 / 탄식할 탄 | 탄식할 만하다.

**가택 家宅** 집 가 / 집 택 | 사람이 살고 있는 집.

**가통 家統** 집 가 / 계통 통 | 집안의 계통이나 내림. ≒ 가계, 세계, 족보.

**가편 加鞭** 더할 가 / 채찍 편 | 채찍질하여 재촉함.

**주마가편 走馬加鞭** 달릴 주 / 말 마 / 더할 가 / 채찍 편 | 달리는 말에 채찍질한다는 뜻으로, 잘하는 사람을 더욱 장려함.

**가품 佳品** 아름다울 가 / 물건 품 | 질이 좋은 물품.

**가풍 家風** 집 가 / 바람 풍 | 한집안에 대대로 이어 오는 풍습.

**가피 加被** 더할 가 / 입을 피 | 불교 부처가 자비를 베풀어 중생을 이롭게 함.

**가필 加筆** 더할 가 / 붓 필 | 글씨나 그림에 붓으로 덧칠을 함.

**❶가학 加虐** 더할 가 / 모질 학 | 남을 못살게 함.

**❷가학 家學** 집 가 / 배울 학 | 집안 대대로 전하여 오는 학문.

**❶가항 街巷** 거리 가 / 거리 항 | 사람이나 차가 다니는 길거리.

**❷가항 可航** 옳을 가 / 배 항 | 운항이 가능함.

**가해 加害** 더할 가 / 해할 해 | 다른 사람에게 해를 끼침.

**가형 家兄** 집 가 / 형 형 | 다른 사람에게 자기의 맏형을 일컫는 말.

**가호 加護** 더할 가 / 도울 호 | 보호함.

**가호하다 加護하다** 더할 가 / 도울 호 | 보호하다.

**가혹 苛酷** 가혹할 가 / 심할 혹 | 모질고 혹독함.

**가혹하다 苛酷하다** 가혹할 가 / 심할 혹 | 모질고 혹독하다.

**가화 家和** 집 가 / 화할 화 | 집안이 화목함.

**가화만사성 家和萬事成** 집 가 / 화목 화 / 많을 만 / 일 사 / 이룰 성 | 집안이 화목하면 모든 일이 이뤄진다.

**가획 加劃** 더할 가 / 그을 획 | 글자에 획을 더함.

**가훈 家訓** 집 가 / 가르칠 훈 | 한집안의 조상이나 어른이 자손들에게 일러 주는 가르침.

**❶가희 歌姬** 노래 가 / 여자 희 | 아리따운 여자 가수.

**❷가희 佳姬** 아름다울 가 / 여자 희 | 젊고 아리따운 여자.

**가히 可히** 옳을 가 | 능히, 넉넉히.

**❶각 各** 각각 각 | 낱낱의.

**❷각 脚** 다리 각 | 다리.

**❸각 角** 뿔 각 | 뿔. 모서리.

**각각** 各各 각각 각 / 각각 각 | 낱낱.

**각개** 各個 각각 각 / 낱 개 | 하나하나 낱낱이.

**각계** 各界 각각 각 / 지경 계 | 여러 분야.

**각고** 刻苦 새길 각 / 쓸 고 | 몸과 마음을 다하여 애를 씀.

▶**각골** 刻骨 새기다 각 / 뼈 골 | 뼈에 새기듯이 마음속에 깊이 간직함.

**각골난망** 刻骨難忘 새기다 각/ 뼈 골 / 어렵다 난/ 잊다 망 | 은혜가 뼈에 새길 만큼 커서 잊히지 않음. 은혜에 대한 고마움이 깊다. ≒ 백골난망(白骨難忘).

**각골통한** 刻骨痛恨 새기다 각 / 뼈 골 / 아프다 통/ 원한 한 | 뼈에 사무칠 만큼 크게 원통하고 한스러운 일.

**각광** 脚光 다리 각 / 빛 광 | 사회적 관심이나 흥미를 끄는 것. ≒ 주목(注目). 풋라이트.

**각국** 各國 각각 각 / 나라 국 | 각 나라. 여러 나라.

**각군** 各郡 각각 각 / 고을 군 | 여러 고을이나 군.

**각궁** 角弓 뿔 각 / 활 궁 | 소나 양의 뿔을 붙인 활.

**각급** 各級 각각 각 / 등급 급 | 여러 급.

**각기** 各其 각각 각 / 그 기 | 저마다. 제각기.

**각도** 角度 뿔 각 / 법도 도 | 1. 생각의 방향이나 관점 2. (수학) 한 점에서 갈리어 나간 두 직선의 벌어진 정도.

**각론** 各論 각각 각 / 논할 론(논) | 논문이나 저술에서, 하나의 주제 가운데 구체적인 낱낱의 문제를 떼어 자세히 논함.

**각료** 閣僚 집 각 / 동료 료(요) | 내각을 구성하는 여러 장관.

**각목** 角木 뿔 각 / 나무 목 | 모서리를 모가 나게 깎은 나무.

▶**각박** 刻薄 새길 각 / 엷을 박 | 인정이 없고 삭막함.

**각박하다** 刻薄하다 새길 각 / 엷을 박 | 인정이 없고 삭막하다.

**각방** 各方 각각 각 / 모 방 | 여러 방면.

**각배** 角杯 뿔 각 / 잔 배 | 짐승의 뿔로 만든 술잔.

▶**각별** 各別 각각 각 / 나눌 별 | 유달리 특별함.

**각별히** 各別히 각각 각 / 나눌 별 | 유달리 특별하게.

**각본** 脚本 다리 각 / 근본 본 | 연극이나 영화를 만들기 위하여 쓴 글. 배우의 동작이나 대사, 무대장치를 적은 글.

**각부** 各部 각각 각 / 집단부 | 각각의 부분.

**각상** 各床 각각 각 / 평상 상 | 각각 따로 차린 음식상.

**각색** 脚色 다리 각 / 빛 색 | 문학작품을 다른 종류(장르)의 글로 고쳐 쓰는 일.

**각서** 覺書 깨달을 각 / 글 서 | 약속을 지키겠다는 내용을 적은 문서.

**각석 角石** 뿔 각 / 돌 석 | 네모난 돌.

**각설하다 却說**하다 물리칠 각 / 말씀 설 | 이제까지 하던 말을 그만두다. 화제를 다른 쪽으로 돌린다는 뜻.

**각설탕 角雪糖** 뿔 각 / 눈 설 / 엿 탕 | 직육면체 모양으로 만든 설탕.

**각성 覺醒** 깨달을 각 / 깰 성 | 깨어 정신을 차림.

**각성제 覺醒劑** 깨달을 각 / 깰 성 / 약제 제 | [약학] 중추 신경을 흥분시켜 잠이 오는 것을 억제하고 피로를 느끼지 못하게 하는 약. 습관성, 중독성이 있어서 제조와 판매를 법으로 규제하고 있다.

**각성바지 各姓**바지 각각 각/ 성씨 성 | 1. 어머니는 같고 아버지는 다른 형제  2. 성이 각각 다른 사람.

**각양각색 各樣各色** 각각 각 / 모양 양 / 각각 각 / 빛 색 | 각기 다른 여러 가지 모양과 빛깔.

**각오 覺悟** 깨달을 각 / 깨달을 오 | 1. 앞으로 해야 할 일이나 겪을 일에 대한 마음의 준비  2. 도리를 깨쳐 앎.

**각오하다 覺悟**하다 깨달을 각 / 깨달을 오 | 앞으로 해야 할 일이나 겪을 일에 대하여 마음의 준비를 하다.

**각운 脚韻** 다리 각/소리 운 | 시가에서 구나 행의 끝에 규칙적으 로 같은 운의 글자를 다는 일. ↔두운(頭韻).

**각의 閣議** 집 각 / 의논할 의 | [정치] '내각 회의'를 줄여 이르는 말.

**각인 刻印** 새길 각 / 도장 인 | 도장을 새김.

**각인하다 刻印**하다 새길 각 / 도장 인 | 도장을 새기다.

**각인각색 各人各色** 각각 각 / 사람 인 / 각각 각 / 빛 색 | 사람마다 각기 다름.

**각자 各自** 각각 각 / 스스로 자 | 제각각. 각각의 자기 자신.

**각자도생 各自圖生** 각각 각 / 스스로 자 / 그림 도 / 날 생 | 제각기 살아 나갈 방법을 꾀함.

**각자무치 角者無齒** 뿔 각 / 사람 자 / 없을 무 / 이빨 치 | 뿔이 있는 짐승은 이빨이 없다. 한 사람이 여러 가지 재주나 복을 다 가질 수 없음을 이르는 말.

**각종 各種** 각각 각 / 씨 종 | 온갖 종류. 여러 종류.

**각주구검 刻舟求劍** 새기다 각/ 배 주 / 구하다 구 / 칼 검 | 배를 탄 사내가 칼을 물에 빠뜨렸는데, 뱃전에 표시를 하였다가 나중에 칼을 찾으려 함. 현실에 맞지 않는 낡은 생각이나 어리석음을 가리킴.

**각지 各地** 각각 각 / 땅 지 | 각 지방. 여러 곳.

**각질화 角質化** 뿔 각 / 바탕 질 / 될 화 | [생물] 척추동물의 표피가 경단백질인 케라틴으로 되는 일. 비늘, 털, 뿔, 손톱 따위. ≒각화(角化).

**각축 角逐** 뿔 각 / 다툴 축 | 서로 이기려고 머리를 맞대고 다툼.

**각축하다 角逐**하다 뿔 각 / 다툴 축 | 서로 이기려고 머리를 맞대고 다투다.

**각출 各出** 각각 각 / 날 출 | 1. 각각 나옴 2. 각각 내놓음.

**각출하다 各出하다** 각각 각 / 날 출 | 1. 각각 나오다 2. 각각 내놓다.

**각층 各層** 각각 각 / 층 층 | 각각의 계층. 또는 여러 계층.

**각파 各派** 각각 각 / 갈래 파 | 각각의 파. 당파, 학파, 유파 등.

**❶각하 閣下** 집 각 / 아래 하 | 특정한 고급 관료에 대한 경칭. ※ 예시: 대통령각하.

**❷각하 却下** 물리칠 각 / 아래 하 | 법률 청구나 신청을 받지 않고 물리침.

**각하하다 却下하다** 물리칠 각 / 아래 하 | 법률 청구나 신청을 받지 않고 물리치다.

**각혈 咯血** 울 각 / 피 혈 | 의학 혈액이나 혈액이 섞인 가래를 토함. 결핵 등의 증상.

**간격 間隔** 사이 간 / 사이 뜰 격 | 공간적으로 벌어진 사이.

**간결 簡潔** 간단할 간 / 깨끗할 결 | 단순하고 깨끗함.

**간결하다 簡潔하다** 간단할 간 / 깨끗할 결 | 단순하고 깨끗하다.

**간계 奸計** 간사할 간 / 셀 계 | 간사한 꾀.

**간고 艱苦** 어려울 간 / 쓸 고 | 1. 가난하고 고생스러움. 2. 처지나 상태가 어렵고 힘듦.

**간곡 懇曲** 간절할 간 / 굽을 곡 | 간절하고 정성스러움.

**간곡하다 懇曲하다** 간절할 간 / 굽을 곡 | 간절하고 정성스럽다.

**간과 看過** 볼 간 / 지날 과 | 대충 보고 지나침.

**간과하다 看過하다** 볼 간 / 지날 과 | 대충 보고 지나치다.

**간관 諫官** 간할 간 / 벼슬 관 | 역사 조선 시대에, 사간원과 사헌부에 속하여 임금의 잘못을 간하고 백관의 비행을 규탄하던 벼슬아치.

**간교 奸巧** 간사할 간 / 공교할 교 | 간사하고 교활함.

**간교하다 奸巧하다** 간사할 간 / 공교할 교 | 간사하고 교활하다.

**간구 懇求** 간절할 간 / 구할 구 | 간절히 바람.

**간구하다 懇求하다** 간절할 간 / 구할 구 | 간절히 바라다.

**간극 間隙** 사이 간 / 틈새 극 | 1. 둘 사이의 틈 2. 떨어진 간격.

**간기 刊記** 새길 간 / 기록할 기 | 책을 출판한 때·곳·간행자를 적은 것.

**간난 艱難** 어려울 간 / 어려울 난 | 몹시 힘들고 고생스러움.

**간난신고 艱難辛苦** 어려울 간 / 어려울 난 / 매울 신 / 쓸 고 | 몹시 힘들고 어려우며 고생스러움.

**❶간단 簡單** 대쪽 간 / 홑 단 | 단순하고 간략함.

**간단하다** 簡單하다 대쪽 간 / 홑 단 | 단순하고 간략하다.

**간단명료하다** 簡單明瞭하다 간편할 간 / 홑 단 / 밝을 명 / 밝을 료 | 간단하고 분명하다. 늑 간명하다(簡明하다).

❷**간단없다** 間斷없다 사이 간 / 끊을 단 | 끊임없이 이어지다.

❶**간담** 懇談 간절할 간 / 말씀 담 | 서로 정답게 이야기를 주고받음.

**간담하다** 懇談하다 간절할 간 / 말씀 담 | 서로 정답게 이야기를 주고받다.

❷**간담** 肝膽 간 간 / 쓸개 담 | 간과 쓸개.

**간담상조** 肝膽相照 간 간/ 쓸개 담/ 서로 상/ 비추다 조 | 간과 쓸개를 서로 내놓고 보이다. 서로 속마음을 털어놓을 만큼 친한 사이.

**간략** 簡略 대쪽 간 / 간략할 략(약) | 간단하고 짤막함.

**간략하다** 簡略하다 대쪽 간 / 간략할 략(약) | 간단하고 짤막하다.

**간막이** 間막이 사이 간 | 칸막이.

**간만** 干滿 방패 간 / 찰 만 | 썰물과 밀물. 간조(干潮)와 만조(滿潮).

**간명** 簡明 대쪽 간 / 밝을 명 | 간단하고 분명함.

**간명하다** 簡明하다 대쪽 간 / 밝을 명 | 간단하고 분명하다.

**간문** 間門 사이 간 / 문 문 | 1. 정문 외에 따로 드나들도록 만든 작은 문  2. 서울의 정문인 사대문 사이에 있는 동소문, 서소문 따위의 작은 문.

**간발** 間髮 사이 간 / 터럭 발 | 잠시. 아주 짧은 순간.

**간벌** 間伐 사이 간 / 칠 벌 | 솎아베기. 나무들이 적당한 간격을 유지하여 잘 자라도록 필요 없는 나무를 솎아 베어 냄.

**간병** 看病 볼 간 / 병 병 | 아픈 사람을 돌보고 시중을 듦.

**간병하다** 看病하다 볼 간 / 병 병 | 아픈 사람을 돌보고 시중을 들다.

**간부** 幹部 줄기 간 / 떼 부 | 기관이나 단체의 중심이 되는 자리에서 책임을 맡거나 지도하는 사람.

❶**간사** 幹事 줄기 간 / 일 사 | 1. 일을 맡아 주선하고 처리함  2. 단체나 기관의 사무를 담당하여 처리하는 사람.

❷**간사** 奸詐 간사할 간 / 속일 사 | 나쁜 꾀가 있어 거짓으로 남의 비위를 맞추거나 아양을 부림.

**간사하다** 奸詐하다 간사할 간 / 속일 사 | 나쁜 꾀가 있어 거짓으로 남의 비위를 맞추거나 아양을 부리다. 늑 교활하다.

❸**간사** 奸邪 간사할 간 / 간사할 사 | 간교하고 마음이 바르지 않음.

**간사하다** 奸邪하다 간사할 간 / 간사할 사 | 간교하고 마음이 바르지 않다.

**간상배** 奸商輩 간사할 간 / 장사 상 / 무리 배 | 간

17

사한 방법으로 부당한 이익을 보려는 무리.

**간색 間色** 사이 간 / 빛 색 | 미술 빨강, 노랑, 파랑, 하양, 검정 가운데 둘 이상의 색을 섞어 낸 색.

**간선 幹線** 줄기 간 / 줄 선 | 도로, 수로, 전신, 철도 따위에서 줄기가 되는 주요한 선.

**간선도로 幹線道路** 줄기 간 / 줄 선 / 길 도 / 길 로(노) | 교통 원줄기가 되는 주요한 도로.

**간섭 干涉** 방패 간 / 건널 섭 | 직접 관계가 없는 남의 일에 참견함.

**간섭무늬 干涉무늬** 방패 간 / 건널 섭 | 물리 빛의 간섭 현상으로 생기는 동심원 모양으로 된 흑백 줄무늬. 단색광에서는 흑백의 무늬, 백색광에서는 무지개 빛깔의 무늬가 나타난다.

**간성 干城** 방패 간 / 재 성 | 방패와 성이라는 뜻으로, 나라를 지키는 믿음직한 군대나 인물을 이르는 말.

**간세 間世** 사이 간 / 인간 세 | 여러 세대를 통하여 드물게 남. ※ 예시: 간세의 영웅.

**간소 簡素** 대쪽 간 / 본디 소 | 간략하고 소박함.

**간소하다 簡素하다** 대쪽 간 / 본디 소 | 간략하고 소박하다.

❶**간수 看守** 볼 간 / 지킬 수 | 1. 보살펴서 지킴 2. 교도관, 철도 건널목을 지키는 사람.

❷**간수 간水** 물 수 | 소금에서 저절로 녹아 흐르는 짜고 쓴 물. 두부를 만들 때 쓴다.

**간신 奸臣** 간사할 간 / 신하 신 | 간사한 신하.

**간신적자 奸臣賊子** 간사할 간 / 신하 신 / 도둑 적 / 아들 자 | 간사한 신하와 부모를 거스르는 자식.

**간식 間食** 사이 간 / 밥 식 | 끼니와 끼니 사이에 먹는 음식.

**간신히 艱辛히** 어려울 간 / 매울 신 | 겨우. 가까스로.

**간악 奸惡** 간사할 간 / 악할 악 | 간사하고 악독함.

**간웅 奸雄** 간사할 간 / 수컷 웅 | 간사한 꾀가 많은 영웅.

**간유 肝油** 간 간 / 기름 유 | 생물 물고기의 간장에서 뽑아낸 지방유. 노란색이고 투명하며 비타민 A와 비타민 D가 많이 들어 있음.

**간이 簡易** 대쪽 간 / 쉬울 이 | 간단하고 편리함.

**간이하다 簡易하다** 대쪽 간 / 쉬울 이 | 간단하고 편리하다.

**간이역 簡易驛** 대쪽 간 / 쉬울 이 / 역 역 | 일반 역과는 달리 설비를 간이하게 하고 중간에 정차만 하는 역.

**간장 간醬** 장 장 | 음식의 간을 맞추는 데 쓰는 짠맛이 나는 흑갈색 액체. 메주를 소금물에 30~40일 정도 담가 우려낸 뒤 그 국물을 떠내어 솥에 붓고 달여서 만든다.

**간적 奸賊** 간사할 간 / 도둑 적 | 간악한 도적.

**간절 懇切** 간절할 간 / 끊을 절 | 정성스럽고 지극

함.

**간절하다 懇切**하다 간절할 간 / 끊을 절 | 정성스럽고 지극하다.

▶ **간접 間接** 사이 간 / 이을 접 | 직접 통하지 않고, 중간에 매개가 되는 사람이나 사물을 통하여 맺어지는 관계.

**간접경험 間接經驗** 사이 간 / 이을 접 / 지날 경 / 시험 험 | 실제로 사물에 부딪혀 직접 체험하여 얻는 것이 아니라, 언어나 문자 등을 매개로 하여 얻는 경험.

**간접민주정치 間接民主政治** 사이 간 / 이을 접 / 백성 민 / 주인 주 / 정사 정 / 다스릴 치 | 정치 국민이 자신의 대표자를 통하여 간접적으로 국정에 참여하는 공화 정치.

**간접세 間接稅** 사이 간 / 이을 접 / 세금 세 | 법률 세금을 내는 납세자와 세금을 최종적으로 부담하는 조세 부담자가 다른 조세. 부가 가치세·주세·관세 따위의 소비세와, 인지세·등록세·통행세 따위의 유통세가 있다.

**간주악 間奏樂** 사이 간 / 아뢸 주 / 노래 악 | 음악 악곡이나 오페라, 시의 낭독 사이에 삽입되는 기악 소곡.

▶ **간주 看做** 보다 간 / 여기다 주 | 그렇다고 여김.

**간주하다 看做**하다 보다 간 / 여기다 주 | 그렇다고 여기다.

▶ **❶간지 間紙** 사이 간 / 종이 지 | 책이나 신문의 중간에 집어넣은 종이

**❷간지 奸智** 간사할 간 / 슬기 지 | 간사한 지혜.

**❸간지 干支** 방패 간 / 지탱할 지 | 천간(天干)과 지지(地支). 십간(十干)과 십이지(十二支)를 이르는 말. ※ 천간과 십이지는 참조요.

**간증 干證** 방패 간 / 증거 증 | 종교 자신의 종교적 체험을 고백함으로써 하나님의 존재를 증언하는 일.

**간척지 干拓地** 방패 간 / 넓힐 척 / 땅 지 | 바다나 호수의 물을 빼내어 만든 땅.

**간첩 間諜** 사이 간 / 염탐할 첩 | 국가나 단체의 비밀을 몰래 알아내어 다른 국가나 단체에 제공하는 사람.

**간첩죄 間諜罪** 사이 간 / 염탐할 첩 / 허물 죄 | 적국을 위하여 간첩 노릇을 하거나, 적국의 간첩을 도와줌으로써 성립하는 범죄.

▶ **간청 懇請** 간절할 간 / 청할 정 | 간절히 청함.

**간청하다 懇請**하다 간절할 간 / 청할 정 | 간절히 청하다.

**간택 揀擇** 가릴 간 / 가릴 택 | 1. 분간하여 선택함 2. 역사 조선 시대에, 왕·왕자의 배우자를 선택함.

**간특 奸慝** 간사할 간 / 사특할 특 | 간사하고 악독함.

▶ **간파 看破** 볼 간 / 깨뜨릴 파 | 속내를 꿰뚫어 알아차림.

**간파하다 看破** 볼 간 / 깨뜨릴 파 | 속내를 꿰뚫어 알아차리다.

**간판 看板** 볼 간 / 널빤지 판 | 1. 기관, 상점, 영업

소에서 이름이나 판매 상품 등을 써서 붙이는 표지  2. 대표하여 내세울 만한 사람이나 사물을 비유.

**간편 簡便** 대쪽 간 / 편할 편 | 간단하고 편리함.

**간편하다 簡便**하다 대쪽 간 / 편할 편 | 간단하고 편리하다.

**간하다 諫**하다 간할 간 | 웃어른이나 임금에게 옳지 못하거나 잘못된 일을 고치도록 말하다.

**간언 諫言** 간할 간 / 말씀 언 | 웃어른이나 임금에게 옳지 못하거나 잘못된 일을 고치도록 하는 말.

**간쟁 諫爭/諫諍** 간할 간 / 다툴 쟁 / 간할 간 / 간할 쟁 | 어른이나 임금에게 옳지 못하거나 잘못된 일을 고치도록 간절히 말함.

**간자 諫子** 간할 간 / 아들 자 | 어버이에게 잘못을 고치도록 말하는 자식.

**간행 刊行** 새길 간 / 다닐 행 | 책을 인쇄하여 발행함.

**간행하다 刊行**하다 새길 간 / 다닐 행 | 책을 인쇄하여 발행하다.

**간헐 間歇** 사이 간 / 쉬다 헐 | 시간 간격을 두고 되풀이하여 일어났다 쉬었다 함.

**간헐적 間歇的** 사이 간 / 쉬다 헐 / 과녁 적 | 시간 간격을 두고 되풀이하여 일어났다 쉬었다하는.

**간호 看護** 볼 간 / 도울 호 | 환자나 노약자를 보살피고 돌봄.

**간호사 看護師** 볼 간 / 도울 호 / 스승 사 | 의사의 진료를 돕고 환자를 돌보는 사람. 법으로 그 자격을 정하고 있다.

**수간호사 首看護師** 머리 수 / 볼 간 / 도울 호 / 스승 사 | 병원에서 일하는 간호사들의 우두머리.

**종군간호사 從軍看護師** 좇을 종 / 군사 군 / 볼 간 / 도울 호 / 스승 사 | 전쟁터에서 간호하는 임무를 띠고 활동하는 간호사.

**간혹 間或** 사이 간 / 혹 혹 | 어쩌다가 한 번씩.

**간흉 奸凶** 간사할 간 / 흉할 흉 | 간사하고 흉악한 사람.

**갈건 葛巾** 칡 갈 / 수건 건 | 칡베로 만들어 머리에 쓰는 두건.

**갈구 渴求** 목마를 갈 / 구할 구 | 간절히 바라며 구함.

**갈구하다 渴求**하다 목마를 갈 / 구할 구 | 간절히 바라며 구하다.

**갈급 渴急** 목마를 갈 / 급할 급 | 목이 몹시 마른 듯이 급하게 바 람.

**갈급하다 渴急**하다 목마를 갈 / 급할 급 | 목이 몹시 마른 듯이 급하게 바라다.

**갈근 葛根** 칡 갈 / 뿌리 근 | 칡뿌리.

**갈등 葛藤** 칡 갈/ 등나무 등 | 1. 대립과 충돌  2. 칡과 등나무가 서로 뒤얽히는 것과 같이, 서로 뒤엉켜 싸우는 것. 칡과 등나무는 돌아 올라가는 방향이 반대라서 서로 엉키는 데에서 나온 말.

**갈망 渴望** 목마를 갈 / 바랄 망 | 간절히 바람.

**갈망하다 渴望**하다 목마를 갈 / 바랄 망 | 간절히 바라다.

**갈변 褐變** 갈색 갈 / 변할 변 | 갈색으로 변함.

**갈색 褐色** 갈색 갈 / 빛 색 | 검은빛을 띤 주홍색.

**갈수기 渴水期** 목마를 갈 / 물 수 / 기약할 기 | 한 해 동안에 강물이 가장 적은 시기. 우리나라에서는 겨울철과 봄철.

**갈애 渴愛** 목마를 갈 / 사랑 애 | 매우 좋아하고 사랑함.

**갈이천정 渴而穿井** 목마를 갈 / 말 이을 이 / 뚫을 천 / 샘 정 | 목이 말라야 비로소 우물을 팜. 일을 당해서 시작하면 때가 늦음.

**갈조 褐藻** 갈색 갈 / 마름 조 | 생물 갈조류의 바다 식물.

**갈증 渴症** 목마를 갈 / 증세 증 | 목이 말라 물을 마시고 싶은 느낌.

**갈채 喝采** 꾸짖을 갈 / 풍채 채 | 외침이나 박수로 찬양함.

**갈탄 褐炭** 갈색 갈 / 숯 탄 | 광물 탄화 작용이 불충분한 갈색의 석탄. 탈 때 그을음과 나쁜 냄새가 많이 나며, 화력이 약하고 재가 많이 남는다.

**갈파 喝破** 꾸짖을 갈 / 깨뜨릴 파 | 정당한 논리로 그릇된 주장을 깨뜨리고 진리를 밝힘.

**갈파하다 喝破**하다 꾸짖을 갈 / 깨뜨릴 파 | 정당한 논리로 그릇된 주장을 깨뜨리고 진리를 밝히다.

**감가 減價** 덜 감 / 값 가 | 값을 줄임.

**감가상각 減價償却** 덜 감 / 값 가 / 갚을 상 / 물리칠 각 | 경제 고정자산이 시간이 지나면서 낡아서 값이 떨어지는 것.

**감각 感覺** 느끼다 감/ 느끼다 감 | 1. 사물에서 받는 인상이나 느낌 2. 눈, 코, 귀, 혀, 피부를 통해서 바깥의 자극을 받아들임.

**감각기관 感覺器官** 느낄 감 / 깨달을 각 / 그릇 기 / 벼슬 관 | 외계의 감각을 받아들여 뇌에 전달하는 기관. 후각, 미각, 촉각, 시각, 청각 기관 등.

**감각적 感覺的** 느낄 감 / 깨달을 각 / 과녁 적 | 감각을 자극하는. ※ 예시: 시에서 시각적(視覺的), 청각적(聽覺的), 후각적(嗅覺的), 촉각적(觸覺的), 미각적(味覺的), 공감각적(共感覺的) 이미지.

**공감각적 심상 共感覺的心象** 한가지 공 / 느낄 감 / 깨달을 각 / 과녁 적 / 마음 심 / 코끼리 상 | 하나의 감각이 다른 영역의 감각을 불러일으킴. 청각의 시각화, 시각의 청각화, 시각의 촉각화 등

**감개 感慨** 느낄 감 / 슬퍼할 개 | 마음 깊은 곳에서 배어 나오는 감동이나 느낌.

**감개무량 感慨無量** 느낄 감 / 슬퍼할 개 / 없을 무 / 헤아릴 량(양) | 마음속에서 느끼는 감동이나 느낌이 끝이 없음.

**감격 感激** 느낄 감 / 격할 격 | 마음에 깊이 느끼어 크게 감동함.

**감격무지 感激無地** 느낄 감 / 격할 격 / 없을 무 / 땅 지 | 감격스러운 마음을 이루 헤아릴 수 없음.

**감경 減輕** 덜 감 / 가벼울 경 | 줄여서 가볍게 함.

**❶감고 監考** 볼 감 / 생각할 고 | 역사 조선 시대에, 정부의 재정 부서에서 전곡(錢穀) 출납의 실무를 맡거나, 지방의 세금 및 공물의 징수를 담당하던 벼슬아치.

**❷감고 甘苦** 달다 감/ 쓰다 고 | 1. 단맛과 쓴맛 2. 즐거움과 괴로움을 비유. 3. 괴로움을 달게 받아들임.

**❸감고 鑑古** 거울 감/ 옛 고 | 1. 고서적, 도자기 따위의 옛 물건을 감정함 2. 과거에 비추어 오늘의 본보기로 삼음.

**감곡 嵌谷** 산골짜기 감 / 골 곡 | 1. 산의 동굴 2. 깊은 산골짜기.

**감관 感官** 느낄 감 / 벼슬 관 | 감각 기관과 그 지각 작용.

**감광 感光** 느낄 감 / 빛 광 | 화학 빛에 감응하여 화학적 변화를 일으킴.

**감군 減軍** 덜 감 / 군사 군 | 군인의 수를 줄임.

**감금 監禁** 볼 감 / 금할 금 | 가둠.

**감금하다 監禁하다** 볼 감 / 금할 금 | 가두다.

**감기 感氣** 느낄 감 / 기운 기 | 의학 바이러스로 걸리는 호흡기 계통의 병. 보통 코가 막히고 열이 나며 머리가 아프다. 고뿔.

**감내 堪耐** 견딜 감 / 견딜 내 | 어려움을 참고 이겨 냄.

**감내하다 堪耐하다** 견딜 감 / 견딜 내 | 어려움을 참고 이겨 내다.

**감당 堪當** 견딜 감 / 마땅 당 | 맡아서 능히 해냄.

**감당하다 堪當하다** 견딜 감 / 마땅 당 | 맡아서 능히 해내다.

**감독 監督** 볼 감 / 감독할 독 | 1. 살펴서 단속함 2. 일 전체를 지휘함.

**감독하다 監督하다** 볼 감 / 감독할 독 | 1. 살펴서 단속하다 2. 일 전체를 지휘하다.

**감동 感動** 느낄 감 / 움직일 동 | 크게 느끼어 마음이 움직임.

**감동하다 感動하다** 느낄 감 / 움직일 동 | 크게 느끼어 마음이 움직이다.

**감득 感得** 느낄 감 / 얻을 득 | 느껴서 앎.

**감량 減量** 덜 감 / 헤아릴 량(양) | 수량이나 무게를 줄임.

**감로 甘露** 달 감 / 이슬 로(노) | 예전에 천하가 태평할 때에 하늘에서 내린다고 하는 단 이슬.

**감리 監理** 볼 감 / 다스릴 리(이) | 감독하고 관리함.

**감리하다 監理하다** 볼 감 / 다스릴 리(이) | 감독하고 관리하다.

**감면 減免** 덜 감 / 면할 면 | 덜어 주거나 면제함.

**감면하다** 減免하다 덜 감 / 면할 면 | 덜어 주거나 면제하다.

**감명** 感銘 느낄 감 / 새길 명 | 감격하여 마음에 깊이 새김.

▶ **감미** 甘味 달 감 / 맛 미 | 단맛.

**감미롭다** 甘味롭다 달 감 / 맛 미 | 맛이 달다

**감별** 鑑別 거울 감 / 나눌 별 | 보고 식별함.

**감별하다** 鑑別하다 거울 감 / 나눌 별 | 보고 식별하다.

▶ **감복** 感服 느낄 감 / 옷 복 | 감동하여 탄복함.

**감복하다** 感服하다 느낄 감 / 옷 복 | 감동하여 탄복하다.

**감봉** 減俸 덜 감 / 녹 봉 | 봉급을 줄임.

**감분** 感奮 느낄 감 / 떨칠 분 | 느낀 바가 커서 떨쳐 일어남.

❶**감사** 感謝 느낄 감 / 사례할 사 | 고맙게 여김.

**감사하다** 感謝하다 느낄 감 / 사례할 사 | 고맙게 여기다.

❷**감사** 監査 볼 감 / 조사할 사 | 감독하고 검사함.

**감사하다** 監査하다 볼 감 / 조사할 사 | 감독하고 검사하다.

**감산** 減産 덜 감 / 낳을 산 | 생산을 줄임.

**감산하다** 減産하다 덜 감 / 낳을 산 | 생산을 줄이다.

▶ ❶**감상** 感想 느끼다 감 / 생각하다 상 | 마음속에서 일어나는 느낌이나 생각. ≒ 감, 느낌.

**감상하다** 鑑賞하다 거울 감 / 상줄 상 | 주로 예술 작품을 이해하여 즐기고 평가하다. ≒ 구경하다.

**감상안** 鑑賞眼 거울 감 / 상줄 상 / 눈 안 | 아름다움을 이해하여 평가하는 안목.

❸**감상** 感傷 느끼다 감 / 다치다 상 | 공연히 슬퍼지거나 마음이 상함.

**감상적** 感傷的 느끼다 감 / 다치다 상 / 과녁 적 | 공연히 슬퍼하는 것. ≒ 애상적(哀傷的).

**감상주의** 感傷主義 느끼다 감 / 다치다 상/ 주인 주/ 뜻 의 | 1. | 문학 | 슬픔, 동정, 연민 따위의 감상을 지나치게 작품에 드러내려는 문예 경향 2. 슬픔이나 동정 따위의 감상을 지나치게 띤 경향. ≒ 센티멘털리즘.

❹**감상** 監床 살피다 감/ 상 상 | 귀한 사람에게 올릴 음식상을 미리 살펴봄.

**감색** 紺色 감색 감 / 빛 색 | 짙푸른 색에 자줏빛을 띤 색.

**감선** 減膳 덜 감 / 선물 선 | 역사 | 나라에 변고가 있을 때에, 임금이 몸소 근신하는 뜻으로 수라상의 음식 가짓수를 줄이던 일.

**감성** 感性 느낄 감 / 성품 성 | 느끼는 성질.

**감성적** 感性的 느낄 감/ 성품 성/ 과녁 적 | 1. 감성을 위주로 하거나 감성에 관한 2. 감성이 예민하여 자극을 잘 받는.

**감세 減稅** 덜 감 / 세금 세 | 세금을 줄임.

**감소 減少** 덜 감 / 적을 소 | 줄어 듦.

**감소하다 減少하다** 덜 감 / 적을 소 | 줄어 들다.

**감속 減速** 덜 감 / 빠를 속 | 속도를 줄임.

**감속재 減速材** 덜 감 / 빠를 속 / 재목 재 | 물리 원자로 안에서 핵분열의 속도를 늦추는 재료. 흑연, 중수(重水), 베릴륨 등.

**감쇄 減殺** 덜 감 / 빠를 쇄 | 줄여 없앰.

❶**감수 減壽** 덜 감 / 목숨 수 | 수명이 줆.

❷**감수 監修** 볼 감 / 닦을 수 | 감독하여 지킴.

**감수하다 監修하다** 볼 감 / 닦을 수 | 감독하여 지키다.

❸**감수 感受** 느끼다 감 / 받다 수 | 외부 세계의 자극을 수동적으로 받아들임.

**감수성 感受性** 느끼다 감 / 받다 수 / 성품 성 | 외부 세계의 자극을 받아들이는 느낌이나 성질.

❹**감수 甘受** 달 감 / 받을 수 | 달갑게 받아들임.

**감수하다 甘受하다** 달 감 / 받을 수 | 달갑게 받아들이다.

❺**감수 甘水** 달 감 / 물 수 | 맛이 단 물.

**감시 監視** 볼 감 / 볼 시 | 주의 깊게 살핌.

**감시하다 監視하다** 볼 감 / 볼 시 | 주의 깊게 살피다.

**감시망 監視網** 볼 감 / 볼 시 / 그물 망 | 감시하기

위한 조직이나 시설.

**감식 鑑識** 거울 감 / 알 식 | 사물의 가치나 진위를 알아냄.

**감식하다 鑑識하다** 거울 감 / 알 식 | 사물의 가치나 진위를 알아내다.

**감식안 鑑識眼** 거울 감 / 알 식 / 눈 안 | 사물의 가치나 진위 따위를 구별하여 알아내는 눈.

**감실 龕室** 감실 감 / 집 실 | 사당 안에 신주를 모셔 두는 장(欌).

**감안 勘案** 헤아릴 감 / 책상 안 | 여러 사정을 참고하여 생각함.

**감안하다 勘案하다** 헤아릴 감 / 책상 안 | 여러 사정을 참고하여 생각하다.

**감압 減壓** 덜 감 / 누를 압 | 압력을 줄임.

**감액 減額** 덜 감 / 이마 액 | 액수를 줄임.

**감액하다 減額하다** 덜 감 / 이마 액 | 액수를 줄이다.

**감언이설 甘言利說** 달다 감 / 말씀 언 / 이롭다 (리) / 설명하다 설 | 달콤한 말로 남을 꾀어내는 말.

**감여 堪輿** 견딜 감 / 수레 여 | 만물을 포용하여 싣고 있는 물건이라는 뜻으로, '하늘과 땅'을 가리킴.

**감여설 堪輿說** 견딜 감 / 수레 여 / 말씀 설 | 풍수지리.

**감역 監役** 볼 감 / 부릴 역 | 토목이나 건축의 공사를 감독함.

**감역관 監役官** 볼 감 / 부릴 역 / 벼슬 관 | 역사 조선 시대에, 토목이나 건축 공사를 감독하던 벼슬아치.

**감연히 敢然히** 감히 감 / 그럴 연 | 과감하고 용감하게.

❶**감염 感染** 느낄 감 / 물들 염 | 1. 나쁜 버릇이나 풍습, 사상 따위가 영향을 주어 물이 들게 함 2. 생물 병원체인 미생물이 동물이나 식물의 몸 안에 들어가 증식하는 일. 3. 정보·통신 컴퓨터 바이러스가 컴퓨터의 하드 디스크나 파일 따위에 들어오는 일. ≒ 전염, 침투, 침윤.

**감염하다 感染하다** 느낄 감 / 물들 염 | 1. 나쁜 버릇이나 풍습, 사상 따위가 영향을 주어 물이 들게 하다 2. 생물 병원체인 미생물이 동물이나 식물의 몸 안에 들어가 증식하다.

**집단감염 集團感染** 모으다 집 / 모으다 단 / 느낄 감 / 물들 염 | 의학 전염병이나 기생충병에 한꺼번에 많은 사람이 감염되는 일. 장티푸스나 이질의 병원체에 오염된 음식물로 일시에 많은 환자가 발생하는 일 따위가 있다.

**일차감염 一次感染** 하나 일 / 다음 차 / 느낄 감 / 물들 염 | 1. 의학 병원체가 생체 안에 침입하여 장기나 조직 속에서 증식함으로써 직접 병을 일으키는 일 2. 의학 병원체가 처음으로 침입하여 일으킨 감염.

**수직감염 垂直感染** 드리우다 수 / 곧다 직 / 느낄 감 / 물들 염 | 의학 태아기 또는 출산 전후의 시기에 태아가 모체로부터 직접 감염되는 일.

❷**감염 減鹽** 덜다 감 / 소금 염 | 소금을 줄임.

**감영 監營** 볼 감 / 경영할 영 | 역사 조선 시대에, 관찰사가 직무를 보던 관아.

**감옥 監獄** 볼 감 / 옥 옥 | 죄인을 가두어 두는 곳.

**감우 甘雨** 달 감 / 비 우 | 단비. 때를 맞추어 알맞게 내리는 비.

**감원 減員** 덜 감 / 인원 원 | 사람 수를 줄임.

**감원하다 減員하다** 덜 감 / 인원 원 | 사람 수를 줄이다.

**감은 感恩** 느낄 감 / 은혜 은 | 은혜를 고마워함.

**감은하다 感恩하다** 느낄 감 / 은혜 은 | 은혜를 고마워하다.

**감읍 感泣** 느낄 감 / 울 읍 | 감격하여 눈물을 흘림.

**감읍하다 感泣하다** 느낄 감 / 울 읍 | 감격하여 눈물을 흘리다.

**감응 感應** 느낄 감 / 응할 응 | 사물에 접촉하여 어떤 느낌을 받아 마음이 따라 움직임.

**감응하다 感應하다** 느낄 감 / 응할 응 | 사물에 접촉하여 어떤 느낌을 받아 마음이 따라 움직이다.

**감인 堪忍** 견딜 감 / 참을 인 | 참고 견딤. ≒ 감내, 감당, 인내.

**감인하다 堪忍하다** 견딜 감 / 참을 인 | 참고 견디다.

**감입 嵌入** 산골짜기 감 / 들 입 | 장식을 새기거나 박아 넣음.

**감입곡류 嵌入曲流** 산골짜기 감 / 들 입 / 굽을 곡 / 흐를 류 | `지구` 구불구불한 골짜기를 따라 흐르는 하천.

**감자 減資** 덜 감 / 재물 자 | `경제` 밑천을 줄임 ↔ 증자.

**감작 減作** 덜 감 / 지을 작 | 농작물의 수확량이 줆.

**감전 感電** 느낄 감 / 번개 전 | 전기에 감응함.

**감전하다 感電하다** 느낄 감 / 번개 전 | 전기에 감응하다.

**❶감정 感情** 느끼다 감/ 정서 정 | 가슴으로 받아들이는 느낌. ↔ 이성(理**性**).

**감정이입 感情移入** 느낄 감 / 정서 정 / 옮길 이 / 들어갈 입 | 1. 자연풍경이나 예술작품에 자신의 감정이나 정신을 불어넣어 보는 것. 참조: 객관적(**客觀的**) 상관물(**相關物**). 대상으로부터 느낌을 받아들여 대상과 자기가 서로 통한다고 느끼는 일.

**감정전이 感情轉移** 느낄 감 / 정서 정 / 구를 전 / 옮길 이 | 리) 어떤 대상에 대한 감정이 다른 대상에게 옮겨지는 일.

**❷감정 鑑定** 거울 감 / 정할 정 | 사물의 특성이나 참과 거짓, 좋고 나쁨을 분별하여 판정함.

**감정하다 鑑定하다** 거울 감 / 정할 정 | 사물의 특성이나 참과 거짓, 좋고 나쁨을 분별하여 판정하다.

**감정가 鑑定價** 거울 감 / 정할 정 / 값 가 | 특성이나 가치를 평가하여 매기는 가격.

**❸감정 憾情** 섭섭할 감 / 뜻 정 | 원망하거나 성내는 마음.

**감지 感知** 느낄 감 / 알 지 | 느끼어 앎. ≒ 감각, 지각

**감지하다 感知하다** 느낄 감 / 알 지 | 느끼어 알다.

**감지덕지 感之德之** 느끼다 감/ 어조사 지/ 크다 덕/ 어조사 지 | 분에 넘치도록 매우 고마움.

**감찰 監察** 볼 감 / 살필 찰 | 감독하여 살핌.

**감찰관 監察官** 볼 감 / 살필 찰 / 벼슬 관 | 감독하여 살피는 직책을 맡은 관리.

**❶감천 感天** 느낄 감 / 하늘 천 | 하늘이 감동함.

**❷감천 甘泉** 달 감 / 샘 천 | 물맛이 좋은 샘.

**❶감청 監聽** 볼 감 / 들을 청 | 몰래 통신 내용을 엿듣는 일. ≒ 도청.

**감청하다 監聽하다** 볼 감 / 들을 청 | 몰래 엿듣다.

**❷감청 敢請** 감히 감 / 청할 청 | 어려움을 무릅쓰고 감히 청함

**감청하다 敢請하다** 감히 감 / 청할 청 | 감히 청하다.

**❸감청색 紺靑色** 감색 감 / 푸를 청 / 빛 색 | 곱고 진한 남빛.

**감촉 感觸** 느낄 감 / 닿을 촉 | 닿아서 느낌.

**감촉하다 感觸하다** 느낄 감 / 닿을 촉 | 닿아서 느끼다.

**❶감축 減縮** 덜 감 / 줄일 축 | 덜어서 줄임.

**감축하다 減縮**하다 덜 감 / 줄일 축 | 덜어서 줄이다.

**❷감축 感祝** 느낄 감 / 빌 축 | 경사스러운 일을 감사하고 축하함

**감축하다 感祝**하다 느낄 감 / 빌 축 | 고맙게 여기어 축복하다.

**감치 監置** 볼 감 / 두다 치 | 구치소에 가둠.

**감탄 感歎/感嘆** 느끼다 감/ 탄식하다 탄 | 마음속 깊이 느끼어 탄복함. ≒ 영탄.

**감탄하다 感歎/感嘆**하다 느끼다 감/ 탄식하다 탄 | 마음속 깊이 느끼어 탄복하다.

**감탄고토 甘吞苦吐** 달다 감/ 삼키다 탄/ 쓰다 고/ 토하다 토 | 달면 삼키고 쓰면 뱉듯이, 자신의 필요에 따라서 판단함.

**감통 感通** 느낄 감 / 통할 통 | 마음에 느끼어 통함.

**감퇴 減退** 덜 감 / 물러날 퇴 | 덜어서 줄임.

**감퇴하다 減退**하다 덜 감 / 물러날 퇴 | 덜어서 줄이다.

**감편 減便** 덜 감 / 편할 편 | 횟수를 줄임.

**감하다 減**하다 덜 감 | 줄이다.

**감행 敢行** 감히 감 / 다닐 행 | 과감하게 행동함.

**감행하다 敢行**하다 감히 감 / 다닐 행 | 과감하게 행동하다.

**감호 監護** 볼 감 / 도울 호 | 감독하여 보호함.

**감화 感化** 느낄 감 / 될 화 | 좋은 영향을 받아 생각이나 태도가 바람직하게 변화함.

**감회 感懷** 느낄 감 / 품을 회 | 마음에 느끼어 일어나는 회포.

**감흥 感興** 느낄 감 / 일 흥 | 감동되어 일어나는 흥취.

**감히 敢**히 감히 감 | 두려움을 무릅쓰고.

**갑골문자 甲骨文字** 갑옷 갑 / 뼈 골 / 글월 문 / 글자 자 | 〔언어〕 고대 중국에서, 거북의 등딱지나 짐승의 뼈에 새긴 상형 문자. 한자의 가장 오래된 형태를 보여 주는 것으로, 주로 점복(占卜)을 기록하는 데에 사용하였다.

**갑남을녀 甲男乙女** 갑옷 갑 / 사내 남 / 새 을 / 여자 녀(여) | 평범한 보통 사람들.

**갑론을박 甲論乙駁** 첫째 천간 갑 / 토론할 론/ 둘째 천간 을 | 논박할 박 | 여러 사람이 서로 자신의 주장을 내세우며 상대방을 반박함.

**갑문 閘門** 수문 갑 / 문 문 | 물문. 운하에서 물의 양을 조절하는 데 쓰는 문.

**갑반 甲班** 갑옷 갑 / 나눌 반 | 1. 일류의 양반 2. 반을 갑,을,병 등으로 나눈 중에 갑반.

**갑사 甲紗** 갑옷 갑 / 비단 사 | 품질이 좋은 비단.

**갑사댕기 甲紗**댕기 갑옷 갑 / 비단 사 | 갑사로 만든 댕기.

**갑옷 甲** 옷 갑옷 갑 | 예전에 싸움할 때, 적의 창검

이나 화살을 막기 위하여 입던 옷.

**갑옷미늘** 甲옷미늘 갑옷 갑 | 갑옷에 단 비늘 모양의 조각.

**갑옷투구** 甲옷투구 갑옷 갑 | 갑옷과 투구. 투구는 예전에 군인이 전투할 때에 머리를 보호하기 위하여 쓰던 쇠로 만든 모자.

**갑주** 甲胄 갑옷 갑 / 투구 주 | 갑옷과 투구.

**갑장** 甲長 갑옷 갑 / 길 장 | 동갑. 육십갑자가 같다는 뜻으로, 같은 나이.

**갑족** 甲族 갑옷 갑 / 겨레 족 | 가문이 훌륭한 집안.

**갑질** 甲질 갑옷 갑 | 상대적으로 우위에 있는 자가 상대방에게 오만무례하게 행동하거나 제멋대로 구는 짓.

**갑충** 甲蟲 갑옷 갑 / 벌레 충 | 딱정벌레.

**갑판** 甲板 갑옷 갑 / 널빤지 판 | 뱃마루.

**강개** 慷慨 강개할 강 / 슬퍼할 개 | 의롭지 못한 것을 보고 의기가 북받쳐 원통하고 슬픔. ≒ 비분, 비분강개, 원통.

**강개하다** 慷慨하다 강개할 강 / 슬퍼할 개 | 의롭지 못한 것을 보고 의기가 북받쳐 원통하고 슬프다.

**강개무량하다** 慷慨無量하다 강개할 강 / 슬퍼할 개/ 없다 무/ 헤아리다 량(양) | 의기에 북받쳐 원통하고 슬픔이 한이 없다.

**❶강건** 剛健 군세다 강/ 건강하다 건 | 의지나 기상이 군세고 건전함.

**강건하다** 剛健하다 군세다 강/ 건강할 건 | 의지나 기상이 군세고 건전하다. ≒ 강직하다, 군건하다.

**❷강건** 強健 강하다 강/ 건강하다 건 | 몸이나 기력이 실하고 튼튼함.

**강건하다** 強健하다 강하다 강/ 건강하다 건 | 몸이나 기력이 실하고 튼튼하다.

**❸강건하다** 康健하다 편안하다 강/ 건강하다 건 | 윗사람의 기력이 탈이 없고 튼튼하다.

**강경** 強勁 강할 강 / 군을 경 | 1. 몸이나 기력이 튼튼하고 강함 2. 군세게 버티어 굽히지 않음. ≒ 강경.

**강경하다** 強硬하다 강할 강 / 군을 경 | 군세고 단단하다.

**강경파** 強硬派 강할 강 / 군을 경 / 갈래 파 | 강경하게 의견을 주장하거나 행동하는 파. ≒ 매파/↔ 비둘기파.

**강계** 疆界 지경 강 / 지경 계 | 강토의 경계.

**강고** 強固 강할 강 / 군을 고 | 군세고 튼튼함.

**강고하다** 強固하다 강할 강 / 군을 고 | 군세고 튼튼하다.

**강골** 強骨 강할 강 / 뼈 골 | 단단한 기질.

**강공** 強攻 강할 강 / 칠 공 | 세찬 공격.

**강공하다** 強攻하다 강할 강 / 칠 공 | 세차게 공격하다.

**강관** 鋼管 강철 강 / 대롱 관 | 강철로 만든 관.

**강구** 講究 외울 강 / 연구할 구 | 좋은 방책을 찾아냄.

**강구하다** 講究하다 외울 강 / 연구할 구 | 좋은 방책을 찾아내다.

**강구책** 講究策 외울 강 / 연구할 구 / 꾀 책 | 강구하여 세우는 대책.

**강국** 強國 강할 강 / 나라 국 | 힘이 강한 나라.

**강군** 強軍 강할 강 / 군사 군 | 강한 군대.

**강권** 強勸 강할 강 / 권할 권 | 억지로 권함.

**강권발동** 強權發動 강할 강 / 저울추 권 / 필 발 / 움직일 동 | 법률 법령이 제대로 시행되지 아니할 때에, 강제적으로 사법권이나 행정권을 행사하는 일

**강기** 剛氣 군셀 강 / 기운 기 | 군세고 씩씩한 기상.

**강남** 江南 강 강 / 남녘 남 | 강의 남쪽.

**강남귤화위지** 江南橘化爲枳 강 강 / 남녘 남 / 귤 귤 / 될 화 / 할 위 / 탱자 지 | 강남의 귤을 강북에 옮겨 심으면 탱자가 된다는 뜻으로, 사람도 장소나 환경에 따라 완전히 달라짐.

**강북** 江北 강 강 / 북녘 북 | 강의 북쪽.

**강녕** 康寧 편안 강 / 편안할 녕(영) | 건강하고 평안함.

**강녕하다** 康寧하다 편안 강 / 편안할 녕(영) | 건강하고 평안하다.

❶**강단** 剛斷 군셀 강 / 끊을 단 | 강기 있게 견디어 냄.

**강단지다** 剛斷지다 군셀 강 / 끊을 단 | 군세고 꿋꿋하여 견디어 내는 힘이 있다.

❷**강단** 講壇 외울 강 / 단 단 | 서서 연설을 하는 자리.

**강단문학** 講壇文學 외울 강 / 단 단 / 글월 문 / 배울 학 | 문학 예술적인 경향보다는 이론적이고 학구적인 경향을 띤 문학.

**강당** 講堂 외울 강 / 집 당 | 강의를 하는 큰 방.

**강대** 講臺 외울 강 / 대 대 | 책을 올려놓고 강의나 설교를 할 수 있도록 만든 도구.

**강대상** 講臺床 외울 강 / 대 대 / 평상 상 | 책을 펼쳐 놓고 연설하는 단상.

**강대국** 強大國 강할 강 / 클 대 / 나라 국 | 힘세고 큰 나라.

❶**강도** 強度 강할 강 / 법도 도 | 단단한 정도.

❷**강도** 強盜 강할 강 / 도둑 도 | 남의 재물을 빼앗는 도둑.

**강독** 講讀 외울 강 / 읽을 독 | 뜻을 밝혀가며 글을 읽음.

**강독하다** 講讀하다 외울 강 / 읽을 독 | 뜻을 밝혀가며 글을 읽다.

**강둑** 江둑 강 강 | 강의 둑.

**강등** 降等 내릴 강 / 무리 등 | 등급을 내림.

**강등하다** 降等하다 내릴 강 / 무리 등 | 등급을 내

리다.

❶**강력 強力** 강할 강 / 힘 력(역) | 힘이나 영향이
강함.

**강력하다 強力하다** 강할 강 / 힘 력(역) | 힘세고
강하다.

❷**강력 強力** 강할 강 / 힘 력(역) | 물리 중력이나
전자력보다 강한 힘이라는 뜻으로, '핵력'을 가
리킴.

**강렬 強烈** 강할 강 / 매울 렬(열) | 강하고 세참.

**강렬하다 強烈하다** 강할 강 / 매울 렬(열) | 강하
고 세차다.

❶**강령 綱領** 벼리 강 / 거느릴 령(영) | 1. 으뜸이
되는 큰 줄기 2. 정당이나 사회단체 등이 기본
입장이나 방침 따위를 열거한 것.

❷**강령 降靈** 내리다 강/ 신령 영 | 종교 천도교에
서, 한울님의 영(靈)이 사람의 몸에 내리는 일.

**강론 講論** 외울 강 / 논할 론(논) | 강의 내용을 풀
어가며 토론함.

**강론하다 講論하다** 외울 강 / 논할 론(논) | 강의
내용을 풀어가며 토론하다.

**강림 降臨** 내릴 강 / 임할 림(임) | 신이 하늘에서
인간 세상으로 내려옴.

**강매 強賣** 강할 강 / 팔 매 | 남에게 물건을 강제
로 떠맡겨 팖.

**강매하다 強賣하다** 강할 강 / 팔 매 | 남에게 물건
을 강제로 떠맡겨 팔다.

**강목 綱目** 벼리 강 / 눈 목 | 대강과 세목. 대략적
인 줄거리와 자세한 조목.

**강무 講武** 외울 강 / 호반 무 | 무예를 강습함.

**강무하다 講武하다** 외울 강 / 호반 무 | 무예를 강
습하다.

**강물 江물** 강 강 | 강에 흐르는 물.

**강바닥 江바닥** 강 강 | 강의 바닥.

**강바람 江바람** 강 강 | 강에서 부는 바람.

❶**강변 江邊** 강 강 / 가 변 | 강가.

❷**강변 強辯** 강할 강 / 말씀 변 | 이치에 닿지 않는
것을 끝까지 주장하거나 변명함.

**강변하다 強辯하다** 강할 강 / 말씀 변 | 이치에 닿
지 않는 것을 끝까지 주장하거나 변명하다.

**강심 江心** 강 강 / 마음 심 | 강물이 흐르는 한가운
데.

**강안 江岸** 강 강 / 언덕 안 | 강기슭.

**강어귀 江어귀** 강 강 | 강물이 호수나 바다로 흘러
들어가는 곳.

**강줄기 江줄기** 강 강 | 강물이 흘러내리는 줄기.

**강촌 江村** 강 강 / 마을 촌 | 강가의 마을.

**강턱 江턱** 강 강 | 큰물이 질 때만 잠기는 강가의
땅.

**강폭 江幅** 강 강 / 폭 폭 | 강의 너비.

**강박 強迫** 강할 강 / 핍박할 박 | 무리하게 누르거

나 억지로 따르게 함.

**강박증 強迫症** 강할 강 / 핍박할 박 / 증세 증 | 억지로 누르려고 해도 자꾸만 떠올라서 맴도는 감정.

**강병 剛兵** 굳셀 강 / 병사 병 | 강한 군대.

**강보 襁褓** 포대기 강/ 보자기 보 | 포대기. 어린아이가 사용하는 작은 이불.

**강복 降福** 내릴 강 / 복 복 | 복을 내림.

**강사 講士** 외울 강 / 선비 사 | 강의하는 사람.

**강산 江山** 강 강 / 메 산 | 강과 산.

**강산풍월 江山風月** 강 강 / 메 산 / 바람 풍 / 달 월 | 강, 산, 바람, 달이란 뜻으로 자연의 경치를 가리킴.

**❶강상 江上** 강 강 / 윗 상 | 강의 위.

**❷강상 綱常** 벼리 강 / 떳떳할 상 | 삼강(三綱)과 오상(五常).

**❸강상 降霜** 내릴 강 / 서리 상 | 서리가 내림.

**강설 降雪** 내릴 강 / 눈 설 | 눈이 내림.

**강설량 降雪量** 내릴 강 / 눈 설 / 헤아릴 량(양) | 눈이 내리는 량.

**❶강성 強性** 강할 강 / 성품 성 | 단단한 성질.

**❷강성 強盛** 강할 강 / 성할 성 | 힘이 강하고 번성함.

**강성하다 強盛**하다 강할 강 / 성할 성 | 힘이 강하

고 번성하다.

**강세 強勢** 강할 강 / 형세 세 | 강한 기세.

**강소주 강燒酒** 불사를 소 / 술 주 | 안주 없이 먹는 소주.

**강속구 強速球** 강할 강 / 빠를 속 / 공 구 | 야구에서 투수가 던지는 세고 빠른 공.

**강쇠 鋼쇠** 강철 강 | 강한 철.

**강수 降水** 내릴 강 / 물 수 | 비, 눈, 우박처럼 땅에 내린 물.

**강수량 降水量** 내릴 강 / 물 수 / 헤아릴 량(양) | 일정한 시기에 일정한 곳에 내린 비나 눈의 양.

**강습 講習** 외울 강 / 익힐 습 | 강의를 받아서 익힘.

**강습하다 講習**하다 외울 강 / 익힐 습 | 강의를 받아서 익히다.

**강신 降神** 내릴 강 / 귀신 신 | 제사를 지낼 때 신이 내려 옴.

**강심장 強心臟** 강할 강 / 마음 심 / 오장 장 | 웬만한 일에는 겁내거나 부끄러워하지 아니하는 대담한 성질.

**강심제 強心劑** 강할 강 / 마음 심 / 약제 제 | 약학 쇠약해진 심장의 기능을 회복시키는 약.

**❶강압 強壓** 내릴 강 / 누를 압 | 센 압력.

**강압하다 強壓**하다 내릴 강 / 누를 압 | 강한 힘이나 권력으로 강제로 억누르다. ≒ 누르다, 억압하다.

**강압적 強壓的** 강할 강 / 누를 압 / 과녁 적 | 억지로 누르는 방식.

**강압정책 強壓政策** 강할 강 / 누를 압 / 정사 정 / 꾀 책 | 강제로 억누르는 정책.

**❷강압 降壓** 내릴 강 / 누를 압 | 압력을 낮춤.

**강압하다 降壓** 내릴 강 / 누를 압 | 전기·전자 전압을 낮추다. ↔ 승압하다.

**강약 強弱** 강할 강 / 약할 약 | 강하고 약함.

**강약부동 強弱不同** 강할 강 / 약할 약 / 아닐 부 / 한가지 동 | 둘 사이의 힘이 한편은 강하고 한편은 약하여 서로 상대가 되지 않음.

**강역 江域** 강 강 / 지경 역 | 강토의 구역.

**❶강연 講演** 외울 강 / 펼 연 | 청중 앞에서 말함.

**강연료 講演料** 외울 강 / 펼 연 / 헤아릴 료(요) | 강연에 대한 사례금.

**❷강연 講筵** 외울 강 / 대자리 연 | 역사 임금에게 경서(經書)를 강론하던 일. 아침의 조강(朝講), 낮의 주강(晝講), 저녁의 석강(夕講)이 있었다.

**강요 強要** 강할 강 / 요긴할 요 | 억지로 하게 함.

**강요하다 強要하다** 강할 강 / 요긴할 요 | 억지로 하게 하다.

**❶강우 降雨** 내릴 강 / 비 우 | 비가 내림.

**강우량 降雨量** 내릴 강 / 비 우 / 헤아릴 량(양) | 일정 기간 동안 일정한 곳에 내린 비의 분량. 단위는 mm.

**❷강우 強雨** 강할 강 / 비 우 | 비가 세차게 내림.

**강유 剛柔** 굳셀 강 / 부드러울 유 | 굳셈과 부드러움.

**강의 講義** 외울 강 / 옳을 의 | 뜻을 풀어서 가르침.

**강의하다 講義하다** 외울 강 / 옳을 의 | 뜻을 풀어서 가르치다.

**강인 強靭** 강할 강 / 질길 인 | 힘차고 질김.

**강인하다 強靭하다** 강할 강 / 질길 인 | 힘차고 질기다.

**강자 強者** 강할 강 / 놈 자 | 힘이 센 자.

**강장 強壯** 강할 강 / 장할 장 | 몸이 건강하고 혈기 왕성함.

**강장제 強壯劑** 강할 강 / 장할 장 / 약제 제 | 몸을 튼튼하게 하는 약제.

**강적 強敵** 강할 강 / 대적할 적 | 강한 적.

**강점 強占** 강할 강 / 점령할 점 | 남의 영역을 강제로 차지함.

**강점하다 強占하다** 강할 강 / 점령할 점 | 남의 영역을 강제로 차지하다.

**강제 強制** 강할 강 / 절제할 제 | 뜻에 반하여 억지로 억누름.

**강제격리 強制隔離** 강할 강 / 절제할 제 / 사이 뜰 격 / 떠날 리(이) | 보건 전염병 예방을 위하여 환자를 강제로 병원이나 시설에 수용해서 격리시킴.

**강제수용 強制收用** 강할 강 / 절제할 제 / 거둘 수 / 쓸 용 | | 법률 국가나 공공 단체가 공공의 목적을 위하여 개인의 특정한 재산권을 법률의 힘에 의하여 강제적으로 취득하는 제도.

**강제집행 強制執行** 강할 강 / 절제할 제 / 잡을 집 / 다닐 행 | 법률 사법상 또는 행정법상의 의무를 이행하지 아니하는 사람에 대하여, 국가가 강제 권력으로 그 의무의 이행을 실현하는 것.

**강조 強調** 강할 강 / 고를 조 | 특별히 힘을 줌.

**강조하다 強調**하다 강할 강 / 고를 조 | 특별히 힘을 주다.

**강좌 講座** 외울 강 / 자리 좌 | 강의나 강연 또는 설교를 하는 자리.

**강주 強酒** 강할 강 / 술 주 | 알코올 성분이 많은 독한 술.

**강주정 강酒酊** 술 주 / 술 취할 정 | 술에 취한 체하는 주정.

**강직 剛直** 굳셀 강 / 곧을 직 | 마음이 곳곳하고 곧음.

**강직하다 剛直**하다 굳셀 강 / 곧을 직 | 마음이 곳곳하고 곧다.

**강진 強震** 강할 강 / 우레 진 | 진도 5이상의 센 지진.

**강철 鋼鐵** 강철 강 / 쇠 철 | 강한 철.

**강청 強請** 강할 강 / 청할 청 | 억지로 청함.

**강타 強打** 강할 강 / 칠 타 | 세게 침.

**강타하다 強打**하다 강할 강 / 칠 타 | 세게 치다.

**강탈 強奪** 강할 강 / 빼앗을 탈 | 강제로 빼앗음.

**강탈하다 強奪**하다 강할 강 / 빼앗을 탈 | 강제로 빼앗다.

**강토 疆土** 지경 강 / 흙 토 | 국경 안에 있는 땅.

**❶강판 鋼板** 강철 강 / 널빤지 판 | 강철판.

**❷강판 薑板** 생강 강 / 널빤지 판 | 올록볼록한 요철이 있어서 과일이나 야채의 즙을 갈아내는 판.

**강팍하다 剛愎**하다 굳세다 강 / 까다롭다 팍 | 성격이 까다롭고 드세다.

**강평 講評** 외울 강 / 평할 평 | 강론하여 비평함.

**강평하다 講評**하다 외울 강 / 평할 평 | 강론하여 비평하다.

**강포 強暴** 강할 강 / 사나울 포 | 몹시 사납고 악함.

**강포하다 強暴**하다 강할 강 / 사나울 포 | 몹시 사납고 악하다.

**강풍 強風** 강할 강 / 바람 풍 | 세게 부는 바람.

**강하 降下** 내릴 강 / 아래 하 | 아래로 내려옴.

**강하하다 降下**하다 내릴 강 / 아래 하 | 아래로 내려오다.

**강하다 強**하다 강할 강 | 힘이 세다.

**강학 講學** 외울 강 / 배울 학 | 학문을 닦고 연구

함.

**강행 強行** 강할 강 / 다닐 행 | 억지로 행함.

**강행군 強行軍** 강할 강 / 다닐 행 / 군사 군 | 어떤 일을 짧은 시간 안에 끝내려고 무리하게 함.

**❶강호 強豪** 강할 강 / 호걸 호 | 힘이 센 사람.

**❷강호 江湖** 강 강 / 호수 호 | 1. 강과 호수 2. 세상을 피하여 숨어사는 자연.

**강호문학 江湖文學** 강 강 / 호수 호 / 글월 문 / 배울 학 | 문학 속세를 떠나 자연 속에서 한가로운 삶을 누리는 것을 주제로 한 문학.

**강호파 江湖派** 강 강 / 호수 호 / 갈래 파 | 역사 혼란스러운 세속을 떠나 자연에 묻혀서 한가로이 삶을 향유하는 사람들을 가리킴.

**❶강화 強化** 강할 강 / 될 화 | 강하게 됨.

**강화하다 強化**하다 강할 강 / 될 화 | 강하게 되다.

**❷강화 講和** 외울 강 / 화할 화 | 교전국끼리 싸움을 그만두고 화의를 함.

**강화하다 講和**하다 외울 강 / 화할 화 | 교전국끼리 싸움을 그만두고 화의를 하다.

**강화조약 講和條約** 외울 강 / 화할 화 / 가지 조 / 맺을 약 | 정치 서로 싸우던 나라끼리 전쟁의 끝내고 평화롭게 지내기 위하여 맺는 조약.

**개각 改閣** 고칠 개 / 집 각 | 내각을 개편함.

**개각하다 改閣**하다 고칠 개 / 집 각 | 내각을 개편하다.

**개간 開墾** 열 개 / 개간할 간 | 땅을 쓸모 있게 하기 위하여 일굼.

**개간하다 開墾**하다 열 개 / 개간할 간 | 땅을 쓸모 있게 하기 위하여 일구다.

**개강 開講** 열 개 / 외울 강 | 강의를 시작함.

**개강하다 開講**하다 열 개 / 외울 강 | 강의를 시작하다.

**개결 介潔** 낄 개 / 깨끗할 결 | 성품이 단단하고 깨끗함.

**개과천선 改過遷善** 고칠 개 / 지날 과 / 옮길 천 / 착할 선 | 지난날의 잘못을 고쳐 올바르고 착하게 거듭 남.

**❶개관 開館** 열 개 / 집 관 | 도서관, 영화관, 박물관 등이 문을 엶.

**개관식 開館式** 열 개 / 집 관 / 식 식 | 도서관, 영화관, 박물관 등이 처음으로 문을 열면서 거행하는 의식.

**❷개관 槪觀** 대개 개 / 볼 관 | 전체를 대강 살펴봄.

**개관하다 槪觀**하다 대개 개 / 볼 관 | 전체를 대강 살펴보다.

**개괄 槪括** 대개 개/ 묶다 괄 | 중요한 내용이나 줄거리를 대강 추려 냄.

**개괄하다 槪括**하다 대개 개/ 묶다 괄 | 중요한 내용이나 줄거리를 대강 추려 내다.

**개괄적 槪括的** 대개 개 / 묶다 괄 / 과녁 적 | 중요한 내용이나 줄거리를 대강 추려 내는 것.

**개교 開校** 열 개 / 학교 교 | 학교 일을 시작함.

**개교기념일 開校紀念日** 열 개 / 학교 교 / 벼리 기 / 생각 념(염) / 날 일 | 개교 날짜에 맞추어 매년 기념하는 날.

**개구 開口** 열 개 / 입구 | 입을 벌림.

**개국 開國** 열 개 / 나라 국 | 새로 나라를 세움.

**개국하다 開國**하다 열 개 / 나라 국 | 새로 나라를 세우다.

**개근 皆勤** 다 개 / 부지런할 근 | 빠지지 않고 참석함.

**개금 改金** 고칠 개 / 쇠 금 | 불교 불상에 금칠을 다시 함.

**개념 槪念** 대개 개 / 생각 념(염) | 1. 어떤 사물이나 현상에 대한 일반적이고 보편적인 지식 2. 철학 여러 관념 속에서 공통된 요소를 뽑아내어 종합해서 얻은 하나의 보편적인 관념

**개략 槪略** 대개 개 / 간략할 략(약) | 내용을 대강 추려서 줄임.

**개량 改良** 고칠 개 / 어질 량(양) | 좋게 고침.

**개량하다 改良**하다 고칠 개 / 어질 량(양) | 좋게 고치다.

**개량주의자 改良主義者** 고칠 개 / 어질 량(양) / 주인 주 / 옳을 의 / 놈 자 | 개량을 주장하거나 지지하는 사람.

**개론 槪論** 대개 개 / 논할 론(논) | 내용을 대강 추려서 서술함.

**개막 開幕** 열 개 / 장막 막 | 막을 열거나 올린다는 뜻으로, 시작함을 뜻함.

**개막하다 開幕**하다 열 개 / 장막 막 | 막을 열거나 올린다는 뜻으로, 시작하다.

**❶개명 開明** 열 개 / 밝을 명 | 1. 사람의 지혜가 열림 2. 지혜가 계발되고 문화가 발달하여 새로운 사상, 문물 따위를 가지게 됨.

**❷개명 改名** 고칠 개 / 이름 명 | 이름을 고침.

**개문 開門** 열 개 / 문 문 | 문을 엶.

**개문발차 開門發車** 열 개 / 문 문 / 필 발 / 수레 차 | 문을 연 상태로 자동차나 기차가 출발함.

**개발 開發** 열 개 / 필 발 | 개척하여 발전시킴.

**개발도상국 開發途上國** 열 개 / 필 발 / 길 도 / 윗 상 / 나라 국 | 산업 근대화와 경제 개발 과정에 있는 나라.

**개발원조 開發援助** 열 개 / 필 발 / 도울 원 / 도울 조 | 경제 개발도상국에 대한 선진국의 경제적 도움.

**개방 開放** 열 개 / 놓을 방 | 열어 놓음.

**개방하다 開放**하다 열 개 / 놓을 방 | 열다. 열어 놓다.

**개방적 開放的** 열 개 / 놓을 방 / 과녁 적 | 열린.

**개방경제 開放經濟** 열 개 / 놓을 방 / 지날 경 / 건널 제 | 경제 상품이나 자본을 외국과 거래할 때 제한을 두지 않는 경제.

**개벽 開闢** 열다 개/ 열다 벽 | 새로운 세상을 여는

일.

**개변 改變** 고칠 개 / 변할 변 | 고쳐서 바꿈.

**개별 個別** 낱 개 / 나눌 별 | 하나하나 따로의 것.

**개별적 個別的** 낱 개 / 나눌 별 / 과녁 적 | 하나하나 따로 나뉘어 있는.

**❶개복 開腹** 열 개 / 배 복 | 배를 열음.

**개복수술 開腹手術** 열 개 / 배 복 / 손 수 / 재주 술 | 의학 배를 갈라서 열고 하는 수술.

**❷개복 蓋覆** 덮을 개 / 다시 복 | 덮개를 덮음.

**개봉 開封** 열 개 / 봉할 봉 | 닫힌 것을 열음.

**개봉하다 開封하다** 열 개 / 봉할 봉 | 닫힌 것을 열다.

**개봉관 開封館** 열 개 / 봉할 봉 / 집 관 | 새로운 영화를 상영하는 영화관.

**개산 開山** 열 개 / 메 산 | 불교 절을 처음으로 세움.

**개산시조 開山始祖** 열 개 / 메 산 / 비로소 시 / 할아버지 조 | 불교 절을 처음 세우거나 종파를 새로 연 승려.

**개서 改書** 고칠 개 / 글 서 | 새로 고쳐 씀.

**❶개선 改善** 고칠 개 / 착할 선 | 잘못된 것을 고침.

**개선하다 改善하다** 고칠 개 / 착할 선 | 잘못된 것을 고치다.

**❷개선 凱旋** 개선할 개 / 돌 선 | 이기고 돌아옴.

**개선하다 凱旋하다** 개선할 개 / 돌 선 | 이기고 돌아오다.

**개선문 凱旋門** 개선할 개 / 돌 선 / 문 문 | 승리를 기념하기 위해 세운 문.

**개선장군 凱旋將軍** 개선할 개 / 돌 선 / 장수 장 / 군사 군 | 싸움터에서 이기고 돌아온 장군.

**개설 開設** 열 개 / 베풀 설 | 새로 설치함.

**개설하다 開設하다** 열 개 / 베풀 설 | 새로 설치하다.

**개성 個性** 낱 개 / 성품 성 | 자기만의 고유의 특성.

**개세 蓋世** 덮을 개 / 인간 세 | 세상을 뒤덮음.

**개세영웅 蓋世英雄** 덮을 개 / 인간 세 / 꽃부리 영 / 수컷 웅 | 위세가 세상을 뒤덮을 만큼 큰 영웅.

**개소 開所** 열 개 / 바 소 | 사무소, 연구소 등을 엶.

**개소식 開所式** 열 개 / 바 소 / 법 식 | 개소할 때 행하는 의식.

**개시 開始** 열 개 / 비로소 시 | 처음으로 시작함.

**개시하다 開始하다** 열 개 / 비로소 시 | 처음으로 시작하다.

**개심 改心** 고칠 개 / 마음 심 | 마음을 고쳐먹음.

**개악 改惡** 고치다 개 / 나쁘다 악 | 고쳐서 도리어 나빠짐. ↔ 개선(改善).

**개안 開眼** 열 개 / 눈 안 | 눈을 뜸.

**개업 開業** 열 개 / 업 업 | 영업을 시작함.

**개업하다 開業**하다 열 개 / 업 업 | 영업을 시작하다.

**개연 蓋然** 덮을 개 / 그럴 연 | 대개 그러하리라고 생각함.

**개연성 蓋然性** 덮다 개 / 그러하다 연 / 성품 성 | 확실치는 않으나 아마 그럴 것이라고 생각되는 성질. ↔ 필연성.

**개오 改悟** 고칠 개 / 깨달을 오 | 잘못을 깨닫고 뉘우침.

**개운 開運** 열 개 / 옮길 운 | 운이 트임.

**개원 開院** 열 개 / 집 원 | 병원, 학원 등을 엶.

**개원하다 開院**하다 열 개 / 집 원 | 병원, 학원 등을 열다.

**개의하다 介意**하다 끼다 개/ 뜻 의 | 어떤 일을 마음에 두어 신경이 쓰이다.

**개인 個人** 낱 개 / 사람 인 | 낱낱의 사람. ↔ 단체.

**개인적 個人的** 낱 개 / 사람 인 / 과녁 적 | 한 사람에게 속하거나 관계되는 것.

**개인주의 個人主義** 낱 개 / 사람 인 / 주인 주 / 옳을 의 | 사회나 집단보다 개인의 가치를 더 존중하는 주의.

**개인차 個人差** 낱 개 / 사람 인 / 다를 차 | 개인의 정신적·신체적 특성의 차이.

**개작 改作** 고칠 개 / 지을 작 | 고쳐 지음.

**개작하다 改作**하다 고칠 개 / 지을 작 | 고쳐 짓다.

**❶개장 開帳** 열 개 / 장막 장 | 펼쳐서 벌려놓음.

**❷개장 開場** 열 개 / 마당 장 | 어떤 곳을 열어 운영을 시작함.

**❶개전 開戰** 열 개 / 싸움 전 | 전쟁을 시작함.

**개전하다 開戰**하다 열 개 / 싸움 전 | 전쟁을 시작하다.

**❷개전 改悛** 고치다 개 / 뉘우치다 전 | 잘못을 뉘우쳐서 마음을 바르게 고침.

**개점 開店** 열 개 / 가게 점 | 상점을 엶.

**개점휴업 開店休業** 열 개 / 가게 점 / 쉴 휴 / 업 업 | 상점은 열었으나 거래가 없는 상태.

**❶개정 改正** 고칠 개 / 바를 정 | 고쳐서 바르게 함.

**개정안 改正案** 고칠 개 / 바를 정 / 책상 안 | 고쳐 바로잡은 안건.

**❷개정 開廷** 열 개 / 조정 정 | 법정을 열고 재판을 시작함.

**개조 改造** 고칠 개 / 지을 조 | 고쳐서 다시 만듦.

**개조하다 改造**하다 고칠 개 / 지을 조 | 고쳐서 다시 만들다.

**개종 改宗** 고칠 개 / 마루 종 | 믿고 있던 종교를 바꿈.

**개진 開陳** 열 개 / 베풀 진 | 의견을 드러내어 표현함.

**개진하다 開陳**하다 열 개 / 베풀 진 | 의견을 드러 내어 표현하다.

**개찰 改札** 고칠 개 / 편지 찰 | 입구에서 표를 조사함.

**개창 開創** 열 개 / 비롯할 창 | 새로 창설함.

**개척 開拓** 열 개 / 넓힐 척 | 1. 새로운 일을 처음으로 시작함. 2. 황무지를 일구어서 새로운 농토를 만듦.

**개척단 開拓團** 열 개 / 넓힐 척 / 둥글 단 | 개척민들이 모여서 만든 단체.

**개척지 開拓地** 열 개 / 넓힐 척 / 땅 지 | 개척한 땅.

**개체 個體** 낱 개 / 몸 체 | 낱낱의 물체.

**개체발생 個體發生** 낱 개 / 몸 체 / 필 발 / 날 생
생물 개체가 수정란에서부터 발생해서 죽을 때까지, 생물 개체들이 겪게 되는 형태학적 발달 과정.

**개최 開催** 열 개 / 재촉할 최 | 모임이나 회의를 주최하여 엶.

**개최지 開催地** 열 개 / 재촉할 최 / 땅 지 | 행사나 모임을 여는 장소.

**개축 改築** 고칠 개 / 쌓을 축 | 고쳐서 다시 세우거나 쌓음.

**개축비 改築費** 고칠 개 / 쌓을 축 / 쓸 비 | 고쳐서 다시 짓는데 드는 비용.

**개칭 改稱** 고칠 개 / 일컬을 칭 | 칭호를 고침.

**개칠 改漆** 고칠 개 / 옻 칠 | 칠한 곳에 다시 더 칠함.

**개탁 開坼** 열 개 / 터질 탁 | 봉한 편지를 뜯어 봄.

**개탄 慨歎** 슬퍼할 개 / 탄식할 탄 | 분개하여 한숨을 쉼.

**개탄하다 慨歎**하다 슬퍼할 개 / 탄식할 탄 | 분개하여 한숨을 쉬다.

**개토 開土** 열 개 / 흙 토 | 땅을 파내기 시작함.

**개통 開通** 열 개 / 통할 통 | 처음으로 통행을 시작함.

**개통식 開通式** 열 개 / 통할 통 / 법 식 | 개통을 기념하는 의식.

**개판 改版** 고칠 개 / 판목 판 | 판을 고쳐서 다시 짬.

**개편 改編** 고칠 개 / 엮을 편 | 고쳐서 다시 짬.

**개편하다 改編**하다 고칠 개 / 엮을 편 | 고쳐서 다시 짜다.

**개폐 開閉** 열 개 / 닫을 폐 | 여닫음.

**개폐하다 開閉**하다 열 개 / 닫을 폐 | 여닫다. 열고 닫다.

❶**개표 開票** 열 개 / 표 표 | 투표함을 열고 표를 셈.

❷**개표 改票** 고칠 개 / 표 표 | 입구에서 표를 조사함.

**개항 開港** 열 개 / 항구 항 | 항구를 개방함.

**개항하다 開港**하다 열 개 / 항구 항 | 항구를 개방하다.

**개헌 改憲** 고칠 개 / 법 헌 | 헌법을 고침.

**개헌하다 改憲**하다 고칠 개 / 법 헌 | 헌법을 고치다.

**개혁 改革** 고칠 개 / 가죽 혁 | 새롭게 뜯어 고침.

**개혁하다 改革**하다 고칠 개 / 가죽 혁 | 새롭게 뜯어 고치다.

**개혼 開婚** 열 개 / 혼인할 혼 | 한집안의 여러 자녀 가운데 처음으로 혼인을 치름.

**❶개화 開花** 열 개 / 꽃 화 | 꽃이 핌.

**개화기 開花期** 열다 개 / 꽃 화 / 때 기 | 1. 꽃이 피어나는 때. 2. 문화나 예술이 한창 번영하는 시기를 비유.

**❷개화 開化** 열다 개 / 되다 화 | 사람의 지혜가 열려 새로운 사상, 문물, 제도 따위를 가지게 됨. ↔ 수구(守舊).

**개화기 開化期** 열 개 / 될 화 / 기약할 기 | 1876년 강화도조약부터, 국내외적 영향을 받아 우리나라가 봉건적인 사회 질서를 타파하고 근대적 사회로 나아가던 시기. 개화기에서 1894년 갑오경장은 위아래에서 우리 방식의 근대화를 모색한 시기로 주요한 의미를 지니고 있다.

**개회 開會** 열 개 / 모일 회 | 모임을 시작함.

**개회사 開會辭** 열 개 / 모일 회 / 말씀 사 | 모임을 시작할 때 인사로 하는 말.

**객고 客苦** 손 객 / 쓸 고 | 객지에서 겪는 고생.

**객관 客觀** 손님 객 / 볼 관 | 자기만의 입장에서 벗어나, 있는 그대로의 사물을 보는 것.

**객관식 客觀式** 손 객 / 볼 관 / 법 식 | 필기시험에서, 미리 제시된 답 가운데에서 정답을 고르게 하는 방식. ↔ 주관식.

**객관적 客觀的** 손 객 / 볼 관 / 과녁 적 | 자기와의 관계에서 벗어나 있는 그대로의 사물을 보는 것. 세계나 자연 등이 주관의 작용과는 독립하여 존재한다고 생각하는 것. ↔ 주관적.

**객관적 상관물 客觀的相關物** 손 객 / 볼 관 / 과녁 적 / 서로 상 / 관계할 관 / 물건 물 | 감정이입의 대상. 감정을 표현하기 위한 대상물.

**객관설 客觀說** 손 객 / 볼 관 / 말씀 설 | 철학 인간 의식의 바깥에 인식되기 이전의 실재가 존재한다는 학설.

**객체 客體** 손님 객 / 몸 체 | 생각이나 행위가 미치는 대상. ↔ 주체.

**객쩍다 客**쩍다 손 객 | 쓸데없고 실없는 말이나 행동.

**객기 客氣** 손 객 / 기운 기 | 객쩍게 부리는 혈기.

**❶객담 客談** 손 객 / 말씀 담 | 객쩍은 말.

**❷객담 喀痰** 토할 객 / 가래 담 | 가래를 뱉음.

**❶객사 客舍** 손 객 / 집 사 | 나그네가 묵는 집.

**❷객사 客思** 손 객 / 생각 사 | 객지에서 느끼는 생각.

❸객사 客死 손 객 / 죽을 사 | 객지에서 죽음.

객석 客席 손 객 / 자리 석 | 손님 자리.

객수 客愁 손 객 / 근심 수 | 객지에서 느끼는 시름.

객실| 客室 손 객 / 집 실 | 손님방.

객주 客主 손 객 / 주인 주 | 역사 조선 시대에, 상인들의 거처를 제공하여주고 물건을 맡아 팔거나 흥정을 붙여 주는 일을 하던 상인.

객줏집 客主집 손 객 / 주인 주 | 예전에, 길 가는 나그네들에게 술이나 음식을 팔고 손님을 재우는 영업을 하던 집.

객차 客車 손 객 / 수레 차 | 여객을 싣고 가는 기차.

객창 客窓 손 객 / 창 창 | 나그네가 객지에서 묵고 있는 방.

객창감 客窓感 손 객 / 창 창 / 느낄 감 | 1. 나그네가 느끼는 쓸쓸한 정서 2. 여행하면서 느끼는 낯선 감정이나 집에 대한 그리움.

객체 客體 손 객 / 몸 체 | 작용의 대상이 되는 쪽. ↔ 주체.

객토 客土 손 객 / 흙 토 | 농업 토질을 개량하기 위하여, 다른 곳의 흙을 파다가 논밭에 옮기는 일.

객혈 喀血/略血 토할 객 / 피 혈 | 피를 뱉어 냄.

❶갱 羹 국 갱 | 제사에 쓰이는 국.

❷갱 坑 구덩이 갱 | 구덩이. 굴.

갱내 坑內 구덩이 갱 / 안 내 | 광산의 굴 안.

갱내분진 坑內粉塵 구덩이 갱 / 안 내 / 가루 분 / 티끌 진 | 광업 광물을 캐기 위한 갱 안에서 생기는 먼지.

갱년기 更年期 고칠 경 / 해 년(연) / 기약할 기 | 인체가 성숙기에서 노년기로 접어드는 시기. 생식 기능이 저하되며 여러 가지 변화가 나타남.

갱도 坑道 구덩이 갱 / 길 도 | 굴속으로 난 길.

갱목 坑木 구덩이 갱 / 나무 목 | 굴이 무너지지 않게 받치는 기다란 나무토막.

갱생 更生 다시 갱 / 날 생 | 다시 살아 남.

갱생하다 更生하다 다시 갱 / 날 생 | 다시 살아 나다.

자력갱생 自力更生 스스로 자 / 힘 력(역) / 다시 갱 / 날 생 | 남에게 의지하지 않고 자신의 힘으로 어려운 처지에서 벗어나 새로운 삶을 살아 감.

갱신 更新 다시 갱 / 새롭다 신 | 다시 고침.

계약갱신 契約更新 맺을 계 / 맺을 약 / 다시 갱 / 새 신 | 경제 계약을 유효 기간 내에 동일한 내용으로 재계약하는 일.

경신 更新 고칠 경/ 새로울 신 | 이미 있던 것을 고쳐 새롭게 씀.

기록 경신 記錄更新 기록할 기 / 기록할 록(녹) / 고칠 경 / 새 신 | 기록경기에서, 종전의 기록을 깨뜨림.

**갹출 醵出** 술추렴할 갹 / 내다 출 | 여러 사람이 나누어 냄. ≒ 추렴.

**거가대족 巨家大族** 클 거 / 집 가 / 클 대 / 겨레 족 | 대대로 번성한 문벌이 높은 집안.

**거간 居間** 살 거 / 사이 간 | 사고파는 일에 흥정을 붙임.

**거간꾼 居間꾼** 살 거 / 사이 간 | 사고파는 사람 사이에 들어 흥정을 붙이는 사람.

**거개 擧皆** 들 거 / 다 개 | 거의 모두.

**거거일 去去日** 갈 거 // 날 일 | 그저께.

**거구 巨軀** 클 거 / 몸 구 | 커다란 몸.

**거국 擧國** 들 거 / 나라 국 | 온 나라.

**거국적 擧國的** 들 거 / 나라 국 / 과녁 적 | 온 나라 국민이 모두.

**거국일치 擧國一致** 들 거 / 나라 국 / 한 일 / 이를 치 | 국민 전체가 한마음이 됨.

**거금 巨金** 클 거 / 쇠 금 | 큰돈.

**거냉 去冷** 갈 거 / 찰 랭(냉) | 찬 기운이 살짝 가시게 약간만 데움.

**거담 祛痰/去痰** 떨 거 / 가래 담 | 가래를 없앰.

**거담제 祛痰劑** 떨 거 / 가래 담 / 약제 제 | 약학 가래를 묽게 하여 삭게 하는 약.

**거대 巨大** 클 거 / 클 대 | 엄청나게 큼.

**거대도시 巨大都市** 클 거 / 클 대 / 도읍 도 / 저자 시 | 사회 인구와 사회적 기능이 고도로 집중화된 현대의 대도시. 한 나라의 정치·경제·문화의 집결지. ≒ 메트로폴리스.

**거동 擧動** 들 거 / 움직일 동 | 몸을 움직임.

**거동하다 擧動하다** 들 거 / 움직일 동 | 몸을 움직이다.

**❶거두 擧頭** 들 거 / 머리 두 | 머리를 듦.

**❷거두 巨頭** 클 거 / 머리 두 | 영향력이 크며 주요한 자리에 있는 사람.

**❸거두절미 去頭截尾** 갈 거 / 머리 두 / 끊을 절 / 꼬리 미 | 머리와 꼬리를 잘라버림.

**거래 去來** 갈 거 / 올 래(내) | 1. 주고받음 2. 사고팔기.

**거래하다 去來하다** 갈 거 / 올 래(내) | 1. 물건을 주고받다 2. 사고팔다.

**거리 距離** 떨어질 거 / 헤어질 리(이) | 공간적으로 떨어진 길이.

**거리감 距離感** 떨어질 거 / 헤어질 리(이) / 느낄 감 | 1. 거리가 떨어져 있다고 느끼는 느낌 2. 사람 사이에 서로 친숙하지 않아 서먹서먹한 느낌.

**❶거만 倨慢** 거만할 거 / 거만할 만 | 잘난 체하여 건방짐.

**거만하다 倨慢하다** 거만할 거 / 거만할 만 | 잘난 체하여 건방지다.

**❷거만 巨萬/鉅萬** 클 거 / 일만 만 | 만의 곱절이라는 뜻으로, 많은 수를 가리킴.

**거물 巨物** 클 거 / 물건 물 | 크게 뛰어난 인물.

**거반 居半** 살 거 / 반 반 | 거의 반.

**거병 擧兵** 들 거 / 병사 병 | 군사를 일으킴.

**거병하다 擧兵하다** 들 거 / 병사 병 | 군사를 일으키다.

**거보 巨步** 클 거 / 걸음 보 | 큰 걸음.

**거봉 巨峯** 클 거 / 봉우리 봉 | 크고 높은 산봉우리.

**❶거부 巨富** 클 거 / 부유할 부 | 큰 부자.

**❷거부 拒否** 막을 거 / 아닐 부 | 거절하여 반대함.

**거부권 拒否權** 막을 거 / 아닐 부 / 저울추 권 | 거부할 수 있는 권리.

**❶거사 巨事** 클 거 / 일 사 | 매우 크고 거창한 일.

**❷거사 擧事** 들 거 / 일 사 | 일을 일으킴.

**거사하다 擧事하다** 들 거 / 일 사 | 일을 일으키다.

**❸거사 居士** 살 거 / 선비 사 | 숨어 살며 벼슬을 하지 않는 선비.

**거산 巨山** 클 거 / 메 산 | 크고 높은 산.

**거상 巨商** 클 거 / 장사 상 | 크게 하는 장사. 큰 장사꾼.

**거석 巨石** 클 거 / 돌 석 | 큰 돌.

**거선 巨船** 클 거 / 배 선 | 큰 배.

**거성 巨星** 클 거 / 별 성 | 큰 별.

**거세 去勢** 갈 거 / 형세 세 | 어떤 세력이나 대상을 없앰.

**거소 居所** 살 거 / 바 소 | 거처.

**❶거수 巨樹** 클 거 / 나무 수 | 큰 나무.

**❷거수 擧手** 들 거 / 손 수 | 손을 듦.

**거수가결 擧手可決** 들 거 / 손 수 / 옳을 가 / 결단할 결 | 손을 들어서 가부를 결정함.

**거시적 巨視的** 클 거 / 볼 시 / 과녁 적 | 사물이나 현상을 크게 전체적으로 분석·파악하는 것.

**거시적 경제론 巨視的 經濟論** 클 거 / 볼 시 / 과녁 적 / 지날 경 / 건널 제 / 논할 론(논) | 경제 국민 소득, 소비, 투자 따위의 집계량을 이용하여 경제 현상을 밝히려는 이론. ↔ 미시적 경제론.

**거식증 拒食症** 막을 거 / 밥 식 / 증세 증 | 의학 먹는 것을 거부하는 병적 증상.

**거실 巨室** 클 거 / 집 실 | 가족이 모여서 생활하는 큰 방.

**거안사위 居安思危** 살 거 / 편안할 안 / 생각할 사 / 위태로울 위 | 편안할 때 위태로울 때를 미리 대비함.

**거안제미 擧案齊眉** 들 거 / 책상 안 / 가지런할 제 / 눈썹 미 | 예전에 밥상을 눈썹과 가지런하도록 공손히 들어 남편 앞에 가지고 간다는 뜻으로, 남편을 깍듯이 공경함을 이르는 말.

**거액 巨額** 클 거 / 이마 액 | 많은 돈.

**거양 擧揚** 들 거 / 날릴 양 | 들어 올림.

**거역 拒逆** 막을 거 / 거스를 역 | 거슬러 반대함.

**거역하다 拒逆하다** 막을 거 / 거스를 역 | 거슬러 반대하다.

**거인 巨人** 클 거 / 사람 인 | 체구가 큰 사람.

**거장 巨匠** 클 거 / 장인 장 | 예술 등의 전문분야에서 특별히 뛰어난 사람.

**거절 拒絕** 막을 거 / 끊을 절 | 받아들이지 않고 물리침.

**거절하다 拒絕하다** 막을 거 / 끊을 절 | 받아들이지 않고 물리치다.

**거점 據點** 근거 거 / 점 점 | 활동의 근거가 되는 중요한 지점.

**거조 擧措** 들 거 / 둘 조 | 말이나 행동하는 태도.

**거족적 擧族的** 들 거 / 겨레 족 / 과녁 적 | 온 겨레에 관계되거나 참가하는 것.

**거주 居住** 살 거 / 살 주 | 일정한 곳에 머물러 삶.

**거주하다 居住하다** 살 거 / 살 주 | 일정한 곳에 머물러 살다.

**거주민 居住民** 살 거 / 살 주 / 백성 민 | 일정한 지역에 거주하는 사람들.

**거주지주의 居住地主義** 살 거 / 살 주 / 땅 지 / 주인 주 / 옳을 의 | 법률 조세를 내는 사람은 반드시 조세를 거두는 단체의 주민이어야 한다는 주의.

**거주성명 居住姓名** 살 거 / 살 주 / 성씨 성 / 이름 명 | 주소와 성명.

**거중 居中** 살 거 / 가운데 중 | 두 편의 중간.

**거중조정 居中調停** 살 거 / 가운데 중 / 고를 조 / 머무를 정 | 둘 사이에 들어 다툼을 말리거나 화해를 붙임.

**거취 去就** 갈 거 / 나아갈 취 | 1. 어디로 다니거나 가는 일. 2. 어떤 일에 대하여 자기의 입장을 밝힘.

**거찰 巨刹** 클 거 / 절 찰 | 불교 규모가 크거나 이름난 절.

**거창 巨創** 클 거 / 비롯할 창 | 일의 규모가 매우 크고 넓음.

**거창하다 巨創하다** 클 거 / 비롯할 창 | 일의 규모가 매우 크고 넓다

**거처 居處** 살 거 / 곳 처 | 일정하게 자리를 잡고 사는 일.

**거철 車轍** 수레 거 / 바퀴 자국 철 | 수레가 지나간 자국

**거치 据置** 근거 거 / 둘 치 | 그대로 둠.

**거치예금 据置預金** 근거 거 / 둘 치 / 맡길 예 / 금 금 | 경제 일정 기간은 예금액을 지급하지 않는다는 조건이 붙은 예금.

**거포 巨砲** 클 거 / 대포 포 | 큰 대포.

**거풍 擧風** 들 거 / 바람 풍 | 바람을 쐼.

**거풍하다 擧風하다** 들 거 / 바람 풍 | 바람을 쐬다.

**거피** 去皮 갈 거 / 가죽 피 | 껍질을 벗김.

**거피하다** 去皮하다 갈 거 / 가죽 피 | 껍질을 벗기다.

**거하다** 居하다 살 거 | 일정한 곳에 머물러 살다.

**거한** 巨漢 클 거 / 한수 한 | 몸집이 매우 큰 사내.

**거함** 巨艦 클 거 / 큰 배 함 | 큰 군함.

**거행** 擧行 들 거 / 다닐 행 | 1. 명령대로 시행함. 2. 의식이나 행사 치름.

**거행하다** 擧行하다 들 거 / 다닐 행 | 1. 명령대로 시행하다. 2. 의식이나 행사 치르다.

**건각** 健脚 굳셀 건 / 다리 각 | 다리가 튼튼하여 잘 걷거나 잘 뛰는 사람.

**건강** 健康 굳셀 건 / 편안 강 | 몸에 탈이 없이 튼튼함.

**건곤** 乾坤 하늘 건 / 땅 곤 | 하늘과 땅.

**건곤일색** 乾坤一色 하늘 건 / 땅 곤 / 하나 일/ 빛 색 | 1. 하늘과 땅이 한 가지 색으로 보이다 2. 눈이 내린 뒤에 온 세상이 하얀 한 가지 빛깔로 뒤덮인 듯함.

**건곤일척** 乾坤一擲 하늘 건/ 땅 곤/ 하나 일 / 던지다 척 | 하늘과 땅을 걸고 운에 맡겨 한번 던져본다는 뜻으로, 운명을 건 한 판 승부.

**건과** 乾果 하늘 건 / 실과 과 | 1. 익으면 껍질이 마르는 과실. 밤, 호두 등. 2. 생과일을 햇볕이나 열에 말린 것. 건포도, 곶감 등.

**건국** 建國 세울 건 / 나라 국 | 나라를 세움.

**건국신화** 建國神話 세울 건 / 나라 국 / 귀신 신 / 말씀 화 | 나라의 기원, 시조(始祖), 건국 등을 신성화한 이야기.

**건국이념** 建國理念 세울 건 / 나라 국 / 다스릴 리(이) / 생각 념(염) | 나라를 세우는 데 최고 이상(理想)으로 삼는 정신.

**건군** 建軍 세울 건 / 군사 군 | 군대를 처음으로 만듦.

**건기** 乾期 하늘 건 / 기약할 기 | 기후가 건조한 시기.

**건달** 乾達 하늘 건 / 통달할 달 | 1. 하는 일 없이 빈둥빈둥 놀거나 게으름을 부리는 사람. 2. 아무것도 가진 것 없이 난봉을 부리고 돌아다니는 사람.

**건답** 乾畓 하늘 건 / 논 답 | 마른 논.

**건도** 乾道 하늘 건 / 길 도 | 철학 지극히 강건한 하늘의 도. ≒ 곤도(坤道).

**건립** 建立 세울 건 / 설 립(입) | 건물을 세움.

**건립하다** 建立하다 세울 건 / 설 립(입) | 건물을 세우다.

**건망** 健忘 굳셀 건 / 잊을 망 | 잊어버림.

**건물** 建物 세울 건 / 물건 물 | 지워놓은 집들.

**건반악기** 鍵盤樂器 열쇠 건 / 소반 반 / 노래 악 / 그릇 기 | 음악 건반을 가진 악기. 오르간, 피아노, 쳄발로 등

**건설 建設** 세울 건 / 베풀 설 | 건물 등을 세움.

**건설하다 建設**하다 세울 건 / 베풀 설 | 건물 등을 세우다.

**건수 件數** 물건 건 / 셈 수 | 사물이나 사건의 가짓수

**건시 乾柿** 하늘 건 / 감나무 시 | 껍질을 벗겨서 말린 감.

**건승 健勝** 굳셀 건 / 이길 승 | 탈 없이 건강함.

**건승하다 健勝**하다 굳셀 건 / 이길 승 | 탈 없이 건강하다.

**건식 乾式** 하늘 건 / 법 식 | 물을 쓰지 않고 마른 상태로 하는 방식.

**건실 健實** 굳셀 건 / 열매 실 | 건전하고 착실함.

**건실하다 健實**하다 굳셀 건 / 열매 실 | 건전하고 착실하다.

**건아 健兒** 굳셀 건 / 아이 아 | 씩씩하고 건장한 남자.

**건어물 乾魚物** 하늘 건 / 물고기 어 / 물건 물 | 말린 물고기.

**건의 建議** 세울 건 / 의논할 의 | 의견을 내놓음.

**건의문 建議文** 세울 건 / 의논할 의 / 글월 문 | 의견을 내놓은 글.

**건장 健壯** 굳셀 건 / 장할 장 | 튼튼하고 기운이 셈.

**건장하다 健壯**하다 굳셀 건 / 장할 장 | 튼튼하고 기운이 세다.

**건재하다 健在**하다 굳셀 건 / 있을 재 | 성하게 잘 있다.

**건전 健全** 굳셀 건 / 온전할 전 | 건강하고 온전함.

**건전하다 健全**하다 굳셀 건 / 온전할 전 | 건강하고 온전하다.

**❶건조 乾燥** 하늘 건 / 마를 조 | 말라서 물기가 없음.

**건조기 乾燥器** 하늘 건 / 마를 조 / 그릇 기 | `기계` 물체에 있는 물기를 말리는 장치.

**건조무미 乾燥無味** 하늘 건 / 마를 조 / 없을 무 / 맛 미 | 재미나 멋이 없이 메마름.

**❷건조 建造** 세울 건 / 지을 조 | 건물이나 배를 설계하여 만듦.

**건조하다 建造**하다 세울 건 / 지을 조 | 건물이나 배를 설계하여 만들다.

**❸건조 乾棗** 하늘 건 / 대추 조 | 말린 대추.

**건초 乾草** 하늘 건 / 풀 초 | 마른 풀.

**건축 建築** 세울 건 / 쌓을 축 | 건물이나 구조물을 세움.

**건축가 建築家** 세울 건 / 쌓을 축 / 집 가 | 건축에 대한 전문적인 지식이나 기술을 가진 사람. 건축계획, 건축설계, 구조계획, 공사감리 등의 일을 한다.

**건판 乾板** 하늘 건 / 널빤지 판 | `화학` 사진 현상에 쓰는 감광판.

**건평 建坪** 세울 건 / 들 평 | 건물이 차지한 평수.

**❶건포 乾脯** 하늘 건 / 포 포 | 고기를 말린 포.

**❷건포도 乾葡萄** 하늘 건 / 포도 포 / 포도 도 | 말린 포도.

**걸물 傑物** 뛰어날 걸 / 물건 물 | 1. 뛰어난 물건. 2. 뛰어난 사람이나 잘난 사람을 비유함.

**걸인 乞人** 빌 걸 / 사람 인 | 남에게 빌어먹고 사는 사람.

**걸작 傑作** 뛰어날 걸 / 지을 작 | 뛰어난 작품.

**걸출 傑出** 뛰어날 걸 / 날 출 | 뛰어남.

**걸출하다 傑出하다** 뛰어날 걸 / 날 출 | 뛰어나다.

**검극 劍戟** 칼 검 / 창 극 | 칼과 창.

**검도 劍道** 칼 검 / 길 도 | 칼을 쓰는 무술.

**검문 檢問** 검사할 검 / 물을 문 | 검사하기 위하여 따져 물음.

**검문소 檢問所** 검사할 검 / 물을 문 / 바 소 | 군인이나 경찰이 통행인을 막고 인적 사항을 묻거나 소지품 및 차량 등을 검사하는 곳.

**검박 儉朴** 검소할 검 / 성씨 박 | 검소하고 소박함.

**검박하다 儉朴하다** 검소할 검 / 성씨 박 | 검소하고 소박하다.

**❶검사 檢査** 검사할 검 / 조사할 사 | 실상을 조사하고 판단함.

**검사하다 檢査하다** 검사할 검 / 조사할 사 | 조사하여 판단하다.

**❷검사 檢事** 검사할 검 / 일 사 | 〔법률〕 검찰권을 행사하는 사법관. 범죄를 수사하고 공소를 제기하며 재판을 집행한다.

**❸검사 劍士** 칼 검 / 선비 사 | 칼 쓰기에 능한 사람.

**검산 檢算** 검사할 검 / 셈 산 | 계산이 맞는지 살핌.

**검색 檢索** 검사할 검 / 찾을 색 | 1. 살피고 조사함 2. 필요한 자료를 찾아냄.

**검색하다 檢索하다** 검사할 검 / 찾을 색 | 1. 살피고 조사하다 2. 자료들을 찾아내다.

**검속 檢束** 검사할 검 / 묶을 속 | 〔법률〕 예전에, 공공의 안전을 해롭게 하거나 죄를 지을 염려가 있는 사람을 경찰에서 잠시 가두던 일.

**❶검수 檢數** 검사할 검 / 셈 수 | 물건의 개수를 세어 검사하는 일.

**❷검수 檢收** 검사할 검 / 거둘 수 | 물건의 규격, 수량, 품질 따위를 검사한 후 물건을 받음.

**검수하다 檢收하다** 검사할 검 / 거둘 수 | 물건의 규격, 수량, 품질 따위를 검사한 후 물건을 받다.

**검술 劍術** 칼 검 / 재주 술 | 검을 가지고 싸우는 기술.

**❶검안 檢案** 검사할 검 / 책상 안 | 뒤에 남은 흔적이나 상황을 조사함.

**검안하다** 檢案하다 검사할 검 / 책상 안 | 뒤에 남은 흔적이나 상황을 조사하다.

**❷검안** 檢眼 검사할 검 / 눈 안 | 시력을 검사함.

**검안하다** 檢眼하다 검사할 검 / 눈 안 | 시력을 검사하다.

**검약** 儉約 검소할 검 / 아낄 약 | 아끼다. ↔ 낭비.

**검약하다** 儉約하다 검소할 검 / 아낄 약 | 아끼다.

**검역** 檢疫 검사할 검 / 역병 역 | 1. 해로운 병원체를 검사하는 일  2. 해외에서 전염병이나 해충이 들어오는 것을 막기 위하여, 공항과 항구에서 검사를 하는 일.

**검열** 檢閱 검사할 검 / 볼 열 | 살펴서 검사함.

**검열하다** 檢閱하다 검사할 검 / 볼 열 | 살펴서 검사하다.

**검인** 鈐印 비녀장 검 / 도장 인 | 검사한 표시로 도장을 찍음.

**검정** 檢定 검사할 검 / 정할 정 | 자격이 있는지를 검사하여 결정함. ※ 예시: 검인정교과서.

**검증** 檢證 검사할 검 / 증명할 증 | 1. 검사하여 증명함.  2. 수사관이 증거를 조사함. 3. 명제가 참인지, 거짓인지 검사함.

**검증하다** 檢證하다 검사할 검 / 증명할 증 | 1. 검사하여 증명하다  2. 수사관이 증거를 조사하다.

**검진** 檢診 검사할 검 / 진찰할 진 | 의학 건강과 질병 상태를 알아보기 위하여 살피는 일.

**검진하다** 檢診하다 검사할 검 / 진찰할 진 | 의학 건강과 질병 상태를 알아보기 위하여 살피다.

**검찰** 檢察 검사할 검 / 살필 찰 | 법률 범죄를 수사하고 증거를 모으는 일. 주로 검사나 군 검찰관이 한다.

**검찰관** 檢察官 검사할 검 / 살필 찰 / 벼슬 관 | 검찰의 일을 맡은 사법공무원.

**검출** 檢出 검사할 검 / 날 출 | 검사하여 뽑아냄.

**검출하다** 檢出하다 검사할 검 / 날 출 | 검사하여 뽑아내다.

**검침** 檢針 검사할 검 / 바늘 침 | 수도, 전기 등의 계량기를 조사함.

**검토** 檢討 검사할 검 / 칠 토 | 내용을 검토하여 따짐.

**검토하다** 檢討하다 검사할 검 / 칠 토 | 내용을 검토하여 따지다.

**검표** 檢票 검사할 검 / 표 표 | 표를 검사함.

**❶겁** 劫 위협할 겁 | 불교 하늘과 땅이 한번 개벽하여 다음 개벽하기까지의 기간으로, 무척 오래고 긴 시간의 비유.

**❷겁** 怯 겁낼 겁 | 무서워하는 마음.

**겁결** 怯결 겁낼 겁 | 갑자기 겁이 나서 어쩔 줄 몰라 당황함.

**겁나다** 怯나다 겁낼 겁 | 무섭다.

**겁주다** 怯주다 겁낼 겁 | 겁을 주다.

**겁쟁이** 怯쟁이 겁낼 겁 | 겁이 많은 사람.

**겁박** 劫迫 위협할 겁 / 핍박할 박 | 겁을 주고 협박함.

**겁박하다** 劫迫하다 위협할 겁 / 핍박할 박 | 겁을 주고 협박하다.

**겁약** 怯弱 겁낼 겁 / 약할 약 | 겁이 많고 마음이 약함.

**겁약하다** 怯弱하다 겁낼 겁 / 약할 약 | 겁이 많고 마음이 약하다.

**겁탈** 劫奪 위협할 겁 / 빼앗을 탈 | 남의 것을 폭력으로 빼앗음.

**겁화** 劫火 위협할 겁 / 불 화 | 불교 세계가 파멸할 때 일어난다는 큰 불.

**게시** 揭示 내걸 게 / 보일 시 | 내걸어 보임.

**게시판** 揭示板 내걸 게 / 보일 시 / 널빤지 판 | 알림판. 여러 사람에게 두루 알릴 내용을 내붙이는 판.

**게양** 揭揚 높이 들 게 / 날릴 양 | 매달아 올림.

**게양대** 揭揚臺 높이 들 게 / 날릴 양 / 대 대 | 매달아 올리는 대. ※ 예시: 국기게양대.

**격** 格 격식 격 | 환경이나 형편에 맞는 분수나 품위

**격상** 格上 격식 격 / 윗 상 | 격을 높임.

**격감** 激減 격할 격 / 덜 감 | 수량이 갑자기 줄어듦.

**격년** 隔年 사이 뜰 격 / 해 년(연) | 한 해를 건너뜀. 한 해를 거름.

**격노** 激怒 격할 격 / 성낼 노(로) | 매우 화를 냄.

**격돌** 激突 격할 격 / 갑자기 돌 | 세차게 부딪침.

**격동** 激動 격할 격 / 움직일 동 | 1. 급격하게 움직임 2. 빠르고 세게 움직임.

**격동기** 激動期 격할 격 / 움직일 동 / 기약할 기 | 급격하게 움직이는 시기.

**격랑** 激浪 격할 격 / 물결 랑(낭) | 사납게 치는 물결.

**격려** 激勵 격할 격 / 힘쓸 려(여) | 힘을 내도록 북돋워 줌.

**격려하다** 激勵하다 격할 격 / 힘쓸 려(여) | 힘을 내도록 북돋워 주다.

**격려사** 激勵辭 격할 격 / 힘쓸 려(여) / 말씀 사 | 격려하는 말.

**격렬** 激烈 격할 격 / 매울 렬(열) | 몹시 세차다. 세차고 사나움.

**격렬하다** 激烈하다 격할 격 / 매울 렬(열) | 몹시 세차다. 세차고 사납다.

**격론** 激論 격할 격 / 논할 론(논) | 격렬한 논쟁.

**격론하다** 激論하다 격할 격 / 논할 론(논) | 격렬하게 논쟁하다.

**격류** 激流 격할 격 / 흐를 류(유) | 세차고 빠르게 흐르는 물.

**격리 隔離** 사이 뜰 격 / 떠날 리(이) | 사이를 막거나 떼어 놓음.

**격리처분 隔離處分** 사이 뜰 격 / 떠날 리(이) / 곳 처 / 나눌 분 | 〔법률〕 전염병 환자나 범죄인을 강제로 격리하는 행정 처분.

**격률 格率** 틀 격 / 비율 률 | 행위나 윤리의 원칙. 늑 준칙. ※ 참조: '률'은 거느리다 '솔', 우두머리 '수'로도 읽는다.

**격멸 擊滅** 칠 격 / 꺼질 멸 | 쳐서 없앰.

**격멸하다 擊滅하다** 칠 격 / 꺼질 멸 | 쳐서 없애다.

**격몽 擊蒙** 칠 격 / 어두울 몽 | 몽매함을 일깨움.

**격몽요결 擊蒙要訣** 칠 격 / 어두울 몽 / 요긴할 요 / 이별할 결 | 〔책〕 선조 때 율곡 이이가 펴낸 아동용 한문 학습서.

**격문 檄文** 격문 격 / 글월 문 | 어떤 일을 여러 사람에게 알리어 부추기는 글.

**격물 格物** 격식 격 / 물건 물 | 주자학에서, 사물의 이치를 연구하여 끝까지 따지고 파고들어 궁극에 도달함.

**격물치지 格物致知** 격식 격 / 물건 물 / 이르다 치 / 알다 지 | 사물의 이치를 끝까지 연구하여 궁극에 도달하는 것. ※〈대학(大學)〉에서 유래.

**격발 擊發** 칠 격 / 필 발 | 방아쇠를 당겨 탄환을 쏨.

**격벽 隔壁** 사이 뜰 격 / 벽 벽 | 벽을 사이에 둠.

**격변 激變** 격할 격 / 변할 변 | 갑자기 심하게 변함.

**격변하다 激變하다** 격할 격 / 변할 변 | 갑자기 심하게 변하다.

**격변설 激變說** 격할 격 / 변할 변 / 말씀 설 | 1. 〔생물〕 지구상에 큰 재앙이 일어날 때마다 모든 생물은 사멸하고 새롭게 생물이 창조되었다고 생각하는 천변지이학설 2. 〔지구〕 지각은 점진적으로 변하여 온 것이 아니라, 평온한 상태에서 갑작스러운 변화를 여러 번 받았다고 하는 학설.

**격분 激忿** 격할 격 / 성낼 분 | 분이 벌컥 치받침.

**격분하다 激忿하다** 격할 격 / 성낼 분 | 분이 벌컥 치받치다.

**❶격세 隔世** 사이 뜰 격 / 인간 세 | 세대를 거름.

**격세유전 隔世遺傳** 사이 뜰 격 / 인간 세 / 남길 유 / 전할 전 | 〔생물〕 유전적 형질이 한 대나 여러 대를 건너뛰어 나타나는 현상.

**❷격세 隔歲** 사이 뜰 격 / 해 세 | 해가 바뀌도록 서로 만나지 못함.

**격세지감 隔世之感** 사이 뜰 격 / 인간 세 / 갈 지 / 느낄 감 | 너무 많이 변해서 다른 세상이 된 것 같음.

**격식 格式** 격식 격 / 법 식 | 격에 맞는 방식.

**격식화 格式化** 격식 격 / 법 식 / 될 화 | 격에 맞게 함.

**격심 激甚** 격할 격 / 심할 심 | 몹시 심함.

**격심하다 激甚**하다 격할 격 / 심할 심 | 몹시 심하다.

**격앙 激昂** 격할 격 / 밝을 앙 | 세차게 높아 짐.

**격앙하다 激昂**하다 격할 격 / 밝을 앙 | 격렬하게 일어나 높아지다.

**격양 激揚** 격할 격 / 날릴 양 | 기운이나 감정이 세차게 일어나 드날림. 늑 격앙, 고조.

**격양가 擊壤歌** 칠 격 / 흙덩이 양 / 노래 가 | 풍년이 들어 농부가 태평한 세월을 즐기는 노래. 중국의 요임금 때에, 태평한 생활을 즐거워하여 불렀다고 한다.

**격언 格言** 격식 격 / 말씀 언 | 교훈적인 짧막한 말.

**격외 格外** 격식 격 / 바깥 외 | 보통의 격식에서 벗어남.

**격외선 格外禪** 격식 격 / 바깥 외 / 선 선 | 불교 말이나 글로 의논할 수 있는 이치를 초월한 선법.

**격월간 隔月刊** 사이 뜰 격 / 달 월 / 새길 간 | 한 달 걸러서 내는 간행물.

**격의 隔意** 사이 뜰 격 / 뜻 의 | 서로 터놓지 못하는 속마음.

**격의없다 隔意**없다 사이 뜰 격 / 뜻 의 | 가식이 없다. 명백하다.

**격일 隔日** 사이 뜰 격 / 날 일 | 하루를 거름.

**격일교대 隔日交代** 사이 뜰 격 / 날 일 / 사귈 교 / 대신할 대 | 서로 하루씩 번갈아가면서 교대함.

**격자 格子** 격식 격 / 아들 자 | 바둑판처럼 가로세로를 일정한 간격으로 직각이 되게 짠 것.

**격자문 格子門** 격식 격 / 아들 자 / 문 문 | 문살을 바둑판처럼 가로세로가 일정한 간격으로 직각이 되게 짠 문.

**격쟁 擊錚** 칠 격 / 쇳소리 쟁 | 역사 예전에 억울한 일이 있는 백성이 꽹과리를 쳐서, 임금의 행차를 멈추게 하여 하소연하는 일.

**격전 激戰** 격할 격 / 싸움 전 | 세찬 싸움.

**격전지 激戰地** 격할 격 / 싸움 전 / 땅 지 | 격렬한 싸움이 벌어진 곳.

**격절 隔絕** 사이 뜰 격 / 끊을 절 | 서로 사이가 떨어져서 연락이 끊김.

**격정 激情** 거세다 격 / 뜻 정 | 강렬하고 갑작스러워 누르기 어려운 감정.

**격정적 激情的** 거세다 격 / 뜻 정 / 과녁 적 | 갑작스럽게 강렬한 감정이 들어 억누르기 어려운.

**❶격조 格調** 틀 격 / 고르다 조 | 1. 사람의 품격과 취향 2. 문예 작품에서 격식과 운치에 어울리는 가락.

**❷격조 隔阻** 사이 격 / 막히다 조 | 1. 멀리 떨어져 있어 서로 통하지 못함 2. 오랫동안 서로 소식이 막힘.

**격조하다 隔阻**하다 사이 격 / 막히다 조 | 서로 떨어져 있어 소식이 막히다.

격증 激增 격할 격 / 더할 증 | 수량이 갑자기 늘어남.

격증하다 激增하다 격할 격 / 더할 증 | 수량이 갑자기 늘어나다.

격지 隔地 사이 뜰 격 / 땅 지 | 멀리 떨어진 지방.

격차 隔差 사이 뜰 격 / 다를 차 | 차이가 매우 남.

격찬 激讚 격할 격 / 기릴 찬 | 매우 칭찬함.

격찬하다 激讚하다 격할 격 / 기릴 찬 | 매우 칭찬하다.

격추 擊墜 칠 격 / 떨어질 추 | 비행기 등을 공격해서 떨어뜨림.

격추하다 擊墜하다 칠 격 / 떨어질 추 | 비행기 등을 공격해서 떨어뜨리다.

격침 擊沈 칠 격 / 잠길 침 | 배를 공격해서 가라앉힘.

격침하다 擊沈하다 칠 격 / 잠길 침 | 배를 공격해서 가라앉히다.

격타 擊打 칠 격 / 칠 타 | 쳐서 때림.

격타하다 擊打하다 칠 격 / 칠 타 | 쳐서 때리다.

격통 激痛 격할 격 / 아플 통 | 심한 아픔.

❶격투 激鬪 격할 격 / 싸울 투 | 세차게 싸움.

격투하다 激鬪하다 격할 격 / 싸울 투 | 세차게 싸우다.

❷격투 格鬪 격식 격 / 싸울 투 | 서로 맞붙어 치고 받으며 싸움.

격투하다 格鬪하다 격식 격 / 싸울 투 | 서로 맞붙어 치고받으며 싸우다.

격퇴 擊退 칠 격 / 물러날 퇴 | 물리 침.

격파 擊破 칠 격 / 깨뜨릴 파 | 쳐서 깨뜨림.

격파하다 擊破하다 칠 격 / 깨뜨릴 파 | 1. 단단한 것을 손이나 발로 쳐서 깨뜨리다 2. 공격하여 무찌르다

❶격하다 隔하다 사이 뜰 격 | 사이를 두다.

❷격하다 激하다 격할 격 | 거세다.

격하 格下 격식 격 / 아래 하 | 격을 낮춤

격하하다 格下하다 격식 격 / 아래 하 | 격을 낮추다.

격화소양 隔靴搔癢 틈 격 / 신발 화 / 긁다 소 / 가렵다 양 | 1. 신발 위로 가려운 곳을 긁어서 시원하지 않다 2. 일이 성에 차지 않거나 철저하지 못해 안타까움을 비유.

견갑골 肩胛骨 어깨 견 / 어깨뼈 갑 / 뼈 골 | 생물 척추동물의 좌우 어깨에 있는 한 쌍의 뼈.

견강부회 牽强附會 끌다 견 / 억지로 강 / 붙일 부 / 모일 회 | 억지로 이치에 맞지 않는 말을 끌어다 붙이는 것. 늑아전인수(我田引水 내 논에 물대기).

견결 堅決 굳을 견 / 결단할 결 | 결기가 있고 굳셈.

견결하다 堅決하다 굳을 견 / 결단할 결 | 결기가 있고 굳세다.

**견고 堅固** 굳을 견 / 굳을 고 | 단단함.

**견고하다 堅固하다** 굳을 견 / 굳을 고 | 단단하다.

**견과 堅果** 굳을 견 / 실과 과 | 껍질이 딱딱한 열매. 호두, 잣, 밤, 은행 등.

**견리사의 見利思義** 보다 견 / 이익 리(이) / 생각할 사 / 옳다 의 | 눈앞의 이익을 보면 먼저 의리에 맞는지를 생각함. 이익보다는 의로움을 앞세움.

**견마 犬馬** 개 견 / 말 마 | 개와 말.

**견마지로 犬馬之勞** 개 견 / 말 마 / 어조사 지 / 일할 로 | 개나 말 정도의 하찮은 힘. 윗사람에게 충성을 다하는 노력을 낮추어 이르는 말.

**견문발검 見蚊拔劍** 보다 견 / 모기 문 / 빼다 발 / 칼 검 | 1. 모기를 보고 칼을 빼다 2. 사소한 일에 크게 성내어 덤빔. 늑우도할계(牛刀割鷄 닭 잡는데 소 잡는 칼을 씀).

**견물생심 見物生心** 보다 견 / 물건 물 / 생기다 생 / 마음 심 | 어떠한 물건을 눈으로 직접 보게 되면 가지고 싶은 욕심이 생겨난다.

**견문 見聞** 볼 견 / 들을 문 | 보고 들음.

**견문록 見聞錄** 볼 견 / 들을 문 / 기록할 록(녹) | 보고 들은 것을 기록한 글.

**견본 見本** 볼 견 / 근본 본 | 본보기.

**견비 肩臂** 어깨 견 / 팔 비 | 어깨와 팔뚝.

**견사 絹絲** 비단 견 / 실 사 | 명주실.

**견성 見性** 볼 견 / 성품 성 | 자기 본성을 알아차리고 깨달음을 얻음.

**견습 見習** 볼 견 / 익힐 습 | 보고 익힘. 늑 수습.

**견습생 見習生** 볼 견 / 익힐 습 / 날 생 | 임시로 일을 배우는 사람.

**견실 堅實** 굳을 견 / 열매 실 | 튼튼하고 참됨.

**견실하다 堅實하다** 굳을 견 / 열매 실 | 튼튼하고 참되다.

**견원지간 犬猿之間** 개 견 / 원숭이 원 / 어조사 지 / 사이 간 | 개와 원숭이의 사이처럼 서로 사이가 매우 나쁨.

**견위치명 見危致命** 볼 견 / 위태할 위 / 이를 치 / 목숨 명 | 나라가 위험하게 되면 자기 몸을 나라에 바침.

**❶견인 牽引** 이끌 견 / 끌 인 | 끌고 감.

**견인차 牽引車** 이끌 견 / 끌 인 / 수레 차 | 1. 무거운 물건이나 다른 차량을 뒤에 달고 끄는 차 2. 선두에 서서 여러 사람을 이끌어 가는 사람을 비유함.

**❷견인 堅忍** 굳을 견 / 참을 인 | 굳게 참고 견딤.

**견인주의 堅忍主義** 굳을 견 / 참을 인 / 주인 주 / 옳을 의 | 욕망이 일어나는 것을 굳게 참고 견디어 억제해야 한다는 주의.

**견인불발 堅忍不拔** 굳을 견 / 참을 인 / 아닐 불 / 뽑을 발 | 굳게 참고 견디어 마음을 다른 것에 빼앗기지 않음.

**견장 肩章** 어깨 견 / 글 장 | 제복의 어깨에 붙이는,

직위나 계급을 나타내는 표장.

**견제 牽制** 끌다 견 / 누르다 제 | 자유롭게 행동하지 못하도록 억누름.

**견제하다 牽制**하다 끌다 견 / 누르다 제 | 자유롭게 행동하지 못하도록 억누르다.

**❶견지 見地** 볼 견 / 땅 지 | 1. 어떤 사물을 바라보는 처지  2. 어떤 사물을 판단하거나 관찰하는 입장.

**❷견지 堅持** 굳을 견 / 가질 지 | 굳게 지킴.

**견지하다 堅持**하다 굳을 견 / 가질 지 | 굳게 지키다.

**견직물 絹織物** 비단 견 / 짤 직 / 물건 물 | 비단.

**견책 譴責** 꾸짖을 견 / 나무랄 책 | 허물이나 잘못을 꾸짖음.

**견책하다 譴責**하다 꾸짖을 견 / 나무랄 책 | 허물이나 잘못을 꾸짖다.

**견해 見解** 볼 견 / 풀 해 | 사물을 바라보는 의견이나 생각.

**결가부좌 結跏趺坐** 맺을 결 / 책상다리할 가 / 책상다리 할 부 / 앉을 좌 | (불교) 부처의 좌법(坐法)으로 좌선할 때 앉는 방법. 양쪽 발을 각각 다른 쪽 넓적다리 위에 엇갈리게 얹어 앉는다.

**결강 缺講** 이지러질 결 / 외울 강 | 강의를 거름.

**결격 缺格** 이지러질 결 / 격식 격 | 자격을 못 갖춤.

**결격사유 缺格事由** 이지러질 결 / 격식 격 / 일 사 / 말미암을 유 | 결격의 이유.

**결과 結果** 맺을 결 / 실과 과 | 원인으로 인해서 일어나는 결말.

**결과론 結果論** 맺을 결 / 실과 과 / 논할 론(논) | 모든 일에는 원인과 결과가 있다는 인과론.

**결과주의 結果主義** 맺을 결 / 실과 과 / 주인 주 / 옳을 의 | 어떤 행위에 대해서 원인이나 과정보다는 결과를 중시하는 주의.

**결과지상주의 結果至上主義** 맺을 결 / 실과 과 / 이를 지 / 윗 상 / 주인 주 / 옳을 의 | 일의 진행 과정보다도 결과를 가장 중요시하는 태도.

**결구 結句** 맺을 결 / 글귀 구 | 끝을 맺는 글귀. 맺음말.

**결국 結局** 맺을 결 / 판 국 | 일의 마지막 국면. 마침내.

**결근 缺勤** 이지러질 결 / 부지런할 근 | 출근하지 않음.

**결근하다 缺勤**하다 이지러질 결 / 부지런할 근 | 출근하지 않다.

**결기 결氣** 기운 기 | 결단력이 있는 성질.

**결단 決斷** 결단할 결 / 끊을 단 | 결정적인 판단이나 단정을 내림.

**결단력 決斷力** 결단할 결 / 끊을 단 / 힘 력(역) | 결정적인 판단을 하거나 단정을 내릴 수 있는 능력. 맺고 끊는 성질.

**결단코 決斷코** 결단할 결 / 끊을 단 | 결코. 반드

시. 꼭.

**결당 結黨** 맺을 결 / 무리 당 | 당을 만듦.

**결당하다 結黨하다** 맺을 결 / 무리 당 | 당을 만들다.

**결렬 決裂** 결단할 결 / 찢을 렬(열) | 서로 갈라짐.

**결론 結論** 맺을 결 / 논의할 론(논) | 말이나 글의 끝을 맺는 부분. 최종적인 판단.

**결막 結膜** 맺을 결 / 꺼풀 막 | 의학 눈의 각막을 덮고 있는 막.

**결말 結末** 맺을 결 / 끝 말 | 끝장.

**결미 結尾** 맺을 결 / 꼬리 미 | 끝.

**결박 結縛** 맺을 결 / 얽을 박 | 묶음.

**결박하다 結縛하다** 맺을 결 / 얽을 박 | 묶다.

**결백 潔白** 깨끗할 결 / 흰 백 | 깨끗하고 흰 것.

**결백하다 潔白하다** 깨끗할 결 / 흰 백 | 깨끗하고 희다.

**결백성 潔白性** 깨끗할 결 / 흰 백 / 성품 성 | 결백한 성질.

**결벽 潔癖** 깨끗할 결 / 버릇 벽 | 깨끗한 것을 유난스럽게 좋아하는 성질.

**결벽증 潔癖症** 깨끗할 결 / 버릇 벽 / 증세 증 | 병적으로 깨끗한 것에 집착하는 증상.

**결별 訣別** 이별할 결 / 나눌 별 | 헤어지거나 갈라짐.

**결별하다 訣別하다** 이별할 결 / 나눌 별 | 헤어지다.

**결별사 訣別辭** 이별할 결 / 나눌 별 / 말씀 사 | 헤어짐을 고하는 말.

**결부 結付** 맺을 결 / 붙일 부 | 서로 연관시킴.

**결부하다 結付하다** 맺을 결 / 붙일 부 | 서로 연관시키다.

**결빙 結氷** 맺을 결 / 얼음 빙 | 얾. 얼어붙음.

**결빙기 結氷期** 맺을 결 / 얼음 빙 / 기약할 기 | 추위에 얼어붙는 시기.

**해빙기 解氷期** 풀 해 / 얼음 빙 / 기약할 기 | 얼음이 녹는 시기.

**결사 結社** 맺을 결 / 모일 사 | 단체를 결성함.

**결사대 決死隊** 결단할 결 / 죽을 사 / 무리 대 | 죽기를 각오하고 모인 무리.

**결사적 決死的** 결단할 결 / 죽을 사 / 과녁 적 | 죽기를 각오하고 있는 힘을 다할 것을 결심한 것.

**결산 決算** 결단할 결 / 셈 산 | 1. 일정한 기간의 수입과 지출을 모아서 정리함 2. 일정한 기간의 업적을 모아서 정리함.

**결산보고 決算報告** 결단할 결 / 셈 산 / 갚을 보 / 고할 고 | 결산 내용을 알리는 일.

**❶결석 缺席** 이지러질 결 / 자리 석 | 출석하지 않음.

**결석계 缺席屆** 이지러질 결 / 자리 석 / 이를 계 | 결석의 사유를 기록한 문서.

**❷결석 結石** 맺을 결 / 돌 석 | 몸 안에 생긴 돌처럼 딱딱한 물질.

**결선 決選** 결단할 결 / 가릴 선 | 최종 당선자를 가리는 마지막 선거.

**결선투표 決選投票** 결단할 결 / 가릴 선 / 던질 투 / 표 표 | 상위 득표자를 대상으로 최종 당선자를 뽑기 위한 투표.

**결성 結成** 맺다 결 / 이루다 성 | 만듦. 조직함. ↔ 해산(**解散** 흩어짐).

**결성하다 結成하다** 맺다 결 / 이루다 성 | 만들다. 조직하다.

**결속 結束** 맺다 결 / 묶다 속 | 뭉침. 묶음.

**결속하다 結束하다** 맺다 결 / 묶다 속 | 뭉치다. 묶다.

**결손 缺損** 빠지다 결 / 덜다 손 | 모자람. 불완전함.

**❶결승 決勝** 결단할 결 / 이길 승 | 마지막 승부를 정함.

**결승전 決勝戰** 결단할 결 / 이길 승 / 싸움 전 | 마지막으로 승부를 겨루는 시합

**❷결승 結繩** 맺을 결 / 노끈 승 | 끈의 매듭을 지음.

**결시 缺試** 이지러질 결 / 시험 시 | 시험에 빠짐.

**결식 缺食** 이지러질 결 / 밥 식 | 식사를 거름.

**결실 結實** 맺을 결 / 열매 실 | 식물이 열매를 맺음.

**결실기 結實期** 맺을 결 / 열매 실 / 기약할 기 | 열매를 맺는 시기.

**❶결심 決心** 결단할 결 / 마음 심 | 마음을 정함.

**결심하다 決心하다** 결단할 결 / 마음 심 | 마음을 정하다.

**❷결심 結審** 맺을 결 / 살필 심 | 법률 소송에서 변론을 끝내는 일.

**결어 結語** 맺을 결 / 말씀 어 | 마무리하는 말.

**결여 缺如** 이지러질 결 / 같을 여 | 모자람.

**결여하다 缺如하다** 이지러질 결 / 같을 여 | 모자라다.

**결연 結緣** 맺을 결 / 인연 연 | 인연을 맺음.

**결연하다 結緣하다** 맺을 결 / 인연 연 | 인연을 맺다.

**결원 缺員** 이지러질 결 / 인원 원 | 비는 인원.

**결의 決議** 결단할 결 / 의논할 의 | 결정을 내림.

**결의하다 決議하다** 결단할 결 / 의논할 의 | 결정을 내리다.

**결의형제 結義兄弟** 맺을 결 / 옳을 의 / 형 형 / 아우 제 | 핏줄이 아니라 의리로 맺은 형제.

**결자해지 結者解之** 맺을 결 / 사람 자 / 풀다 해 / 그것 지 | 1. 맺은 사람이 풀어야 한다  2. 일을 저지른 자가 해결하여야 한다.

**결재 決裁** 결단할 결 / 마를 재 | 안건을 승인함.

**결재하다 決裁**하다 결단할 결 / 마를 재 | 안건을 승인하다.

**결전 決戰** 결단할 결 / 싸움 전 | 결판을 내는 싸움.

**결전하다 決戰**하다 결단할 결 / 싸움 전 | 결판을 내는 싸움을 하다.

**결절 結節** 맺을 결 / 마디 절 | 살갗 밑에서 부풀어 오른 몽우리.

**결점 缺點** 이지러질 결 / 점 점 | 모자란 점.

**❶결정 決定** 결단할 결 / 정할 정 | 태도나 방향을 정함.

**결정하다 決定**하다 결단할 결 / 정할 정 | 태도나 방향을 정하다.

**결정론 決定論** 결단할 결 / 정할 정 / 논할 론(논) | 철학 세상의 모든 일은 인과 관계에 따른 법칙에 의하여 결정되는 것으로, 우연이나 선택의 자유에 의한 것이 아니라는 이론.

**비결정론 非決定論** 아닐 비 / 결단할 결 / 정할 정 / 논할 론(논) | 철학 인간의 의지나 역사 현상은, 합법칙성과 인과성에 의하여 결정되지 아니하고, 자신 스스로 결정한다는 이론.

**❷결정 結晶** 맺을 결 / 맑을 정 | 1. 물질이 일정한 법칙에 따라 규칙적으로 배열되어 있음 2. 애써 이룬 보람 있는 결과를 비유함.

**결정체 結晶體** 맺을 결 / 맑을 정 / 몸 체 | 물질이 일정한 법칙에 따라 규칙적으로 배열되어 있는 물체.

**결제 決濟** 결단할 결 / 건널 제 | 1. 일을 처리하여 끝냄 2. 대금을 주고받아서 거래를 끝냄.

**결제통화 決濟通貨** 결단할 결 / 건널 제 / 통할 통 / 재물 화 | 경제 대외 무역 거래에서 결제에 쓰는 화폐.

**결집 結集** 맺을 결 / 모을 집 | 한데 모임.

**결집하다 結集**하다 맺을 결 / 모을 집 | 한데 모이다.

**결찰 結紮** 맺을 결 / 감을 찰 | 수술할 때 피가 나오지 않도록 묶어 맴.

**결초보은 結草報恩** 맺을 결 / 풀 초 / 갚을 보 / 은혜 은 | 풀을 묶어서 은혜를 갚는다. 죽은 뒤에라도 은혜를 잊지 않고 갚음을 이르는 말. ※ 중국 춘추 시대에, 진나라의 위과(魏顆)가 아버지가 세상을 떠난 후에, 서모를 개가(改嫁)시켜 순사(殉死)하지 않게 하였더니, 싸움터에서 서모 아버지의 혼이 나타나 적군의 앞길에 풀을 묶어 놓아 적장을 넘어뜨려, 위과가 공을 세울 수 있도록 도왔다는 고사.

**결탁 結託** 맺을 결 / 부탁할 탁 | 1. 마음을 합하여 서로 의탁함. 2. 주로 나쁜 일을 함께 꾸미려고 한통속이 됨.

**결투 決鬪** 결단할 결 / 싸울 투 | 1. 승패를 가리는 싸움 2. 원한이나 모욕을 풀기 위하여 정해진 형식 아래 벌이는 싸움.

**결판 決判** 결단할 결 / 판단할 판 | 최후의 승부를 냄.

**결핍 缺乏** 이지러질 결 / 모자랄 핍 | 모자람.

**결함** 缺陷 이지러질 결 / 빠질 함 | 부족하거나 어그러짐.

**결합** 結合 맺을 결 / 합할 합 | 서로 관계를 맺음. ↔ 분리.

**결합하다** 結合하다 맺을 결 / 합할 합 | 서로 관계를 맺다.

**결항** 缺航 이지러질 결 / 배 항 | 정기적으로 다니는 배나 비행기가 운항을 거름.

**결항하다** 缺航하다 이지러질 결 / 배 항 | 운항을 거르다.

**결핵** 結核 맺을 결 / 씨 핵 | 결핵병.

**결행** 決行 결단할 결 / 다닐 행 | 결단하여 시행함.

**결행하다** 決行하다 결단할 결 / 다닐 행 | 결단하여 시행하다.

**결혼** 結婚 맺을 결 / 혼인할 혼 | 부부 관계를 맺음.

**결혼하다** 結婚하다 맺을 결 / 혼인할 혼 | 부부 관계를 맺다.

**결후** 結喉 맺을 결 / 목구멍 후 | 목울대뼈. 후두의 목울대가 튀어나온 부분.

**겸비** 兼備 겸할 겸 / 갖출 비 | 둘 이상을 아울러 갖춤.

**겸비하다** 兼備하다 겸할 겸 / 갖출 비 | 둘 이상을 아울러 갖추다.

**❶겸사** 謙辭 겸손할 겸 / 말씀 사 | 1. 겸손하게 사양함 2. 겸손의 말.

**겸사하다** 謙辭하다 겸손할 겸 / 말씀 사 | 겸손하게 사양하다.

**❷겸사** 兼事 겸할 겸 / 일 사 | 한 가지 일을 하면서 동시에 다른 일도 같이 함.

**겸사겸사** 兼事兼事 겸할 겸 / 일 사 // | 한 번에 이 일 저 일을 하는 모양.

**겸상** 兼床 겸할 겸 / 평상 상 | 두 사람이 함께 먹는 밥상.

**겸손** 謙遜/謙巽 겸손할 겸 / 겸손할 손 | 남에게 제 몸을 낮추어 대함.

**겸손하다** 謙遜/謙巽하다 겸손할 겸 / 겸손할 손 | 남에게 제 몸을 낮추어 대하다.

**겸애** 兼愛 겸할 겸 / 사랑 애 | 평등하게 두루 같이 사랑함.

**겸애설** 兼愛說 겸할 겸 / 사랑 애 / 말씀 설 | 철학 하느님이 모든 사람을 똑같이 사랑하듯이, 사람들도 서로 똑같이 평등하게 사랑해야 한다는 사상. 중국 춘추시대에 묵자가 주장함.

**겸양** 謙讓 겸손할 겸/ 사양할 양 | 겸손하게 사양함. ↔ 오만.

**겸양하다** 謙讓하다 겸손할 겸/ 사양할 양 | 겸손하게 사양하다.

**겸어** 謙語 겸손할 겸 / 말씀 어 | 겸손한 말.

**겸업** 兼業 겸할 겸 / 업 업 | 주된 직업 외에 다른 일을 겸하여 함.

**겸업하다** 兼業하다 겸할 겸 / 업 업 | 주된 직업 외에 다른 일을 겸하여 하다.

**겸연스럽다** 慊然스럽다 마음에 덜 찰 겸 / 그럴 연 | 쑥스럽거나 미안하여 어색하다.

**겸연쩍다** 慊然쩍다 마음에 덜 찰 겸 / 그럴 연 | 쑥스럽거나 어색하다. 미안하여 볼 낯이 없다. ※ 참조: '계면쩍다'는 '겸연쩍다'의 변한말.

**겸용** 兼用 겸할 겸 / 쓸 용 | 한 가지를 여러 가지 목적으로 겸하여 씀.

**겸용하다** 兼用하다 겸할 겸 / 쓸 용 | 한 가지를 여러 가지 목적으로 겸하여 쓰다.

**겸인지용** 兼人之勇 겸할 겸 / 사람 인 / 갈 지 / 날랠 용 | 혼자서 몇 사람을 당해낼 용기.

**겸임** 兼任 겸할 겸 / 맡길 임 | 두 가지 이상의 직무를 같이 맡아봄.

**겸임하다** 兼任하다 겸할 겸 / 맡길 임 | 두 가지 이상의 직무를 같이 맡아보다.

**겸자** 鉗子 칼 겸 / 아들 자 | 의학 날이 서지 않은 가위 모양으로 생긴 외과 수술 기구. 조직이나 기관을 집어서 누르거나 고정하는 데에 쓴다.

**겸전** 兼全 겸할 겸 / 온전할 전 | 여러 가지를 완전하게 갖춤.

**겸전하다** 兼全하다 겸할 겸 / 온전할 전 | 여러 가지를 완전하게 갖추다.

**겸하다** 兼하다 겸할 겸 | 두 가지 이상의 것을 같이 하다.

**경각** 頃刻 이랑 경 / 새길 각 | 1. 눈 깜빡할 사이. 2. 아주 짧은 시간.

**경각심** 警覺心 경계할 경 / 깨달을 각 / 마음 심 | 정신을 차리고 주의 깊게 살펴서 경계하는 마음.

**경감** 輕減 가벼울 경 / 덜다 감 | 덜어내서 가볍게 함. ↔ 가중.

**경감하다** 輕減하다 가벼울 경 / 덜다 감 | 덜어내서 가볍게 하다.

**경개** 景槪 볕 경 / 대개 개 | 경치. 자연의 모습.

**경거** 輕擧 가벼울 경 / 들 거 | 경솔하게 행동함.

**경거망동** 輕擧妄動 가벼울 경 / 들 거 / 망령될 망 / 움직일 동 | 깊이 생각하지 않고 가볍고 망령되게 행동함.

**경건** 敬虔 공경 경 / 공경할 건 | 공경하는 마음으로 삼가는 것.

**경건하다** 敬虔하다 공경 경 / 공경할 건 | 공경하는 마음으로 삼가다.

**❶경계** 境界 지경 경 / 지경 계 | 지역이 나누어 구분되는 곳.

**경계선** 境界線 지경 경 / 지경 계 / 줄 선 | 경계가 나누어지는 선.

**❷경계** 警戒 깨우칠 경 / 경계할 계 | 사고가 생기지 않도록 조심하여 단속함.

**경계하다** 警戒하다 깨우칠 경 / 경계할 계 | 사고가 생기지 않도록 조심하여 단속하다.

**경계선 警戒線** 깨우칠 경 / 경계할 계 / 줄 선 | 적의 침투나 범인의 도주를 막기 위하여 설정한 지대.

**경계경보 警戒警報** 깨우칠 경 / 경계할 계 // 갚을 보 | 닥쳐오는 위험을 경계하라고 알리는 신호. 사이렌, 종, 깃발 등으로 신호를 보낸다.

**❸경계 鏡戒** 거울 경 / 경계할 계 | 분명히 타일러 다시는 같은 잘못을 저지르지 않도록 함.

**경고 警告** 깨우칠 경 / 고할 고 | 조심하라고 알림.

**경고하다 警告하다** 깨우칠 경 / 고할 고 | 조심하라고 알리다.

**경고문 警告文** 깨우칠 경 / 고할 고 / 글월 문 | 경고하는 글.

**경공업 輕工業** 가벼울 경 / 장인 공 / 업 업 | 비교적 가벼운 섬유, 식품, 잡화 등을 만드는 공업.

**경과 經過** 지날 경 / 지날 과 | 시간이 지나감.

**경과보고 經過報告** 지날 경 / 지날 과 / 갚을 보 / 고할 고 | 일정한 기간 동안에 일이 진행된 상황을 보고함.

**경관 景觀** 볕 경 / 볼 관 | 경치.

**❶경구 警句** 경고할 경 / 구절 구 | 진리나 삶에 대한 생각을 날카롭고 간결하게 표현한 말.

**❷경구 經口** 지날 경 / 입 구 | 의학 약이 입을 통하여 몸 안으로 들어감.

**❶경국 經國** 다스릴 경 / 나라 국 | 나라를 다스림.

**경국대전 經國大典** 다스릴 경 / 나라 국 / 클 대 / 법 전 | 역사 조선 시대에 통치의 기준이 된 최고의 법전(法典). 세조 때 집필을 시작하여 성종 때 완성.

**❷경국 傾國** 기울 경 / 나라 국 | 나라가 기울음.

**경국지색 傾國之色** 기울 경 / 나라 국 / 어조사 지 / 빛 색 | 1. 임금이 혹하여 나라가 기울어져도 모를 정도의 미인 2. 뛰어나게 아름다운 미인.

**❶경기 京畿** 서울 경 / 경기 기 | 서울을 중심으로 한 주변 지역.

**경기까투리 京畿까투리** 서울 경 / 경기 기 | 경기 사람을 낮추어 하는 말.

**❷경기 景氣** 볕 경 / 기운 기 | 경제 매매나 거래에 나타나는 호황·불황 등의 경제 활동 상태. 시세.

**경기순환 景氣循環** 볕 경 / 기운 기 / 돌 순 / 고리 환 | 경제 일정한 주기에 따라 경기 상승, 호황, 후퇴, 불황의 네 국면을 반복하는 경제 변동. 자본주의 경제에서 특징적으로 나타난다.

**❸경기 競技** 다툴 경 / 재주 기 | 일정한 규칙 아래 기량과 기술을 겨룸.

**경기하다 競技하다** 다툴 경 / 재주 기 | 일정한 규칙 아래 기량과 기술을 겨루다.

**경기장 競技場** 다툴 경 / 재주 기 / 마당 장 | 경기를 할 수 있는 장소.

**❹경기 驚氣** 놀랄 경 / 기운 기 | 풍(風)으로 인해 갑자기 의식을 잃고 경련하는 병증.

**경기하다** 驚氣하다 놀랄 경 / 기운 기 | 풍(風)으로 인해 갑자기 의식을 잃고 경련을 일으키다.

❺**경기병** 輕騎兵 가벼울 경 / 말 탈 기 / 병사 병 [군사] 민첩하게 활동할 수 있도록 가볍게 무장한 기병.

**경내** 境內 지경 경 / 안 내 | 지역의 안.

**경농** 耕農 밭 갈 경 / 농사 농 | 땅을 갈아서 농사를 지음.

**경단** 瓊團 구슬 경 / 둥글 단 | 가루를 둥글게 빚어서 만든 떡.

**경대** 鏡臺 거울 경 / 대 대 | 거울을 세워 화장을 할 수 있게 만든 가구.

**경대부** 卿大夫 벼슬 경 / 클 대 / 지아비 부 | 경과 대부. 높은 벼슬아치를 가리킴.

❶**경도** 硬度 굳을 경 / 법도 도 | 굳기. 단단한 정도.

❷**경도** 經度 지날 경 / 법도 도 | 지도에서 세로로 그어놓은 날줄.

❸**경도** 傾倒 기울 경 / 넘어질 도 | 1. 기울어 넘어짐  2. 온 마음을 기울여 사모하거나 열중함.

❶**경락** 競落 다툴 경 / 떨어질 락(낙) | 경매에서 물건을 낙찰 받음.

❷**경락** 經絡 지날 경 / 이을 락(낙) | 몸 안의 정기가 순환하는 길.

**경략** 經略 지날 경 / 간략할 략(약) | 1. 나라를 경영하고 다스림.  2. 침략하여 점령한 지방이나 나라를 다스림.

**경량** 輕量 가벼울 경 / 헤아릴 량(양) | 무게가 가벼움.

**경력** 經歷 지날 경 / 지날 력(역) | 1. 겪어 지내온 내력.  2. 겪어 지내온 여러 가지 일.

**경련** 痙攣 경련 경 / 걸릴 련(연) | 갑자기 굳거나 떠는 증상.

**경례** 敬禮 공경 경 / 예도 례(예) | 공경하는 뜻을 나타내는 인사.

**거수경례** 擧手敬禮 들 거 / 손 수 / 공경 경 / 예도 례(예) | 오른손을 들어 올려서 하는 경례.

❶**경로** 經路 지날 경 / 길 로(노) | 1. 지나가는 길.  2. 일이 진행되는 방법이나 순서.

❷**경로** 敬老 공경 경 / 늙을 로(노) | 나이 든 사람을 공경함.

**경로하다** 敬老하다 공경 경 / 늙을 로(노) | 나이 든 사람을 공경하다.

**경론** 經論 지날 경 / 논할 론(논) | 경을 논함.

❶**경륜** 經綸 지날 경 / 벼리 륜(윤) | 1. 일정한 포부를 가지고 일을 조직적으로 계획함  2. 세상을 다스림. 또는 그런 능력.

**경륜가** 經綸家 지날 경 / 벼리 륜(윤) / 집 가 | 포부를 가지고 일을 조직적으로 계획하는데 수완이 좋은 사람.

❷**경륜** 競輪 다툴 경 / 바퀴 륜(윤) | [체육] 자전거를 타고 달려 빠르기를 겨루는 경기.

**경리 經理** 지날 경 / 다스릴 리(이) | 물자의 관리나 금전의 출납 따위를 맡아보는 사무.

**경마 競馬** 다툴 경 / 말 마 | 말을 타고 달려 빠르기를 겨루는 경주.

**경주마 競走馬** 다툴 경 / 달릴 주 / 말 마 | 경주에 출전시키기 위한 말.

**경망 輕妄** 가벼울 경 / 망령될 망 | 몸가짐이 가볍고 방정맞음.

**경매 競賣** 다툴 경 / 팔 매 | 물건을 가장 비싸게 사겠다고 하는 사람에게 팜.

**경멸 輕蔑** 가벼울 경 / 업신여길 멸 | 깔보아 업신여김. ↔ 존경.

**경모 敬慕** 공경 경 / 그릴 모 | 깊이 존경하고 사모함.

**경문 經文** 지날 경 / 글월 문 | 1. 　종교　천주교에서, 기도할 때 외는 글 2. 　종교　불교에서 불경의 글. 3. 　종교　도교의 서적. 4. 민속고사를 지낼 때 외는 주문.

**경물 景物** 볕 경 / 물건 물 | 계절에 따라 달라지는 경치.

**경미 輕微** 가벼울 경 / 작을 미 | 가볍고 작음

**경미하다 輕微**하다 가벼울 경 / 작을 미 | 가볍고 작다.

**경박하다 輕薄**하다 가벼울 경 / 엷을 박 | 가볍고 방정맞다.

**❶경배 敬拜** 공경 경 / 절 배 | 존경하여 공손히 절함.

**경배하다 敬拜**하다 공경 경 / 절 배 | 존경하여 공손히 절하다.

**❷경배 傾杯** 기울 경 / 잔 배 | 술잔을 기울임.

**경범죄 輕犯罪** 가벼울 경 / 범할 범 / 허물 죄 | 　법률　일상생활에서 일어날 수 있는 가벼운 위법 행위.

**❶경보 警報** 깨우칠 경 / 갚을 보 | 위험이 닥쳐올 때 경계하도록 미리 알리는 일.

**경보하다 警報**하다 깨우칠 경 / 갚을 보 | 위험이 닥쳐올 때 경계하도록 미리 알리다.

**❷경보 輕步** 가벼울 경 / 걸음 보 | 빠르게 걷는 경기.

**❶경비 警備** 깨우칠 경 / 갖출 비 | 살피고 지킴.

**경비하다 警備**하다 깨우칠 경 / 갖출 비 | 살피고 지키다.

**❷경비 經費** 지날 경 / 쓸 비 | 사용되는 돈.

**❶경사 傾斜** 기울 경 / 비낄 사 | 기울기.

**경사로 傾斜路** 기울 경 / 비낄 사 / 길 로(노) | 기울어지게 만든 길.

**❷경사 慶事** 경사 경 / 일 사 | 기쁜 일.

**❶경상 輕傷** 가벼울 경 / 다칠 상 | 조금 다침.

**❷경상 經常** 지날 경 / 떳떳할 상 | 일정한 상태로 계속하여 변동이 없음.

**경상비 經常費** 지날 경 / 떳떳할 상 / 쓸 비 | 정상

적으로 쓰는 경비.

**경색 梗塞** 줄기 경 / 막힐 색 | 꽉 막힘.

**경색하다 梗塞하다** 줄기 경 / 막힐 색 | 꽉 막히다.

**경서 經書** 경서 경 / 글 서 | 옛 성현들이 사상과 교리를 써 놓은 책. 〈역경〉, 〈서경〉, 〈시경〉, 〈예기〉, 〈춘추〉, 〈대학〉, 〈논어〉, 〈맹자〉, 〈중용〉 등

**경선 競選** 다툴 경 / 가릴 선 | 둘 이상의 후보가 경쟁하는 선거.

**경선하다 競選하다** 다툴 경 / 가릴 선 | 둘 이상의 후보가 선거에서 경쟁하다.

**경성 京城** 서울 경 / 성 성 | 1. 도읍의 성  2. '서울'의 예전 이름.

**경세 經世** 지날 경 / 인간 세 | 세상을 다스림

**경세제민 經世濟民** 지날 경 / 인간 세 / 건널 제 / 백성 민 | 세상을 다스리고 백성을 구제함.

**경세치용 經世致用** 지날 경 / 인간 세 / 이를 치 / 쓸 용 | 학문은 세상을 다스리는 데에 실질적인 이익을 줄 수 있는 것이어야 한다는 유교의 한 주장.

**경솔 輕率** 가벼울 경 / 거느릴 솔 | 말이나 행동이 가벼움.

**경솔하다 輕率하다** 가벼울 경 / 거느릴 솔 | 말이나 행동이 가볍다.

**경수 輕水** 가벼울 경 / 물 수 | 보통의 물을 중수

(重水)에 상대하여 이르는 말.

**경수로 輕水爐** 가벼울 경 / 물 수 / 화로 로(노) 물리 경수(輕水)를 감속재와 냉각재로 사용하는 원자로.

**경승 景勝** 볕 경 / 이길 승 | 명승지. 경치가 뛰어나게 좋음.

**경승지 景勝地** 볕 경 / 이길 승 / 땅 지 | 경치가 뛰어나게 좋은 곳.

**경순양함 輕巡洋艦** 가벼울 경 / 돌 순 / 큰 바다 양 / 큰 배 함 | 군사 크기가 작은 순양함.

**경술국치 庚戌國恥** 별 경 / 개 술 / 나라 국 / 부끄러울 치 | 역사 1910년(경술년)에 일제에게 나라의 주권을 빼앗김. 국권 피탈.

**경시 輕視** 가벼울 경 / 볼 시 | 깔봄. 얕봄. 가볍게 여겨 업신여김. ↔ 중시(重視).

**경시하다 輕視하다** 가벼울 경 / 볼 시 | 깔보다. 가볍게 여겨 업신여기다.

**경신 更新** 고칠 경 / 새 신 | 1. 옛 제도를 고쳐 새롭게 함  2. 기록경기에서, 종전의 기록을 깨뜨리고 새로운 기록을 세움.

**경신하다 更新하다** 고칠 경 / 새 신 | 옛것을 고쳐 새롭게 하다.

**경악 驚愕** 놀랄 경 / 놀랄 악 | 깜짝 놀람.

**경악하다 驚愕하다** 놀랄 경 / 놀랄 악 | 깜짝 놀라다.

**경애 敬愛** 공경 경 / 사랑 애 | 공경하고 사랑함.

**경애하다 敬愛하다** 공경 경 / 사랑 애 | 공경하고 사랑하다.

**경야 經夜** 지날 경 / 밤 야 | 밤을 지새움.

**경어 敬語** 공경할 경 / 말씀 어 | 높임말. 상대를 공경하는 말.

**❶경연 競演** 다툴 경 / 펼 연 | 실력을 겨루기 위하여 공연함.

**❷경연 經筵** 지날 경 / 대자리 연 | 임금이 신하에게 경서를 강론하게 함.

**❸경연 慶宴** 경사 경 / 잔치 연 | 경사스러운 잔치.

**경영 經營** 지날 경 / 경영할 영 | 사업을 관리하고 운영함.

**경영하다 經營하다** 지날 경 / 경영할 영 | 사업을 관리하고 운영하다.

**경옥 瓊玉** 구슬 경 / 구슬 옥 | 아름다운 구슬.

**❶경외 敬畏** 공경 경 / 두려워할 외 | 공경하고 두려워함.

**경외심 敬畏心** 공경 경 / 두려워할 외 / 마음 심 | 공경하면서 두려워하는 마음.

**❷경외 境外** 지경 경 / 바깥 외 | 경계의 밖.

**경우 境遇** 지경 경 / 만날 우 | 어떤 조건 아래.

**경원 敬遠** 공경 경 / 멀 원 | 멀리 함.

**경이원지 敬而遠之** 공경 경 / 말 이을 이 / 멀 원 / 갈 지 | 공경하되 가까이하지는 않음.

**❶경위 涇渭** 통할 경 / 물 이름 위 | 일의 옳고 그름을 분별함. ※ 예전에 중국에서 경수(涇水)의 강물은 흐리고 위수(渭水)의 강물은 맑아서, 서로 뚜렷이 구별된다는 데에서 나온 말.

**❷경위 經緯** 날줄 경 / 씨줄 위 | 1. 직물(織物)의 날실과 씨실 2. 일이 진행되어 온 과정. 3. 경도와 위도.

**경유 經由** 지날 경 / 말미암을 유 | 거쳐서 지나감.

**경유하다 經由하다** 지날 경 / 말미암을 유 | 거쳐서 지나가다.

**경음악 輕音樂** 가벼울 경 / 소리 음 / 노래 악 음악 작은 규모로 연주하는, 대중성을 띤 가벼운 음악. 재즈, 샹송, 팝송 등이 있다.

**경이 驚異** 놀랄 경 / 다를 이(리) | 놀랍고 신기함.

**경이롭다 驚異롭다** 놀랄 경 / 다를 이(리) | 놀랍고 신기하다.

**경작 耕作** 밭 갈 경 / 지을 작 | 땅을 갈아서 농사를 지음.

**경작물 耕作物** 밭 갈 경 / 지을 작 / 물건 물 | 경작하는 농산물.

**경작지 耕作地** 밭 갈 경 / 지을 작 / 땅 지 | 경작하는 땅.

**경장 更張** 고칠 경 / 베풀 장 | 고쳐서 새롭게 함.

**경쟁 競爭** 다툴 경 / 다툴 쟁 | 서로 앞서려고 다툼.

**경쟁의식 競爭意識** 다툴 경 / 다툴 쟁 / 뜻 의 / 알

식 | 남과 겨루어 이기려는 마음.

**경적 警笛** 깨우칠 경 / 피리 적 | 큰 소리로 고동을 불어 경계함.

**❶경전 經典** 지날 경 / 법 전 | 1. 변하지 않는 법식과 도리 2. 성현의 도리를 적은 책.

**❷경전 耕田** 밭 갈 경 / 밭 전 | 논밭을 갊.

**경제 經濟** 다스릴 경 / 구제할 제 | 인간의 생활에 필요한 재화나 용역을 생산 · 분배 · 소비하는 모든 활동.

**경세제민 經世濟民** 다스릴 경 / 세상 세 / 구제할 제 / 백성 민 | 세상을 다스리고 백성을 구제함.

**경제적 經濟的** 다스릴 경 / 구제할 제 / 과녁 적 | 1. 인간의 생활에 필요한 재화와 용역을 생산·분배·소비하는 모든 활동 2. 돈이나 시간, 노력을 적게 들이는 것.

**경제주체 經濟主體** 다스릴 경 / 구제할 제 / 주인 주 / 몸 체 | 경제 경제 활동을 하는 단위. 가계 (家計), 기업, 정부 등이 있다.

**경제순환 經濟循環** 다스릴 경 / 구제할 제 / 돌 순 / 고리 환 | 경제 경제 활동의 규칙적인 순환 운동. 재화와 용역이 인간의 욕망을 충족하면서 생산·교환·분배·소비의 과정을 되풀이하여 도는 현상.

**경제공황 經濟恐慌** 다스릴 경 / 구제할 제 / 두려울 공 / 어리둥절할 황 | 경제 경제 순환 과정에서 나타나는 경제 혼란. 상품의 생산과 소비의 균형이 깨지고 산업이 침체하고 파산과 실업이 속출하여 혼란한 상태.

**경제원조 經濟援助** 다스릴 경 / 구제할 제 / 도울 원 / 도울 조 | 경제 부강한 선진국이 약소국이나 개발도상국에 자본이나 기술을 무상 또는 유상으로 주는 일.

**경종 警鐘** 깨우칠 경 / 쇠북 종 | 위험을 알리기 위하여 치는 종.

**❶경주 競走** 다툴 경 / 달릴 주 | 달리기.

**❷경주 傾注** 기울 경 / 부을 주 | 기울여 쏟음.

**❶경중 輕重** 가벼울 경 / 무거울 중 | 가벼움과 무거움.

**❷경중 鏡中** 거울 경 / 가운데 중 | 거울 속.

**경중미인 鏡中美人** 거울 경 / 가운데 중 / 아름다울 미 / 사람 인 | 거울에 비친 미인. 실속 없는 일을 비유. ※ 경우가 바르고 얌전하다고 하여 서울·경기 지역 사람의 성격을 비유하기도 한다.

**경지 境地** 지경 경 / 땅 지 | 1. 일정한 경계 안의 땅 2. 환경과 처지.

**경지정리 耕地整理** 밭 갈 경 / 땅 지 / 가지런할 정 / 다스릴 리(이) | 농업 농지의 수확을 늘리기 위하여, 농지를 반듯하게 고치고, 농로를 넓히고, 관개 시설을 개량함.

**경직 硬直** 굳을 경 / 곧을 직 | 딱딱하게 굳음. 굳어서 뻣뻣하게 됨.

**경직하다 硬直**하다 굳을 경 / 곧을 직 | 딱딱하게 굳다.

**경질 更迭/更佚** 바꿀 경 / 번갈아들 질 | 바꿈.

**경질하다** 更迭/更佚하다 바꿀 경 / 번갈아들 질 | 바꾸다.

**경찰** 警察 깨우칠 경 / 살필 찰 | 경계하여 살핌.

**경찰국가** 警察國家 깨우칠 경 / 살필 찰 / 나라 국 / 집 가 | 경찰권을 임의로 행사하여 국민 생활을 감시·통제하는 국가 형태.

**경책** 輕責 깨우칠 경 / 꾸짖을 책 | 가볍게 꾸짖음.

**❶경천** 敬天 공경 경 / 하늘 천 | 하늘을 숭배함.

**경천사상** 敬天思想 공경 경 / 하늘 천 / 생각 사 / 생각 상 | 하늘을 공경하는 사상.

**❷경천** 驚天 놀랄 경 / 하늘 천 | 하늘을 놀라게 함.

**경천동지** 驚天動地 놀랄 경 / 하늘 천 / 움직일 동 / 땅 지 | 하늘을 놀라게 하고 땅을 뒤흔든다는 뜻으로, 세상을 몹시 놀라게 한다는 뜻.

**경청** 傾聽 기울 경 / 들을 청 | 귀 여겨 들음.

**경청하다** 傾聽하다 기울 경 / 들을 청 | 귀 여겨 듣다.

**경추** 頸椎 목 경 / 쇠몽치 추 | 의학 척추뼈 가운데 가장 위쪽에 있는 일곱 개의 목뼈.

**경축** 慶祝 경사 경 / 빌 축 | 경사를 축하함.

**경축연** 慶祝宴 경사 경 / 빌 축 / 잔치 연 | 축하하는 잔치.

**경축일** 慶祝日 경사 경 / 빌 축/ 날 일 | 경사스러운 일을 기뻐하고 축하하는 날.

**경치** 景致 볕 경 / 이를 치 | 자연의 아름다운 모습.

**경침** 警枕 깨우칠 경 / 베개 침 | 둥근 나무나 큰 방울 모양으로 생긴 베개. 잠이 깊이 들지 못하게 하는 데에 쓴다.

**경칭** 敬稱 공경 경 / 일컬을 칭 | 존칭.

**경쾌** 輕快 가벼울 경 / 쾌할 쾌 | 가볍고 날램.

**경쾌하다** 輕快하다 가벼울 경 / 쾌할 쾌 | 가볍고 날래다.

**경탄** 驚歎/驚嘆 놀랄 경 / 탄식할 탄 | 놀라 탄식함

**경탄하다** 驚歎/驚嘆하다 놀랄 경 / 탄식할 탄 | 놀라 탄식하다

**❶경판** 京板 서울 경 / 널빤지 판 | 서울에서 책을 판각함.

**❷경판** 經板 지날 경 / 널빤지 판 | 불경책을 간행하기 위하여 나무나 금속에 활자를 새긴 판.

**경하** 敬賀 공경 경 / 하례할 하 | 경사로운 일을 축하함.

**경하하다** 敬賀하다 공경 경 / 하례할 하 | 경사로운 일을 축하하다.

**경합** 競合 다툴 경 / 합할 합 | 서로 맞서 겨룸.

**경합하다** 競合하다 다툴 경 / 합할 합 | 서로 맞서 겨루다.

**❶경향** 京鄕 서울 경 / 시골 향 | 서울과 시골.

**❷경향** 傾向 기울 경 / 향할 향 | 어떤 방향으로 기

울어짐.

**경향성 傾向性** 기울 경 / 향할 향 / 성품 성 | 생각이 일정한 방향으로 기울어 쏠림.

**경향시 傾向詩** 기울 경 / 향할 향 / 시 시 | 특정한 사상이나 주의(主義)에 기울어지는 경향이 강한 시문학. 우리나라에서는 1920년대에 감상적인 개인주의 시에 대한 반발로 등장하였으며, 사회주의적 경향을 보임.

**경험 經驗** 다스릴 경 / 경험할 험 | 실제로 해 보거나 겪어 봄.

**경험하다 經驗하다** 다스릴 경 / 경험할 험 | 실제로 해 보거나 겪어 보다.

**경혈 經穴** 지날 경 / 구멍 혈 | 한의학 몸에 흐르는 경맥에 있는 혈로 침을 놓거나 뜸을 뜨는 자리.

**경호 警護** 깨우칠 경 / 도울 호 | 경계하여 보호함.

**경호하다 警護하다** 깨우칠 경 / 도울 호 | 경계하여 보호하다.

**❶경화 硬化** 굳을 경 / 될 화 | 굳어짐.

**❷경화 京華** 서울 경 / 빛날 화 | 번화한 서울.

**경화거족 京華巨族** 서울 경 / 빛날 화 / 클 거 / 겨레 족 | 대대로 서울에 사는 번영한 집안.

**경화자제 京華子弟** 서울 경 / 빛날 화 / 아들 자 / 아우 제 | 번화한 서울에서 귀하고 곱게 자란 젊은이.

**❶경황 驚惶** 놀랄 경 / 두려울 황 | 놀라서 두려워 허둥지둥함.

**경황실색 驚惶失色** 놀랄 경 / 두려울 황 / 잃을 실 / 빛 색 | 놀라고 두려워 얼굴색이 달라짐.

**❷경황 景況** 볕 경 / 상황 황 | 정신적·시간적인 여유나 형편.

**경황없다 景況없다** 볕 경 / 상황 황 | 몹시 괴롭거나 바빠서 다른 일을 생각할 틈이나 흥미가 없다.

**계가 計家** 셀 계 / 집 가 | 바둑을 다 둔 뒤에 이기고 진 것을 가리기 위하여 바둑의 집 수를 헤아림.

**계간 季刊** 계절 계 / 새길 간 | 계절 따라 발행하는 간행물.

**계고 戒告** 경계할 계 / 고할 고 | 행정 일정한 기간 안에 행정상의 의무를 이행하지 않을 경우에, 강제 집행 한다는 내용을 문서로 알리는 일.

**계고장 戒告狀** 경계할 계 / 고할 고 / 문서 장 | 행정상의 의무 이행을 재촉하는 문서. 강제 집행의 의미가 있음.

**계곡 溪谷** 시내 계 / 골 곡 | 골짜기.

**계관 桂冠** 계수나무 계 / 갓 관 | 고대 그리스에서, 월계수의 가지로 만들어 우승자에게 씌워 주던 관. 월계관.

**계관시인 桂冠詩人** 계수나무 계 / 갓 관 / 시 시 / 사람 인 | 문학 17세기부터 영국 왕실에서 국가적으로 뛰어난 시인을 이르는 명예로운 칭호. 고대 그리스에서 승리자에게 월계관을 씌워주

는 데서 유래하였으며, 드라이든, 워즈워스 테니슨 등이 유명하다.

**계교 計巧** 셀 계 / 공교할 교 | 꾀.

**계구 鷄口** 닭 계 / 입 구 | 닭의 주둥이로, 작은 단체의 우두머리를 가리킴.

**계구우후 鷄口牛後** 닭 계 / 입 구 / 소 우 / 뒤 후 | 닭의 주둥이와 소의 꼬리. 큰 단체의 꼴찌보다는 작은 단체의 우두머리가 되는 것이 낫다는 말. ※ 출전| 〈사기〉의 소진전(蘇秦傳).

**계급 階級** 섬돌 계 / 등급 급 | 조직 내에서의 지위나 관직의 등급.

**계급주의문학 階級主義文學** 섬돌 계 / 등급 급 / 주인 주 / 옳을 의 / 글월 문 / 배울 학 | 문학 모순과 불평등이 없는 평등한 사회를 만들기 위해, 문학은 사회주의적 계급 혁명의 이념을 전달하는 수단이 되어야 한다는 입장을 내세우는 문학. ※ 1920년대의 KAPF.

**계급의식 階級意識** 섬돌 계 / 등급 급 / 뜻 의 / 알 식 | 어떤 계급의 구성원들이 공통적으로 가지는 심리, 태도 같은 것.

**계급주의 階級主義** 섬돌 계 / 등급 급 / 주인 주 / 뜻 의 | 1. 계급을 중시하는 사상이나 태도 2. 자신이 속한 계급의 이익에만 충실하고 다른 계급에 대해서는 배타적인 것.

**계급독재 階級獨裁** 섬돌 계 / 등급 급 / 홀로 독 / 마를 재 | 한 계급이 특권을 가지고 전체를 지배하는 일.

**계기 契機** 맺을 계 / 틀 기 | 어떤 일이 일으키거나 결정하는 기회나 요소.

**계녀 季女** 계절 계 / 여자 녀(여) | 막내딸.

**계단 階段** 섬돌 계 / 층계 단 | 층층대.

**계도 啓導** 열 계 / 인도할 도 | 깨치어 이끌어 줌.

**계도하다 啓導하다** 열 계 / 인도할 도 | 깨치어 이끌어 주다.

**계란 鷄卵** 닭 계 / 알 란(난) | 달걀.

**계략 計略** 셀 계 / 간략할 략(약) | 계책과 방략.

**계량 計量** 셀 계 / 헤아릴 량(양) | 분량을 헤아림.

**계량하다 計量하다** 셀 계 / 헤아릴 량(양) | 분량을 헤아리다.

**❶계류 溪流/谿流** 시내 계 / 흐를 류(유) | 시내.

**❷계류 繫留** 맬 계 / 머무를 류(유) | 붙잡아 매 놓음.

**계류하다 繫留하다** 맬 계 / 머무를 류(유) | 붙잡아 매 놓다.

**계륵 鷄肋** 닭 계 / 갈비 륵 | 닭갈비. 그다지 큰 소용은 없으나 버리기에는 아까운 것. ※ 출전| 〈후한서(後漢書)〉의 양수전(楊修傳).

**계명 鷄鳴** 닭 계 / 울 명 | 닭의 울음소리.

**계명구도 鷄鳴狗盜** 닭 계 / 울다 명 / 개 구 / 도둑 도 | 닭울음소리를 잘 내는 사람과 개 흉내를 잘 내는 도둑. 남을 속이는 것처럼 하찮은 재주라도 언젠가 크게 쓸모가 있을 수 있음을 이르는 말. ※ 중국 제나라의 맹장군이 진(秦)나라 소왕(昭王)에게 죽게 되었을 때, 식객(食客) 가운데 개를 가장하여 남의 물건을 훔치는 사람과 닭의

울음소리를 흉내 내는 사람이 있었는데, 그들의 도움으로 위기에서 빠져나왔다는 고사.

**계몽 啓蒙** 열 계 / 어리석을 몽 | 가르쳐서 깨우침.

**계몽주의 啓蒙主義** 열 계 / 어두울 몽 / 주인 주 / 뜻 의 | 16~18세기에 유럽 전역에 일어난 혁신적 사상. 교회의 권위에 바탕을 둔 구시대의 정신적 권위와 사상적 특권에 반대하여, 이성의 계몽을 통하여 인간 생활의 진보와 개선을 꾀하고자 함. ≒ 계몽 철학.

**계몽절대군주 啓蒙專制君主** 열 계 / 어두울 몽 / 끊을 절 / 대할 대 / 임금 군 / 임금 주 | 역사 18세기에 유럽에서 계몽사상을 받아들이면서 위로부터의 근대화를 추진한 절대 군주. 프러시아의 프리드리히 대왕, 오스트리아의 요셉 2세 등

**계발 啓發** 열 계 / 피다, 열다 발 | 슬기나 재능, 사상 등을 일깨워 줌.

**계발하다 啓發하다** 열 계 / 피다, 열다 발 | 슬기나 재능, 사상 등을 일깨워 주다.

**계보 系譜** 맬 계 / 족보 보 | 대대로 내려오는 집안의 혈통을 적은 책.

**계보학 系譜學** 맬 계 / 족보 보 / 배울 학 | 계보를 과학적인 방법으로 연구하는 학문.

**계부 繼父** 이을 계 / 아버지 부 | 의붓아버지.

**계비 繼妃** 이을 계 / 왕비 비 | 임금이 다시 장가를 가서 맞은 부인.

**계분 鷄糞** 닭 계 / 똥 분 | 닭의 똥. 질소나 인산이 많아 거름으로 쓰인다.

**계사 鷄舍** 닭 계 / 집 사 | 닭을 가두어 두는 장. 닭장.

**계산 計算** 셀 계 / 셈 산 | 셈.

**계산기 計算器/計算機** 셀 계 / 셈 산 / 그릇 기 | 계산을 빠르고 정확하게 하기 위하여 사용하는 기기(機器). ※ 전자계산기.

**계서 繼序** 이을 계 / 차례 서 | 차례를 이음.

**계속 繼續** 이을 계 / 이을 속 | 끊이지 않고 이어짐.

**계속하다 繼續하다** 이을 계 / 이을 속 | 끊이지 않고 이어지다.

**❶계수 桂樹** 계수나무 계 / 나무 수 | 계수나무.

**❷계수 計數** 셀 계 / 셈 수 | (수학) 수를 계산함.

**계수기 計數器** 셀 계 / 셈 수 / 그릇 기 | 수를 세는 기구.

**계승 繼承** 이을 계 / 이을 승 | 이어 받음.

**계승자 繼承者** 이을 계 / 이을 승 / 놈 자 | 뒤를 이어 나가는 사람.

**계시 啓示** 열 계 / 보일 시 | 깨우쳐 보임.

**계시하다 啓示하다** 열 계 / 보일 시 | 깨우쳐 보이다.

**계약 契約** 맺을 계 / 맺을 약 | 서로 맺은 약속.

**계약하다 契約하다** 맺을 계 / 맺을 약 | 서로 약속

을 맺다.

**계엄 戒嚴** 경계할 계 / 엄할 엄 | 일정한 지역을 군사력으로 경계함.

**계엄령 戒嚴令** 경계할 계 / 엄할 엄 / 하여금 령 (영) | 대통령이 임명하는 군사 지휘관이 계엄 령 지역에서 통제를 선포하는 명령.

**계엄사 戒嚴司** 경계할 계 / 엄할 엄 / 맡을 사 | 계 엄사령관의 지휘 아래 계엄에 관한 모든 일을 처리하는 기관.

**계엄사령관 戒嚴司令官** 경계할 계 / 엄할 엄 / 맡 을 사 / 하여금 령(영) / 벼슬 관 | 계엄령의 선포 에 따라 계엄 지역 안에서 계엄에 관한 업무를 총괄하는 군사령관.

**계엄지구 戒嚴地區** 경계할 계 / 엄할 엄 / 땅 지 / 구분할 구 | 계엄령이 실시되는 지역.

**비상계엄 非常戒嚴** 아닐 비 / 떳떳할 상 / 경계할 계 / 엄할 엄 | 군사 전시나 사변 또는 이에 준 하는 국가 비상사태가 발생하여 사회 질서가 극도로 교란되어 행정 · 사법 기능의 수행이 곤 란할 때 대통령이 선포하는 계엄. 계엄 사령관 이 계엄 지역 안의 모든 행정 · 사법을 맡아서 관리한다.

**계열 系列** 맬 계 / 벌일 열(렬) | 서로 관련되는 계 통이나 조직.

**계열화 系列化** 맬 계 / 벌일 열(렬) / 될 화 | 1. 계 열이 됨. 2. 경제 기업들 사이에 연계가 이루 어짐.

**계영배 戒盈杯** 경계할 계 / 찰 영 / 잔 배 | 술잔이 차면 기울어지게 하여, 술을 많이 마시는 것을

경계하기 위한 잔.

**계인 契印** 맺을 계 / 도장 인 | 두 장의 문서에 걸쳐 서 찍는 도장으로, 서로 관련되어 있음을 증명 함.

**계율 戒律** 경계할 계 / 법칙 율(률) | 지켜야할 법 도나 규칙.

**계절 季節** 계절 계 / 마디 절 | 봄, 여름, 가을, 겨울 의 철.

**계절풍 季節風** 계절 계 / 마디 절 / 바람 풍 | 지구 계 절에 따라 일정한 방향으로 부는 바람. 여름에 는 바다에서 대륙으로, 겨울에는 대륙에서 바다 로 분다. ※ 열대 계절풍, 아열대 계절풍, 온대 계절풍.

**계정 計定** 셀 계 / 정할 정 | 경영 거래되는 자산, 부채, 자본, 수익, 손실에 대하여 계산하고 기록 하는 단위.

**계제 階梯** 섬돌 계 / 사다리 제 | 1. 사다리를 밟아 나가듯이 일이 차차 진행되어 나가는 순서 2. 어떤 일을 할 수 있게 된 형편이나 기회.

**❶계주 契主** 맺을 계 / 주인 주 | 계를 만들어 관리 하는 사람.

**❷계주 繼走** 잇다 계 / 달릴 주 | 체육 일정한 구 간을 나누어 달리는 이어달리기. 400미터, 800 미터, 1600미터 계주.

**계주자 繼走者** 이을 계 / 달릴 주 / 사람 자 | 체육 이 어달리기 경주를 하는 사람.

**계춘 季春** 계절 계 / 봄 춘 | 음력 3월. 늦봄.

**계측 計測** 셀 계 / 헤아릴 측 | 헤아리거나 잼.

**계측하다 計測하다** 셀 계 / 헤아릴 측 | 재다.

**계층 階層** 섬돌 계 / 층 층 | 사회를 이루는 여러 사람들의 층.

**계통 系統** 맬 계 / 거느릴 통 | 1. 일의 체계나 순서 2. 일정한 체계에 따라 서로 관련되어 있는 통일된 조직.

**계통수 系統樹** 맬 계 / 거느릴 통 / 나무 수 | 생물 동물과 식물이 진화해 온 차례대로 계통을 지어 한 그루의 나무처럼 그려놓은 그림.

**계통발생 系統發生** 맬 계 / 거느릴 통 / 필 발 / 날 생 | 생물 어떤 생물의 무리가 태초부터 현재까지 진화해 온 과정. 생물들 사이의 관계를 밝히는 데 중요하다. ※ 참조: 개체발생.

**계폐 啓閉** 열 계 / 닫을 폐 | 열고 닫음.

**계폐하다 啓閉하다** 열 계 / 닫을 폐 | 열고 닫다.

**계피 桂皮** 계수나무 계 / 가죽 피 | 계수나무의 껍질,

**계향 桂香** 계수나무 계 / 향기 향 | 계수나무의 향기.

**계획 計劃/計畫** 셀 계 / 그을 획 | 앞으로의 일을 미리 헤아려서 작정해 놓음.

**계획경제 計劃經濟** 셀 계 / 그을 획 / 지날 경 / 건널 제 | 경제 나라의 계획에 의해서 경제 활동과 분배가 이루어지는 제도. 사회주의 경제체제이며, 자본주의 사회에서는 부분적 계획경제 정책이 실시될 수 있다.

**고갈 枯渴** 마를 고 / 없어질 갈 | 말라서 없어짐. ↔ 풍부(豊富).

**고갈하다 枯渴하다** 마를 고 / 없어질 갈 | 말라서 없어지다.

**고객 顧客** 돌아볼 고 / 손 객 | 영업상의 손님.

**고견 高見** 높을 고 / 볼 견 | 뛰어난 의견.

**고결 高潔** 높을 고 / 깨끗할 결 | 고상하고 깨끗함.

**고결하다 高潔하다** 높을 고 / 깨끗할 결 | 고상하고 깨끗하다.

**고고하다 孤高하다** 외로울 고 / 높을 고 | 홀로 고결하다.

**고고성 呱呱聲** 울 고 / 울 고 / 소리 성 | 아이가 세상에 나오면서 처음 우는 울음소리.

**고고학 考古學** 생각할 고 / 옛 고 / 배울 학 | 유물과 유적을 통하여 옛 인류의 생활, 문화를 연구하는 학문.

**❶고공 高空** 높을 고 / 빌 공 | 높은 공중.

**❷고공 篙工** 상앗대 고 / 장인 공 | 뱃사공.

**❸고공 雇工** 품 팔 고 / 장인 공 | 1. 고용살이 하는 사람 2. 머슴.

**고관 高官** 높을 고 / 벼슬 관 | 지위가 높음.

**고관대작 高官大爵** 높을 고 / 벼슬 관 / 클 대 / 벼슬 작 | 지위가 높고 훌륭한 벼슬.

**고굉 股肱** 넓적다리 고 / 팔뚝 굉 | 다리와 팔.

**고굉지신 股肱之臣** 넓적다리 고 / 팔뚝 굉 / 어조사 지 / 신하 신 | 다리와 팔같이 중요한 신하. 임금이 가장 신임하는 신하.

**❶고구 高丘** 높을 고 / 언덕 구 | 높은 언덕.

**❷고구 考究** 생각할 고 / 연구할 구 | 고찰하여 연구함.

**고구하다 考究하다** 생각할 고 / 연구할 구 | 고찰하여 연구하다.

**고국 故國** 연고 고 / 나라 국 | 자기의 조국.

**고군분투 孤軍奮鬪** 외로울 고/ 군대 군/ 용감할 분 / 싸울 투 | 외따로 떨어져 도움을 받지 못하게 된 군사가 많은 수의 적군과 용감하게 잘 싸움. 남의 도움을 받지 아니하고 벅찬 일을 잘해 나가는 것을 비유.

**고궁 古宮** 옛 고 / 집 궁 | 옛 대궐.

**고귀 高貴** 높을 고 / 귀할 귀 | 지위가 높고 귀함.

**고귀하다 高貴하다** 높을 고 / 귀할 귀 | 지위가 높고 귀하다.

**고금 古今** 옛 고 / 이제 금 | 옛적과 이제.

**고급 高級** 높을 고 / 등급 급 | 높은 등급.

**고기 古記** 옛 고 / 기록할 기 | 옛 문헌의 기록.

**고난 苦難** 쓸 고 / 어려울 난 | 괴로움과 어려움.

**고뇌 苦惱** 쓸 고 / 번뇌할 뇌 | 괴로워하고 번뇌함.

**고단하다 孤單하다** 외로울 고 / 홑 단 | 외롭다.

※ 고단하다| '몹시 지쳐서 느른하다'는 순우리말.

**고담 高談** 높을 고 / 말씀 담 | 고상한 말.

**고담준론 高談峻論** 높을 고 / 말씀 담 / 높을 준 / 논할 론(논) | 뜻이 높고 바르며 엄숙하고 날카로운 말.

**고답적 高踏的** 높을 고 / 밟을 답 / 과녁 적 | 세상일에 초연하여 높고 이상적인 것을 추구하는.

**고답파 高踏派** 높을 고 / 밟을 답 / 갈래 파 | 1. 현실생활과는 동떨어진 초연한 태도를 보이는 2. 문학 1860년대 프랑스 시 문학의 한 유파로 현실과는 동떨어진 예술 지상주의를 주장하였다.

**❶고대 古代** 옛 고 / 대신할 대 | 옛 시대.

**❷고대 苦待** 쓸 고 / 기다릴 대 | 몹시 기다림.

**고대하다 苦待하다** 쓸 고 / 기다릴 대 | 몹시 기다리다.

**❸고대 高臺** 높을 고 / 대 대 | 높이 쌓은 대(臺).

**고대광실 高臺廣室** 높을 고 / 대 대 / 넓을 광 / 집 실 | 매우 크고 좋은 집.

**❶고도 孤島** 외로울 고 / 섬 도 | 외딴섬.

**❷고도 古都** 옛 고 / 도읍 도 | 옛 도읍.

**❸고도 高度** 높을 고 / 법도 도 | 높이.

**고도화 高度化** 높을 고 / 법도 도 / 될 화 | 높아지게 함.

**고독 孤獨** 외로울 고 / 홀로 독 | 세상에 홀로 떨어져 있는 듯이 매우 외롭고 쓸쓸함.

**고두 叩頭** 두드릴 고 / 머리 두 | 머리를 조아림.

**고동 鼓動** 북 고 / 움직일 동 | 심장의 운동. ※ 고동 | '기계가 운동 활동을 하는 장치'는 순우리말.

**고동치다 鼓動**치다 북 고 / 움직일 동 | 1. 심장이 심하게 뛰다.   2. 희망에 가득 차 마음이 약동하다.

**고두 叩頭** 두드릴 고 / 머리 두 | 머리를 땅에 조아림.

**고두감읍 叩頭感泣** 두드릴 고 / 머리 두 / 느낄 감 / 울 읍 | 머리를 조아리며 감격하여 욺.

**고두사례 叩頭謝禮** 두드릴 고 / 머리 두 / 사례할 사 / 예도 례 | 머리를 조아리며 고맙다고 인사함.

**고두사죄 叩頭謝罪** 두드릴 고 / 머리 두 / 사례할 사 / 허물 죄 | 머리를 조아리며 잘못을 빎

**고등 高等** 높을 고 / 무리 등 | 등급이 높음.

**고등교육 高等敎育** 높을 고 / 무리 등 / 가르칠 교 / 기를 육 | 교육 고도의 전문적 지식과 기술을 터득하게 하는 전문대학 이상의 교육.

**고등동물 高等動物** 높을 고 / 무리 등 / 움직일 동 / 물건 물 | 동물 복잡한 체제를 갖춘 동물. 보통 척추동물을 이르는데, 소화·순환·호흡·비뇨·생식·신경·운동 등의 기관을 가지고 있다.

**고락 苦樂** 쓸 고 / 즐길 락(낙) | 괴로움과 즐거움.

**고랭지 농업 高冷地農業** 높을 고 / 찰 랭(냉) / 땅 지 / 농사 농 / 업 업 | 고원이나 산지처럼 여름철에 서늘한 곳에서 하는 농업. 배추·무 등의 채소를 재배한다.

**❶고량 高粱** 높을 고 / 기장 량(양) | 수수.

**고량소주 高粱燒酒** 높을 고 / 기장 량(양) / 불사를 소 / 술 주 | 수수를 원료로 하여 빚은 술. 배갈.

**❷고량진미 膏粱珍味** 기름 고 / 기장 량(양) / 보배 진 / 맛 미 | 기름진 고기와 좋은 곡식. 맛있는 음식.

**고량자제 膏粱子弟** 기름 고 / 기장 량(양) / 아들 자 / 아우 제 | 부귀한 집에서 고량진미만 먹고 귀엽게 자라나서 고생을 전혀 모르는 젊은이.

**고려 考慮** 생각할 고 / 헤아릴 려 | 생각하고 헤아려 봄.

**고려하다 考慮**하다 생각할 고 / 헤아릴 려 | 생각하고 헤아려 보다.

**고려양 高麗樣** 높을 고 / 고울 려(여) / 모양 양 | 고려말기에 원나라에서 고려식의 옷과 음식 등 생활양식이 유행한 풍습.

**고려장 高麗葬** 높을 고 / 고울 려(여) / 장사지낼 장 | 예전에, 늙고 쇠약한 노인을 산 채로 버려두었다가 장사 지냈다는 일.

**고령 高齡** 높을 고 / 나이 령(영) | 나이가 많음.

**고로 高爐** 높을 고 / 화로 로(노) | (공업) 제철 공장에서, 철광석을 녹이는 원통형의 노.

**고루하다 固陋**하다 굳을 고 / 비루할 루 | 낡은 관념이나 습관에 젖어 고집이 세고, 새로운 것을

잘 받아들이지 아니하다.

**고루하다 孤陋**하다 외로울 고 / 비루할 루 | 보고 들은 것이 적어 융통성이 없다.

**❶고리 高利** 높을 고 / 이로울 리(이) | 비싼 이자.

**고리대금 高利貸金** 높을 고 / 이로울 리(이) / 빌릴 대 / 쇠 금 | 이자가 비싼 돈.

**❷고리 高離/槀離/槀離** 높을 고 / 떠날 리(이) (역사) 고구려. 동명왕 주몽이 기원전 37년에 세운 나라.

**고립 孤立** 외로울 고 / 설 립(입) | 홀로 떨어진 외톨이.

**고립무원 孤立無援** 외로울 고 / 설 립(입) / 없을 무 / 도울 원 | 홀로 떨어져서 구원을 받을 데가 하나도 없음.

**고매하다 高邁**하다 높을 고 / 멀리 갈 매 | 인격이나 품성, 학식. 재질 등이 높고 빼어나다.

**❶고명 高名** 높을 고 / 이름 명 | 높고 이름난 사람.

**고명하다 高名**하다 높을 고 / 이름 명 | 높은 이름이 널리 알려지다.

**❷고명 高名** 높을 고 / 이름 명 | 남의 이름을 높여 이르는 말.

**❸고명 顧命** 돌아볼 고 / 목숨 명 | 임금의 유언으로 나라의 뒷일을 부탁함.

**고명대신 顧命大臣** 돌아볼 고 / 목숨 명 / 클 대 / 신하 신 | 임금의 유언으로 나라의 뒷일을 부탁받은 대신.

**고모 姑母** 시어머니 고 / 어머니 모 | 아버지의 누이.

**고목 枯木** 마를 고 / 나무 목 | 말라죽은 나무.

**고무 鼓舞** 북 고 / 춤출 무 | 1. 북을 치고 춤을 춤 2. 힘을 내도록 응원하고 격려함.

**고무적 鼓舞的** 북 고 / 춤출 무 / 과녁 적 | 힘을 내도록 격려하여 용기를 북돋우는.

**❶고문 拷問** 칠 고 / 물을 문 | 아프게 하면서 심문함.

**고문하다 拷問**하다 칠 고 / 물을 문 | 아프게 하면서 심문하다.

**❷고문 顧問** 돌아볼 고 / 물을 문 | 전문적인 문제에 대하여 조언을 하는 직책.

**고문관 顧問官** 돌아볼 고 / 물을 문 / 벼슬 관 | 고문의 직책을 맡은 관리.

**고물 古物/故物** 옛 고 / 물건 물 | 옛날 물건. ※고물 | '배의 뒷부분'은 순우리말.

**고물딱지 古物**딱지 옛 고 / 물건 물 | '고물'의 낮춤말.

**고물가 高物價** 높을 고 / 물건 물 / 값 가 | 비싼 물건값.

**고민 苦悶** 쓸 고 / 답답할 민 | 마음속으로 괴로워하고 애를 태움.

**고민하다 苦悶**하다 쓸 고 / 답답할 민 | 마음속으로 괴로워하고 애를 태우다.

73

**고발 告發** 고할 고 / 필 발 | 잘못이나 비리를 드러내어 알림.

**고발문학 告發文學** 고할 고 / 필 발 / 글월 문 / 배울 학 | 문학 사회의 모순과 병폐를 들추어 비판하는 문학.

**❶고배 苦杯** 쓸 고 / 잔 배 | 쓴 잔.

**❷고배 叩拜** 두드릴 고 / 절 배 | 머리를 조아리며 절함.

**고백 告白** 고할 고 / 흰 백 | 마음속에 감추어 둔 것을 사실대로 숨김없이 말함

**고백문학 告白文學** 고할 고 / 흰 백 / 글월 문 / 배울 학 | 문학 고백하는 형식으로 서술한 문학

**고변 告變** 고할 고 / 변할 변 | 반역행위를 고발함.

**고별 告別** 고할 고 / 나눌 별 | 작별을 고함.

**고별사 告別辭** 고할 고 / 나눌 별 / 말씀 사 | 작별을 알리는 말.

**고복격양 鼓腹擊壤** 두드릴 고 / 배 복 / 칠 격 / 땅 양 | 태평세월을 즐김. 중국 요순시대에 한 노인이 배를 두드리고 땅을 치면서 요임금의 덕을 찬양하고 태평성대를 즐겼다는 고사. = 함포고복(含哺鼓腹).

**❶고봉 高捧** 높을 고 / 받들 봉 | 그릇 위로 수북하게 담는 것.

**고봉밥 高捧밥** 높을 고 / 받들 봉 | 그릇 위로 수북하게 높이 담은 밥.

**❷고봉 高峯** 높을 고 / 봉우리 봉 | 높은 산봉우리.

**고부 姑婦** 시어머니 고 / 며느리 부 | 시어머니와 며느리.

**고분 古墳** 옛 고 / 무덤 분 | 고대에 만들어진 무덤.

**❶고사 固辭** 굳을 고 / 말씀 사 | 간곡하게 사양함.

**고사하다 固辭하다** 굳을 고 / 말씀 사 | 간곡하게 사양하다.

**❷고사 枯死** 마를 고 / 죽을 사 | 말라 죽음.

**고사목 枯死木** 마를 고 / 죽을 사 / 나무 목 | 말라서 죽어 버린 나무

**❸고사 故事** 연고 고 / 일 사 | 옛일.

**❹고사 告祀** 고할 고 / 제사 사 | 액운이 물러가고 행운이 오도록 신령에게 음식을 차려놓고 비는 일.

**고사지내다 告祀지내다** 고할 고 / 제사 사 | 복을 받으려고 신령에게 음식을 차려놓고 빌다.

**고산 高山** 높을 고 / 메 산 | 높은 산.

**고산식물 高山植物** 높을 고 / 메 산 / 심을 식 / 물건 물 | (식물) 높은 산에서 자라는 식물.

**고산병 高山病** 높을 고 / 메 산 / 병 병 | 의학 높은 산에 올라갔을 때 낮아진 기압 때문에 일어나는 병적 증상. 높은 산에서는 공기 속의 산소가 희박하여, 두통, 식욕 부진, 구토 등의 증상이 나타날 수 있다.

**고산유수 高山流水** 높을 고 / 메 산 / 흐를 유(류) / 물 수 | 높은 산과 흐르는 물.

**고상 高尙** 높을 고 / 오히려 상 | 품위가 높고 훌륭함.

**고상하다 高尙**하다 높을 고 / 오히려 상 | 품위가 높고 훌륭하다.

**고색 古色** 옛 고 / 빛 색 | 낡은 색.

**고생 苦生** 쓸 고 / 날 생 | 어렵고 고된 일을 겪음

**고서 古書** 옛 고 / 글 서 | 옛 책.

**고서화 古書畫** 옛 고 / 글 서 / 그림 화 | 옛날에 쓴 글씨나 그림.

**❶고성 高聲** 높을 고 / 소리 성 | 높은 목소리.

**❷고성 古城** 옛 고 / 재 성 | 옛 성.

**고성능 高性能** 높을 고 / 성품 성 / 능할 능 | 매우 뛰어난 성질과 기능

**❶고소 苦笑** 쓸 고/ 웃을 소 | 쓴웃음. 어이가 없을 때 짓는 웃음.

**고소하다 苦笑**하다 쓸 고/ 웃을 소 | 쓴웃음을 짓다.

**❷고소 告訴** 고할 고 / 호소할 소 | 범죄의 피해자가 수사기관에 처리를 맡기는 일.

**고소하다 告訴**하다 고할 고 / 호소할 소 | 범죄의 피해자가 수사기관에 처리를 맡기다.

**고소원 固所願** 굳을 고 / 바 소 / 원할 원 | 본디부터 바라던 바.

**불감청고소원 不敢請固所願** 아닐 불 / 감히 감 / 청할 청 / 굳을 고 / 바 소 / 원할 원 | 감히 청하

지는 못할 일이나 본래부터 간절히 바라던 바다.

**고속 高速** 높을 고 / 빠를 속 | 매우 빠른 속도.

**초고속 超高速** 뛰어넘을 초 / 높을 고 / 빠를 속 | 극도로 빠른 속도.

**고속도 高速度** 높을 고 / 빠를 속 / 법도 도 | 매우 빠른 속도.

**고속도로 高速道路** 높을 고 / 빠를 속 / 길 도 / 길 로(노) | 차의 빠른 통행을 위하여 만든 차전용의 도로.

**고속버스 高速bus** 높을 고 / 빠를 속 | 고속도로를 이용하여 빠른 속도로 운행하는 버스

**고속철도 高速鐵道** 높을 고 / 빠를 속 / 쇠 철 / 길 도 | 시속 약 200km 이상으로 운행되는 철도. 우리나라의 케이티엑스(KTX), 프랑스의 테제베. 일본의 신간센 등.

**고속성장 高速成長** 높을 고 / 빠를 속 / 이룰 성 / 길 장 | 성장하는 속도가 매우 빠름.

**고수 固守** 굳을 고 / 지킬 수 | 굳게 지킴.

**고수하다 固守**하다 굳을 고 / 지킬 수 | 굳게 지키다.

**고수부지 高水敷地** 높을 고 / 물 수 / 펼 부 / 땅 지 | 큰물이 날 때만 물에 잠기는 하천 주변의 땅.

**고승 高僧** 높을 고 / 중 승 | 큰 스님.

**❶고시 告示** 고할 고 / 보일 시 | 관청에서 여러 사람들에게 알리는 것을 글로 써서 게시함.

**고시가격 告示價格** 고할 고 / 보일 시 / 값 가 / 격식 격 | 경제 정부에서 지정한 가격.

**❷고시 考試** 생각할 고 / 시험 시 | 어떤 자격이나 면허를 주기 위하여 시행하는 시험. 주로 공무원의 임용 자격을 선발하는 국가고시를 가리킴.

**❸고시 高試** 높을 고 / 시험 시 | 고급 공무원이나 사법공무원을 뽑기 위한 시험. ※ 고등고시

**고식적 姑息的** 잠시 고 / 쉴 식 / 과녁 적 | 임시로 변통하는.

**고식지계 姑息之計** 잠시 고 / 쉴 식 / 어조사 지 / 꾀 계 | 1. 당장 편한 것만을 생각하여 임시로 내어놓는 계책 2. 임시로 꿰어 맞추는 대책. ≒ 임시방편.

**고식책 姑息策** 잠시 고 / 쉴 식 / 꾀 책 | 우선 당장 편한 것만을 택하는 임시 계책.

**❶고신 孤身** 외로울 고 / 몸 신 | 외로운 몸. 의지할 데가 없는 몸.

**❷고신 孤臣** 외로울 고 / 신하 신 | 임금의 신임이나 사랑을 받지 못하는 외로운 신하.

**고신얼자 孤臣孼子** 외로울 고 / 신하 신 / 서자 얼 / 아들 자 | 임금의 사랑을 받지 못하는 신하와 어버이의 사랑을 받지 못하는 서자(庶子).

**고신원루 孤臣冤淚** 외로울 고 / 신하 신 / 원통할 원 / 눈물 루(누) | 임금의 사랑을 받지 못하는 외로운 신하의 원통한 눈물.

**고심 苦心** 쓸 고 / 마음 심 | 애씀.

**고심초사 苦心焦思** 쓸 고 / 마음 심 / 탈 초 / 생각 사 | 애써 생각함.

**❶고아 孤兒** 외로울 고 / 아이 아 | 부모를 모두 여의어 홀로된 아이.

**❷고아 高雅** 높을 고 / 맑을 아 | 예스럽고 우아함.

**고아하다 高雅하다** 높을 고 / 맑을 아 | 예스럽고 우아하다.

**고안 考案** 생각할 고 / 책상 안 | 생각해 냄.

**고압 高壓** 높을 고 / 누를 압 | 큰 압력.

**고압적 高壓的** 높을 고 / 누를 압 / 과녁 적 | 크게 억누르는.

**❶고액 苦厄** 쓸 고 / 액 액 | 고난과 재액.

**일체고액 一切苦厄** 한 일 / 끊다 체/ 쓸 고 / 액 액 | 모든 고뇌와 재액.

**❷고액 高額** 높을 고 / 머릿수 액 | 많은 액수.

**고액권 高額券** 높을 고 / 머릿수 액 / 문서 권 | 높은 액수의 돈.

**고양 高揚** 높을 고 / 날릴 양 | 높이 올림.

**고양하다 高揚하다** 높을 고 / 날릴 양 | 높이 올리다.

**고언 苦言** 쓸 고 / 말씀 언 | 쓴 소리. 듣기에는 귀에 거슬리나 도움이 되는 말. ↔ 감언(甘言).

**고역 苦役** 쓸 고 / 부릴 역 | 고된 일.

**고열 高熱** 높을 고 / 더울 열 | 높은 열.

**고엽 枯葉** 마를 고 / 잎 엽 | 마른 잎.

**고엽제 枯葉劑** 마를 고 / 잎 엽 / 약제 제 | 농업 식물의 잎을 인위적으로 떨어뜨리는 약제.

**고엽작전 枯葉作戰** 마를 고 / 잎 엽 / 지을 작 / 싸움 전 | 군사 정글이나 밀림 지역 같은 곳에 화학 약품을 뿌려 나무를 말라 죽게 하여 적의 은신처를 없애려는 군사작전. 미군이 베트남 전쟁에서 실시.

**고온 高溫** 높을 고 / 따뜻할 온 | 높은 온도.

**고온건조 高溫乾燥** 높을 고 / 따뜻할 온 / 하늘 건 / 마를 조 | 높은 온도에서 물기를 말리는 것.

**고온살균 高溫殺菌** 높을 고 / 따뜻할 온 / 죽일 살 / 버섯 균 | 높은 온도를 가하여 균을 죽이는 것.

**고용 雇傭** 품 팔 고 / 품 팔 용 | 품팔이. 노동력을 제공하고 임금을 받음.

**고용살이하다 雇傭살이하다** 품 팔 고 / 품 팔 용 | 품을 팔아 생활하다.

**고용주 雇用主** 품 팔 고 / 쓸 용 / 주인 주 | 임금(품삯)을 주고 사람을 부리는 사람.

**고우 故友** 연고 고 / 벗 우 | 옛 친구. 죽은 친구.

**고운 孤雲** 외로울 고 / 구름 운 | 외따로 떠 있는 조각구름.

**고운야학 孤雲野鶴** 외로울 고 / 구름 운 / 들 야 / 학 학 | 외로이 떠 있는 구름과 거친 들판에 있는 학. 벼슬을 하지 않고 초야에서 한가롭게 숨어 지내는 선비를 가리킴.

**고원 高原** 높을 고 / 언덕 원 | 높은 곳에 있는 벌판.

**고위 高位** 높을 고 / 자리 위 | 높고 귀한 지위.

**고위직 高位職** 높을 고 / 자리 위 / 직책 직 | 높고 귀한 지위.

**❶고유 固有** 굳을 고 / 있을 유 | 본디부터 지니고 있음.

**고유색 固有色** 굳을 고 / 있을 유 / 빛 색 | 본래의 색깔.

**❷고유제 告由祭** 고할 고 / 말미암을 유 / 제사 제 | 중대한 일을 사당이나 신령에게 고하는 의식.

**고육지계 苦肉之計** 쓸 고 / 고기 육 / 어조사 지 / 계책 계 | 1. 자기 몸을 상해 가면서까지 꾸며 내는 계책 2. 어려운 상태를 벗어나기 위해 어쩔 수 없이 꾸며내는 계책. = 고육지책(苦肉之策).

**고음 高音** 높을 고 / 소리 음 | 높은 음.

**고읍 古邑** 옛 고 / 고을 읍 | 옛 읍.

**고의 故意** 연고 고 / 뜻 의 | 일부러 하는 행위나 생각.

**미필적 고의 未必的 故意** 아닐 미 / 반드시 필 / 과녁 적 / 연고 고 / 뜻 의 | 법률 행위자가 범죄를 적극적으로 의도하지는 않았지만, 범죄가 발생할 가능성이 있음을 알면서도 그 행위를 하는 것.

**고인 故人** 연고 고 / 사람 인 | 옛사람.

**고자세 高姿勢** 높을 고 / 모양 자 / 형세 세 | 높고

거만한 자세.

❶고장 故障 연고 고 / 막을 장 | 탈이 남.

❷고장 鼓掌 북 고 / 손바닥 장 | 손뼉을 침.

고장난명 孤掌難鳴 외로울 고 / 손바닥 장 / 어려울 난 / 울 명 | 1. 한 손뼉만으로는 소리가 울리지 아니한다. 혼자의 힘만으로 일을 이루기 어려움 2. 맞서는 사람이 없으면 싸움이 일어나지 아니함. ≒ 독장불명(獨掌不鳴).

고적 孤寂 외로울 고 / 쓸쓸할 적 | 외롭고 쓸쓸하다.

고적하다 孤寂하다 외로울 고 / 쓸쓸할 적 | 외롭고 쓸쓸하다.

❶고전 古典 옛 고 / 법 전 | 1. 옛날의 의식이나 법식(法式). 2. 오랜 세월 동안 사라지지 않고 남아있을 만한 가치가 있는 것. 3. 많은 사람에게 널리 읽히고 모범이 될 만한 문학이나 예술 작품.

고전문학 古典文學 옛 고 / 법 전 / 글월 문 / 배울 학 | 예로부터 전하여 내려오는 가치 있고 훌륭한 문학

고전미 古典美 옛 고 / 법 전 / 아름다울 미 | 고전적 아름다움.

❷고전 苦戰 쓸 고 / 싸움 전 | 몹시 힘들게 싸움.

고전하다 苦戰하다 쓸 고 / 싸움 전 | 몹시 힘들게 싸우다.

고절 孤節 외로울 고 / 마디 절 | 외로이 지키는 절개.

고정 固定 딱딱할 고 / 정할 정 | 1. 정하고 변경하지 아니함. 2. 한곳에 꼭 붙어 있음. ↔ 유동(流動).

고정관념 固定觀念 딱딱할 고 / 정할 정 / 볼 관 / 생각할 념 | 변화를 잘 받아들이지 않는 확고한 생각이나 관념.

고조 高調 높을 고 / 고를 조 | 1. 높은 가락 2. 감흥을 돋움.

고졸하다 古拙하다 옛 고 / 소박할 졸 | 기교는 별로 없으나 예스럽고 소박한 멋이 있다.

고종명 考終命 생각할 고 / 마칠 종 / 목숨 명 | 제 명대로 살다가 편히 죽음.

고증 考證 생각할 고 / 증거 증 | 예전에 있던 사물들의 시대, 가치, 내용을 이론적으로 밝혀냄.

고증학 考證學 생각할 고 / 증거 증 / 배울 학 | 예전에 있던 사물들의 시대, 가치, 내용 등을, 옛 문헌이나 물건에 기초하여 이론적으로 밝혀 나가는 학문

❶고지 告知 고할 고 / 알 지 | 알림.

고지하다 告知하다 고할 고 / 알 지 | 알리다.

❷고지 高地 높을 고 / 땅 지 | 평지보다 높은 땅.

고지대 高地帶 높을 고 / 땅 지 / 띠 대 | 높은 지대.

고진감래 苦盡甘來 쓸 고 / 다할 진 / 달 감 / 올 래 | 쓴 것이 다하면 단 것이 온다는 뜻으로, 고생 끝에 즐거움이 옴. ↔ 흥진비래(興盡悲來 흥이 다하면 슬픔이 다가온다).

**고질 痼疾** 고질 고 / 병 질 | 오래도록 낳지 않아서 고치기 어려운 병.

**고집 固執** 굳을 고 / 잡을 집 | 자기의 의견을 바꾸거나 고치지 않고 굳게 버팀.

**고집불통 固執不通** 굳을 고 / 잡을 집 / 아닐 불 / 통할 통 | 조금도 융통성이 없이 자기주장만 계속 내세우는 사람.

**고차원 高次元** 높을 고 / 버금 차 / 으뜸 원 | 1. 높은 차원 2. 생각이나 행동이 뛰어나고 높은 수준. 3. 수학 삼차원 이상의 높은 차원.

**고착 固着** 굳을 고 / 붙을 착 | 어떤 상황이나 현상이 굳어져 변하지 않음.

**고착관념 固着觀念** 굳을 고 / 붙을 착 / 볼 관 / 생각 념(염) | 변하지 아니하는 확고한 관념.

**고찰 考察** 생각할 고 / 살필 찰 | 깊이 생각하고 연구함.

**고찰하다 考察하다** 생각할 고 / 살필 찰 | 깊이 생각하고 연구하다.

**고참 古參** 옛 고 / 참여할 참 | 오래전부터 한 직위나 직장에 머물러 있는 사람.

**중고참 中古參** 가운데 중 / 옛 고 / 참여할 참 | 한 직장이나 직위에 머물러 있는 기간이 꽤 오래되었으나, 고참에는 미치지 못하는 사람.

**고창 高唱** 높을 고 / 부를 창 | 높은 소리로 외침.

**고철 古鐵** 옛 고 / 쇠 철 | 헌쇠. 낡고 오래된 쇠.

**고체 固體** 굳을 고 / 몸 체 | 물리 일정한 모양과 부피가 있으며 쉽게 변형되지 않는 물질의 상태. 나무, 돌, 쇠, 얼음 등.

**고체연료 固體燃料** 굳을 고 / 몸 체 / 탈 연 / 헤아릴 료(요) | 고체로 된 연료. 석탄이나 숯, 장작, 연탄 등.

**고초 苦楚** 쓸 고 / 초나라 초 | 괴로움과 어려움.

**고총 古冢** 옛 고 / 무덤 총 | 옛 무덤.

**무주고총 無主古冢** 없을 무 / 주인 주 / 옛 고 / 무덤 총 | 자손이나 거두어 주는 사람이 없는 옛 무덤.

**고충 苦衷** 쓸 고 / 괴로울 충 | 어려움과 괴로움.

**고취 鼓吹** 북 고 / 불 취 | 1. 북을 치고 피리를 붊. 2. 힘을 내도록 격려하여 용기를 북돋움. 3. 의견이나 사상 등을 열렬히 주장하여 불어넣음.

**고취하다 鼓吹하다** 북 고 / 불 취 | 1. 북을 치고 피리를 불다. 2. 힘을 내도록 격려하여 용기를 북돋우다. 3. 의견이나 사상 등을 열렬히 주장하여 불어넣다.

**고취자 鼓吹者** 북 고 / 불 취 / 놈 자 | 어떤 의식이나 기운을 북돋우어 주는 사람.

**고층 高層** 높을 고 / 층 층 | 높은 층.

**고층건물 高層建物** 높을 고 / 층 층 / 세울 건 / 물건 물 | 1. 높은 층의 건물 2. (건축) 높이 약 20미터 이상, 육 층 이상의 건물.

**고침 高枕** 높을 고 / 베개 침 | 높이 베는 베개.

**고침안면 高枕安眠** 높을 고 / 베개 침 / 편안할 안

/ 잠잘 면 | 베개를 높이 베고 편안히 잔다. 근심 없이 편안히 지냄.

**고침단면 高枕短眠** 높을 고 / 베개 침 / 짧을 단 / 잘 면 | 베개를 높이 베면 오래 자지 못함.

**고택 故宅** 연고 고 / 집 택 | 예전에 살던 집.

**고토 故土** 연고 고 / 흙 토 | 고향 땅. 늑 고리(**故里**)

**고통 苦痛** 쓸 고 / 아플 통 | 괴로움과 아픔.

**고투 苦鬪** 쓸 고 / 싸울 투 | 몹시 어렵고 힘들게 싸우거나 일함.

**고투하다 苦鬪하다** 쓸 고 / 싸울 투 | 몹시 어렵고 힘들게 싸우거나 일하다.

**고풍 古風** 옛 고 / 바람 풍 | 예스러운 풍취나 모습.

**❶고학 古學** 옛 고 / 배울 학 | 옛 학예를 연구하는 학문.

**❷고학 苦學** 쓸 고 / 배울 학 | 학비를 스스로 벌어서 고생하며 배움.

**고함 高喊** 높을 고 / 소리칠 함 | 크게 부르짖거나 외치는 소리

**❶고해 苦海** 쓸 고 / 바다 해 | 불교 인간의 세상은 고통의 바다라는 뜻.

**❷고해 告解** 고할 고 / 풀 해 | 천주교 '고해성사'의 준말.

**고행 苦行** 쓸 고 / 다닐 행 | 불교 몸으로 견디기 어려운 일들을 통하여 수행을 쌓는 일

**고향 故鄕** 연고 고 / 시골 향 | 자기가 태어나서 자란 곳

**❶고혈 膏血** 기름 고 / 피 혈 | 사람의 기름과 피

**❷고혈압 高血壓** 높을 고 / 피 혈 / 누를 압 | 의학 혈압이 정상 수치보다 높은 증상.

**고형 固形** 굳을 고 / 모양 형 | 단단하게 굳은 모양.

**고혹 蠱惑** 미혹하게 할 고 / 미혹할 혹 | 아름다움이나 매력에 마음이 홀림.

**고혹적 蠱惑的** 미혹하게 할 고 / 미혹할 혹 / 과녁 적 | 정신을 못 차릴 정도로 아름답거나 매력적인.

**매혹 魅惑** 도깨비 매 / 미혹 혹 | (도깨비처럼) 남의 마음을 사로잡아 홀림.

**고혼 孤魂** 외로울 고 / 넋 혼 | 의지할 곳 없이 떠돌아다니는 외로운 넋.

**고황 膏肓** 염통밑 고 / 명치끝 황 | 심장과 횡격막의 사이. 고는 심장의 아랫부분이고, 황은 횡격막의 윗부분으로, 이 사이에 병이 생기면 낫기 어렵다고 한다.

**고희 古稀** 옛 고 / 드물 희 | 일흔 살. 예로부터 드문 나이. ※ 출전| 두보(**杜甫**)의 인생칠십고래희(**人生七十古來稀**).

**곡기 穀氣** 곡식 곡 / 기운 기 | 곡식의 기운. 낟알기.

**곡령 曲領** 굽을 곡 / 거느릴 령(영) | 옷깃이 둥글게 생긴 옷.

**곡류** 曲流 굽을 곡 / 흐를 류(유) | 물이 굽이쳐 흘러감.

**곡률** 曲率 굽을 곡 / 비율 률(율) | 수학 곡선이나 곡면의 구부러진 정도. 평면에서는 무한대이고, 구나 원에서는 그 반지름과 같다.

**곡마** 曲馬 굽을 곡 / 말 마 | 길들여 놓은 말을 타고 재주를 부림.

**곡마단** 曲馬團 굽을 곡 / 말 마 / 둥글 단 | 곡마와 기술을 보이며 돌아다니는 흥행 단체.

**곡선** 曲線 굽을 곡 / 줄 선 | 굽은 선. ≒ 직선.

**곡면** 曲面 굽을 곡 / 낯 면 | 1. 수학 평면이 아닌 구부러진 면. 2. 수학 해석 기하학에서, 평면을 포함한 일반적인 면을 이르는 말.

**곡물** 穀物 곡식 곡 / 물건 물 | 사람의 식량이 되는 쌀, 보리, 콩, 조, 기장, 수수, 밀, 옥수수 따위를 통틀어 이르는 말

**곡분** 穀粉 곡식 곡 / 가루 분 | 곡식을 빻거나 갈아서 만든 가루. 쌀가루, 보릿가루, 밀가루 등.

**곡비** 哭婢 울 곡 / 계집종 비 | 역사 장례 때 주인을 대신하여 곡하던 여자종.

**곡읍** 哭泣 울 곡 / 울 읍 | 소리를 내어 슬피 욺.

**곡성** 哭聲 울 곡 / 소리 성 | 곡하는 소리.

**곡하다** 哭하다 울 곡 | 소리 내어 울다.

**곡사** 曲射 굽을 곡 / 쏠 사 | 군사 장애물 뒤에 있는 목표를 맞히기 위해서 포탄이 곡선을 그리며 날아가 목표물에 떨어지도록 사격함.

**곡사포** 曲射砲 굽을 곡 / 쏠 사 / 대포 포 | 군사 포탄이 곡선을 그리며 나가게 쏘는 포.

**곡수** 曲水 굽을 곡 / 물 수 | 굽이굽이 휘돌아 흐르는 물.

**곡수유상** 曲水流觴 굽을 곡 / 물 수 / 흐를 유(류) / 잔 상 | 민속 삼월 삼짇날, 굽이도는 물에 술잔을 띄우고 잔이 자기 앞에 오기 전에 시를 짓던 놀이.

**곡식** 穀食 곡식 곡 / 밥 식 | 사람의 식량이 되는 쌀, 보리, 콩, 조, 기장, 수수, 밀, 옥수수 등을 이르는 말.

**곡예** 曲藝 굽을 곡 / 재주 예 | 1. 줄타기, 곡마, 요술, 재주넘기, 공 타기 등의 연예를 통틀어 이르는 말 2. 아슬아슬할 정도로 위태로운 동작이나 상태.

**곡예단** 曲藝團 굽을 곡 / 재주 예 / 둥글 단 | 줄타기, 곡마, 요술, 재주넘기, 공 타기 등의 연예를 전문으로 하는 단체

**곡옥** 曲玉 굽을 곡 / 구슬 옥 | 굽은 옥.

**곡장** 曲牆/曲墻 굽을 곡 / 담 장 | 능, 원, 묘 등의 무덤 뒤에 둘러쌓은 나지막한 담.

**곡절** 曲折 굽을 곡 / 꺾을 절 | 이리저리 복잡하게 얽힌 사정이나 까닭. 우여곡절(迂餘曲折).

**곡조** 曲調 굽을 곡 / 고를 조 | 음악적 통일을 이루는 음의 연속

**곡직** 曲直 굽을 곡 / 곧을 직 | 굽음과 곧음. 사리의 옳고 그름.

**불문곡직 不問曲直** 아닐 불 / 물을 문 / 굽을 곡 / 곧을 직 | 옳고 그름을 따지지 아니함.

**곡진 曲盡** 굽을 곡 / 다할 진 | 매우 간곡하고 정성스러움.

**곡진하다 曲盡하다** 굽을 곡 / 다할 진 | 매우 간곡하고 정성스럽다.

**곡창 穀倉** 곡식 곡 / 곳집 창 | 1.곡식을 쌓아 두는 창고 2. 곡식이 많이 생산되는 지방을 비유함.

**곡필 曲筆** 굽을 곡 / 붓 필 | 사실을 바른대로 쓰지 아니하고 왜곡하여 씀.

**곡학아세 曲學阿世** 굽을 곡 / 학문 학 / 아첨할 아 / 세상 세 | 진리를 탐구하는 바른 학문의 길에서 벗어나 세상에 굽신거리며 아부함.

**곡해 曲解** 굽을 곡 / 풀 해 | 사실을 구부려 바르지 않게 해석함.

**곤경 困境** 곤할 곤 / 지경 경 | 어려운 형편이나 처지.

**곤궁 困窮** 곤할 곤 / 다할 궁 | 가난하여 살림이 구차함.

**곤란 困難** 곤할 곤 / 어려울 란(난) | 사정이 딱하고 어려움.

**곤룡포 袞龍袍** 곤룡포 곤 / 용 룡(용) / 도포 포 | 임금이 입던 옷. 누런빛이나 붉은빛의 비단으로 지었으며, 가슴과 등과 어깨에 용의 무늬를 수놓았다.

**곤륜산 崑崙山** 산 이름 곤 / 산 이름 륜(윤) / 산 | 중국 전설상의 높은 산. 중국의 서쪽에 있으며, 옥(玉)이 난다고 한다.

**곤봉 棍棒** 몽둥이 곤 / 막대 봉 | 나무 따위로 짤막하게 만든 몽둥이

**곤여 坤輿** 땅 곤 / 수레 여 | 대지, 지구를 이르는 말

**곤여만국전도 坤輿萬國全圖** 땅 곤 / 수레 여 / 일만 만 / 나라 국 / 온전할 전 / 그림 도 | 지리 1602년에, 선교사로 명나라에 와 있던 이탈리아의 예수회 수사 마테오 리치가 제작하여 출판한 세계 지도.

**곤욕 困辱** 괴로울 곤 / 욕될 욕 | 참기 힘든 심한 모욕.

**곤이 鯤鮞** 곤이 곤 / 곤이 이 | 물고기 배 속의 알.

**곤장 棍杖** 몽둥이 곤 / 지팡이 장 | 예전에, 죄인의 볼기를 치던 형벌도구.

**곤핍하다 困乏하다** 곤할 곤 / 모자랄 핍 | 아무것도 할 기력이 없을 만큼 지쳐 몹시 고단하다.

**곤혹스럽다 困惑스럽다** 곤할 곤 / 미혹할 혹 | 곤란한 일을 당하여 어찌할 바를 모르다.

**골계 滑稽** 미끄러울 골 / 지를 계 | 웃음과 익살을 사용하여 교훈을 줌.

**골동 骨董** 뼈 골 / 감독할 동 | 오래되었거나 희귀한 옛날의 기구나 예술품.

**골몰 汨沒** 잠길 골 / 빠질 몰 | 한 가지 일에만 푹 빠지거나 파묻힘.

**골몰하다** 汨沒하다 잠길 골 / 빠질 몰 | 한 가지 일에만 푹 빠지거나 파묻히다.

**골반** 骨盤 뼈 골 / 소반 반 | 의학 몸통의 아래쪽 부분을 이루는 뼈.

**골상** 骨相 뼈 골 / 서로 상 | 주로 얼굴이나 머리 뼈의 겉으로 드러나 보이는 생김새.

**골수** 骨髓 뼈 골 / 뼛골 수 | 뼈의 중심부인 골수 공간에 가득 차 있는 물질.

**골수분자** 骨髓分子 뼈 골 / 뼛골 수 / 나눌 분 / 아들 자 | 조직체에서 그 조직체의 이념을 철저히 신봉하거나 어떤 상사에게 철저한 충성을 바치는 사람을 속되게 이르는 말

**골육** 骨肉 뼈 골 / 살 육 | 1. 뼈와 살 2. 부자, 형제 등의 육친을 이르는 말. '골육지친(骨肉之親)'의 준말.

**골육상쟁** 骨肉相爭 뼈 골 / 살 육 / 서로 상 / 다툴 쟁 | 가까운 혈족끼리 서로 싸움.

**골자** 骨子 뼈 골 / 아들 자 | 말이나 일의 내용에서 중심이 되는 줄기를 이루는 것.

**골절** 骨折 뼈 골 / 꺾을 절 | 뼈가 부러짐.

**골품** 骨品 뼈 골 / 물건 품 | 신라 때에, 혈통에 따라 나눈 신분 제도. 왕족은 성골(聖骨)과 진골(眞骨)로, 귀족은 육두품·오두품·사두품으로, 평민은 삼두품·이두품·일두품으로 나누었다.

**곳간** 庫間 곳집 고 / 사이 간 | 물건을 간직하여 두는 곳.

**곳집** 庫집 곳집 고 | 곳간으로 쓰려고 지은 집.

**공간** 空間 빌 공 / 사이 간 | 아무것도 없이 텅 빈 곳.

**공간예술** 空間藝術 빌 공 / 사이 간 / 재주 예 / 재주 술 | 각종 재료를 사용하여 공간에 형태를 만드는 예술. 회화·조각·건축 등.

**공간적화** 空間赤化 빌 공 / 사이 간 / 붉을 적 / 될 화 | 천문 별빛이 성간 물질을 지나오면서 산란되거나 흡수되어 본래의 색깔보다 더 붉게 보이는 현상.

**공갈** 恐喝 두려울 공 / 꾸짖을 갈 | 1. 공포를 느끼도록 윽박지르며 을러댐 2. '거짓말'의 속된 말.

**공갈죄** 恐喝罪 두려울 공 / 꾸짖을 갈 / 잘못 죄 | 법률 다른 사람에게 신체, 명예, 재산 따위에 해를 끼치겠다고 협박하여, 재산상의 이익을 얻음으로써 성립하는 범죄.

**공감** 共感 함께 공 / 느낄 감 | 남의 감정이나 의견에 대하여 자기도 그렇다고 느낌.

**공감하다** 共感하다 함께 공 / 느낄 감 | 남의 감정이나 의견에 대하여 자기도 그렇다고 느끼다.

**공감각** 共感覺 함께 공 / 느낄 감/ 깨달을 각 | 어떤 하나의 감각이 다른 영역의 감각을 불러일으키는 일. ※ 예시: 푸른 종소리.

**공개** 公開 공평할 공 / 열 개 | 어떤 사실이나 내용을 여러 사람에게 널리 터놓음.

**공개경쟁** 公開競爭 공평할 공 / 열 개 / 다툴 경 / 다툴 쟁 | 여러 사람이 공개된 자리에서 같은 조건으로 서로 겨루는 일.

**공개수사** 公開搜査 공평할 공 / 열 개 / 찾을 수 /

조사할 사 | 범인의 인상이나 몽타주 사진을 전국에 배포하여 일반인의 협력을 구하는 방식의 수사.

**공개시험 公開試驗** 공평할 공 / 열 개 / 시험 시 / 시험 험 | 여러 사람들에게 널리 알려 누구나 볼 수 있도록 하는 시험

**공격 攻擊** 칠 공 / 칠 격 | 나아가 적을 침

**공격적 攻擊的** 칠 공 / 칠 격 / 과녁 적 | 적을 치기 위하여 앞으로 나아가는 것.

**공격대 攻擊隊** 칠 공 / 칠 격 / 무리 대 | 군사 적을 공격하기 위하여 특별히 배치한 부대.

**공경 恭敬** 공손할 공 / 공경 경 | 공손히 받들어 모심.

**공경하다 恭敬**하다 공손할 공 / 공경 경 | 삼가고 존경하다.

**공경대부 公卿大夫** 공평할 공 / 벼슬 경 / 클 대 / 지아비 부 | 역사 삼공(三公)과 구경(九卿), 대부(大夫)를 가리킴.

**삼공구경 三公九卿** 석 삼 / 공평할 공 / 아홉 구 / 벼슬 경 | 조선 시대에, 삼정승과 의정부 좌우 참찬, 육조 판서, 한성 판윤을 통틀어 이르던 말.

**❶공고 公告** 공평할 공 / 고할 고 | 세상에 널리 알림.

**공고하다 公告**하다 공평할 공 / 고할 고 | 세상에 널리 알리다.

**공고문 公告文** 공평할 공 / 고할 고 / 글월 문 | 널

리 알리는 글.

**❷공고 鞏固** 굳을 공 / 굳을 고 | 단단함.

**공고하다 鞏固**하다 굳을 공 / 굳을 고 | 단단하고 굳세다.

**공공 公共** 공평할 공 / 한가지 공 | 1. 개인이 아니라 여럿이나 집단에 관계되는 일.  2. 국가나 사회의 구성원에게 두루 관계되는 것.

**공공선 公共善** 공평할 공 / 한가지 공 / 좋을 선 | 개인이 아니라 국가나 사회, 인류 등 모두를 위한 선. 늑공동선(公同善).

**공공경제 公共經濟** 공평할 공 / 한가지 공 / 지날 경 / 건널 제 | 국가 및 공공 단체의 경제. 재정.

**공공사업 公共事業** 공평할 공 / 한가지 공 / 일 사 / 업 업 | 공공의 이익을 위한 사업

**공공복지 公共福祉** 공평할 공 / 한가지 공 / 복 복 / 복 지 | 사회 구성원 전체에 두루 관계되는 복지.

**공공요금 公共料金** 공평할 공 / 한가지 공 / 헤아릴 요(료) / 쇠 금 | 철도, 우편, 전신, 전화, 수도, 전기 같은 공익사업에 대한 요금.

**공공재산 公共財産** 공평할 공 / 한가지 공 / 재물 재 / 낳을 산 | 경제 공공 단체가 소유한 재산.

**공공투자 公共投資** 공평할 공 / 한가지 공 / 던질 투 / 재물 자 | 경제 국가나 공공 단체가 공공의 이익을 위하여 하는 투자.

**공공차관 公共借款** 공평할 공 / 한가지 공 / 빌릴 차 / 항목 관 | 경제 정부나 법인이 외국의 정부

나 법인으로부터 빌려오는 자금.

**공공연하다** 公公然하다 공평할 공 / 공평할 공 / 그럴 연 | 숨김이나 거리낌이 없이 그대로 드러나 있다

❶**공과** 功過 공로 공/ 허물 과 | 공로와 과실. 늑 시비, 잘잘못.

❷**공과** 公課 공평할 공 / 공부할 과 | 국가나 공공 단체가 국민에게 부과하는 금전상의 부담이나 육체적인 일.

**공과금** 公課金 공평할 공 / 공부할 과 / 쇠 금 | 국가나 공공 단체가 국민에게 부과하는 금전적인 부담. 재산세, 자동차세, 전기료, 전화료, 상하수도 요금, 종합 소득세, 갑근세 등.

❸**공과** 功課 공로 공/ 공부할 과 | 진행하고 있는 일이나 사업의 성과.

❹**공과** 工科 장인 공/ 과목 과 | 공업 대학에서, 공업 생산에 필요한 과학 기술을 전공하는 학과.

❶**공관** 公館 공평할 공 / 집 관 | 1. 정부의 고위 관리가 공적으로 쓰는 저택  2. 정치 외국에 설치하는 외무부의 파견 기관. 대사관·대표부·공사관·총영사관 등.

❷**공관복음** 共觀福音 한가지 공 / 볼 관 / 복 복 / 소리 음 | 기독교 신약 성경의 마태, 마가, 누가의 세 복음서. 세 편 모두 그리스도의 생애와 교훈이 같은 서술법으로 기록되어 있음.

**공교육** 公敎育 공평할 공 / 가르칠 교 / 기를 육 | | 교육 국가가 제도적으로 시행하는 교육. 국립학교, 공립학교, 사립학교 교육이 있다.

**공교** 工巧 장인 공/ 교묘할 교 | 재주가 있고 교묘함.

**공교하다** 工巧하다 장인 공/ 교묘할 교 | 재주가 있고 교묘하다.

❶**공구** 工具 장인 공 / 갖출 구 | 물건을 만들거나 고치는 데에 쓰는 도구.

❷**공구** 恐懼 두려울 공 / 두려워할 구 | 몹시 두려움.

**공구하다** 恐懼하다 두려울 공 / 두려워할 구 | 몹시 두렵다.

**공군** 空軍 빌 공 / 군사 군 | 군사 공중에서 공격과 방어의 임무를 수행하는 군대.

**공권** 公權 공평할 공 / 저울추 권 | 행정 공법의 규정에 따라 국가와 법인체나 개인 사이에서 인정되는 권리.

**공권력** 公權力 공평할 공 / 저울추 권 / 힘 력(역) | 행정 국가나 공공 단체가 우월한 의사의 주체로서 국민에게 명령하고 강제할 수 있는 권력.

**공궤** 供饋 이바지할 공 / 보낼 궤 | 음식을 줌.

**공궤하다** 供饋하다 이바지할 공 / 보낼 궤 | 음식을 주다.

**공극** 孔隙 구멍 공 / 틈 극 | 작은 구멍이나 빈틈.

**공극률** 孔隙率 구멍 공 / 틈 극 / 비율 률(율) | 지구 암석이나 토양에서 구멍이나 빈틈이 차지하는 비율.

**공급 供給** 이바지할 공 / 줄 급 | 1. 요구나 필요에 따라 물품 따위를 제공함 2. 경제 교환하거나 판매하기 위하여 시장에 재화나 용역을 제공하는 일. ↔ 수요(需要).

**공급과잉 供給過剩** 이바지할 공 / 줄 급 / 지날 과 / 남을 잉 | 경제 수요보다 공급이 지나치게 많은 상황. 물가 하락, 불경기, 공황의 원인이 된다.

**공급과점 供給寡占** 이바지할 공 / 줄 급 / 적을 과 / 점령할 점 | 경제 팔 사람은 적고 살 사람은 많을 때에, 공급자 쪽에서 가격 의 결정권을 많이 가지게 되는 과점.

**공급독점 供給獨占** 이바지할 공 / 줄 급 / 홀로 독 / 점령할 점 | 경제 팔 사람은 한 사람이고 살 사람은 많은 경우에 가격 결정은 팔 사람이 독점.

**공급법칙 供給法則** 이바지할 공 / 줄 급 / 법 법 / 법칙 칙 | 경제 어떤 상품의 값이 오르면 공급량이 늘고, 값이 내리면 공급량이 줄어드는 법칙. (=공급의 법칙)

**공급탄력성 供給彈力性** 이바지할 공 / 줄 급 / 탄알 탄 / 힘 력(역) / 성품 성 | 경제 가격의 변동에 따른 공급량 변화의 정도. 가격이 오르면 공급량은 늘고, 가격이 떨어지면 공급량은 줄어든다.

**❶공기 空氣** 빌 공 / 기운 기 | 1. 지구를 둘러싼 대기의 하층부를 구성하는 기체. 산소와 질소가 약 1대 4의 비율로 혼합되어 있으며, 동식물의 호흡, 소리의 전파에 필수적이다 2. 그 자리에 감도는 기분이나 분위기.

**공기욕 空氣浴** 빌 공 / 기운 기 / 목욕할 욕 | 알몸으로 신선한 공기를 쐬는 일.

**❷공기 空器** 빌 공 / 그릇 기 | 아무것도 담겨 있지 않은 그릇

**❸공기 公器** 공평할 공 / 그릇 기 | 사회의 구성원 전체가 이용하는 도구

**❹공기업 公企業** 공평할 공 / 꾀할 기 / 업 업 | 국가나 지방자치단체가 사회 공공의 이익을 위하여 경영하는 기업

**❶공납 公納** 공평할 공 / 들일 납 | 국고로 들어가는 조세.

**공납금 公納金** 공평할 공 / 들일 납 / 쇠 금 | 1. 관공서에 의무적으로 내는 돈 2. 학생이 학교에 내는 수업료.

**❷공납 貢納** 바칠 공 / 들일 납 | 역사 백성이 그 지방에서 나는 특산물을 조정에 바치던 일.

**공납품 貢納品** 바칠 공 / 들일 납 / 물건 품 | 예전에, 나라에 바치던 물품.

**공녀 貢女** 바칠 공 / 여자 녀(여) | 역사 고려·조선 시대에, 중국 원나라·명나라의 요구로 여자를 바치던 일.

**공노비 公奴婢** 공평할 공 / 종 노 / 여자종 비 | 역사 관가에 속하여 있던 노비. ↔ 사노비.

**❶공단 工團** 장인 공 / 둥글 단 | 공업 공업 단지.

**❷공단 公團** 공평할 공 / 둥글 단 | 법률 국가적 차원에서 사업을 수행하기 위하여 설립된 특수 법인. ※ 국민건강보험 공단, 한국에너지 공단.

**공대** 恭待 공손할 공 / 기다릴 대 | 공손하게 대접함.

**공대하다** 恭待하다 공손할 공 / 기다릴 대 | 공손하게 대접하다.

**공대공** 空對空 빌 공 / 대할 대 / 빌 공 | 공중에서 공중으로 향함. ※ 공대공 유도탄 (미사일).

**공대지** 空對地 빌 공 / 대할 대 / 땅 지 | 공중에서 땅을 향함.

**공덕** 功德 공 공 / 클 덕 | 착한 일을 하여 쌓은 업적과 어진 덕

**공덕문** 功德文 공 공 / 클 덕 / 글월 문 | 공덕을 기린 글.

**공도** 公道 공평할 공 / 길 도 | 공평하고 바른 도리.

**공동** 共同 한가지 공 / 한가지 동 | 둘 이상의 사람이나 단체가 함께 하는 것.

**공동경영** 共同經營 한가지 공 / 한가지 동 / 지날 경 / 경영할 영 | 경영 둘 이상의 사람이나 단체가 함께 회사를 운영함.

**공동방위** 共同防衛 한가지 공 / 한가지 동 / 막을 방 / 지킬 위 | 군사 둘 이상의 국가가 공동으로 방위하는 일.

**공동성명** 共同聲明 한가지 공 / 한가지 동 / 소리 성 / 밝을 명 | 개인이나 단체가 그들 사이의 목적을 같이하는 일에 대하여 공동으로 견해를 공개적으로 발표함.

**공동체** 共同體 한가지 공 / 한가지 동 / 몸 체 | 여럿이 함께하는 집단. 공동 사회.

**공들이다** 功들이다 공 공 | 어떤 일에 정성과 노력을 많이 들이다.

**공란** 空欄 빌 공 / 난간 란(난) | 비워 둔 자리. 늑 여백, 공백.

**공랭** 空冷 빌 공 / 찰 랭(냉) | 기계 공기 냉각.

**공략** 攻略 칠 공 / 간략할 략(약) | 공격하여 빼앗음.

**공략하다** 攻略하다 칠 공 / 간략할 략(약) | 공격하여 빼앗다.

**공력** 功力 공 공 / 힘 력(역) | 1. 애써서 들이는 정성과 힘. 2. 불교 부처의 가르침대로 행하고 마음을 닦아 얻은 힘.

**공로** 功勞 공 공 / 일할 로(노) | 어떤 목적을 이루는 데 들인 노력과 수고

**공룡** 恐龍 두려울 공 / 용 룡(용) | 중생대 쥐라기와 백악기에 걸쳐 번성하였던 거대한 파충류.

**❶공리** 公理 공평할 공 / 다스릴 리(이) | 1. 일반적으로 두루 통하는 도리 2. 철학 수학이나 논리학에서 증명이 없이 자명한 진리로 인정되는 것.

**❷공리** 空理 빌 공 / 다스릴 리(이) | 헛된 이론.

**❸공리** 公利 공변될 공 / 이로울 리(이) | 1. 개인이 아니라 여러 사람의 이익 2. 공중(公衆)이나 공공 단체의 이익.

**공리주의** 功利主義 공 공 / 이로울 리(이) / 주인

주 / 뜻 의 | 모든 행위의 목적이나 기준이 인간의 이익과 행복을 늘리는 데 있는 주의. ※ 공리주의에는 개인의 행복 추구를 앞세우는 것 (제레미 벤담)과, 사회 전체의 복지를 중시하는(존 스튜어트 밀) 견해가 있다.

**공론 公論** 공평할 공 / 논할 론(논) | 1. 여럿이 의논함. 2. 사회 대중의 공통된 의견.

**공리공론 空理空論** 빌 공 / 이치 리 / 빌 공 / 논의할 론 | 말로만 행하는 헛된 이론. 실천이 따르지 않는 논의. ※ 예시: 탁상공론(**卓上空論**).

**공립 公立** 공평할 공 / 설 립(입) | 지방 자치 단체가 세워서 운영하는 시설.

**국립 國立** 나라 국 / 설 립(입) | 국가(중앙정부)가 세워서 직접 운영하는 시설.

**공맹 孔孟** 구멍 공 / 맏 맹 | 공자와 맹자를 아울러 이르는 말.

**공맹학 孔孟學** 구멍 공 / 맏 맹 / 배울 학 | 공자와 맹자가 주도한 학문이라는 뜻으로, '유학'을 이르는 말

**공멸 共滅** 한가지 공 / 멸할 멸 | 함께 사라지거나 멸망함.

**❶공명 功名** 공 공 / 이름 명 | 공을 세워서 이름을 널리 드러냄.

**공명심 功名心** 공 공 / 이름 명 / 마음 심 | 공을 내세워 이름을 널리 알리려는 마음.

**부귀공명 富貴功名** 부유할 부 / 귀할 귀 / 공 공 / 이름 명 | 재산이 많고 지위가 높으며 공을 세워 이름을 떨침.

**❷공명 公明** 공평할 공 / 밝을 명 | 사사로움이 없이 공정하고 명백함.

**공명심 公明心** 공공평할 공 / 밝을 명 / 마음 심 | 사사로움이 없이 공정하고 명백한 마음.

**공명정대 公明正大** 공평할 공 / 밝을 명 / 바를 정 / 클 대 | 사사로움이나 그릇됨이 없이 정당하고 떳떳함.

**❸공명 共鳴** 한가지 공 / 울 명 | 1. **물리** 물체의 맞울림 2. 남의 사상이나 감정, 행동에 공감하여 자기도 그와 같이 따르는 일.

**공명하다 共鳴하다** 한가지 공 / 울 명 | 남의 사상이나 감정, 행동에 공감하여 자기도 그와 같이 따르려 하다.

**공명진동 共鳴振動** 한가지 공 / 울 명 / 떨칠 진 / 움직일 동 | **물리** 어떤 물체가 외부에서 물체 자체의 고유 진동수와 비슷한 진동수를 가진 힘을 주기적으로 받을 때, 진폭이 급격하게 커지는 현상.

**❶공모 共謀** 한가지 공 / 꾀 모 | 공동 모의.

**공모하다 共謀하다** 한가지 공 / 꾀 모 | 공동 모의하다.

**❷공모 公募** 공평할 공 / 모을 모 | 일반에게 널리 공개하여 모집함.

**공모하다 公募하다** 공평할 공 / 모을 모 | 공개하여 모집하다.

**❶공무 公務** 공평할 공 / 힘쓸 무 | 1. 여러 사람에 관련된 일 2. 국가나 공공 단체의 일.

**공무원 公務員** 공평할 공 / 힘쓸 무 / 인원 원 | 국가 또는 지방 공공 단체의 사무를 맡아보는 사람.

❷**공무역 公貿易** 공평할 공 / 무역할 무 / 바꿀 역 역사 나라와 나라 사이에 행하던 물물 교환.

**공문 公文** 공평할 공 / 글월 문 | 공공 기관이나 단체에서 공식으로 작성한 서류.

**공물 貢物** 바칠 공 / 물건 물 | 역사 중앙 관서와 궁중의 수요를 충당하기 위하여, 여러 군현에 부과하여 상납하게 한 특산물

**공민 公民** 공평할 공 / 백성 민 | 국가 사회의 일원으로서 헌법에 의한 모든 권리와 의무를 가지는 자유민 ≒ 시민.

**공박하다 攻駁하다** 칠 공 / 반박할 박 | 남의 잘못을 따지고 공격하다.

❶**공방 攻防** 칠 공 / 막을 방 | 서로 공격하고 방어함.

**공방전 攻防戰** 칠 공 / 막을 방 / 싸움 전 | 서로 공격하고 방어하는 싸움

❷**공방 空房** 빌 공 / 방 방 | 사람이 들지 않는 방.

**공방살이 空房살이** 빌 공 / 방 방 | 남편 없이 혼자 지내는 생활.

**공백 空白** 빌 공 / 흰 백 | 아무것도 없이 비어 있음.

**공백 기간 空白期間** 빌 공 / 흰 백 / 기약할 기 / 사이 간 | 1. 비어 있는 기간  2. 일이 되지 않고 지나가는 동안.

**공범 共犯** 한가지 공 / 범할 범 | 법률 공동 정범. 몇 사람이 공모하여 공동으로 행한 범죄.

**공법 公法** 공평할 공 / 법 법 | 법률 국가나 공공 단체 상호 간의 관계나 이들과 개인의 관계를 규정하는 법률

❶**공병 工兵** 장인 공 / 병사 병 | 군사 군에서, 축성·가교·건설·측량·폭파 따위의 임무를 맡고 있는 병과.

**공병대 工兵隊** 장인 공 / 병사 병 / 무리 대 | 군사 군에서, 축성·가교·건설·측량·폭파 따위의 임무를 맡고 있는 부대.

❷**공병 空瓶** 빌 공 / 병 병 | 비어 있는 병

**공보 公報** 공평할 공 / 갚을 보 | 국가 기관에서 국민에게 각종 활동 사항에 대하여 널리 알림.

❶**공복 公僕** 공평할 공 / 종 복 | 국민이나 사회의 심부름꾼이라는 뜻으로, '공무원'을 이르는 말.

❷**공복 空腹** 빌 공 / 배 복 | 배 속이 비어 있는 상태.

**공부 工夫** 장인 공 / 지아비 부 | 학문이나 기술을 배우고 익힘.

**공부하다 工夫하다** 장인 공 / 지아비 부 | 학문이나 기술을 배우고 익히다.

**공분 公憤** 공평할 공 / 분할 분 | 1. 여러 사람이 다 같이 느끼는 분노  2. 공적(公的)인 일로 느끼는 분노.

❶**공사 工事** 장인 공 / 일 사 | 토목이나 건축의 일.

**공사판 工事판** 장인 공 / 일 사 | 공사를 벌이고 있는 현장

❷**공사 公私** 공평할 공 / 사사 사 | 1. 공공의 일과 사사로운 일.  2. 정부와 민간을 아울러 이르는 말.

❸**공사 公社** 공평할 공 / 모일 사 | 국가적 사업을 수행하기 위하여 설립된 공공 기업체.

❹**공사 公事** 공평할 공 / 일 사 | 국가나 공공 단체의 일.

❺**공사 公使** 공평할 공 / 하여금 사 | 　정치　 국가를 대표하여 다른 나라에 파견되는 외교 사절.

❶**공산 空山** 빌 공 / 메 산 | 빈산.

**공산명월 空山明月** 빌 공 / 메 산 / 밝을 명 / 달 월 | 사람 없는 빈산에 외로이 비치는 밝은 달

❷**공산 共産** 한가지 공 / 낳을 산 | 1.재산을 공동으로 관리하고 소유함  2.　사회　 공산주의자들이 계급 지배의 도구라고 여기는 국가가 철폐되고 생산 수단의 사회화가 실현된 사회 경제 체제. =공산주의.

**공산국가 共産國家** 한가지 공 / 낳을 산 / 나라 국 / 집 가 | 공산주의를 정치의 이념으로 삼고, 그에 따르는 나라

**공산주의 共産主義** 한가지 공 / 낳을 산 / 주인 주 / 뜻 의 | 　정치　 마르크스와 레닌에 의하여 체계화된 프롤레타리아 혁명 이론에 입각한 사상. 재산을 공동 소유하며 생산 수단의 사회화와 무계급 사회를 지향함.

❸**공산품 工産品** 장인 공 / 낳을 산 / 물건 품 | 원료를 인력이나 기계력으로 가공하여 만들어 내는 물품.

**공상 空想** 빌 공 / 생각할 상 | 현실적이지 못해서 실현될 가망이 없는 생각. ↔ 현실.

**공상과학 소설 空想科學小說** 빌 공 / 생각 상 / 과목 과 / 배울 학 / 작을 소 / 말씀 설 | 　문학　 과학적 지식을 바탕으로 하여 추리와 공상을 더하여 쓰는 소설.

**공상가 空想家** 빌 공 / 생각 상 / 집 가 | 현실적이지 못하거나 실현될 가망이 없는 생각을 하는 사람.

**공상적 사회주의 空想的社會主義** 빌 공 / 생각 상 / 과녁 적 / 모일 사 / 모일 회 / 주인 주 / 뜻 의 | 　사회　 사랑과 협동으로 자본주의 사회의 모순을 극복하려 하였던 사회주의의 초기 이론. 유토피언 소셜리즘. 푸리에, 오언, 생시몽 등이 주장함.

❶**공생 共生** 한가지 공 / 날 생 | 1. 서로 도우며 함께 삶.  2. 생물 종류가 다른 생물이 서로에게 이익을 주며 함께 사는 일. 악어와 악어새.

**공생하다 共生하다** 한가지 공 / 날 생 | 서로 도우며 함께 살다.

❷**공생애 公生涯** 공평할 공 / 날 생 / 물가 애 | 개인의 일생에서 공공의 업무나 사업에 종사한 기간.

❶**공석 公席** 공평할 공 / 자리 석 | 1. 공적인 모임의 자리. ↔사석 2. 공적인 업무를 맡아보는 직위.

❷**공석 空席** 빌 공 / 자리 석 | 빈자리.

**공설 公設** 빌 공 / 설치할 설 | 국가나 공공 단체에서 일반 사람들을 위하여 만들어 설치하는 것들. ※ 예시: 공설 운동장.

**공성 攻城** 칠 공 / 재 성 | 성이나 요새를 공격함.

**공성전 攻城戰** 칠 공 / 재 성 / 싸움 전 | 성이나 요새를 빼앗기 위하여 벌이는 싸움

**❶공소 公訴** 공평할 공 / 호소할 소 | | 법률 검사가 법원에 특정 형사 사건의 재판을 청구함.

**공소하다 公訴하다** 공평할 공 / 호소할 소 | 법률 검사가 법원에 특정 형사 사건의 재판을 청구하다

**공소시효 公訴時效** 공평할 공 / 호소할 소 / 때 시 / 본받을 효 | 법률 범죄를 저지른 후 일정한 기간이 지나면 검사의 공소권이 없어져, 그 범죄에 대해서는 공소를 제기할 수 없는 제도.

**❷공소 空疏** 빌 공 / 소통할 소 | 내용이 별로 없고 허술함.

**공소하다 空疏하다** 빌 공 / 소통할 소 | 내용이 별로 없고 허술하다.

**공손 恭遜** 공경할 공 / 겸손할 손 | 겸손하고 예의 바름.

**공손하다 恭遜하다** 공경할 공 / 겸손할 손 | 겸손하고 예의 바르다.

**공손성 恭遜性** 공경할 공 / 겸손할 손 / 성품 성 | 겸손하고 예의 바른 성품.

**공수 拱手** 팔짱 낄 공 / 손 수 | 절을 하거나 웃어른을 모실 때, 두 손을 앞으로 모아 잡음

**공수래공수거 空手來空手去** 빌 공 / 손 수 / 올 래 (내) / 빌 공 / 손 수 / 갈 거 | 불교 빈손으로 왔다가 빈손으로 간다는 뜻으로, 인생의 무상과 허무를 나타내는 말.

**공수표 空手票** 빌 공 / 손 수 / 표 표 | 1. 경제 은행에 거래가 없거나 거래가 정지된 사람이 발행한 수표 2. 실행이 없는 약속을 비유하는 말.

**공순 恭順** 공손할 공 / 순할 순 | 공손하고 온순함.

**공순하다 恭順하다** 공손할 공 / 순할 순 | 공손하고 온순하다.

**공수병 恐水病** 두려울 공 / 물 수 / 병 병 | 수의 광견병. 물을 무서워하는 병이라는 뜻이다.

**공습 空襲** 빌 공 / 엄습할 습 | 공중 습격.

**공습하다 空襲하다** 빌 공 / 엄습할 습 | 공중 습격을 하다.

**❶공시 公示** 공평할 공 / 보일 시 | 내용을 공개적으로 게시하여 일반에게 널리 알림.

**공시하다 公示하다** 공평할 공 / 보일 시 | 내용을 공개적으로 게시하여 일반에게 널리 알리다.

**❷공시적 共時的** 함께 공 / 때 시 / 과녁 적 | 1. 동시대적인 2. 어떤 시기를 가로로 잘라서 보듯이 횡적으로 바라보는 것. ↔ 통시적(通時的).

**공식 公式** 공평할 공 / 법 식 | 1. 국가적이나 사회적으로 인정된 공적인 방식 2. 틀에 박힌 방식. 3. 수학 계산의 법칙을 문자와 기호로 나타낸 식.

**공식화 公式化** 공평할 공 / 법 식 / 될 화 | 공적(公

的)으로 정해진 형식이나 방식이 됨.

❶**공신 公信** 공평할 공 / 믿을 신 | 국가의 공적 신용.

**공신력 公信力** 공평할 공 / 믿을 신 / 힘 력(역) | 공적인 신뢰를 받을 만한 능력.

❷**공신 功臣** 공 공 / 신하 신 | 나라를 위하여 특별한 공을 세운 신하.

**공실 空室** 빌 공 / 집 실 | 빈방.

❶**공안 公案** 공평할 공 / 책상 안 | 공무(公務)에 관한 문안.

❷**공안 公安** 공평할 공 / 편안 안 | 공공의 안녕과 질서.

**공안담당 公安擔當** 공평할 공 / 편안 안 / 멜 담 / 마땅 당 | 공공의 안녕과 질서를 맡음.

**공약 公約** 공평할 공 / 맺을 약 | 1. 사회에 대한 약속 2. 정부, 정당, 입후보자 등이 어떤 일에 대하여 국민에게 실행할 것을 약속함

**공양 供養** 이바지할 공 / 기를 양 | 웃어른을 잘 모시어 음식을 바치는 일.

**공양하다 供養**하다 이바지할 공 / 기를 양 | 웃어른을 잘 모시어 음식을 바치다.

**공양미 供養米** 이바지할 공 / 기를 양 / 쌀 미 | 공양에 쓰는 쌀.

**공양주 供養主** 이바지할 공 / 기를 양 / 주인 주 | 1. 불교 절에 시주하는 사람 2. 불교 절에서 밥 짓는 일을 하는 사람.

▶ **공언 公言** 공평할 공 / 말씀 언 | 여러 사람 앞에서 공개적으로 하는 말.

**공언하다 公言**하다 공평할 공 / 말씀 언 | 여러 사람 앞에서 공개적으로 말하다.

▶ **공업 工業** 장인 공 / 업 업 | 원료를 인력이나 기계력으로 가공하여 물자를 만드는 산업

**공업단지 工業團地** 장인 공 / 업 업 / 둥글 단 / 땅 지 | 공장 등의 공업시설들이 대규모로 모여 있는 곳. ※ 국가나 지방 자치 단체가 공장용 부지를 조성하고, 배후 시설이나 도로 등을 정비하여 많은 공장을 유치한다.

**공업용수 工業用水** 장인 공 / 업 업 / 쓸 용 / 물 수 | 공업 공업 제품의 생산 과정에서 쓰이는 물.

**공업화 工業化** 장인 공 / 업 업 / 될 화 | 산업 구성의 중점이 농업·광업 등에서 제조 공업으로 옮아감.

▶ **공연 公演** 공평할 공 / 펼 연 | 음악, 무용, 연극 등을 많은 사람 앞에서 펼쳐 보이는 일.

**공연하다 公演**하다 공평할 공 / 펼 연 | 음악, 무용, 연극 등을 많은 사람 앞에서 펼쳐 보이다.

▶ **공연히 空然**히 빌 공 / 그럴 연 | 아무 까닭 없이.

**공공연히 公公然**히 공평할 공 / 공평할 공 / 그럴 연 | 숨기거나 거리낌이 없이 떳떳하게.

**공염불 空念佛** 빌 공 / 생각할 염(념) / 부처 불 | 1. 믿음이 없이 입으로만 외는 헛된 염불 2. 실천이나 내용이 뒤따르지 않는 실없는 말을 비유.

**공영 公營** 공평할 공 / 경영할 영 | 공적인 기관에

서 공공의 이익을 위하여 경영함

**공영사업 公營事業** 공평할 공 / 경영할 영 / 일 사 / 업 업 | 경제 공적 기관이 공공의 이익을 위하여 직접 경영하는 사업. 수도, 전기, 도서관, 병원, 양로원 등이 있다.

**공영선거 公營選擧** 공평할 공 / 경영할 영 / 가릴 선 / 들 거 | 정치 국가나 지방자치단체가 관리하는 선거. 국회의원 선거.

**공예 工藝** 장인 공 / 재주 예 | 재주와 기술을 부려서 물건을 만들어 내는 재주.

**공예품 工藝品** 장인 공 / 재주 예 / 물건 품 | 실용적이면서 예술적 가치가 있게 만든 물품.

**공용 共用** 한가지 공 / 쓸 용 | 1. 함께 씀 2. 함께 쓰는 물건.

**❶공원 工員** 장인 공 / 인원 원 | 공장에서 일하는 사람. 늑 공장노동자, 직공.

**❷공원 公園** 공평할 공 / 동산 원 | 국가나 지방 공공 단체가 공중의 휴양·놀이를 위하여 마련한 정원,

**공유 共有** 한가지 공 / 있을 유 | 두 사람 이상이 공동으로 소유함.

**공유림 共有林** 한가지 공 / 있을 유 / 수풀 림(임) | 두 사람 이상이 공동으로 소유하는 산림

**공유수면 公有水面** 공평할 공 / 있을 유 / 물 수 / 낯 면 | 법률 국가나 공공 단체의 소유로서, 공공의 이익에 제공되는 수면. 바다, 강, 하천 따위의 수면.

**공유지 公有地** 공평할 공 / 있을 유 / 땅 지 | 국가나 공공 단체가 소유하는 땅

**공의 公義** 공평할 공 / 옳을 의 | 공평하고 의로운 도의.

**공의롭다 公義롭다** 공평할 공 / 옳을 의 | 공평하고 의롭다.

**공익 公益** 공평할 공 / 더할 익 | 개인이 아닌 집단 모두의 이익. 사회 전체의 이익.

**공익사업 公益事業** 공평할 공 / 더할 익 / 일 사 / 업 업 | 공공의 이익을 위한 사업. 철도·전신·전기·가스·수도 사업 등이 있다.

**❶공인 公人** 공평할 공 / 사람 인 | 공적인 일에 종사하는 사람.

**❷공인 公認** 공평할 공 / 알 인 | 국가나 공공 단체가 인정함.

**공인감정사 公認鑑定士** 공평할 공 / 알 인 / 거울 감 / 정할 정 / 선비 사 | 법률 동산과 토지·건물 따위 부동산의 경제적 금액을 감정하거나 평가할 수 있는 법적 자격을 갖춘 사람

**공일 空日** 빌 공 / 날 일 | 일을 하지 않고 쉬는 날

**공임 工賃** 장인 공 / 품삯 임 | 직공들이 품을 판 대가로 받는 돈.

**공자 公子** 공평할 공 / 아들 자 | 지체가 높은 집안의 아들.

**공작 工作** 장인 공 / 지을 작 | 1. 물건을 만듦 2. 어떤 목적을 위하여 일을 꾸밈.

**공작하다 工作**하다 장인 공 / 지을 작 | 1. 물건을 만들다　2. 어떤 목적을 위하여 일을 꾸미다.

**공장 工場** 장인 공 / 마당 장 | 원료를 가공하여 물건을 만들어 내는 설비를 갖춘 곳

**공저 共著** 한가지 공 / 나타날 저 | 책을 둘 이상의 사람이 함께 지음.

❶**공적 功績** 공 공 / 길쌈할 적 | 노력과 수고를 들여 이루어 낸 일의 성과.

❷**공적 公的** 공평할 공 / 과녁 적 | 국가나 사회에 관계되는 것.

**공전 公轉** 공평할 공 / 구를 전 | 한 천체(天體)가 다른 천체의 둘레를 주기적으로 도는 일. ※ 예시: 지구가 태양의 둘레를 공전하다,

**공전궤도 公轉軌道** 공평할 공 / 구를 전 / 바퀴 자국 궤 / 길 도 | 천문 한 천체(天體)가 다른 천체의 둘레를 주기적으로 도는 길.

**공전주기 公轉週期** 공평할 공 / 구를 전 / 돌 주 / 기약할 기 | 천문 한 천체(天體)가 다른 천체의 둘레를 한 바퀴 도는 데 걸리는 시간.

❶**공정 工程** 장인 공 / 한도 정 | 일이 진척되는 과정.

❷**공정 公正** 공평할 공 / 바를 정 | 공평하고 올바름.

**공정성 公正性** 공평할 공 / 바를 정 / 성품 성 | 공평하고 올바른 성질.

**공정가격 公正價格** 공평할 공 / 정할 정 / 값 가 / 격식 격 | 경제 공평하고 정당한 가격.

**공정거래 公正去來** 공평할 공 / 바를 정 / 갈 거 / 올 래(내) | 경제 공정하게 하는 거래. 공정거래는 자유로운 시장경제 질서를 확립하는 데에 필수적임.

**공제 控除** 당길 공 / 덜 제 | 받을 몫에서 얼마를 뺌.

**공제조합 共濟組合** 한가지 공 / 건널 제 / 짤 조 / 합할 합 | 같은 종류의 직업을 가진 사람들이 서로 친목을 꾀하고, 좋은 일이나 어려운 일에 물질적으로 돕고자 회비를 내어 운영하는 조합

**공조 共助** 한가지 공 / 도울 조 | 여러 사람이 함께 도와주거나 서로 도와줌.

**공조하다 共助**하다 한가지 공 / 도울 조 | 여러 사람이 함께 도와주거나 서로 도와주다.

**공존 共存** 한가지 공 / 있을 존 | 1. 둘 이상의 것이 함께 존재함　2. 서로 도와서 함께 존재함.

**공존하다 共存**하다 한가지 공 / 있을 존 | 1. 둘 이상의 것이 함께 존재하다　2. 서로 도와서 함께 존재하다.

**공주 公主** 공평할 공 / 주인 주 | 정실 왕비가 낳은 임금의 딸

❶**공중 空中** 빌 공 / 가운데 중 | 하늘과 땅 사이의 빈 곳.

**공중누각 空中樓閣** 빌 공 / 가운데 중 / 다락 누(루) / 다락집 각 | 공중에 떠 있는 누각. 아무런 근거나 토대가 없는 사물이나 생각을 비유. ≒ 신기루. 사상누각(砂上樓閣).

**신기루 蜃氣樓** 교룡 신 / 기운 시 / 누각 루 | 1. 대기 속에서 빛의 굴절 현상에 의하여 공중이나 땅 위에 무엇이 있는 것처럼 보이는 현상 2. 홀연히 나타났다 사라지는 아름답고 환상적인 현상을 비유.

**공중분해 空中分解** 빌 공 / 가운데 중 / 나눌 분 / 풀 해 | 계획이 도중에 무산되는 일

**공중제비 空中제비** 빌 공 / 가운데 중 | 1.두 손을 땅에 짚고 두 다리를 위로 쳐들어서 반대 방향으로 넘는 재주 2. 사람이나 물건이 공중에서 거꾸로 나가떨어짐.

**❷공중 公衆** 공평할 공 / 무리 중 | 보통 사람들. 사회의 일반인.

**공중위생 公衆衛生** 공평할 공 / 무리 중 / 지킬 위 / 날 생 | 사회 일반의 위생.

**공중전화 公衆電話** 공평할 공 / 무리 중 / 번개 전 / 말씀 화 | 여러 사람들이 사용할 수 있도록 설치한 전화.

**공증 公證** 공평할 공 / 증거 증 | 국가나 공공 단체가 직권(職權)으로 어떤 사실을 공적으로 증명하는 일. ※ 등기. 증명서 등.

**공지 公知** 공평할 공 / 알 지 | 세상에 널리 알림.

**공지하다 公知하다** 공평할 공 / 알 지 | 세상에 널리 알리다.

**공지사항 公知事項** 공평할 공 / 알 지 / 일 사 / 항목 항 | 일반 사람들에게 널리 알리고자 하는 사항.

**공직 公職** 공평할 공 / 직분 직 | 국가 기관이나 공공 단체의 일을 맡아보는 직무

**공진 共振** 한가지 공 / 떨칠 진 | 물리 진동하는 계의 진폭이 급격하게 늘어남. 특히 전기적, 기계적 공명.

**공진화 共進化** 한가지 공 / 나아갈 진 / 될 화 | 생물 여러 개의 종(種)이 서로 영향을 주면서 진화하여 가는 일.

**❶공채 公採** 공평할 공 / 캘 채 | 공개적인 방법으로 채용함.

**공채하다 公採하다** 공평할 공 / 캘 채 | 공개적인 방법으로 채용하다.

**❷공채 公債** 공평할 공 / 빚 채 | 국가나 지방 자치 단체가 수지의 균형을 꾀하기 위하여 임시로 지는 빚. 국가의 것을 국채, 지방 자치 단체의 것을 지방채라고 한다.

**공책 空冊** 빌 공 / 책 책 | 백지로 매어 놓은 책

**공처가 恐妻家** 두려울 공 / 아내 처 / 집 가 | 아내에게 눌려 지내는 남편

**공천 公薦** 공변될 공 / 추천할 천 | 1. 여러 사람의 의견을 모아 추천함 2. 행정 선거에 출마할 후보자를 당에서 공식적으로 추천하는 일.

**공천하다 公薦하다** 공변될 공 / 추천할 천 | 1. 여러 사람의 의견을 모아 추천하다 2. 행정 선거에 출마할 후보자를 당에서 공식적으로 추천하다.

**공청회 公聽會** 공평할 공 / 들을 청 / 모일 회 | 정치 국회나 행정 기관에서 일의 관련자에게 의견을 들어 보는 공개적인 회의.

**공출 供出** 주다 공 / 나다 출 | 국민이 국가의 필요에 따라 농업 생산물이나 물건 등을 내어놓는 것.

**공출미 供出米** 이바지할 공 / 날 출 / 쌀 미 | 국민이 국가의 필요에 따라 내어놓는 쌀.

**공치다 空치다** 빌 공 | 무슨 일을 하려다가 목적을 이루지 못하고 허탕 치다.

**공치사 功致辭** 공 공 / 이를 치 / 말씀 사 | 남을 위하여 수고한 것을 생색내며 스스로 자랑함

**공탁 供託** 이바지할 공 / 부탁할 탁 | 1. 돈이나 물건을 제공하고 그 보관을 위탁함  2. 〔법률〕 법령에 따라 금전이나 유가 증권 따위를 공탁소에 맡겨 두는 일.

**공탁금 供託金** 이바지할 공 / 부탁할 탁 / 쇠 금 〔법률〕 법령에 따라 공탁소에 맡겨 두는 돈.

**공터 空터** 빌 공 | 비어 있는 땅.

**공통 共通** 한가지 공 / 통할 통 | 여럿 사이에 두루 통하고 관계됨

**공통성 共通性** 한가지 공 / 통할 통 / 성품 성 | 여럿 사이에 두루 통하는 성질이나 상태.

**❶공판 公判** 공평할 공 / 판단할 판 | 〔법률〕 기소된 형사 사건을 법원이 심리하는 일. 검사, 피고인, 변호인 들이 입회하여 증거를 제출하면, 법원이 유죄·무죄를 판단한다.

**공판정 公判廷** 공평할 공 / 판단할 판 / 조정 정 〔법률〕 공판을 행하는 법정.

**공판절차 公判節次** 공평할 공 / 판단할 판 / 마디 절 / 버금 차 | 〔법률〕 공판 기일에 공판정에서 행하는 재판의 절차. 모두(冒頭)절차, 증거조사, 변론, 판결의 네 단계로 나눈다.

**❷공판장 共販場** 한가지공 / 팔판 / 마당장 | 〔경제〕 공동 판매장.

**공평 公平** 공평할 공 / 평평할 평 | 어느 쪽으로도 치우치지 않고 고름.

**공평하다 公平하다** 공평할 공 / 평평할 평 | 어느 쪽으로도 치우치지 않고 고르다.

**공평무사 公平無私** 공평할 공 / 평평할 평/ 없을 무 / 사사로울 사 | 한쪽으로 치우치지 않고 사사로움이 없음.

**❶공포 恐怖** 두려울 공 / 두려워할 포 | 두렵고 무서움.

**공포감 恐怖感** 두려울 공 / 두려워할 포 / 느낄 감 | 두렵고 무서운 느낌.

**공포정치 恐怖政治** 두려울 공 / 두려워할 포 / 정사 정 / 다스릴 치 | 1. 〔정치〕 반대파 세력을 가혹한 수단으로 탄압하여 사회에 극도의 공포 분위기를 조성하는 정치  2. 〔역사〕 프랑스 혁명 때, 급진적인 자코뱅파가 펼친 공포정치.

**❷공포 公布** 공평할 공 / 배 포 | 일반 대중에게 널리 알림

**공표 公表** 공평할 공 / 겉 표 | 여러 사람에게 널리 드러내어 알림.

**공학 工學** 장인 공 / 배울 학 | 공업의 이론, 기술을 체계적으로 연구하는 학문. 전자, 전기, 기계, 항공, 토목, 컴퓨터 등의 여러 분야가 있다.

**생명공학 生命工學** 날 생 / 목숨 명 / 장인 공 / 배울 학 | 생명 생명 현상, 생물 기능을 인위적으로 조작하는 기술을 통틀어 이르는 말. 유전자 재조합, 세포 융합 등의 기술.

❶**공해 公害** 공평할 공 / 해할 해 | 산업이나 교통의 발달에 따라 사람이나 생물이 입게 되는 여러 가지 피해. 자동차의 매연, 공장의 폐수, 여러 종류의 쓰레기로 인하여 자연환경이 오염되고 파괴되는 문제.

❷**공해 公海** 공평할 공 / 바다 해 | 어느 나라의 주권에도 속하지 않으며, 모든 나라가 공통으로 사용할 수 있는 바다

**공허 空虛** 빌 공 / 빌 허 | 아무것도 없이 텅 빔.

**공허하다 空虛하다** 빌 공 / 빌 허 | 아무것도 없이 텅 비다.

**공헌 貢獻** 바칠 공 / 드릴 헌 | 이바지함.

**공헌하다 貢獻하다** 바칠 공 / 드릴 헌 | 이바지하다.

**공화 共和** 한가지 공 / 화할 화 | 1. 여러 사람이 공동으로 일을 함. 2. 정치 두 사람 이상이 공동 화합하여 정무를 시행하는 일.

**공화정치 共和政治** 한가지 공 / 화할 화 / 정사 정 / 다스릴 치 | 정치 주권이 한 사람에게 있는 것이 아니라 국민에게 있으며, 국민이 대표로 선출한 대표자들의 의사에 따라 행해지는 정치.

**공화국 共和國** 한가지 공 / 화할 화 / 나라 국 | 정치 공화 정치를 하는 나라. 주권이 국민에게 있으며, 국민의 대표자에 의해 정치가 행해진다.

**공활하다 空豁하다** 빌 공 / 뚫린 골짜기 활 | 텅 비고 매우 넓다

❶**공황 恐惶** 두려울 공 / 두려울 황 | 두려워서 어찌할 바를 모름.

❷**공황 恐慌** 두려울 공 / 어리둥절할 황 | 1. 두려움이나 공포로 갑자기 생기는 심리적 불안 상태 2. 경제 경제 순환 과정에서 나타나는 경제 혼란의 현상. 생산과 소비의 균형이 깨지고 산업이 침체하고 금융 상태가 나빠지며 파산이 속출하여 경제적 혼란이 지속되는 상태. 천재지변이나, 생산이나 공급의 과잉 또는 부족 등이 원인이 되어 일어난다. 늑 경제공황.

**공황이론 恐慌理論** 두려울 공 / 어리둥절할 황 / 다스릴 이(리) / 논할 론(논) | 경제 경제 공황의 원인과 발생에 관한 이론.

**공황주기설 恐慌週期說** 두려울 공 / 어리둥절할 황 / 돌 주 / 기약할 기 / 말씀 설 | 경제 공황은 일정 기간을 두고 주기적으로 반드시 일어난다는 학설.

**공회 公會** 공평할 공 / 모일 회 | 공적인 문제를 의논하기 위하여 열리는 모임.

**공회당 公會堂** 공평할 공 / 모일 회 / 집 당 | 일반 대중이 모임을 위하여 지은 집.

**공훈 功勳** 공 공 / 공 훈 | 두드러지게 세운 공로

**공휴일 公休日** 공평할 공 / 쉴 휴 / 날 일 | 국가나 사회에서 정하여 다 함께 쉬는 날. 일요일, 국경일, 경축일 등.

**과감 果敢** 실과 과 / 감히 감 | 과단성이 있고 용감함.

**과감하다 果敢하다** 실과 과 / 감히 감 | 과단성이 있고 용감하다.

**과객 過客** 지날 과 / 손 객 | 지나가는 나그네

**과객질 過客질** 지날 과 / 손 객 | 노자(**路資**) 없이 먼 길을 가다가, 도중에 모르는 이의 집에 들러 밤을 지내고 거저 밥을 얻어먹는 일을 낮잡아 이르는 말

**❶과거 過去** 지날 과 / 갈 거 | 이미 지나간 때

**❷과거 科擧** 과목 과 / 들 거 | 역사 우리나라와 중국에서 관리를 뽑을 때 실시하던 시험. 중국에서는 수나라 때에 시작하였고, 우리나라에서는 고려 광종 때(958)에 처음 실시하였다. 문과, 무과, 잡과 등이 있다.

**과격 過激** 지날 과 / 격할 격 | 정도가 지나치게 심함.

**과격하다 過激하다** 지날 과 / 격할 격 | 정도가 지나치게 격렬하다

**과격분자 過激分子** 지날 과 / 격할 격 / 나눌 분 / 아들 자 | 주장이나 행동이 극단에 치우쳐 격렬한 사람.

**과공 過恭** 지날 과 / 공손할 공 | 지나치게 공손함.

**과공비례 過恭非禮** 지날 과 / 공손할 공 / 아닐 비 / 예도 례(예) | 지나치게 공손하면 오히려 예의에 어긋난다는 뜻. ※ 〈논어〉의 〈선진편(**先進篇**)〉

**과년 瓜年** 오이 과 / 해 년(연) | 결혼하기에 적당한 여자의 나이란 뜻. 16세.

**과년하다 過年하다** 지날 과 / 해 년(연) | 여자의 나이가 혼인할 시기를 지난 상태에 있다. ※ 요즘은 결혼의 의미나 시기가 많이 변화하여, 결혼적령기란 말의 의미가 퇴색함.

**과다 過多** 지날 과 / 많을 다 | 너무 많음.

**과다하다 過多하다** 지날 과 / 많을 다 | 너무 많다

**과단 果斷** 실과 과 / 끊을 단 | 일을 딱 잘라서 결정함

**❶과당 果糖** 실과 과 / 엿 당 | 꿀이나 단 과일 속에 들어 있는 단당류

**❷과당 過當** 지날 과 / 마땅 당 | 보통보다 정도가 지나침.

**과당경쟁 過當競爭** 지날 과 / 마땅 당 / 다툴 경 / 다툴 쟁 | 같은 업종의 기업 사이에서 손해를 보면서까지 지나치게 하는 경쟁.

**과대 誇大** 떠벌릴 과 / 클 대 | 작은 것을 크게 부풀림.

**과대망상 誇大妄想** 떠벌릴 과 / 클 대 / 허망할 망 / 생각할 상 | 사실보다 크게 부풀려진 헛된 생각.

**과도 過渡** 지날 과 / 건널 도 | 한 상태에서 다른 새로운 상태로 옮겨가는 도중.

**과도기 過渡期** 지날 과 / 건널 도 / 기약할 기 | 한 상태에서 다른 새로운 상태로 옮아가거나 바뀌어가는 시기.

**❶과두문자 蝌蚪文字** 올챙이 과 / 올챙이 두 / 글월 문 / 글자 자 | 고대 중국에서 쓰였던 올챙이 모양의 한자 서체.

**❷과두정치 寡頭政治** 적을 과 / 머리 두 / 정사 정 / 다스릴 치 | 적은 수의 우두머리가 국가의 최고기관을 조직하여 마음대로 행하는 독재적인 정치 체제

**과례 過禮** 지날 과 / 예도 례(예) | 지나친 예절.

**과로 過勞** 지날 과 / 일할 로(노) | 몸이 고달플 정도로 지나치게 일함.

**과로하다 過勞하다** 지날 과 / 일할 로(노) | 몸이 고달플 정도로 지나치게 일하다.

**과립 顆粒** 낱알 과 / 낟알 립(입) | 둥글고 잔 알갱이.

**과목 科目** 과목 과 / 눈 목 | 분류한 조목.

**과묵 寡默** 적을 과 / 잠잠할 묵 | 말이 적고 침착함.

**과묵하다 寡默하다** 적을 과 / 잠잠할 묵 | 말이 적고 침착하다.

**과문 寡聞** 적을 과 / 들을 문 | 보고 들은 것이 적음.

**과문하다 寡聞하다** 적을 과 / 들을 문 | 보고 들은 것이 적다.

**과물탄개 過勿憚改** 허물 과/ 말다 물 / 꺼릴 탄 / 고칠 개 | 잘못임을 깨닫거든 바로 고치기를 꺼려하지 말라. 늑 과즉물탄개(**過則勿憚改**).

**과민 過敏** 지날 과 / 민첩할 민 | 지나치게 예민함.

**과민성 過敏性** 지날 과 / 민첩할 민 / 성품 성 | 지나치게 예민한 성질.

**과밀 過密** 지날 과 / 빽빽할 밀 | 한곳에 지나치게 집중되어 있음.

**과밀도시 過密都市** 지날 과 / 빽빽할 밀 / 도읍 도 / 저자 시 | 사회 인구와 산업이 지나치게 집중된 도시. 주거난, 교통 혼잡, 교육, 공해, 등의 문제가 발생한다.

**과반 過半** 지날 과 / 반 반 | 절반이 넘음.

**과반수 過半數** 지날 과 / 반 반/ 숫자 수 | 절반이 넘는 수.

**과부 寡婦** 적을 과 / 며느리 부 | 남편을 잃고 혼자 사는 여자.

**과부족 過不足** 지날 과 / 아닐 부 / 발 족 | 기준에 넘거나 모자람.

**과분하다 過分하다** 지날 과 / 분수 분 | 분수에 넘치다. ↔ 응분(應分).

**❶과세 過歲** 지날 과 / 해 세 | 설을 쇰.

**과세하다 過歲하다** 지날 과 / 해 세 | 설을 쇠다.

**❷과세 課稅** 공부할 과 / 세금 세 | 세금을 정하여 내도록 의무를 지게 함.

**과세하다 課稅하다** 공부할 과 / 세금 세 | 세금을 정하여 내도록 의무를 지게 하다.

**과소 過小** 지날 과 / 작을 소 | 정도가 지나치게 작음.

**과소평가 過小評價** 지날 과 / 작을 소 / 평할 평 / 값 가 | 사실보다 지나치게 작거나 약하게 평가함.

**과소인구 過少人口** 지날 과 / 적을 소 / 사람 인 / 입 구 | 사회 인구의 지나치게 적음.

▶ **과수 果樹** 실과 과 / 나무 수 | 열매를 얻기 위하여 가꾸는 나무.

**과수원 果樹園** 실과 과 / 나무 수 / 동산 원 | 과실 나무를 심은 밭.

▶ **과시 誇示** 자랑할 과 / 보일 시 | 자랑하여 보임.

**과시하다 誇示하다** 자랑할 과 / 보일 시 | 자랑하여 보이다.

**과시효과 誇示效果** 자랑할 과 / 보일 시 / 본받을 효 / 실과 과 | 소비 지출이 자신의 소득 수준에 따르지 아니하고, 타인을 모방하여 늘어나게 되는 효과.

▶ **과식 過食** 지날 과 / 밥 식 | 지나치게 많이 먹음.

**과식하다 過食하다** 지날 과 / 밥 식 | 지나치게 많이 먹다.

▶ **과신 過信** 지날 과 / 믿을 신 | 지나치게 믿음.

**과신하다 過信하다** 지날 과 / 믿을 신 | 지나치게 믿다.

❶**과실 果實** 열매 과 / 열매 실 | 과일. 열매.

❷**과실 過失** 허물 과 / 실수 실 | 잘못이나 허물. ≒ 과오.

**과실상규 過失相規** 허물 과 / 실수 실 / 서로 상 / 규제할 규 | 잘못을 저지르지 않도록 서로 규제함.

**과실책임 過失責任** 지날 과 / 잃을 실 / 꾸짖을 책 / 맡길 임 | 법률 과실 또는 고의로 끼친 손해에 대하여 지는 배상 책임.

**과언 過言** 지날 과 / 말씀 언 | 지나치게 말을 함.

**과업 課業** 공부할 과 / 업 업 | 꼭 하여야 할 일이나 임무.

**과연 果然** 실과 과 / 그럴 연 | 아닌 게 아니라 정말로. 참으로.

▶ **과열 過熱** 지날 과 / 더울 열 | 지나치게 뜨거워짐.

**과열하다 過熱하다** 지날 과 / 더울 열 | 지나치게 뜨거워지다.

**과오 過誤** 지날 과 / 그르칠 오 | 부주의나 태만 따위에서 비롯된 잘못이나 허물

**과외 課外** 공부할 과 / 바깥 외 | 정해진 학과 시간 이외.

**과욕 過慾** 지날 과 / 욕심 욕 | 욕심이 지나침.

▶ **과용 過用** 지날 과 / 쓸 용 | 정도에 지나치게 씀.

**과용하다 過用하다** 지나칠 과 / 쓸 용 | 정도에 지나치게 쓰다.

**과유불급 過猶不及** 지나칠 과 / 같을 유 / 아닐 불 / 미칠 급 | 정도를 지나침은 미치지 못함과 같다. 지나치지도 모자라지도 않은 중용(中庸)이 중요함. 출전 〈논어(論語)〉.

**과육 果肉** 실과 과 / 고기 육 | 열매에서 씨를 둘러

싸고 있는 살.

**과인 寡人** 적을 과 / 사람 인 | 덕이 적은 사람이라는 뜻으로, 임금이 자기를 낮추어 이르던 일인칭 대명사

**과잉 過剩** 지날 과 / 남을 잉 | 필요한 수량보다 많아 남음.

**과잉생산 過剩生産** 지날 과 / 남을 잉 / 날 생 / 낳을 산 | 소비력을 생각하지 않고 지나치게 많이 생산하여 물품이 남음.

**과잉방어 過剩防禦** 지날 과 / 남을 잉 / 막을 방 / 막을 어 | 상대편의 공격을 막는 데 지나침이 있음.

**과자 菓子** 과자 과 / 아들 자 | 밀가루나 쌀가루에 설탕, 우유 같은 것을 섞어 굽거나 기름에 튀겨서 만든 음식.

**과작 寡作** 적을 과 / 지을 작 | 작품을 적게 만듦.

**과작하다 寡作하다** 적을 과 / 지을 작 | 작품을 적게 만들다.

**과장 誇張** 떠벌릴 과 / 베풀 장 | 사실보다 지나치게 부풀림.

**과장하다 誇張하다** 떠벌릴 과 / 베풀 장 | 사실보다 지나치게 부풀다.

**과적 過積** 지날 과 / 쌓을 적 | 화물을 규정보다 많이 실음.

**과적하다 過積하다** 지날 과 / 쌓을 적 | 화물을 규정보다 많이 싣다.

**과전이하 瓜田李下** 오이 과 / 밭 전 / 오얏 이(리) / 아래 하 | 오이 밭에서 신발을 고쳐 신지 말라. 남에게 의심받기 쉬운 행동은 피하는 것이 좋음. ※ 참조: 과전불납리 이하부정관 (瓜田不納履 李下不整冠)

**과점 寡占** 적을 과 / 점령할 점 | 몇몇 기업이 상품 시장의 대부분을 지배하는 상태.

**과정 過程** 지날 과 / 한도 정 | 일이 되어 가는 경로

**과제 課題** 공부할 과 / 제목 제 | 처리해야 할 문제.

**과중 過中** 지날 과 / 가운데 중 | 한도를 넘음

**과중하다 過重하다** 지날 과 / 무거울 중 | 지나치게 무겁다.

**과태 過怠** 지날 과 / 게으를 태 | 게으름.

**과태료 過怠料** 지날 과 / 게으를 태 / 헤아릴 료(요) | 법률 공법에서, 의무 이행을 태만히 한 사람에게 벌로 물게 하는 돈. 형벌의 성질을 지닌 벌금과 달리, 과태료는 행정질서벌의 성질을 가짐.

**과하다 過하다** 지날 과 | 정도가 지나치다

**과하마 果下馬** 실과 과 / 아래 하 / 말 마 | '사람을 태우고 과실나무 가지 밑으로 지나갈 수 있는 말이라는 뜻으로, 키가 몹시 작은 말을 이르는 말.

**과학 科學** 과목 과 / 배울 학 | 보편적인 진리나 법칙을 밝히는 학문.

**과학적 科學的** 과목 과 / 배울 학 / 과녁 적 | 과학의 이치나 체계에 맞는.

**곽란 霍亂** 빠를 곽 / 어지러울 란(난) | (한의) 음식이 체하여 토하고 설사하는 급성 위장병.

**❶관 冠** 갓 관 | 역사 머리에 쓰는 관. 신분과 격식에 따라 종류가 달랐다.

**❷관 官** 벼슬 관 | 정부나 관청을 이르는 말.

**관가 官家** 벼슬 관 / 집 가 | 벼슬아치들이 나랏일을 보는 집

**관개 灌漑** 물 댈 관 / 물 댈 개 | 농사를 짓는 데 필요한 물을 논밭에 댐.

**관개농업 灌漑農業** 물 댈 관 / 물 댈 개 / 농사 농 / 업 업 | 농업 농경지에 물을 대어서 하는 농업.

**관건 關鍵** 빗장 관 / 자물쇠 건 | 문빗장과 자물쇠. 어떤 사물이나 문제 해결의 가장 중요한 부분.

**❶관계 關係** 관계할 관 / 맬 계 | 서로 관련을 맺음.

**관계없다 關係없다** 관계할 관 / 맬 계 | 서로 아무런 관련이 없다

**❷관계 官界** 벼슬 관 / 지경 계 | 국가기관이나 관리들의 활동 분야.

**관광 觀光** 볼 관 / 빛 광 | 다른 장소에 가서 풍경, 풍습, 문물을 구경함.

**관광자원 觀光資源** 볼 관 / 빛 광 / 재물 자 / 근원 원 | 관광객을 끌어 모을 수 있는 자원. 자연이나 유적, 문화시설 등.

**관군 官軍** 벼슬 관 / 군사 군 | 군사 예전에, 국가에 소속되어 있던 정규 군대.

**관급 官給** 벼슬 관 / 줄 급 | 금전이나 물품을 관청에서 내어 줌

**관념 觀念** 볼 관 / 생각 념(염) | 1.어떤 일에 대한 견해나 생각. 2. 현실에 바탕을 두지 않는 추상적이고 공상적인 생각.

**관념적 觀念的** 볼 관 / 생각 념(염) / 과녁 적 | 실제 현실이 아니라 눈에 보이지 않는 추상적 관념에만 사로잡혀 있는. ≒ 추상적(抽象的),/ ↔ 현실적, 구체적.

**관념론 觀念論** 듣기 볼 관 / 생각 념(염) / 논할 론(논) | 철학 정신, 이성, 이념 따위를 본질적인 것으로 보고, 이것으로 물질적 현상을 밝히려는 이론.

**관능 官能** 벼슬 관 / 능할 능 | 육체적 쾌감, 특히 성적인 감가을 자극하는 작용

**관대 寬大** 너그러울 관 / 클 대 | 마음이 너그럽고 큼.

**관대하다 寬大하다** 너그러울 관 / 클 대 | 마음이 너그럽고 크다.

**관동 關東** 관계할 관 / 동녘 동 | 강원도에서 대관령 동쪽 지역.

**❶관등 官等** 벼슬 관 / 무리 등 | 관리나 벼슬의 등급

**❷관등 觀燈** 볼 관 / 등 등 | 초파일이나 절의 주요 행사 때에 온갖 등을 달아 불을 밝히는 일

**관람 觀覽** 볼 관 / 볼 람(남) | 구경함.

**관람하다 觀覽**하다 볼 관 / 볼 람(남) | 구경하다.

**관람객 觀覽客** 볼 관 / 볼 람(남) / 손 객 | 연극, 영화, 운동 경기, 미술품 따위를 구경하는 손님.

**관련 關聯/關連** 빗장 관 / 연관될 련 | 서로 관계를 맺고 있음.

**관련되다 關聯/關連**되다 빗장 관 / 연관될 련 | 서로 관계를 맺고 있다.

**관례 冠禮** 갓 관 / 예도 례(예) | 예전에, 남자가 성년에 이르면 어른이 된다는 의미로 상투를 틀고 갓을 쓰게 하던 의례.

**관록 貫祿** 꿸 관 / 녹 록(녹) | 어떤 일에 상당한 경력이 쌓여서 생긴 권위

**관료 官僚** 벼슬 관 / 동료 료(요) | 직업적인 관리. 관리 집단

**관료주의 官僚主義** 벼슬 관 / 동료 료(요) / 주인 주 / 뜻 의 | 1. 관료들이 지위와 권세를 부리는 주의를 비판함 2. 관료들이 하는 방식과 같이 획일적이고 형식적인 태도나 경향이 있는 태도.

**관료정치 官僚政治** 벼슬 관 / 동료 료(요) / 정사 정 / 다스릴 치 | 정치 관료 세력이 행하는 정치.

**기술관료정치 技術官僚政治** 재주 기 / 재주 술 / 벼슬 관 / 동료 료(요) / 정사 정 / 다스릴 치 | 정치 행정이나 경제에 전문적 지식을 가진 관료집단이 정책의 입안 및 의사 결정에 강한 영향력을

행사하는 정치 체제.

**❶관리 官吏** 벼슬 관 / 벼슬아치 리(이) | 관직에 있는 사람.

**❷관리 管理** 대롱 관 / 다스릴 리(이) | 1.어떤 일의 사무를 맡아 처리함 2. 사람을 통제하고 지휘하며 감독함. 3. 시설이나 물건의 유지, 관리함.

**관망 觀望** 볼 관 / 바랄 망 | 한발 물러나서 일이 되어 가는 형편을 바라봄.

**관망하다 觀望**하다 볼 관 / 바랄 망 | 한발 물러나서 일이 되어 가는 형편을 바라보다.

**관모 官帽** 벼슬 관 / 모자 모 | 관리가 쓰도록 정해진 모자.

**관문 關門** 빗장 관 / 문 문 | 1. 국경이나 요새의 성문 2. 어떤 일을 하기 위하여 반드시 거쳐야 하는 주요한 길목.

**관물 官物** 벼슬 관 / 물건 물 | 정부나 관청 소유의 물건.

**관물함 管物函** 대롱 관 / 물건 물 / 함 함 | 군대에서, 병사 개인의 물건을 보관하는 함.

**관민 官民** 벼슬 관 / 백성 민 | 관리와 민간인.

**관민일치 官民一致** 벼슬 관 / 백성 민 / 한 일 / 이를 치 | 관리들과 백성들이 한마음이 됨

**관병 觀兵** 볼 관 / 병사 병 | 군사 군대를 정렬하여 병사들의 사기와 훈련 상태 따위를 검열함

**관비 官費** 벼슬 관 / 쓸 비 | 정부나 관청에서 내는 비용.

**관비유학생 官費留學生** 벼슬 관 / 쓸 비 / 머무를 유(류) / 배울 학 / 날 생 | 정부에서 대주는 돈으로 공부하는 유학생.

**관사 官舍** 벼슬 관 / 집 사 | 관청에서 관리에게 빌려주기 위해 지은 집.

**❶관상 觀相** 볼 관 / 서로 상 | 사람의 생김새를 보고 운명을 판단하는 일.

**❷관상 觀賞** 볼 관 / 상줄 상 | 취미에 맞는 동식물 따위를 보면서 즐김.

**관상수 觀賞樹** 볼 관 / 상줄 상/ 나무 수 | 보면서 즐기기 위하여 심고 가꾸는 나무. 늑 관상목.

**관상어 觀賞魚** 볼 관 / 상줄 상/ 물고기 어 | 보면서 즐기기 위하여 기르는 물고기. 금붕어, 열대어, 비단잉어 따위가 있다.

**관서 關西** 관계할 관 / 서녘 서 | 마천령의 서쪽 지방. 평안도와 황해도 북부 지역.

**관성 慣性** 익숙할 관 / 성품 성 | 〔물리〕 물체가 외부의 힘을 받지 않는 한, 정지 또는 운동의 상태를 영구히 지속하려는 성질.

**관성의법칙 慣性法則** 익숙할 관 / 성품 성 / 법 법 / 법칙 칙 | 〔물리〕 밖에서 힘을 받지 않으면 물체는 정지 또는 등속도 운동 상태를 계속한다는 법칙. 뉴턴의 제일 법칙.

**관세 關稅** 관계할 관 / 세금 세 | 국세의 하나. 세관을 통해 수출·수입되거나 통과되는 화물에 대하여 부과되는 세금으로, 수출세 · 수입세 · 통과세의 세 종류가 있으며, 현재 우리나라에는 수입세만 있다

**관세동맹 關稅同盟** 관계할 관 / 세금 세 / 한가지 동 / 맹세 맹 | 〔행정〕 국가 사이에 관세동맹을 맺어, 동맹국 상호 간에는 관세를 폐지하거나 인하하여 무역의 이익을 취함. ※ 1834년 프로이센의 독일 관세동맹.

**관세장벽 關稅障壁** 관계할 관 / 세금 세 / 막을 장 / 벽 벽 | 〔행정〕 수입품에 관세를 높게 부과함으로써 수입을 억제하는 일. 국내 산업을 보호하는 목적.

**관습 慣習** 익숙할 관 / 익힐 습 | 오랫동안 지켜져 내려와 사회구성원들이 널리 인정하는 질서나 풍습.

**관습적 慣習的** 익숙할 관 / 익힐 습 / 과녁 적 | 관습에 따른.

**관습법 慣習法** 익숙할 관 / 익힐 습 / 법 법 | 〔법률〕 사회생활에서 습관이나 관행이 굳어져서 법의 효력을 갖게 된 것.

**관심 關心** 관계할 관 / 마음 심 | 어떤 것에 마음이 끌림.

**관심거리 關心거리** 관계할 관 / 마음 심 | 관심을 끄는 일.

**관아 官衙** 벼슬 관 / 마을 아 | 예전에, 벼슬아치들이 모여 나랏일을 처리하던 곳

**관악기 管樂器** 대롱 관 / 노래 악 / 그릇 기 | 입으로 불어서 관 안의 공기를 진동시켜 소리를 내는 악기.

**관여 關與** 관계할 관 / 더불 여 | 어떤 일에 관계함.

**관여하다** 關與하다 관계할 관 / 더불 여 | 어떤 일에 관계하다.

**관엽식물** 觀葉植物 볼 관 / 잎 엽 / 심을 식 / 물건 물 | 잎사귀의 모양이나 빛깔의 아름다움을 보고 즐기기 위하여 재배하는 식물

❶**관영** 官營 벼슬 관 / 경영할 영 | 국가 기관에서 경영함.

**관영사업** 官營事業 벼슬 관 / 경영할 영 / 일 사 / 업 업 | 정부에서 직접 경영하는 사업.

❷**관영** 冠纓 갓 관 / 갓끈 영 | 관(冠)의 끈.

**관요** 官窯 벼슬 관 / 기와 굽는 가마 요 | (공예) 고려·조선 시대에, 관에서 운영하던 도자기를 만드는 가마.

❶**관용** 官用 벼슬 관 / 쓸 용 | 정부나 공공 기관에서 사용함.

❷**관용** 慣用 익숙할 관 / 쓸 용 | 1. 습관적으로 늘 쓰는 것.  2. 오랫동안 써서 굳어진 대로 그렇게 쓰는 것.

**관용적** 慣用的 익숙할 관 / 쓸 용 / 과녁 적 | 1. 습관적으로 늘 쓰는  2. 오랫동안 써서 굳어진 대로 그렇게 쓰는

❸**관용** 寬容 관대할 관 / 용서할 용 | 남의 잘못을 너그럽게 받아들이거나 용서함.

**관용하다** 寬容 관대할 관 / 용서할 용 | 남의 잘못을 너그럽게 받아들이거나 용서하다.

**관운** 官運 벼슬 관 / 옮길 운 | 관리로 출세하도록 타고난 복

**관원** 官員 벼슬 관 / 인원 원 | 관청에 나가서 나랏일을 맡아보는 사람.

**관인** 官印 벼슬 관 / 도장 인 | 관청에서 찍는 도장

**관자** 貫子 꿸 관 / 아들 자 | 망건에 달아 당줄을 꿰는 단추 모양의 고리.

**관자놀이** 貫子놀이 꿸 관 / 아들 자 | 얼굴의 살쩍 (뺨의 귀 앞에 난 머리털) 곁에 맥박이 뛰는 자리. 맥박이 뛸 때 그곳에서 망건 관자가 움직인다고 하여 나온 말.

**관작** 官爵 벼슬 관 / 벼슬 작 | 관직과 작위.

**삭탈관작** 削奪官爵 깎을 삭 / 빼앗을 탈 / 벼슬 관 / 벼슬 작 | 역사 죄를 지은 자의 벼슬을 빼앗고 벼슬아치의 명부에서 이름을 지우던 일.

❶**관장** 管掌 대롱 관 / 손바닥 장 | 일을 맡아서 주관함.

**관장하다** 管掌하다 대롱 관 / 손바닥 장 | 일을 맡아서 주관하다.

❷**관장** 館長 집 관 / 길 장 | 도서관, 박물관, 전시관처럼 '관'(館) 자가 붙은 기관의 최고 책임자.

**관재구설** 官災口舌 벼슬 관 / 재앙 재 / 입 구 / 혀 설 | (민속) 관재와 구설.

**관재수** 官災數 벼슬 관 / 재앙 재 / 셈 수 | (민속) 관청으로부터 재앙을 받을 운수.

**구설수** 口舌數 입 구 / 혀 설 / 셈 수 | 남과 시비하거나 헐뜯는 말을 듣게 될 운수.

**관재인** 管財人 대롱 관 / 재물 재 / 사람 인 | 법률

타인의 재산을 관리하는 사람. 관리인.

**관저 官邸** 벼슬 관 / 집 저 | 정부에서 장관급 이상의 고위직 공무원들이 살도록 마련한 집.

**관전 觀戰** 볼 관 / 싸움 전 | 1. 전쟁의 실황을 직접 살펴봄. 2. 운동 경기나 바둑 대국(對局)을 구경함.

**관전기 觀戰記** 볼 관 / 싸움 전 / 기록할 기 | 관전한 내용이나 느낌을 적은 기록.

**관절 關節** 관계할 관 / 마디 절 | 뼈와 뼈가 서로 연결된 곳

**관절염 關節炎** 관계할 관 / 마디 절 / 불꽃 염 ᴵ 의학 ᴵ 관절에 생기는 염증.

**관점 觀點** 볼 관 / 점 점 | 사물이나 현상을 보고 생각하는 태도나 방향.

**관정 管井** 대롱 관 / 우물 정 | 둥글게 대롱 모양으로 판 우물.

**관제 管制** 대롱 관 / 절제할 제 | 관리하여 통제함

**관조 觀照** 볼 관 / 비칠 조 | 고요한 마음으로 사물이나 현상을 바라보거나 비추어 봄.

**관조하다 觀照하다** 볼 관 / 비칠 조 | 고요한 마음으로 사물이나 현상을 바라보거나 비추어 보다.

**관조적 觀照的** 볼 관 / 비칠 조 / 과녁 적 | 고요한 마음으로 사물이나 현상을 바라보거나 비추어 보는.

**관존 官尊** 벼슬 관 / 높을 존 | 정부나 관리를 높

여 봄.

**관존민비 官尊民卑** 벼슬 관 / 높을 존 / 백성 민 / 낮을 비 | 정부나 관리는 높고 귀하며 백성은 낮고 천하다는 생각.

**관졸 官卒** 벼슬 관 / 마칠 졸 | 관가의 포졸이나 병졸.

❶**관중 觀衆** 볼 관 / 무리 중 | 운동 경기 등을 구경하기 위하여 모인 사람들.

**관중석 觀衆席** 볼 관 / 무리 중 / 자리 석 | 관중들이 앉는 자리.

❷**관중 貫中** 꿸 관 / 가운데 중 | 체육 화살이 과녁의 한복판에 맞음.

**관지 款識** 항목 관 / 적을 지 | 역사 옛날에 그릇이나 종에 새긴 글씨나 표. 늑 낙관(落款).

**관직 官職** 벼슬 관 / 직분 직 | 공무원이나 관리가 국가로부터 위임받은 직무나 직책.

**삭탈관직 削奪官職** 깎을 삭 / 빼앗을 탈 / 벼슬 관 / 직분 직 | 역사 예전에 죄를 지은 자의 벼슬과 품계를 빼앗고 벼슬아치의 명부에서 이름을 지우던 일.

**관찰 觀察** 볼 관 / 살필 찰 | 사물이나 현상을 주의하여 자세히 살펴봄

**관찰하다 觀察하다** 볼 관 / 살필 찰 | 사물이나 현상을 주의하여 자세히 살펴보다.

**관찰사 觀察使** 볼 관 / 살필 찰 / 하여금 사 | 역사 조선 시대에 각 도의 으뜸 벼슬.

**관철 貫徹** 꿰다 관/ 뚫다 철 | 1. 단단한 것을 꿰뚫고 나감. 2. 어려움을 헤치고 나아가 기어이 목적을 이룸. ↔ 좌절.

**관철하다 貫徹**하다 꿰다 관/ 뚫다 철 | 1. 단단한 것을 꿰뚫고 나가다. 2. 어려움을 헤치고 나아가 기어이 목적을 이루다.

**관청 官廳** 벼슬 관 / 관청 청 | 국가의 사무를 집행하는 국가 기관.

**관측 觀測** 볼 관 / 헤아릴 측 | 육안이나 기계로 자연 현상을 관찰하여 측정하는 일.

**관측하다 觀測**하다 볼 관 / 헤아릴 측 | 육안이나 기계로 자연 현상을 관찰하여 측정하다.

**관측소 觀測所** 볼 관 / 헤아릴 측 / 바 소 | 지구 기상이나 천체를 관측하는 곳. 천문대, 기상대 등.

**관통 貫通** 꿸 관 / 통할 통 | 꿰뚫어서 통함.

**관통하다 貫通**하다 꿸 관 / 통할 통 | 꿰뚫어서 통하다.

**관포지교 管鮑之交** 대롱 관/ 말린 생선 포 / 어조사 지/ 사귈 교 | 관중(**管仲**)과 포숙아(**鮑叔牙**)의 사귐. 아주 돈독한 우정. ≒ 금란지교(**金蘭之交**), 지란지교(**芝蘭之交**).

**관할 管轄** 대롱 관 / 다스릴 할 | 일정한 권한을 가지고 통제하거나 지배함

**관할구역 管轄區域** 대롱 관 / 다스릴 할 / 구분할 구 / 지경 역 | 법률 권한이 미치는 구역. ※ 관구(**管區**).

**관행 慣行** 익숙할 관 / 다닐 행 | 오래전부터 해 오는 대로 행함

**관현악 管絃樂** 대롱 관 / 줄 현 / 노래 악 | 음악 관악기, 타악기, 현악기로 함께 연주하는 음악.

**관혼상제 冠婚喪祭** 갓 관 / 혼인할 혼 / 잃을 상 / 제사 제 | 관례, 혼례, 상례, 제례를 이르는 말.

**괄목 刮目** 긁을 괄 / 눈 목 | 눈을 비비고 볼 정도로 매우 놀람.

**괄목상대 刮目相對** 긁을 괄 / 눈 목 / 서로 상 / 대할 대 | 눈을 비비고 상대편을 본다는 뜻으로, 학식이나 재주가 놀랄 만큼 향상함을 뜻함.

**괄시하다 恝視**하다 근심 없을 괄 / 볼 시 | 업신여겨 하찮게 대하다

**광각 廣角** 넓을 광 / 뿔 각 | 넓은 각도

**광경 光景** 빛 광 / 볕 경 | 벌어진 일의 형편과 모양.

**광고 廣告** 넓을 광 / 고할 고 | 세상에 널리 알림.

**광고비 廣告費** 넓을 광 / 고할 고 / 쓸 비 | 광고하는 데 지출되는 경비.

**광구 鑛區** 쇳돌 광 / 구분할 구 | 광물의 채굴을 허가한 구역.

**광궤철도 廣軌鐵道** 넓을 광 / 바퀴 자국 궤 / 쇠 철 / 길 도 | 궤간(철도의 나란한 두 쇠줄)의 폭이 표준 궤간인 1,435mm보다 넓은 철도.

**광기 狂氣** 미칠 광 / 기운 기 | 미친 듯한 기미

**❶광년 光年** 빛 광 / 해 년(연) | 천체와 천체 사이

의 거리를 나타내는 단위. 광년은 빛이 1년 동안 나아가는 거리로 9조 4670억 7782만 km이다. 기호는 ly 또는 lyr.

❷**광년 曠年** 빌 광 / 해 년(연) | 까마득히 오랜 세월.

**광대 廣大** 넓을 광 / 클 대 | 크고 넓음.

**광대하다 廣大**하다 넓을 광 / 클 대 | 크고 넓다.

**광대무변 廣大無邊** 넓을 광 / 클 대 / 없을 무 / 가변 | 크고 넓어서 끝이 없음.

**광도 光度** 빛 광 / 법도 도 | 1. 물리 광원의 밝기를 나타내는 양. 단위는 칸델라(candela) 2. 천문 지구의 표면에 수직으로 비치는 항성의 밝기.

**광원 光源** 빛 광 / 근원 원 | 물리 제 스스로 빛을 내는 물체. 태양, 별 등.

**광란 狂瀾** 미칠 광 / 물결 란(난) | 미친 듯이 날뜀.

**광란적 狂亂的** 미칠 광 / 어지러울 란(난) / 과녁 적 | 미친 듯이 어지럽게 날뛰는 것.

**광막 廣漠** 넓을 광 / 넓을 막 | 아득하게 넓음.

**광막하다 廣漠**하다 넓을 광 / 넓을 막 | 아득하게 넓다.

**광명 光明** 빛 광 / 밝을 명 | 밝고 환함.

**광명정대 光明正大** 빛 광 / 밝을 명 / 바를 정 / 클 대 | 밝고 떳떳하고 정당함.

**광목 廣木** 넓을 광 / 나무 목 | 무명실로 짠 천(옷감).

**광무 光武** 빛 광 / 호반 무 | 역사 대한제국의 첫 연호. 고종 34년(1897년)부터 사용.

**광물 鑛物** 쇳돌 광 / 물건 물 | 광물 천연으로 나는 무기질로 일정한 형상을 가지고 있으며, 질이 고르고 화학적 성분이 일정한 물질. 금, 은. 철, 석탄, 유황 등.

**광배 光背** 빛 광 / 등 배 | 회화나 조각에서 인물의 성스러움을 드러내기 위하여 머리나 등 뒤에 광명을 표현한 원광을 두름.

**광복 光復** 빛 광/ 되찾을 복 | 1. 빛을 되찾음 2. 빼앗긴 주권을 도로 찾음. 늑 해방(解放).

**광복군 光復軍** 빛 광 / 회복할 복 / 군사 군 | 역사 일제 강점기에, 중국에서 우리나라의 독립을 위하여 일본에 대항하던 군대. 1940년에 충칭(重慶)에서 조직되었으며, 총사령관에 지청천, 참모장에 이범석이 취임하였다.

❶**광부 鑛夫** 쇳돌 광 / 지아비 부 | 광업 광물을 캐는 사람. 광원(鑛員).

❷**광부 狂夫** 미칠 광 / 지아비 부 | 미친 사내.

❶**광분 鑛粉** 쇳돌 광 / 가루 분 | 광업 광석의 가루.

❷**광분 鑛分** 쇳돌 광 / 나눌 분 | 광업 광물의 성분.

❸**광분해 光分解** 빛 광/ 나눌 분/ 풀다 해 | 물리 물질이 빛을 흡수하여 두 가지 이상의 성분으로 분해되는 일. 아세트알데히드, 아세톤, 알코올 따위에서 볼 수 있다.

**❹광분 狂奔** 미칠 광 / 달릴 분 | 1. 어떤 목적을 이루기 위하여 미친 듯이 날뜀 2. 미친 듯이 뛰어 달아남. ≒ 격분, 발광.

**광분하다 狂奔**하다 미칠 광 / 달릴 분 | 1. 어떤 목적을 이루기 위하여 미친 듯이 날뛰다 2. 미친 듯이 뛰어 달아나다.

**광산 鑛山** 쇳돌 광 / 메 산 | [광업] 광물을 캐내는 곳. 캐내는 광물에 따라 금산(**金山**), 은산(**銀山**), 동산(**銅山**), 철산(**鐵山**), 탄산(**炭山**) 등.

**광산촌 鑛山村** 쇳돌 광 / 메 산 / 마을 촌 | 광산을 끼고 이루어진 마을.

**❶광상 鑛床** 쇳돌 광 / 평상 상 | [광업] 쓸모 있는 광물이 땅속에 많이 묻혀 있는 부분.

**❷광상 狂想** 미칠 광 / 생각 상 | 미친 생각.

**광상곡 狂想曲** 미칠 광 / 생각 상 / 굽을 곡 | [음악] 일정한 형식에 구속되지 않고 자유로운 요소가 강한 기악곡.

**광석 鑛石** 쇳돌 광 / 돌 석 | [광업] 경제적 가치가 있고 채광할 수 있는 광물. 유용한 광물이 들어 있는 돌.

**광선 光線** 빛 광 / 줄 선 | 빛살.

**광섬유 光纖維** 빛 광 / 가늘 섬 / 벼리 유 | [물리] 빛을 이용하여 정보를 전달할 때 쓰는 유리 섬유.

**광속 光速** 빛 광 / 빠를 속 | [물리] 진공 속에서 빛이 진행하는 속도. 1초에 약 30만 km. ≒ 광속도(**光速度**)

**광속도불변원리 光速度不變**의**原理** 빛 광 / 빠를 속 / 법도 도 / 아닐 불 / 변할 변 / 언덕 원 / 다스릴 리(이) | [물리] 상대적으로 등속도 운동을 하는 모든 관측자에게 빛의 속도는 일정한 값을 갖는다는 원리. 1905년에 아인슈타인이 발견하였다.

**광신 狂信** 미칠 광 / 믿을 신 | 신앙이나 사상에 대하여 이성을 잃고 무비판적으로 믿음.

**광신적 狂信的** 미칠 광 / 믿을 신 / 과녁 적 | 이성을 잃고 무비판적으로 믿는.

**광야 曠野/廣野** 넓다 광 / 들 야 | 아득하게 넓은 들.

**❶광양자 光量子** 빛 광 / 헤아릴 양(량) / 아들 자 | [물리] 빛의 입자. 광양자의 크기와 정지 질량은 0이지만, 에너지를 가지고 있고 항상 일정한 속력으로 이동한다.

**광양자설 光量子說** 빛 광 / 헤아릴 양(량) / 아들 자 / 말씀 설 | [물리] 빛은 입자로 이루어져 있다는 가설. 1905년에 아인슈타인이 플랑크(Planck, M.)의 양자 가설을 발전시켜 확립하였다.

**❷광양자 光陽子** 빛 광 / 볕 양 / 아들 자 | [물리] 빛핵반응으로 핵에서 나오는 양자(양성자).

**광업 鑛業** 쇳돌 광 / 업 업 | [광업] 광물의 채굴(**採掘**), 선광(**選鑛**), 제련(**製鍊**) 등의 작업을 하는 산업.

**광업소 鑛業所** 쇳돌 광 / 업 업 / 바 소 | [광업] 광물을 캐는 사람이 사업에 관한 사무를 보는 곳.

**광역 廣域** 넓을 광 / 지경 역 | 넓은 구역이나 범위.

**광염 光焰** 빛 광 / 불꽃 염 | 밝게 빛나는 불꽃.

**광음 光陰** 빛 광 / 그늘 음 | 햇빛과 그늘. 즉 낮과 밤이라는 뜻으로, 시간이나 세월을 가리킴. ※ 예시: 일촌광음불가경(一寸光陰不可輕 아주 작은 순간이라도 가벼이 여기지 말라).

**광의 廣義** 넓을 광 / 뜻 의 | 넓은 의미.

**광인 狂人** 미칠 광 / 사람 인 | 정신에 이상이 생겨 보통 사람과 다른 사람.

**광장 廣場** 넓을 광 / 마당 장 | 너른 마당.

▶**광전기 光電氣** 빛 광 / 번개 전 / 기운 기 | 〔물리〕 물질이 빛을 받아 광전자를 방출하기 때문에 생기는 전기.

**광전효과 光電效果** 빛 광 / 번개 전 / 본받을 효 / 실과 과 | 〔물리〕 물질의 표면에 빛을 비추면 전기를 띠는 자유전자가 튀어 나오는 현상.

**광전변환 光電變換** 빛 광 / 번개 전 / 변할 변 / 바꿀 환 | 〔물리〕 광전효과를 이용하여 빛에너지를 전기에너지로 바꾸는 일.

**광전관 光電管** 빛 광 / 번개 전 / 대롱 관 | 〔물리〕 광전효과를 이용하여 빛의 강약을 전류의 강약으로 바꾸는 장치. 텔레비전이나 사진전송기에 쓴다.

▶**광정 匡正** 바를 광 / 바를 정 | 바로잡음.

**광정하다 匡正하다** 바를 광 / 바를 정 | 바로잡다.

**광채 光彩** 빛 광 / 채색 채 | 빛살.

**광택 光澤** 빛 광 / 못 택 | 빛의 반사로 물체의 표면에서 반짝거리는 빛.

**광포 狂暴** 미칠 광 / 사나울 포 | 미쳐 날뛰듯이 거칠고 사나움.

**광포하다 狂暴하다** 미칠 광 / 사나울 포 | 미쳐 날뛰듯이 매우 거칠고 사납다.

❶**광풍 狂風** 미칠 광 / 바람 풍 | 미친 듯이 사납게 휘몰아치는 거센 바람.

❷**광풍 光風** 빛 광 / 바람 풍 | 비가 갠 뒤에 맑은 햇살과 함께 부는 상쾌하고 시원한 바람

**광풍제월 光風霽月** 빛 광 / 바람 풍 / 비 갤 제 / 달 월 | 비가 갠 뒤의 맑게 부는 바람과 밝은 달.

**광합성 光合成** 빛 광 / 합할 합 / 이룰 성 | 〔화학〕 광화학 반응에 의하여 유기물이 합성하는 작용. ※ 참조: 탄소동화작용.

▶**광활 廣闊** 넓을 광 / 넓을 활 | 막힌 데가 없이 트이고 넓음.

**광활하다 廣闊하다** 넓을 광 / 넓을 활 | 막힌 데가 없이 트이고 넓다.

**광휘 光輝** 빛 광 / 빛날 휘 | 눈부시게 환한 빛.

▶**괘념 掛念** 걸 괘 / 생각 념(염) | 마음에 담아두고 걱정하거나 잊지 않음.

**괘념하다 掛念하다** 걸 괘 / 생각 념(염) | 마음에 두고 걱정하거나 잊지 아니하다.

**괘도 掛圖** 걸 괘 / 그림 도 | 벽에 걸어 놓고 보는 학습용 그림이나 지도.

**괘서 掛書** 걸 괘 / 글 서 | 이름을 밝히지 않고 내거

는 글. 반역을 도모하거나 남을 모함하기 위하여 궁문(宮門), 성문(城門), 관청(官廳)의 문 위에 써 붙였다.

**괘종시계 掛鐘時計** 걸 괘 / 쇠북 종 / 때 시 / 셀 계 | 벽이나 기둥에 걸어 둔 시계. 시계추가 있으며 시간마다 종이 울린다.

**괴괴망측 怪怪罔測** 괴이할 괴 / 괴이할 괴 / 그물 망 / 헤아릴 측 | 말할 수 없을 만큼 이상야릇함.

**괴기 怪奇** 괴이할 괴 / 기특할 기 | 괴상하고 기이함.

**괴기하다 怪奇하다** 괴이할 괴 / 기특할 기 | 괴상하고 기이하다.

**괴뢰 傀儡** 허수아비 괴 / 꼭두각시 뢰(뇌) | 꼭두각시. 망석중. 나무로 만든 인형의 팔다리에 줄을 매어서 움직이게 한다.

**괴뢰정권 傀儡政權** 허수아비 괴 / 꼭두각시 뢰(뇌) / 정사 정 / 저울추 권 | 정치 겉으로는 독립된 국가의 모습을 하고 있으나 실제로는 남의 나라에 종속되어 있는 정부.

**괴리 乖離** 어그러질 괴 / 떨어질 리 | 서로 어그러져 동떨어짐.

**괴멸 壞滅** 무너질 괴 / 꺼질 멸 | 모조리 파괴되어 멸망함.

**괴목 槐木** 회화나무 괴 / 나무 목 | 회화나무.

**괴물 怪物** 괴이할 괴 / 물건 물 | 괴상하게 생긴 물체.

**괴벽 怪癖** 괴이할 괴 / 버릇 벽 | 괴이한 버릇.

**괴변 怪變** 괴이할 괴 / 변할 변 | 괴상한 재난이나 사고.

**괴사 壞死** 무너질 괴 / 죽을 사 | 의학 생체 내의 조직이나 세포가 부분적으로 죽는 일. 냉, 열, 독물, 타박 및 특수한 병이 원인이다.

**괴상 怪常** 괴이할 괴 / 떳떳할 상 | 보통과 달리 괴이하고 이상함.

**괴상망측 怪常罔測** 괴이할 괴 / 떳떳할 상 / 그물 망 / 헤아릴 측 | 이루 말할 수 없이 괴이하고 이상함.

**괴수 魁首** 괴수 괴 / 머리 수 | 못된 짓을 하는 무리의 우두머리.

**괴악 怪惡** 괴이할 괴 / 악할 악 | 이상야릇하고 흉악함.

**괴악하다 怪惡하다** 괴이할 괴 / 악할 악 | 이상야릇하고 흉악하다.

**괴악스럽다 怪惡스럽다** 괴이할 괴 / 악할 악 | 괴이하고 흉악하다.

**괴이 怪異** 괴이할 괴 / 다를 이(리) | 별나며 괴상함.

**괴이하다 怪異하다** 괴이할 괴 / 다를 이(리) | 별나며 괴상하다.

**괴이찮다 怪異찮다** 괴이할 괴 / 다를 이(리) | 그다지 이상하지 아니하다.

**괴이쩍다 怪異쩍다** 괴이할 괴 / 다를 이(리) | 괴이

한 느낌이 있다.

**괴인 怪人** 괴이할 괴 / 사람 인 | 1. 괴상한 사람 2. 정체를 알 수 없는 수상한 사람.

**괴저 壞疽** 무너질 괴 / 등창 저 | 의학 몸의 한 부분이 썩어서 생리적 기능이 없어지는 현상.

**괴팍하다 乖愎▽하다** 어그러질 괴 / 강퍅할 퍅 | 성미가 까다롭고 강퍅하다. ※ '괴퍅하다'는 잘못된 음.

**괴한 怪漢** 괴이할 괴 / 한수 한 | 괴이하고 수상한 사내.

**괴현상 怪現象** 괴이할 괴 / 나타날 현 / 코끼리 상 | 이상하여 알 수 없는 현상.

**괴혈병 壞血病** 무너질 괴 / 피 혈 / 병 병 | 의학) 비타민 시(C)의 결핍으로 생기는 병. 잇몸에서 피가 나며 빈혈을 일으킨다.

**굉음 轟音** 울릴 굉 / 소리 음 | 몹시 요란하게 울리는 소리

**굉장 宏壯** 클 굉 / 장할 장 | 아주 크고 훌륭함.

**굉장하다 宏壯하다** 클 굉 / 장할 장 | 아주 크고 훌륭하다.

**❶교각 交角** 사귈 교 / 뿔 각 | 수학 두 직선이 만나서 이루는 각.

**❷교각 橋脚** 다리 교 / 다리 각 | 건설 다리를 받치는 기둥.

**❸교각 矯角** 바로잡을 교 / 뿔 각 | 뿔을 바로잡아서 고침.

**교각살우 矯角殺牛** 바로잡을 교 / 뿔 각 / 죽일 살 / 소 우 | 1. 소의 뿔을 바로잡으려다가 소를 죽인다 2. 잘못된 점을 고치려다가 정도가 지나쳐 오히려 일을 그르침.

**❶교감 交感** 사귈 교 / 느낄 감 | 서로 접촉하여 따라 움직이는 느낌.

**교감하다 交感하다** 사귈 교 / 느낄 감 | 서로 접촉하여 따라 움직이다.

**❷교감 校監** 학교 교 / 살필 감 | 학교장을 도와서 학교의 일을 관리하거나 수행하는 직책.

**교과 敎科** 가르칠 교 / 과목 과 | 교육 학교에서 가르쳐야 할 내용을 계통적으로 짜 놓은 것.

**교관 敎官** 가르칠 교 / 벼슬 관 | 군사 군사 교육 및 훈련을 시키는 장교.

**교교하다 皎皎하다** 달 밝을 교 / 달 밝을 교 | 달빛이 썩 맑고 밝다.

**❶교구 敎具** 가르칠 교 / 갖출 구 | 교육 학습을 효과적으로 지도하기 위하여 사용하는 도구. 칠판, 괘도, 표본, 모형 등.

**❷교구 敎區** 가르칠 교 / 구분할 구 | 종교 종교의 전도를 위하여 나누어 놓은 구역.

**교군 轎軍** 가마 교 / 군사 군 | 1. 가마를 메는 사람 2. 예전에, 한 사람이 타고 둘이나 넷이 들거나 메던, 조그만 집 모양의 가마. 연(輦), 덩, 초헌(軺軒), 남여(籃輿), 사인교(四人轎) 등.

**교권 敎權** 가르칠 교 / 저울추 권 | 1. 교사로서 지니는 권위나 권력 2. 종교상의 권위나 권력.

**교내 校內** 학교 교 / 안 내 | 학교의 안.

❶**교단 教壇** 가르칠 교 / 단 단 | 교실에서 교사가 강의할 때 올라서는 단.

**교단생활 教壇生活** 가르칠 교 / 단 단 / 날 생 / 살 활 | 교사생활.

❷**교단 教團** 가르칠 교 / 둥글 단 | (종교) 같은 교의를 믿는 사람들끼리 모여서 만든 종교 단체

**교대 交代** 사귈 교 / 대신할 대 | 어떤 일을 여럿이 나누어서 차례에 따라 함.

**교대하다 交代**하다 사귈 교 / 대신할 대 | 어떤 일을 여럿이 나누어서 차례에 따라 하다. ≒ 갈마들다.

❶**교도 教導** 가르칠 교 / 인도할 도 | 가르쳐서 이끎.

**교도관 矯導官** 바로잡을 교 / 인도할 도 / 벼슬 관 [행정] 교도소에서 수용자의 교정과 수용의 업무를 담당하는 공무원.

**교도소 矯導所** 바로잡을 교 / 인도할 도 / 바 소 [행정] 형벌을 받은 사람을 격리 수용하여 교정, 교화하는 사무를 맡아보는 기관.

❷**교도 教徒** 가르칠 교 / 무리 도 | 종교를 믿는 사람이나 그 무리.

**교두보 橋頭堡** 다리 교/ 머리 두 / 보루 보 | 1. 침략하기 위한 발판  2. [군사] 다리를 엄호하기 위하여 쌓은 보루.  3. [군사] 상륙·도하 작전에서 적군이 점령하고 있는 강기슭이나 해안선의 한 모퉁이를 점거하고 마련한 진지. ≒ 거점(據點).

**교란 攪亂** 어지러울 교 / 혼란할 란 | 1.어지럽힘  2. 뒤흔들어 혼란스럽게 함.

**교란하다 攪亂**하다 어지러울 교 / 혼란할 란 | 1. 어지럽히다  2. 뒤흔들어 혼란스럽게 하다.

**교량 橋梁** 다리 교 / 들보 량(양) | 다리.

**교련 教鍊** 가르칠 교 / 불릴 련(연) | 1. 가르쳐 단련시킴. 가르쳐 단련시킴  2. 학생에게 가르치는 군사 훈련.

**교령 教令** 가르칠 교 / 하여금 령(영) | 1. 임금의 명령  2. 교회법에 대한 질문에 교황이 문서식으로 답변한 편지. 교회법의 효력을 지님.

❶**교룡 蛟龍** 교룡 교 / 용 룡(용) | 상상 속에 등장하는 동물의 하나. 때를 못 만나 뜻을 이루지 못한 영웅호걸을 비유적으로 이르는 말.

❷**교룡 交龍** 사귈 교 / 용 룡(용) | [민속] 용트림 모양.

**교류 交流** 사귈 교 / 흐를 류(유) | 서로 섞여 흐름.

**교류하다 交流**하다 사귈 교 / 흐를 류(유) | 서로 섞여 흐르다.

**교류전류 交流電流** 사귈 교 / 흐를 류(유) / 번개 전 / 흐를 류(유) | [전기] 시간에 따라 크기와 방향이 주기적으로 바뀌어 흐르는 전류. 1초 동안에 흐르는 방향이 바뀌는 횟수를 주파수라고 한다.

**교리 教理** 가르칠 교 / 다스릴 리(이) | [종교] 종교적인 원리나 이치.

**교린 交鄰** 사귈 교 / 이웃 린(인) | 이웃 나라와의

사귐.

**교만 驕慢** 뽐낼 교 / 건방질 만 | 잘난 체 뽐내며 건방짐.

**교만하다 驕慢**하다 뽐낼 교 / 건방질 만 | 잘난 체 뽐내며 건방지다.

**❶교명 教命** 가르칠 교 / 목숨 명 | 1. 역사 임금 이 훈유(訓諭)하는 명령 2. 역사 조선 시대 에, 왕비를 책봉할 때에 임금이 내리던 문서.

**❷교명 校名** 학교 교 / 이름 명 | 학교의 이름.

**❶교목 校木** 학교 교 / 나무 목 | 어떤 학교를 상징 하는 나무.

**❷교목 喬木** 높을 교 / 나무 목 | 식물 줄기가 곧 고 굵으며 높이가 8미터를 넘는 키가 큰 나무. 소나무, 향나무, 감나무 등.

**교묘 巧妙** 공교할 교 / 묘할 묘 | 솜씨나 재주 따 위가 재치 있게 묘함.

**교묘하다 巧妙**하다 공교할 교 / 묘할 묘 | 솜씨나 재주 따위가 재치 있게 묘하다.

**교무 教務** 가르칠 교 / 힘쓸 무 | 교육 학생을 가 르치는 일에 대한 사무.

**교문 校門** 학교 교 / 문 문 | 학교의 문.

**교방 教坊** 가르칠 교 / 동네 방 | 역사 고려 시대 의 기생 학교.

**교배 交配** 사귈 교 / 나눌 배 | 생물 생물의 암수 를 인위적으로 수정 또는 수분시켜 다음 세대 를 얻는 일.

**이종교배 異種交配** 다를 이(리) / 씨 종 / 사귈 교 / 나눌 배 | 생물명 종이 다른 생물의 암수를 교배 하는 일.

**교범 教範** 가르칠 교 / 법 범 | 모범으로 삼아 가르 치는 기본 법칙.

**교복 校服** 학교 교 / 옷 복 | 학생들이 입는 제복.

**교본 教本** 가르칠 교 / 근본 본 | 학교에서 교재로 사용하는 책

**❶교부 交付/交附** 사귈 교 / 줄 부 | 내어 줌.

**교부하다 交付/交附**하다 사귈 교 / 줄 부 | 내어 주다.

**❷교부 教父** 가르칠 교 / 아버지 부 | 1. 가톨릭 고 위 성직자. 2. 가톨릭 영세를 받을 때에, 증인 으로 세우는 남자 후견인. 3. 가톨릭 가톨릭교 회의 발달에 큰 공헌을 한 훌륭한 스승과 저술 가.

**교부철학 教父哲學** 가르칠 교 / 아버지 부 / 밝을 철 / 배울 학 | 철학 초기 교회에서, 기독교를 단순한 믿음의 종교가 아니라 철학적 이론에 근 거한 이성 종교로 승화시키기 위해서 그리스 철 학을 교리에 접목한 철학. 기독교의 교리 발전 에 큰 역할을 하였으며, 아우구스티누스에 이르 러 절정기에 달하였다.

**교분 交分** 사귈 교 / 나눌 분 | 서로 사귄 정.

**교비 校費** 학교 교 / 쓸 비 | 학교의 일을 하는 데 드는 돈.

**교빙 交聘** 사귈 교 / 부를 빙 | 나라와 나라 사이에 서로 사신을 보냄.

**❶교사 敎師** 가르칠 교 / 스승 사 | 주로 초등학교·중학교·고등학교에서, 일정한 자격을 가지고 학생을 가르치는 사람.

**❷교사 校舍** 학교 교 / 집 사 | 학교의 건물.

**❸교사 絞死** 목맬 교 / 죽을 사 | 목을 매어 죽음.

**❹교사 敎唆** 가르칠 교 / 부추길 사 | 남을 꾀거나 부추김.

**교사하다 敎唆하다** 가르칠 교 / 부추길 사 | 남을 꾀거나 부추기다.

**교사범 敎唆犯** 가르칠 교 / 부추길 사 / 범할 범 | 법률 다른 사람을 꾀거나 부추겨서 죄를 저지르게 만든 불법 행위.

**교사죄 敎唆罪** 가르칠 교 / 부추길 사 / 허물 죄 | 법률 다른 사람을 꾀거나 부추겨서 죄를 짓게 함으로써 성립하는 범죄.

**교생 敎生** 가르칠 교 / 날 생 | 교육 교육 실습생. 일선 학교에 나가 직접 교육 활동을 체험해 보는 교직 과정.

**교서 敎書** 가르칠 교 / 글 서 | 1. 정치 대통령이 정치, 행정에 관한 의견을 적어 국회에 보내는 문서 2. 역사 왕이 내리던 문서. 3. 가톨릭 로마 교황이 공식적으로 발표하는, 신앙과 교리에 관한 서한.

**교섭 交涉** 사귈 교 / 건널 섭 | 어떤 일을 이루기 위하여 서로 의논하고 절충함.

**교섭단체 交涉團體** 사귈 교 / 건널 섭 / 둥글 단 / 몸 체 | 어떤 일에 관하여 교섭하기 위해서 구성하는 단체. ※ 원내 교섭단체.

**교성 嬌聲** 아리따울 교 / 소리 성 | 여자의 간드러지는 소리.

**교세 敎勢** 가르칠 교 / 형세 세 | 종교의 세력.

**교수 敎授** 가르칠 교 / 줄 수 | 1. 학문이나 기예를 가르침. 2. 대학에서 학문을 가르치고 연구하는 사람.

**교수법 敎授法** 가르칠 교 / 줄 수 / 법 법 | 교육 학문이나 기예를 가르치기 위한 체계적인 방법.

**교술 敎述** 가르칠 교 / 서술할 술 | 있는 그대로 묘사하고 설명함.

**교습 敎習** 가르칠 교 / 익힐 습 | 학문이나 기예를 가르쳐 익히게 함.

**교습하다 敎習하다** 가르칠 교 / 익힐 습 | 학문이나 기예를 가르쳐 익히게 하다.

**❶교시 敎示** 가르칠 교 / 보일 시 | 가르쳐서 보임.

**교시하다 敎示하다** 가르칠 교 / 보일 시 | 가르쳐서 보여주다.

**❷교시 校時** 학교 교 / 때 시 | 학교의 수업 시간을 세는 단위.

**교신 交信** 사귈 교 / 믿을 신 | 우편, 전신, 전화 같은 것으로 정보를 주고받음.

**교안 敎案** 가르칠 교 / 책상 안 | 교육 교과 지도를 위한 계획을 교사가 미리 짜 놓은 안.

**교양 敎養** 가르칠 교 / 기를 양 | 가르쳐서 기름.

**교양소설 敎養小說** 가르칠 교 / 기를 양 / 작을 소 / 말씀 설 | 문학 주인공이 어른이 되기까지 교

양을 쌓고 인격을 완성해 가는 성장 과정을 그린 소설.

**교언영색 巧言令色** 교묘할 교 / 말씀 언 / 아름다울 영 / 빛 색 | 번드레한 말과 좋게 꾸민 얼굴빛, 아첨하는 말과 태도를 가리킴. ※ 참조: 교언영색선의인(아첨하는 사람은 선한 자가 적다 **巧言令色鮮矣仁**)

**교역 交易** 사귈 교 / 바꿀 역 | 나라와 나라 사이에서 물건을 사고파는 거래.

**교역하다 交易하다** 사귈 교 / 바꿀 역 | 나라와 나라 사이에서 물건을 사고팔다.

**교열 校閱** 학교 교 / 볼 열 | 문서나 원고의 내용에서 잘못된 것을 바로잡아 고침.

**교예 較藝** 견줄 교 / 재주 예 | 기예를 서로 겨룸.

**❶교외 郊外** 들 교 / 바깥 외 | 도시 주변 지역.

**교외선 郊外線** 들 교 / 바깥 외 / 줄 선 | 도시 주변을 운행하는 철도.

**❷교외 校外** 학교 교 / 바깥 외 | 학교 밖.

**❸교외 教外** 가르칠 교 / 바깥 외 | 가르침의 범위 밖.

**교외별전 教外別傳** 가르칠 교 / 바깥 외 / 다를 별 / 전할 전 | 불교 진리를 언어가 아니라 마음으로 바로 전달하여 깨닫게 함. 불교에서 진리를 전달할 때 말이나 글이 아니라, 마음에서 마음으로 전달했다고 한다. 늑 염화미소(拈華微笑), 이심전심(以心傳心),

**❶교우 校友** 학교 교 / 벗 우 | 같은 학교를 다니는 친구.

**❷교우 交友** 사귈 교 / 벗 우 | 친구를 사귐.

**교우이신 交友以信** 사귈 교 / 벗 우 / 써 이 / 믿을 신 | 역사 세속 오계의 하나. 친구를 사귐에 믿음으로써 한다.

**교유 交遊** 사귈 교 / 놀 유 | 서로 사귀어 놀거나 왕래함.

**교육 教育** 가르칠 교 / 기를 육 | 지식과 기술을 가르쳐서 인격을 길러 줌.

**교육과정 教育課程** 가르칠 교 / 기를 육 / 공부할 과 / 한도 정 | 교육 학교의 지도하에 이루어지는 교과학습 및 생활영역의 총체.

**교육세 教育稅** 가르칠 교 / 기를 육 / 세금 세 | 의무교육에 필요한 경비를 마련할 목적으로 내게 하는 조세.

**교육소설 教育小說** 가르칠 교 / 기를 육 / 작을 소 / 말씀 설 | 문학 주인공이 어린 시절부터 어른이 되기까지 자신의 인격을 완성해 가는 성장 과정을 그린 소설. 괴테의 〈빌헬름 마이스터〉. 헤세의 〈데미안〉 등.

**교육철학 教育哲學** 가르칠 교 / 기를 육 / 밝을 철 / 배울 학 | 교육 교육의 기본 원리를 연구하는 철학.

**교의 教義** 가르칠 교 / 뜻 의 | 1. 교육 교육의 근본 취지 2. 종교 종교의 중요한 가르침.

**❶교인 教人** 가르칠 교 / 사람 인 | 종교를 믿는 사람.

❷교인 交印 사귈 교 / 도장 인 | 문서에 차례로 이름을 쓰고 도장을 찍음.

❶교자 餃子 떡 교 / 아들 자 | 만두.

❷교자 轎子 가마 교 / 아들 자 | 역사 조선 시대에 타던 가마.

교자꾼 轎子꾼 가마 교 / 아들 자 | 역사 가마를 메는 사람.

❸교자상 交子床 사귈 교 / 아들 자 / 평상 상 | 음식을 차려 놓는 사각형의 큰 상.

교잡 交雜 사귈 교 / 섞일 잡 | 서로 한데 어울려 뒤섞임.

교잡하다 交雜하다 사귈 교 / 섞일 잡 | 서로 한데 어울려 뒤섞이다.

교장 校長 학교 교 / 길 장 | 교육 초등. 중. 고등학교의 으뜸 직위.

교재 教材 가르칠 교 / 재목 재 | 교육 교육을 할 때 필요한 여러 가지 학습재료.

교전 交戰 사귈 교 / 싸움 전 | 서로 병력을 가지고 전쟁을 함.

교전하다 交戰하다 사귈 교 / 싸움 전 | 서로 병력을 가지고 전쟁을 하다.

교전국 交戰國 사귈 교 / 싸움 전 / 나라 국 | 서로 맞서 전쟁하는 양편의 국가. 전쟁에 참가하고 있는 국가.

교접 交接 사귈 교 / 이을 접 | 서로 닿아서 접촉함.

❶교정 校訂 교정 교 / 고칠 정 | 문장의 잘못된 글자나 글귀를 바르게 고침. ≒ 퇴고(推敲).

❷교정 校庭 학교 교 / 뜰 정 | 학교 운동장.

❸교정 矯正 바루다 교/ 바르다 정 | 1. 잘못된 것을 바로잡음 2. 교도소나 소년원에서 재소자의 잘못된 품성이나 행동을 바로잡음.

교정하다 矯正하다 바루다 교/ 바르다 정 | 1. 잘못된 것을 바로잡다 2. 교도소나 소년원에서 재소자의 잘못된 품성이나 행동을 바로잡다.

교제 交際 사귈 교 / 즈음 제 | 서로 사귀어 가까이 지냄.

교제하다 交際하다 사귈 교 / 즈음 제 | 서로 사귀어 가까이 지냄.

교제술 交際術 사귈 교 / 즈음 제 / 재주 술 | 교제하는 수단.

❶교조 教祖 가르칠 교 / 할아버지 조 | 종교 어떤 종교나 종파를 처음 세운 사람.

❷교조 教條 가르칠 교 / 가지 조 | 역사적 환경이나 구체적 현실과 관계없이, 어떠한 상황에서도 절대로 변하지 않는 진리로 여김.

교조주의 教條主義 가르칠 교 / 가지 조 / 주인 주 / 뜻 의 | 철학 어떤 원리나 사상을 절대적인 것으로 믿어서, 현실을 무시하고 맹목적으로 따르는 주의.

교졸하다 巧拙 하다 공교할 교 / 옹졸할 졸 | 교묘하고 졸렬하다.

교종 教宗 가르칠 교 / 마루 종 | 불교 불교의 종

파에서, 선(禪)보다 교리를 중시하는 종파.

**❶교주 教主** 가르칠 교 / 주인 주 | 종교 | 한 종교 단체의 우두머리.

**❷교주 校主** 학교 교 / 주인 주 | 교육 | 학교의 주인이라는 뜻으로, 학교를 설립하여 운영하는 사람.

**❶교지 校誌** 학교 교 / 기록할 지 | 교육 | 학생들이 발행하는 잡지.

**❷교지 教旨** 가르칠 교 / 뜻 지 | 역사 | 임금의 명령.

**❶교직 教職** 가르칠 교 / 직분 직 | 교육 | 학생을 가르치는 직업.

**❷교직 交織** 사귈 교 / 짤 직 | 두 가지 이상의 실을 섞어서 짠 직물.

**교질 膠質** 아교 교 / 바탕 질 | 아교처럼 끈끈한 성질.

**교차 交叉** 사귈 교 / 갈래 차 | 서로 엇갈림.

**교차하다 交叉하다** 사귈 교 / 갈래 차 | 서로 엇갈리다.

**교차로 交叉路** 사귈 교 / 갈래 차 / 길 로(노) | 두 길이 엇갈린 길.

**교착 膠着** 아교 교 / 붙을 착 | 아주 단단히 달라붙음.

**교착하다 膠着하다** 아교 교 / 붙을 착 | 아주 단단히 달라붙다.

**교체 交替/交遞** 사귈 교 / 바꿀 체 | 다른 것으로 바꿈.

**교체하다 交替/交遞하다** 사귈 교 / 바꿀 체 | 다른 것으로 바꾸다.

**교촌 郊村** 들 교 / 마을 촌 | 대도시 근처에서 근교 농업을 하는 농촌.

**교칙 教則** 가르칠 교 / 법칙 칙 | 학교의 규칙.

**교탁 教卓** 가르칠 교 / 높을 탁 | 수업이나 강의를 할 때에 앞에 놓는 탁자.

**교태 嬌態** 아리따울 교 / 모습 태 | 아리따운 자태.

**교통 交通** 사귈 교 / 통할 통 | 자동차·기차·배·비행기 등을 이용하여 사람이 오고 가거나, 짐을 실어 나르는 일.

**교통경찰 交通警察** 사귈 교 / 통할 통 / 깨우칠 경 / 살필 찰 | 교통의 안전과 질서 유지가 임무인 경찰.

**교통난 交通難** 사귈 교 / 통할 통 / 어려울 난 | 교통 기관의 부족이나 교통 혼잡으로 소통이 원활하게 이루어지지 않는 상태.

**교파 教派** 가르칠 교 / 갈래 파 | 같은 종교에서 갈라진 유파.

**교편 教鞭** 가르칠 교 / 채찍 편 | 1. 가르치는 일 2. 교사가 가르칠 때 필요한 사항을 가리키기 위하여 사용하는 가느다란 막대기. ※ 예시: 교편을 잡다

**교포 僑胞** 더부살이 교 / 세포 포 | 다른 나라에 정착하여 그 나라 국민으로 살고 있는 동포.

**교풍 校風** 학교 교 / 바람 풍 | 학교 특유의 기풍.

**교학 教學** 가르칠 교 / 배울 학 | 가르치는 일과 배우는 일.

**교학상장 教學相長** 가르칠 교 / 배울 학 / 서로 상 / 자랄 장 | 가르치고 배우면서 서로 성장한다 는 뜻. 배움의 과정은 가르치는 이와 배우는 이 사이에서 상호간에 일어나는 것임을 가리킨 다.

**교향 交響** 사귈 교 / 울릴 향 | 서로 어우러져 울 림.

**교향곡 交響曲** 사귈 교 / 울릴 향 / 굽을 곡 | 음악 관 현악으로 연주하는, 소나타 형식의 규모가 큰 곡. 보통 4악장으로 이루어지며, 하이든이 시 작하여 모차르트와 베토벤에 의하여 확립되었 다.

**교향시 交響詩** 사귈 교 / 울릴 향 / 시 시 | 음악 표제를 가진 독립된 하나의 악장으로 된 관현 악곡.

**교호 交互** 사귈 교 / 서로 호 | 서로 어긋나게 맞 춤.

**교호작용 交互作用** 사귈 교 / 서로 호 / 지을 작 / 쓸 용 | 서로 원인이 되고 결과가 되는 작용. ≒ 상호 작용.

**교화 教化** 가르칠 교 / 될 화 | 가르치고 이끌어서 좋은 방향으로 나아가게 함.

**교화하다 教化하다** 가르칠 교 / 될 화 | 가르치고 이끌어서 좋은 방향으로 나아가게 하다.

**교환 交換** 사귈 교 / 바꿀 환 | 서로 바꿈.

**교환하다 交換하다** 사귈 교 / 바꿀 환 | 서로 바꾸 다.

**교환가치 交換價値** 사귈 교 / 바꿀 환 / 값 가 / 값 치 | 경제 어떤 재화를 다른 재화와 바꿀 때의 가치.

**교활 狡猾** 교활할 교 / 교활할 활 | 간사하고 꾀가 많음.

**교황 教皇** 가르칠 교 / 임금 황 | 가톨릭 가톨릭교 의 최고위 성직자. 사도 베드로의 후계자이며 그리스도의 대리자이고, 전(全) 가톨릭교회의 우두머리인 로마 대주교이다.

**교회 教會** 가르칠 교 / 모일 회 | 기독교 예수 그 리스도를 믿고 따르는 신자들이 모여 예배를 드 리는 장소.

**교회력 教會曆** 가르칠 교 / 모일 회 / 책력 력(역) 기독교 기독교의 중요한 기념일이나 축일을 표기한 달력.

**교훈 教訓** 가르칠 교 / 가르칠 훈 | 가르침.

**교훈적 教訓的** 가르칠 교 / 가르칠 훈 / 과녁 적 | 교훈이 될 만한.

**구가 謳歌** 칭송할 구 / 노래할 가 | 여러 사람이 입 을 모아 칭송함.

**구가하다 謳歌하다** 칭송할 구 / 노래할 가 | 여러 사람이 입을 모아 칭송하다.

**구각 舊殼** 옛 구 / 껍질 각 | 낡은 껍질이라는 뜻으 로, 시대에 맞지 않는 옛 제도나 관습 같은 낡은 형태를 이르는 말.

**구간** 區間 구분할 구 / 사이 간 | 두 지점 사이의 거리.

**구강** 口腔 입 구 / 속 빌 강 | 입속.

**구개** 口蓋 입 구 / 덮을 개 | 입천장.

**구걸하다** 求乞하다 구할 구 / 빌 걸 | 돈이나 곡식, 물건 따위를 거저 달라고 빌다.

**구결** 口訣 입 구 / 이별할 결 | 언어 한문을 읽을 때 달아 쓰던 토. '隱(은, 는)', '伊(이)' 등.

❶**구경** 口徑 입 구 / 지름길 경 | 원통 모양으로 된 물건의 아가리의 지름.

❷**구경열반** 究竟涅槃 연구할 구 / 마침내 경 / 개흙 열(녈) / 쟁반 반 | 불교 가장 높은 경지에 이른 열반. 곧 부처의 경계.

**구곡간장** 九曲肝腸 아홉 구 / 굽을 곡 / 간 간 / 창자 장 | 굽이굽이 서린 창자라는 뜻으로, '깊은 마음속' 또는 '시름이 쌓인 마음'속을 비유함.

**구절양장** 九折羊腸 아홉 구 / 꺾을 절 / 양 양 / 창자 장 | 아홉 번 꼬부라진 양의 창자라는 뜻으로, 꼬불꼬불하며 험한 산길을 비유함.

❶**구관** 句管/勾管 글귀 구 / 대롱 관 | 맡아서 다스림.

❷**구관** 舊官 옛 구 / 벼슬 관 | 먼저 재임하였던 벼슬아치.

❶**구교** 久交 오랠 구 / 사귈 교 | 오래 사귐.

❷**구교** 舊敎 옛 구 / 가르칠 교 | 종교 종교개혁으로 갈라져 나온 신교(新敎)에 상대하여. 천주교(로마 가톨릭교)와 그리스 정교회를 이르는 말.

❶**구구** 鉤矩 갈고리 구 / 모날 구 | 1. 콤파스와 곱자 2. '사물의 법칙'을 가리킴.

❷**구구하다** 區區하다 나눌 구 / 나눌 구 | 각각 다르다. 자잘하고 많아서 일일이 언급하기가 구차스럽다.

**구규** 九竅 아홉 구 / 구멍 규 | 사람의 몸에 있는 아홉 개의 구멍. 귀, 눈, 코, 입, 요도, 항문을 통틀어 이른다.

**구근** 球根 공 구 / 뿌리 근 | 식물 둥근 알뿌리. 달리아, 백합, 글라디올러스 등.

**구금** 拘禁 잡을 구 / 금할 금 | 법률 피고인 또는 피의자를 구치소나 교도소에 가두어 신체의 자유를 구속하는 강제 처분. 형이 확정되지 않은 사람에 대하여 집행하며, 형이 확정되면 구금 일수를 형을 집행한 것으로 계산하여 뺀다.

**구급** 救急 구원할 구 / 급할 급 | 위급한 상황에서 구해 냄.

**구나** 驅儺 몰 구 / 푸닥거리 나 | 민속 고려·조선 시대에, 궁중에서 역귀(疫鬼)를 쫓던 의식.

**구난** 救難 구원할 구 / 어려울 난 | 재난을 구제함.

**구난하다** 救難하다 구원할 구 / 어려울 난 | 재난을 구제하다.

**구내** 區內 구분할 구 / 안 내 | 일정한 구역의 안.

**구내식당** 構內食堂 얽을 구 / 안 내 / 밥 식 / 집 당 | 학교, 직장, 역 등 시설 안에 있는 식당.

**구내염** 口內炎 입 구 / 안 내 / 불꽃 염 | 의학 입 안 조직에 생기는 염증.

**구니** 拘泥 잡을 구 / 진흙 니(이) | 어떤 일에 마음을 쓰거나 얽매임.

**구대륙** 舊大陸 예 구 / 클 대 / 뭍 류(육) | 콜럼버스가 아메리카 대륙을 발견하기 이전에 알려져 있던 대륙. 유럽, 아시아, 아프리카의 세 대륙을 이르는 말. ≒ 구세계.

**❶구도** 構圖 얽을 구 / 그림 도 | 미술 그림에서 모양, 색깔, 배치 등의 짜임새.

**❷구도** 求道 구할 구 / 길 도 | 1. 도를 구함. | 1. 진리나 종교적인 깨달음의 경지를 구함.

**구독** 購讀 살 구 / 읽을 독 | 책이나 신문, 잡지를 구입하여 읽음.

**구독하다** 購讀하다 살 구 / 읽을 독 | 책이나 신문, 잡지를 구입하여 읽다.

**구동** 驅動 몰 구 / 움직일 동 | 동력을 가하여 움직임.

**구동장치** 驅動裝置 몰 구 / 움직일 동 / 꾸밀 장 / 둘 치 | 동력을 가하여 움직이게 하는 기계 장치.

**구두** 口頭 입 구 / 머리 두 | 마주 대하여 입으로 하는 말.

**구두계약** 口頭契約 입 구 / 머리 두 / 맺을 계 / 맺을 약 | 증서를 만들지 않고 말로만 맺는 계약.

**구두선** 口頭禪 입 구 / 머리 두 / 선 선 | 실행이 따르지 않고 입으로만 하는 말.

**구락부** 俱樂部 함께 구 / 즐길 락(낙) / 떼 부 | '클럽'의 일본식 음역어.

**구령** 口令 입 구 / 하여금 령(영) | 단체행동에서 여러 사람이 일정한 동작을 취하도록 지휘자가 말로 내리는 간단한 명령.

**❶구로** 舊路 옛 구 / 길 로(노) | 예전부터 있던 길.

**❷구로** 鷗鷺 갈매기 구 / 해오라기 로(노) | 갈매기와 해오라기.

**❸구로** 耆老 늙을 구 / 늙을 로(노) | 나이가 들어 늙은 사람.

**❹구로** 劬勞 수고로울 구 / 일할 로(노) | 자식을 낳아서 기르느라고 힘을 들이고 애를 씀.

**구로지은** 劬勞之恩 수고로울 구 / 일할 로(노) / 갈 지 / 은혜 은 | 자기를 낳아서 기른 어버이의 은덕.

**구류** 拘留 잡을 구 / 머무를 류(유) | 법률 죄인을 1일 이상 30일 미만의 기간 동안 교도소나 경찰서 유치장에 가두어 자유를 속박하는 일. 자유형의 하나이다.

**구릉** 丘陵 언덕 구 / 언덕 릉(능) | 땅이 비탈지고 조금 높은 곳.

**구만리** 九萬里 아홉 구 / 일 만 만 / 마을 리(이) | 아득하게 먼 거리를 비유하는 말.

**구만리장천** 九萬里長天 아홉 구 / 일 만 만 / 마을 리(이) / 길 장 / 하늘 천 | 아득히 높고 먼 하늘.

**구매** 購買 살 구 / 살 매 | 물건을 사들임.

**구매하다** 購買하다 살 구 / 살 매 | 물건을 사들이다.

**구매력** 購買力 살 구 / 살 매 / 힘 력(역) | 물건을 설 수 있는 능력.

**구면** 舊面 옛 구 / 낯 면 | 예전부터 알고 있는 사람.

❶**구명** 究明 연구할 구 / 밝힐 명 | 사물의 본질이나 원인을 깊이 연구하여 밝힘.

**구명하다** 究明하다 연구할 구 / 밝힐 명 | 사물의 본질이나 원인을 깊이 연구하여 밝히다.

❷**구명** 救命 구원할 구 / 목숨 명 | 사람의 목숨을 구함.

**구명운동** 救命運動 구원할 구 / 목숨 명 / 옮길 운 / 움직일 동 | 억울하게 죽게 된 사람의 목숨을 구하기 위해 벌이는 운동.

❶**구문** 構文 얽다 구 / 글월 문 | 글의 짜임. 문법.

❷**구문** 口文 입 구 / 글월 문 | 홍정을 붙여 주고 그 보수로 받는 돈.

❶**구미** 口味 입 구 / 맛 미 | 입맛. ※ 예시: 구미 당기다. 구미가 맞다.

❷**구미** 歐美 토할 구 / 아름다울 미 | 1. 유럽주와 아메리카주. 2. 유럽과 미국.

**구밀복검** 口蜜腹劍 입 구/ 꿀 밀 / 배 복 / 칼 검 | 1. 입에는 꿀이 있고 배 속에는 칼이 있다 2. 입으로는 달콤한 말을 해도 속으로는 해칠 마음을 품고 있음. 늑 겉 다르고 속 다르다.

**구방** 舊邦 옛 구 / 나라 방 | 오래된 나라.

**구변** 口辯 입 구 / 말씀 변 | 말솜씨.

**구별** 區別 구분할 구 / 나눌 별 | 1. 서로 다르거나 차이가 남 2. 서로 다른 것 끼리 갈라놓음.

**구별하다** 區別하다 구분할 구 / 나눌 별 | 서로 다른 것 끼리 갈라놓다.

**구병** 救病 구원할 구 / 병 병 | 병구완. 앓는 곁에서 돌봐줌.

**구보** 驅步 몰 구 / 걸음 보 | 달려 감.

**구보하다** 驅步하다 몰 구 / 걸음 보 | 달려가다.

**구복** 口腹 입 구 / 배 복 | 입과 배. 먹고살기 위하여 음식물을 섭취하는 입과 배.

**구분** 區分 구분할 구 / 나눌 분 | 일정한 기준에 따라 나눔.

**구분하다** 區分하다 구분할 구 / 나눌 분 | 일정한 기준에 따라 나누다.

❶**구비** 口碑 입 구/ 비석 비 | 1. 예전부터 입에서 입으로 전해져 내려온 것 2. 비석에 새긴 것처럼 오래도록 전해 내려온 말.

**구비문학** 口碑文學 입 구 / 비석 비 / 글월 문 / 배울 학 | 문학 문자가 아니라 입에서 입으로 전하여 오는 문학. 민요. 무가, 민속극 등이 있다. 늑 구전 문학, 적층 문학, 전승 문학.

❷**구비** 具備 갖출 구 / 갖출 비 | 모두 다 갖춤.

**구비하다** 具備하다 갖출 구 / 갖출 비 | 모두 다 갖추다.

**구빈 救貧** 구원할 구 / 가난할 빈 | 가난한 사람을 구제함.

**구빈사업 救貧事業** 구원할 구 / 가난할 빈 / 일 사 / 업 업 | 가난한 사람이나 천재지변을 당한 이 재민을 구호하는 사업.

**구사 驅使** 말 몰다 구 / 부리다 사 | 1. 사람이나 동물을 몰아쳐서 부림  2. 능숙하게 마음대로 부려 씀.

**구사하다 驅使하다** 말 몰다 구 / 부리다 사 | 1. 사람이나 동물을 몰아쳐서 부리다  2. 능숙하게 마음대로 부려 쓰다.

**구사력 驅使力** 몰 구 / 하여금 사 / 힘 력(역) | 능숙하게 마음대로 부려 쓰는 능력.

**구사일생 九死一生** 아홉 구 / 죽다 사 / 하나 일 / 살다 생 | 아홉 번 죽을 뻔했다 한 번 살아난다. 죽을 고비를 여러 차례 넘기고 겨우 살아남을 뜻함.

❶**구상 構想** 얽을 구 / 생각할 상 | 1. 어떤 일을 어떠한 계획으로 하겠다고 하는 생각  2. 예술 작품을 창작할 때, 내용이나 표현 형식에 대하여 미리 생각을 해 봄. ≒ 구사(構思).

**구상하다 構想하다** 얽을 구 / 생각할 상 | 1. 어떤 일을 어떠한 계획으로 하겠다고 생각하다  2. 예술 작품을 창작할 때, 내용이나 표현 형식에 대하여 미리 생각을 해 보다.

❷**구상 具象** 갖출 구 / 코끼리 상 | 구체적 형상을 갖춘 사물이나 현상.

**구상화 具象化** 갖출 구 / 코끼리 상 / 될 화 | 머릿속에서 생각하던 것을 실현되게 함.

**구상화 具象畫** 갖출 구 / 코끼리 상 / 그림 화 | 미술 실재하거나 상상할 수 있는 사물을 그대로 나타낸 그림. ↔ 추상화.

❸**구상 求償** 구할 구 / 갚을 상 | 경제 거래에서 손해 배상이나 상환을 요구함.

**구상권 求償權** 구할 구 / 갚을 상 / 권리 권 | 법률 다른 사람의 빚을 대신 갚은 사람이 채무자에게 상환을 요구할 수 있는 권리

❹**구상유취 口尙乳臭** 입 구 / 아직 상 / 젖 유 / 냄새 취 | 입에서 아직 젖내가 난다. 말이나 행동이 어리고 유치함.

❺**구상 球狀** 공 구 / 형상 상 | 공처럼 둥근 공 모양.

**구상성단 球狀星團** 공 구 / 형상 상 / 별 성 / 둥글 단 | 천문 수많은 별들이 둥근 공 모양으로 모여 있는 집단. 우리 은하계 안에는 100개 이상의 구상 성단이 있다.

**구색 具色** 갖출 구 / 빛 색 | 여러 가지 물건을 고루 갖춤.

**구석기 舊石器** 옛 구 / 돌 석 / 그릇 기 | 원시 인류가 돌을 깨뜨려 만들어 쓴 생활 기구. 뗀석기. 주먹 도끼, 찍개, 찌르개 등.

**구석기 시대 舊石器時代** 옛 구 / 돌 석 / 그릇 기 / 때 시 / 대신할 대 | 역사 대개 70만 년에서 1만 년 전에 해당하는 시기로, 구석기 및 골각기를 사용하고, 동물을 사냥하거나 나무 열매를 채집하여 먹고 살던 시대.

**구설 口舌** 입 구 / 혀 설 | 시비하거나 헐뜯는 말.

**구성 構成** 얽을 구 / 이룰 성 | 여러 부분이나 요소들을 모아서 전체를 이룸. 늑플롯(plot).

**구성하다 構成하다** 얽을 구 / 이룰 성 | 여러 부분이나 요소들을 모아서 전체를 이루다.

**구성원 構成員** 얽을 구 / 이룰 성 / 인원 원 | 어떤 조직이나 단체를 이루고 있는 사람들.

**구성주의 構成主義** 얽을 구 / 이룰 성 / 주인 주 / 뜻 의 | 제1차 세계대전 뒤에 소련에서 일어나 유럽으로 퍼진 추상예술. 사실주의를 배격하고 기계적·기하학적 형태를 중시하며 역학적인 아름다움을 강조한 것으로 그림, 조각, 건축 등에 영향을 미쳤다.

**재구성 再構成** 두 재 / 얽을 구 / 이룰 성 | 구성하였던 것을 해체하여 다시 새롭게 구성함.

**구세 救世** 구원할 구 / 인간 세 | 세상 사람들을 불행과 고통에서 구함

**구세제민 救世濟民** 구구원할 구 / 인간 세 / 건네줄 제 /백성 민 | 어지러운 세상을 구원하고 고통 받는 백성을 구제함. ※ 참조: 경세제민(**經世濟民**).

**구세주 救世主** 구원할 구 / 인간 세 / 주인 주 | 세상을 구제하는 이.

**구세계 舊世界** 옛 구 / 인간 세 / 지경 계 | 지리 콜럼버스가 아메리카 대륙을 발견하기 이전에 알려져 있던 대륙. 유럽, 아시아, 아프리카의 세 대륙. ↔ 신세계

❶**구속 拘束** 잡을 구 / 묶을 속 | 가두거나 묶음. ↔석방, 해방.

**구속하다 拘束하다** 잡을 구 / 묶을 속 | 가두거나 묶다.

**구속력 拘束力** 잡을 구 / 묶을 속 / 힘 력(역) | 어떤 행위를 강제로 못 하게 하는 힘.

**구속적부심사 拘束適否審査** 잡을 구 / 묶을 속 / 맞을 적 / 아닐 부 / 살필 심 / 조사할 사 | 법률 범죄의 혐의가 있는 어떤 사람을 강제로 일정한 장소에 가두는 것이 법률상 옳은지 아닌지에 대해 법원이 심사하는 일.

❷**구속 救贖** 구해줄 구 / 속바칠 속 | 기독교 예수가 인류의 죄를 대신 속죄하여 구원함.

**구송 口誦** 입 구 / 외울 송 | 소리 내어 외우거나 읽음.

**구술 口述** 입 구 / 펼 술 | 입으로 말함.

**구술법 口述法** 입 구 / 펼 술 / 법 법 | 말로써 가르치는 교수 방법.

**구식 舊式** 옛 구 / 법 식 | 1. 예전의 방식이식 2. 시대에 뒤떨어진 낡은 방식.

**구실 口實** 입 구 / 열매 실 | 핑계.

**구심력 求心力** 구할 구 /마음 심 /힘 력(역) | 물리 물체가 원운동 또는 곡선운동을 할 때, 원의 중심으로 쏠리는 힘.

**구심점 求心點** 구할 구 /마음 심 /점 점 | 물리 구심운동의 중심점.

**구악 舊惡** 옛 구 / 악할 악 | 1. 이전에 잘못한 죄악 2. 예전 사회의 악습이나 병폐.

❶**구애 求愛** 구할 구 / 사랑 애 | 이성에게 사랑을 구함.

**구애하다 求愛**하다 구할 구 / 사랑 애 | 이성에게 사랑을 구하다.

❷**구애 拘礙** 잡을 구 / 거리낄 애 | 거리끼거나 얽 매임.

**구애하다 拘礙**하다 잡을 구 / 거리낄 애 | 거리끼 거나 얽매이다.

**구어 口語** 입 구/ 말씀 어 | 일상 대화에서 쓰는 소리 말. ≒입말.

**구어체 口語體** 입 구 / 말씀 어 / 몸 체 | 일상 대 화체로 쓰인 입말체. ↔문어체(**文語體**).

❶**구역 區域** 구분할 구 / 지경 역 | 경계를 그어 갈 라놓은 지역.

❷**구역 嘔逆** 게울 구 / 거스를 역 | 토할 듯 메스꺼 운 느낌. 구역질. 욕지기.

**구연 口演** 입 구 / 펼 연 | 말로써 동화, 야담, 만 담 들을 재미있게 이야기함.

**구연동화 口演童話** 입 구 / 펼 연 / 아이 동 / 말씀 화 | 소리말로 들려주는 동화.

**구완** (※어원 : **救患** 구할 구/ 병 환) | 아픈 사람 이나 해산한 사람을 간호함. ≒병구완.

**구우 九牛** 아홉 구/ 소 우 | 1. 아홉 마리의 소 2. 많은 소를 비유.

**구우일모 九牛一毛** 아홉 구/ 소 우 / 하나 일 / 털 모 | 아홉 마리의 소 가운데 박힌 하나의 털. 매

우 많은 것 가운데 극히 적은 수. ≒ 창해일속 (**滄海一粟**).

❶**구원 救援** 구원할 구 / 도울 원 | 어려움이나 위 험에 빠진 사람을 구해 줌. ≒ 구제, 구조.

**구원하다 救援**하다 구원할 구 / 도울 원 | 어려움 이나 위험에 빠진 사람을 구해 주다.

**구원투수| 救援投手** 구원할 구 / 도울 원 / 던질 투 / 손 수 | 체육 야구에서, 위기에 몰린 투수를 대신하여 들어서는 투수.

❷**구원 久遠** 오랠 구 / 멀 원 | 아득하게 멀고 오래 됨 2. 영원하고 무궁함. ≒ 무궁, 영원.

❸**구원 舊怨** 오랠 구/ 원망 원 | 오래전부터 품어 왔던 원한.

❹**구원 構怨** 맺을 구/ 원망 원 | 원한을 맺음.

**구유 具有** 갖출 구 / 있을 유 | 성질, 재능, 자격 같 은 것을 갖추고 있음.

**구음 口吟** 입 구 / 읊을 음 | 시의 뜻을 음미하면서 낮은 목소리로 읊조림.

❶**구인 求人** 구할 구 / 사람 인 | 일할 사람을 구함.

**구인난 求人難** 구할 구 / 사람 인 / 어려울 난 | 일 할 사람을 구하기 어려움.

❷**구인 拘引** 잡을 구 / 끌 인 | 1. 사람을 강제로 잡 아서 끌고 감 2. 법률 법원이 신문하기 위하여 피고인이나 증인을 일정한 장소로 끌고 가는 강 제 처분. 소환에 응하지 않는 경우에만 영장에 의하여 집행된다.

**❶구입 求入** 구할 구 / 들 입 | 구하여 들임.

**구입하다 求入하다** 구할 구 / 들 입 | 구하여 들이다.

**❷구입 購入** 살 구 / 들 입 | 물건을 사들임.

**구입하다 購入하다** 살 구 / 들 입 | 물건을 사들이다.

**구전 口傳** 입 구 / 전할 전 | 말로 전하여 내려옴. 입에서 입으로 전하여 옴.

**구전문학 口傳文學** 입 구 / 전할 전 / 글월 문 / 배울 학 | 〔문학〕 말로 전하여 오는 문학. ≒ 구비문학.

**구절 句節** 구절 구 / 마디 절 | 한 토막의 말이나 글. 구(句)와 절(節)

**구정 舊正** 옛 구 / 바를 정 | 음력 설.

**구제 救濟** 구원할 구 / 건널 제 | 어려운 형편이나 불행한 처지에서 구하여 줌.

**구제하다 救濟하다** 구원할 구 / 건널 제 | 어려운 형편이나 불행한 처지에서 구하여 주다.

**❶구조 構造** 얽을 구 / 지을 조 | 부분이나 요소가 전체를 짜 이룸.

**구조물 構造物** 얽을 구 / 지을 조 / 물건 물 | 일정한 설계에 따라 만든 건축, 기계, 토목 등의 시설물. 건물, 다리, 축대, 터널 등이 있다.

**❷구조 救助** 구원할 구 / 도울 조 | 구하여 줌.

**구조하다 救助하다** 구원할 구 / 도울 조 | 구하여 주다.

**구조선 救助船** 구원할 구 / 도울 조 / 배 선 | 바다에서 조난을 당한 사람이나 선박을 구해주는 배.

**구존 俱存** 함께 구 / 있을 존 | 부모가 모두 살아 계심.

**구주 歐洲** 토할 구 / 물가 주 | 유럽.

**구주공동체 歐洲共同體** 토할 구 / 물가 주 / 한가지 공 / 한가지 동 / 몸 체 | 유럽 공동체.

**구중 九重** 아홉 구 / 무거울 중 | 아홉 겹이라는 뜻으로, 여러 겹이나 층을 이르는 말.

**구중궁궐 九重宮闕** 아홉 구 / 무거울 중 / 집 궁 / 대궐 궐 | 겹겹이 문으로 막은 깊은 궁궐이라는 뜻으로, 임금이 있는 대궐 안을 이르는 말.

**구중심처 九重深處** 아홉 구 / 무거울 중 / 깊을 심 / 곳 처 | 밖으로 드러나지 않는 아주 깊숙한 곳. =구중궁궐(九重宮闕).

**구증구포 九蒸九曝▽** 아홉 구 / 찔 증 / 아홉 구 / 쬘 포(폭) | 〔한의〕 약재를 만들 때에, 찌고 말리기를 아홉 번씩 하는 일.

**구직 求職** 구할 구 / 직분 직 | 직업을 찾음.

**구직하다 求職하다** 구할 구 / 직분 직 | 직업을 찾다.

**구차하다 苟且하다** 진실로 구 / 또 차 | 살림이 몹시 가난하다.

**구천 九泉** 아홉 구 / 샘 천 | 저승.

**구첩반상 九첩飯床** 아홉 구 / 밥 반 / 평상 상 | 반

찬 수에 따른 상차림. 밥, 국, 김치, 장류, 조치 (찌개와 찜) 외에 반찬을 담는 접시의 수가 아홉인 밥상. 반가에서는 최고의 상차림이었다.

**구체적 具體的** 갖출 구 / 몸 체 / 과녁 적 | 직접 경험하거나 느낄 수 있도록 실제적 내용과 형식을 갖춘. 늑 구상적(具象的)./↔ 추상적(抽象的

**구체화 具體化** 갖출 구 / 몸 체 / 될 화 | 구체적인 것으로 되게 함.

**구체제 舊體制** 옛 구 / 몸 체 / 절제할 제 | 예전의 체제. 묵은 체제.

▶**❶구축 構築** 얽을 구 / 쌓을 축 | 쌓아 올려 만듦.

**구축하다 構築하다** 얽을 구 / 쌓을 축 | 쌓아 올려 만들다.

❷**구축 驅逐** 몰 구 / 쫓을 축 | 몰아서 쫓아냄.

**구축하다 驅逐하다** 몰 구 / 쫓을 축 | 몰아서 쫓아내다.

**구축함 驅逐艦** 몰 구 / 쫓을 축 / 큰 배 함 | (군사) 어뢰 같은 무기로 적의 주력함이나 잠수함을 공격하는 작고 날쌘 군함.

▶**구출 救出** 구원할 구 / 날 출 | 구하여 냄.

**구출하다 救出하다** 구원할 구 / 날 출 | 구하여 내다.

**구충약 驅蟲藥** 몰 구 / 벌레 충 / 약 약 | (약학) 몸 안의 기생충을 없애는 데 쓰는 약.

**구취 口臭** 입 구 / 냄새 취 | 입에서 나는 냄새.

**구타 毆打** 때릴 구 / 칠 타 | 함부로 치고 때림.

**구타하다 毆打하다** 때릴 구 / 칠 타 | 함부로 치고 때리다.

**구태 舊態** 옛 구 / 모습 태 | 뒤떨어진 예전 모습.

▶**구토 嘔吐** 게울 구 / 토할 토 | 먹은 것을 토함.

**구토하다 嘔吐하다** 게울 구 / 토할 토 | 먹은 것을 토하다.

**구판장 購販場** 살 구 / 팔 판 / 마당 장 | 조합에서, 공동으로 생활용품 등을 사들여 조합원에게 싸게 파는 곳.

**구폐 舊弊** 옛 구 / 폐단 폐 | 오래전부터 내려오는 폐단.

▶**구현 具現/具顯** 갖출 구 / 나타날 현 | 내용이 사실로 나타남.

**구현하다 具現/具顯하다** 갖출 구 / 나타날 현 | 내용이 사실로 나타나다.

**구형 求刑** 구할 구 / 형벌 형 | (법률) 형사 재판에서, 피고인에게 어떤 형벌을 주기를 검사가 판사에게 요구함.

▶❶**구호 口號** 입 구 / 이름 호 | 집회나 시위 따위에서 어떤 요구나 주장을 간결한 형식으로 표현한 문구.

❷**구호 救護** 구원할 구 / 도울 호 | 어려움에 처한 사람을 도와 보살핌.

**구호하다 救護하다** 구원할 구 / 도울 호 | 어려움에 처한 사람을 도와 보살피다.

▶**구혼 求婚** 구할 구 / 혼인할 혼 | 결혼 상대자를 구

함.

**구혼하다** 求婚하다 구할 구 / 혼인할 혼 | 결혼 상대자를 구하다.

**구화지문** 口禍之門 입 구/ 재앙 화/ 어조사 지/ 문 문 | 입은 재앙을 불러들이는 문. 말조심의 뜻.

**구황** 救荒 구원할 구 / 거칠 황 | 기근이 심할 때 굶주림에서 벗어나도록 도움.

**구획** 區劃 구분할 구 / 그을 획 | 경계를 갈라 정함.

**구획정리** 區劃整理 구분할 구 / 그을 획 / 가지런할 정 / 다스릴 리(이) | 건설 도시 계획에서 토지를 쓰임새에 따라 나누거나 정리하는 일.

**구휼** 救恤 구원할 구 / 불쌍할 휼 | 재난을 당한 사람을 도와 줌.

**구휼하다** 救恤하다 구원할 구 / 불쌍할 휼 | 재난을 당한 사람을 도와 주다.

**국가** 國家 나라 국 / 집 가 | 나라. 일정한 영토와 거기에 사는 국민과, 주권(**主權**)에 의한 통치 조직을 가지고 있는 사회 집단. 국가는 국민·영토·주권의 삼요소를 필요로 한다.

**국가원수** 國家元首 나라 국 / 집 가 / 으뜸 원 / 머리 수 | 행정 한 나라에서 으뜸가는 권력을 지니고 나라를 다스리는 사람. 공화국에서는 대통령을, 군주국에서는 군주를 이른다.

**국가배상** 國家賠償 나라 국 / 집 가 / 물어줄 배 / 갚을 상 | 1. 법률 국가 또는 공무원이 공무집행과 관련하여 불법적으로 개인이나 법인의 권리를 침해하였을 때, 그 손해에 대하여 국가가

하는 배상 2. 법률 국제법에서, 어떤 국가가 의무를 위반하였을 때 지는 책임.

**국가보안법** 國家保安法 나라 국 / 집 가 / 지킬 보 / 편안 안 / 법 법 | 법률 국가의 안전을 위태롭게 하는 반국가 활동을 규제하도록 하는 법률. 국가의 안전과 국민의 생존 및 자유를 확보하기 위하여 행한다.

**국가보훈** 國家報勳 나라 국 / 집 가 / 갚을 보 / 공훈 | 법률 국가 유공자의 애국정신을 기리어, 나라에서 유공자나 그 유족에게 훈공에 대한 보답을 하는 일.

**국가사회주의** 國家社會主義 나라 국 / 집 가 / 모일 사 / 모일 회 / 주인 주 / 뜻 의 | 정치 계급투쟁을 부정하고 자본주의의 폐단을 현재의 국가 권력의 개입으로 사회를 개량하여 해결하려는 사상. 특히 독일 나치스의 이념을 가리킨다.

**국가소멸론** 國家消滅論 나라 국 / 집 가 / 사라질 소 / 꺼질 멸 / 논할 론(논) | 정치 노동자와 자본가의 계급투쟁에서, 자본주의 사회를 타도하고 프롤레타리아 독재를 실현하면 계급 지배의 도구인 국가는 자연히 소멸한다는 공산주의 정치 이론.

**국가 자본주의** 國家資本主義 나라 국 / 집 가 / 재물 자 / 근본 본 / 주인 주 / 뜻 의 | 경제 국가가 대자본과 결합하여 국민 경제를 통제하고 관리하는 자본주의.

**국경** 國境 나라 국 / 지경 경 | 나라의 경계.

**국경분쟁** 國境紛爭 나라 국 / 지경 경 / 나눌 분 / 다툴 쟁 | 서로 이웃한 두 나라 사이에 국경선이 잘못되었거나 분명하지 않은 데서 생기는 충돌.

**국경일 國慶日** 나라 국 / 경사 경 / 날 일 | 나라의 경사를 기념하기 위하여, 국가에서 법률로 정한 경축일. 국경일에는 삼일절, 제헌절, 광복절, 개천절, 한글날이 있다. ※ 현충일(顯忠日), 성탄절(聖誕節), 석가탄신일, 설날, 추석(秋夕)은 국경일이 아니라 공휴일(公休日)임

**국고 國庫** 나라 국 / 곳집 고 | 경제 국가의 재정 활동에 따른 현금의 수입과 지출을 담당하기 위하여 한국은행에 설치한 예금 계정.

**국고보조 國庫補助** 나라 국 / 곳집 고 / 기울 보 / 도울 조 | 경제 어떤 기관이나 단체, 기업, 개인에 대하여 국고에서 경비를 보조하는 일.

**국고준비금 國庫準備金** 나라 국 / 곳집 고 / 준할 준 / 갖출 비 / 쇠 금 | 경제 국가의 위급 상태에 대비하여 언제나 국고에 넣어 두는 돈.

**국교 國交** 나라 국 / 사귈 교 | 나라와 나라 사이에 맺는 외교 관계.

**국교단절 國交斷絕** 나라 국 / 사귈 교 / 끊을 단 / 끊을 절 | 정치 국가와 국가 사이의 외교 관계를 끊음.

**국군 國軍** 나라 국 / 군사 군 | 나라 안팎의 적으로부터 나라를 보존하기 위하여 조직한 군대.

**국궁 鞠躬** 공 국 / 몸 궁 | 존경하는 뜻으로 몸을 굽힘.

**국권 國權** 나라 국 / 저울추 권 | 정치 국가가 행사하는 권력. 주권과 통치권을 이름.

**국기 國旗** 나라 국 / 기 기 | 나라의 상징으로 정한 기(旗). 우리나라의 태극기.

**국난 國難** 나라 국 / 어려울 난 | 나라의 어려움.

**국내 國內** 나라 국 / 안 내 | 나라의 안.

**국내외 國內外** 나라 국 / 안 내 / 바깥 외 | 나라의 안과 밖.

**국내선 國內線** 나라 국 / 안 내 / 줄 선 | 철도, 항공, 전화 등의 교통이나 통신에서, 나라 안에서만 이용하는 선.

**국력 國力** 나라 국 / 힘 력(역) | 나라의 힘. 한 나라가 지닌 정치, 경제, 문화, 군사 따위의 모든 방면에서의 힘.

**국록 國祿** 나라 국 / 녹 록(녹) | 나라에서 주는 녹봉.

**국록지신 國祿之臣** 나라 국 / 녹 록(녹) / 갈 지 / 신하 신 | 나라에서 주는 녹봉을 받는 신하.

**국론 國論** 나라 국 / 논할 론(논) | 국민이나 사회 일반의 공통된 의견.

**국론통일 國論統一** 나라 국 / 논할 론(논) / 거느릴 통 / 한 일 | 국민들의 공통된 의견을 하나로 모이게 함.

**국리민복 國利民福** 나라 국 / 이로울 리(이) / 백성 민 / 복 복 | 나라의 이익과 국민의 행복을 아울러 이르는 말.

**국립 國立** 나라 국 / 설 립(입) | 공공의 이익을 위하여 나라의 예산으로 세우고 관리함.

**국립학교 國立學校** 나라 국 / 설 립(입) / 배울 학 / 학교 교 | 교육 나라에서 세워 직접 관리·운영하는 학교.

**국립공원 國立公園** 나라 국 / 설 립(입) / 공평할 공 / 동산 원 | 행정 자연 경치가 뛰어난 지역의 자연과 문화적 가치를 보호하기 위하여 나라에서 지정하여 관리하는 공원.

**국립묘지 國立墓地** 나라 국 / 설 립(입) / 무덤 묘 / 땅 지 | 군인·군무원 또는 국가 유공자 등 국가나 사회를 위하여 희생·공헌한 사람을 이 사망한 후, 그를 안장하고 관리하는 묘지. 현재 국립 서울 현충원, 국립 대전 현충원, 국립 4·19 민주 묘지, 국립 5·18 민주 묘지, 국립 호국원이 있다.

**국면 局面** 국면 국 / 장면 면 | 어떤 일이 벌어진 장면이나 형편.

**국명 國名** 나라 국 / 이름 명 | 나라의 이름.

**국모 國母** 나라 국 / 어머니 모 | '나라의 어머니'란 뜻으로, 임금의 아내나 임금의 어머니를 이르던 말.

**국무 國務** 나라 국 / 힘쓸 무 | 나라의 정무.

**국무총리 國務總理** 나라 국 / 힘쓸 무 / 다 총 / 다스릴 리(이) | 행정 대통령을 보좌하고 대통령의 명을 받아 행정 각부를 거느리고 관할하는 직무를 맡은 별정직 공무원. 대통령이 국회의 동의를 얻어 임명하며, 국무 회의의 부의장이 된다.

**국무회의 國務會議** 나라 국 / 힘쓸 무 / 모일 회 / 의논할 의 | 행정 정부의 중요 정책을 심의하는, 정부의 최고 정책 심의 회의. 대통령을 의장, 국무총리를 부의장으로 하여 진 국무 위원으로 구성한다.

**비상국무회의 非常國務會議** 아닐 비 / 떳떳할 상 / 나라 국 / 힘쓸 무 / 모일 회 / 의논할 의 | 1972년 10월 유신 선포 이후 국회를 대신하여 입법 및 헌법 개정 작업을 담당한 기관.

**국문학 國文學** 나라 국/ 글월 문/ 배울 학 | 문학 우리나라의 문학. '한국 문학'

**한국문학 韓國文學** 한국 한 / 나라 국 / 글월 문 / 배울 학 | 문학 한국의 문학. 한국의 고전 문학부터 현대 문학까지 모두 포함한다.

**국민 國民** 나라 국 / 백성 민 | 국가를 구성하는 사람. 나라의 국적을 가진 사람.

**국민개병 國民皆兵** 나라 국 / 백성 민 / 다 개 / 병사 병 | 법률 국민 모두가 병역의 의무를 가짐.

**국민소환 國民召還** 나라 국 / 백성 민 / 부를 소 / 돌아올 환 | 정치 선거로 선출·임명한 국민의 대표나 공무원을 임기가 끝나기 전에 국민 발의에 의하여 파면·소환하는 일. 미국, 스위스, 일본 등에서 부분적으로 채택하고 있다.

**국민소득 國民所得** 나라 국 / 백성 민 / 바 소 / 얻을 득 | 경제 보통 | 1. 동안 국민이 생산 활동의 결과로 얻은 최종 생산물의 총액.

**국민의례 國民儀禮** 나라 국 / 백성 민 / 거동 의 / 예도 례(예) | 공식적인 의식이나 행사에서 국민으로서 마땅히 갖추어야 할 격식. 국기에 대한 경례, 애국가 제창, 순국선열에 대한 묵념의 순서로 진행한다.

**국방 國防** 나라 국 / 막을 방 | 외국의 침략에 대비하여 국토를 방위하는 일.

**국방비 國防費** 나라 국 / 막을 방 / 쓸 비 | 국가가

외국의 침략에 대비 태세를 갖추고 국토를 방위하는 데에 쓰는 비용.

**국방색 國防色** 나라 국 / 막을 방 / 빛 색 | 육군의 군복 빛깔과 같은 카키색이나 어두운 녹갈색.

**국법 國法** 나라 국 / 법 법 | 법률 나라의 법률이나 법규.

**국변 國變** 나라 국 / 변할 변 | 나라의 변고나 난리.

**국보 國寶** 나라 국 / 보배 보 | 나라의 보배.

❶**국부 國父** 나라 국 / 아버지 부 | '나라의 아버지'라는 뜻으로, 나라를 세우는 데 공로가 많아 국민에게 존경받는 위대한 지도자를 이르는 말.

❷**국부 國富** 나라 국 / 부유할 부 | 나라가 지닌 경제력.

**국부론 國富論** 나라 국 / 부유할 부 / 논할 론(논) 경제 1.76년에 영국의 스미스(Smith, A)가 쓴 경제학서. 이윤 추구를 목적으로 하는 개인의 '보이지 않는 손'의 작용으로 나라의 부(富)를 증대한다는 이론에 근거하여 자유방임 경제를 주장하였다.

❸**국부 局部** 판 국 / 때 부 | 전체의 어느 한 부분.

**국부적 局部的** 국면 국 / 부분 부 / 과녁 적 | 전체가 아닌 어느 한 부분에만 한정되는. ≒ 지엽적(枝葉的).

**국빈 國賓** 나라 국 / 손 빈 | 나라에서 정식으로 초대한 외국 손님. 주로 외국의 국가 원수가 이 대우를 받는다.

❶**국사 國史** 나라 국 / 사기 사 | 나라의 역사.

❷**국사 國師** 나라 국 / 스승 사 | 1. 임금의 스승 2. 나라의 스승.

❸**국사 國事** 나라 국 / 일 사 | 나라에 관한 일. 나라의 정치에 관한 일.

**국사범 國事犯** 나라 국 / 일 사 / 범할 범 | 법률 국가나 국가 권력을 침해함으로써 성립하는 불법 행위. 또는 그런 행위를 저지른 사람.

**국산 國産** 나라 국 / 낳을 산 | 자기 나라에서 생산함.

**국산품 國産品** 나라 국 / 낳을 산 / 물건 품 | 자기 나라에서 생산한 물품.

**국상 國喪** 나라 국 / 잃을 상 | 역사 국민 전체가 상복을 입던 왕실의 초상. 왕, 왕세자, 왕세손 및 그 비(妃)의 장례를 이른다.

**국새 國璽** 나라 국 / 옥새 새 | 역사 국권의 상징으로 국가적 문서에 사용하던 임금의 도장.

**국색 國色** 나라 국 / 빛 색 | 1. 나라 안에서 으뜸가는 미인 2. '모란꽃'을 아름답게 이르는 말.

**국서 國書** 나라 국 / 글 서 | 국가 원수가 국가의 이름으로 보내는 외교 문서.

**국세 國稅** 나라 국 / 세금 세 | 법률 국가가 부과하여 거두어들이는 세금. 내국세와 관세가 있다. 내국세에는 소득세, 상속세, 법인세, 교육세가 있고 관세에는 수출세, 수입세가 있다.

**국세청 國稅廳** 나라 국 / 세금 세 / 관청 청 | 행정 기획 재정부 소속으로, 내국세의 부과·감면 및 징

수에 관한 일을 맡아본다.

**국소 局所** 판 국 / 바 소 | 전체 가운데 어느 한 곳.

**국수 國粹** 나라 국 / 순수할 수 | 한 나라나 민족이 지닌 고유함

**국수주의 國粹主義** 나라 국 / 순수할 수 / 주인 주 / 뜻 의 | 자기의 고유한 것만 고집하고 다른 것은 배척하는 태도. 자기 나라의 고유한 역사·전통·정치·문화만을 가장 뛰어난 것으로 믿고, 다른 나라나 민족을 배척하는 극단적인 태도.

**국시 國是** 나라 국 / 이 시 | 정책의 기본 방침.

**국악 國樂** 나라 국 / 노래 악 | 나라의 고유한 음악.

**국어 國語** 나라 국 / 말씀 어 | 나랏말. 우리나라의 국어는 '한국어'.

**한국어 韓國語** 한국 한 / 나라 국 / 말씀 어 | 한국인이 사용하는 언어. 형태상으로는 교착어이고, 계통적으로는 알타이 어족에 속한다. 한반도 전역 및 제주도를 위시한 한반도 주변의 섬에서 쓴다. 어순(語順)은 주어, 목적어(또는 보어), 술어의 순이며, 꾸미는 말이 꾸밈을 받는 말의 앞에 놓이는 특성이 있다.

**국역 國譯** 나라 국 / 번역할 역 | 국어로 번역함.

**국영 國營** 나라 국 / 경영할 영 | 나라에서 경영함.

**국영기업 國營企業** 나라 국 / 경영할 영 / 꾀할 기 / 업 업 | 경제 국가가 설립하여 관리·경영하

는 기업.

**국외 國外** 나라 국 / 바깥 외 | 국가의 영토 밖.

**국외자 局外者** 국면 국 / 바깥 외 / 사람 자 | 바깥에 있는 사람. 직접적인 관계가 없는 바깥의 사람.

**국유 國有** 나라 국 / 있을 유 | 국가의 소유.

**국유림 國有林** 나라 국 / 있을 유 / 수풀 림(임) | 국가에서 소유하고 관리하는 산림.

**국익 國益** 나라 국 / 더할 익 | 국가의 이익.

**❶국장 局長** 판 국 / 길 장 | 기관이나 조직에서 한 국(局)을 맡아 다스리는 직위.

**❷국장 國葬** 나라 국 / 장사지낼 장 | 나라에 큰 공이 있는 사람이 죽었을 때 국비로 장례를 치르는 일. ※ '국상'과 비교.

**국적 國籍** 나라 국 / 문서 적 | 법률 한 나라의 국민이 되는 자격.

**국정 國政** 나라 국 / 정사 정 | 국가의 정치. 나라를 다스리는 일.

**❶국제 國制** 나라 국 / 제도 제 | 나라의 제도.

**❷국제 國際** 나라 국 / 즈음 제 | 1. 나라와 나라 사이의 관계 2. 여러 나라가 모여서 이룸.

**국제법 國際法** 나라 국 / 즈음 제 / 법 법 | 법률 국가 간의 협의에 따라, 국가 간의 권리·의무 관계를 규정한 국제 사회의 법률.

**국제연합 國際聯合** 나라 국 / 즈음 제 / 연이을 연(련) / 합할 합 | 정치 제2차 세계 대전 후, 국제 연맹을 계승하여 국제 평화와 안전에 대한 국제

협력을 위하여 창설한 국제 평화 기구.

**국제군사재판 國際軍事裁判** 나라 국 / 즈음 제 / 군사 군 / 일 사 / 마를 재 / 판단할 판 | 제2차 세계 대전 후에, 전쟁 범죄자를 처벌하기 위하여 국제적으로 세운 군사 재판소의 재판. ※ 도쿄의 극동 국제군사재판. 독일의 뉘른베르크 재판.

**국제 신탁통치제도 國際信託統治制度** 나라 국 / 즈음 제 / 믿을 신 / 부탁할 탁 / 거느릴 통 / 다스릴 치 / 절제할 제 / 법도 도 | 정치 국제 평화와 안전을 지키고, 해당 국가 주민의 정치·경제·사회 진보를 촉진하며 자치 또는 독립을 이룰 수 있도록, 주요 연합국이 국제 연합의 신탁을 받아 일정한 지역을 통치하는 제도.

**국제올림픽위원회 國際Olympics委員會** 나라 국 / 즈음 제 / 맡길 위 / 인원 원 / 모일 회 | IOC. 4년마다 한 번씩 열리는 국제 올림픽 경기 대회를 주관하는 단체. 1894년에 설립하였으며, 본부는 스위스 로잔에 있고, 우리나라는 1947년에 가입하였다.

**국제원자력기구 國際原子力機構** 나라 국 / 즈음 제 / 언덕 원 / 아들 자 / 힘 력(역) / 틀 기 / 얽을 구 | IAEA. 원자력의 평화적 이용을 촉구하는 국제 연합의 기관. 본부는 오스트리아의 빈에 있고, 우리나라는 1956년에 가입하였다.

**국제통화 國際通貨** 나라 국 / 즈음 제 / 통할 통 / 재물 화 | 경제 국제간의 거래에서 결제에 이용하는 화폐. 미국의 달러, 영국의 파운드 등.

**국제기업 國際企業** 나라 국 / 즈음 제 / 꾀할 기 / 업 업 | 경제 여러 나라에 계열 회사를 거느리고 세계적 규모로 생산·판매하는 대기업.

**국창 國唱** 나라 국 / 부를 창 | 나라에서 인정한 명창.

**국채 國債** 나라 국 / 빚 채 | 나라가 지고 있는 빚.

**국책 國策** 나라 국 / 꾀 책 | 나라의 정책.

**국책사업 國策事業** 나라 국 / 꾀 책 / 일 사 / 업 업 | 행정 국가가 정책적으로 시행하는 사업.

**국체 國體** 나라 국 / 몸 체 | 주권이 누구에게 있느냐에 따라 나누는 국가의 형태. 군주국, 공화국 등으로 나눈다.

**국치 國恥** 나라 국 / 부끄러울 치 | 나라의 수치.

**국태민안 國泰民安** 나라 국 / 클 태 / 백성 민 / 편안 안 | 나라가 태평하고 백성이 편안함.

**국토 國土** 나라 국 / 흙 토 | 나라의 땅. 한 나라의 통치권이 미치는 지역을 이른다.

**국풍 國風** 나라 국 / 바람 풍 | 1. 나라의 풍속 2. 문학 중국에서, 가장 오래된 시집인 〈시경〉 중에서 민요 부분을 이르는 말.

**국학 國學** 나라 국 / 배울 학 | 자기 나라의 고유한 역사, 언어, 풍속, 신앙, 제도, 예술 등을 연구하는 학문. 국어학, 국문학, 민속학, 국사학 등.

**국학자 國學者** 나라 국 / 배울 학 / 사람 자 | 국학을 연구하는 학자.

**국한 局限** 국면 국/ 한정할 한 | 범위를 한정함.

**국한하다 局限하다** 국면 국 / 한정할 한 | 범위를 한정하다.

**국한문체 國漢文體** 나라 국 / 한수 한 / 글월 문 /

몸 체 | 한글에 한자를 섞어 쓴 글체.

**국호 國號** 나라 국 / 이름 호 | 나라의 이름. 우리나라는 3.1운동 이후 '대한민국'이라 하였다.

**국화 國花** 나라 국 / 꽃 화 | 나라를 상징하는 꽃. 우리나라는 무궁화, 영국은 장미, 프랑스는 백합이다.

**국회 國會** 나라 국 / 모일 회 | 법률 국민의 대표 기관으로 법률 제정. 예산 심의, 국정조사 등을 한다. 단원제와 양원제가 있으며, 우리나라는 단원제이다.

**군가 軍歌** 군사 군 / 노래 가 | 군대의 사기를 북돋우기 위하여 부르는 노래.

**군거 群居** 무리 군 / 살 거 | 무리를 지어 삶.

**군거본능 群居本能** 무리 군 / 살 거 / 근본 본 / 능할 능 | 고립되는 것을 싫어하고 무리 지어 살려고 하는 본능.

**군경검 軍警檢** 군사 군 / 깨우칠 경 / 검사할 검 | 군대와 경찰과 검찰.

**군관민 軍官民** 군사 군 / 벼슬 관 / 백성 민 | 국민과 관청과 군대.

**군계일학 群鷄一鶴** 무리 군 / 닭 계 / 하나 일 / 학 학 | 닭의 무리 가운데 한 마리의 학. 많은 사람 가운데서 뛰어난 인물.

**군국주의 軍國主義** 군사 군 / 나라 국 / 주인 주 / 뜻 의 | 정치 국가의 가장 중요한 목적을 군사력에 의한 대외 팽창에 두고, 전쟁 준비를 위한 정책이나 제도를 최상위에 두려는 국가 체제. 고대의 로마 제국, 근대의 프로이센 제국, 제이

차 세계대전 때의 독일, 이탈리아, 일본 등.

**군권 軍權** 군사 군 / 저울추 권 | 군대를 통솔하는 권력.

**군기 軍紀** 군사 군 / 벼리 기 | 군대의 기강.

**군납 軍納** 군사 군 / 들일 납 | 군에 필요한 물자를 납품함.

**군납업자 軍納業者** 군사 군 / 들일 납 / 업 업 / 사람 자 | 인가를 받아 군에 필요한 물자나 용역을 대어 주는 상인.

**군단 軍團** 군사 군 / 둥글 단 | 군사 사단과 군의 중간에 해당하는 전술 단위 부대.

**군대 軍隊** 군사 군 / 무리 대 | 일정한 조직과 체계를 가진 군인의 집단.

**군담 軍談** 군사 군 / 이야기 담 | 전쟁에 대한 이야기.

**군담소설 軍談小說** 군사 군 / 이야기 담 / 작을 소 / 말씀 설 | 문학 전쟁에 관한 이야기를 소재로 한 소설. 〈임진록〉, 〈유충렬전〉, 〈조웅전〉 등.

**군도 群島** 무리 군 / 섬 도 | 크고 작은 섬들이 모여 있음.

**군락 群落** 무리 군 / 떨어질 락(낙) | 식물 생육 조건이 같은 지역에서 떼를 지어 자라는 식물 집단.

**군림 君臨** 임금 군 / 임할 림(임) | 1. 임금으로서 나라를 거느려 다스림 2. 어떤 분야에서 절대적인 세력을 가지고 남을 압도함.

**군림하다** 君臨하다 임금 군 / 임할 림(임) | 1. 임금으로서 나라를 거느려 다스리다 2. 어떤 분야에서 절대적인 세력을 가지고 남을 압도하다.

**군마** 軍馬 군사 군 / 말 마 | 군대에서 쓰는 말.

**군막** 軍幕 군사 군 / 장막 막 | 군대에서 쓰는 장막.

**군무** 群舞 무리 군 / 춤출 무 | 여러 사람이 무리를 지어 춤을 춤.

**군민** 郡民 고을 군 / 백성 민 | 군(郡)에 사는 사람.

**군벌** 軍閥 군사 군 / 문벌 벌 | 1. 군인의 파벌 2. 군부를 중심으로 한 정치 세력.

**군법** 軍法 군사 군 / 법 법 | 〔군사〕 군대 내부에 적용하는 형법.

**군법회의** 軍法會議 군사 군 / 법 법 / 모일 회 / 의논할 의 | 〔군사〕 '군사 법원'의 옛 이름.

**군사법원** 軍事法院 군사 군 / 일 사 / 법 법 / 집원 | 〔군사〕 군사 재판을 관할하기 위하여 둔 특별 법원.

**군복** 軍服 군사 군 / 옷 복 | 군인의 제복.

**❶군부** 軍部 군사 군 / 떼 부 | 〔군사〕 군사에 관한 일을 총괄하여 맡아보는 군의 수뇌부. 또는 그 세력.

**군부독재** 軍部獨裁 군사 군 / 떼 부 / 홀로 독 / 마를 재 | 〔정치〕 군부가 국가 권력을 도맡아서 강압적으로 다스리는 일.

**❷군부** 君父 임금 군 / 아버지 부 | 임금과 아버지.

**군사부일체** 君師父一體 임금 군/ 스승 사/ 아비 부/ 하나 일 / 몸 체 | 임금과 스승과 아버지의 은혜가 같음.

**❶군비** 軍備 군사 군 / 갖출 비 | 군사 시설이나 장비.

**군비축소** 軍備縮小 군사 군 / 갖출 비 / 줄일 축 / 작을 소 | 평화를 유지하고 국가의 부담을 덜기 위하여 군비를 줄임.

**❷군비** 軍費 군사 군 / 쓸 비 | 군사상의 목적에 사용되는 경비. 군사비.

**군사** 軍士 군사 군 / 선비 사 | 예전에, 군인이나 군대를 이르던 말.

**군산복합체** 軍産複合體 군사 군 / 낳을 산 / 겹칠 복 / 합할 합 / 몸 체 | 〔경제〕 군부와 대기업이 공동의 이익을 위하여 서로 의존하는 체제. 제이 차 세계 대전 후 미국에서 군부와 독점 대기업이 유착하는 형태로 나타났다.

**군상** 群像 무리 군 / 모양 상 | 떼를 지어 모여 있는 많은 사람.

**군색하다** 窘塞하다 모자랄 군/ 막힐 색 | 1. 필요한 것이 모자라서 딱하고 옹색하다 2. 떳떳하지 못하고 거북하다.

**군소** 群小 무리 군 / 작을 소 | 규모가 크지 않거나 드러나지 않는 여러 개.

**❶군수** 郡守 고을 군 / 지킬 수 | 〔행정〕 군(郡)의 행정을 맡아보는 으뜸 직위에 있는 사람.

❷군수 軍需 군사 군 / 쓰일 수 | 군사상 필요한 것.

군수물자 軍需物資 군사 군 / 쓰일 수 / 물건 물 / 재물 자 | 군사 전투 식량, 군복, 병기 등 군대에 필요한 물품.

군악 軍樂 군사 군 / 노래 악 | 음악 군대에서 쓰는 군의 사기를 높이는 데 쓰는 음악.

군왕 君王 임금 군 / 임금 왕 | 군주 국가에서 나라를 다스리는 임금.

군용 軍用 군사 군 / 쓸 용 | 군사적 목적에 씀. 군용차. 군용기 등.

군웅할거 群雄割據 무리 군 / 수컷 웅 / 벨 할 / 근거 거 | 여러 영웅이 각기 한 지방씩 차지하고 위세를 부림.

군율 軍律 군사 군 / 법칙 율(률) | 군사 모든 군인에게 적용되는 엄격한 규범이나 질서.

군인 軍人 군사 군 / 사람 인 | 군대에서 복무하는 사람. 육해공군의 장교, 부사관, 병사를 통틀어 이르는 말.

군자 君子 임금, 사내 군 / 남자의 미칭 자 | 행실이 점잖고 어질며 덕과 학식이 높은 사람. 유교에서 이상적인 사람을 이르던 말.

군자삼락 君子三樂 임금, 사내 군 / 남자의 미칭 자 / 셋 삼 / 즐거울 락 | 군자의 세 가지 즐거움. 부모가 살아 계시고 형제가 무고한 것, 하늘과 사람에게 부끄러워할 것이 없는 것, 천하의 영재를 얻어서 가르치는 것을 이른다. = 삼락(三樂).

군자연하다 君子然하다 임금, 사내 군 / 남자의 미칭 자 / 그럴 연 | 스스로 군자인 체하다.

군자금 軍資金 군사 군 / 재물 자 / 쇠 금 | 군사 군사상 필요한 자금.

❶군장 軍裝 군사 군 / 꾸밀 장 | 1.군인의 복장 2.군대의 장비.

❷군장 君長 임금 군 / 길 장 | 임금. 군주 국가에서 나라를 다스리는 우두머리.

군적 軍籍 군사 군 / 문서 적 | 군사 1. 군인의 소속과 신원을 적어 놓은 명부 2. 군인이라는 신분.

군정 軍政 군사 군 / 정사 정 | 1. 군부가 국가의 실권을 장악하고 행하는 군사 정치 2. 전시(戰時)에 점령지에서 군대가 행하는 임시 행정.

군졸 軍卒 군사 군 / 마칠 졸 | 예전에, 군인이나 군대를 이르던 말.

군주 君主 임금 군 / 임금 주 | 군왕. 세습적으로 나라를 다스리는 최고 지위에 있는 사람.

군주전제 君主專制 임금 군 / 임금 주 / 오로지 전 / 절제할 제 | 정치 주권이 임금의 독단에 맡겨진 정치 제도.

군중 群衆 무리 군 / 무리 중 | 한곳에 모인 많은 사람.

군중심리 群衆心理 무리 군 / 무리 중 / 마음 심 / 다스릴 리(이) | 많은 사람이 모였을 때, 이성보다는 감정에 의지하여 쉽게 흥분하며 다른 사람의 언동에 따라 움직이는 심리 상태.

군중고독 群衆孤獨 무리 군 / 무리 중 / 외로울 고

/ 홀로 독 | 여러 사람과 같이 있으면서도 느끼는 고독. ※ 리즈먼의 〈고독한 군중〉.

**군집 群集** 무리 군 / 모을 집 | 사람이나 동물 들이 한곳에 모여 있음.

**군집하다 群集**하다 무리 군 / 모을 집 | 사람이나 동물 들이 한곳에 모여 있다.

**군청색 群靑色** 무리 군 / 푸를 청 / 빛 색 | 고운 광택이 나는 짙은 남색.

**군함 軍艦** 군사 군 / 큰 배 함 | (군사) 해군에 소속되어 있는 배. 전함·순양함·항공 모함·구축함 등이 있다.

**군항 軍港** 군사 군 / 항구 항 | (군사) 군사적 목적으로 특별한 시설을 갖춘 항구. 군함이나 함대의 근거지가 된다.

**군호 軍號** 군사 군 / 이름 호 | 군중에서 쓰던 암호.

**굴곡 屈曲** 굽힐 굴 / 굽을 곡 | 1. 이리저리 굽어 꺾여 있음  2. 하는 일이 잘 안되거나 변동이 나타남.

**굴기 倔起** 고집 셀 굴 / 일어날 기 | 몸을 일으킴.

**굴복 屈服** 굽힐 굴 / 옷 복 | 1. 머리를 숙이고 꿇어 엎드림.  2. 힘이 모자라서 복종함.

**굴신 屈身** 굽힐 굴 / 몸 신 | 1. 몸을 앞으로 굽힘  2. 겸손하게 처신함.

**굴욕 屈辱** 굽힐 굴 / 욕될 욕 | 남에게 억눌리어 업신여김을 받음.

**굴욕감 屈辱感** 굽힐 굴 / 욕될 욕 / 느낄 감 | 굴욕을 당하여 느끼는 창피한 느낌.

**굴절 屈折** 굽힐 굴 / 꺾일 절 | 1. 휘어지고 꺾임  2. 생각이나 말 따위가 어떤 것에 영향을 받아 본래의 모습과 달라짐.

**굴절각 屈折角** 굽힐 굴 / 꺾을 절 / 뿔 각 | (물리) 빛이나 소리가 하나의 매질을 지나 다른 매질로 들어갈 때, 굴절의 각도.

**굴지 屈指** 굽힐 굴 / 손가락 지 | 1. 손가락을 꼽아 셈.  2. 손꼽을 정도로 매우 뛰어남.

**굴착 掘鑿** 팔 굴 / 뚫을 착 | 땅이나 암석을 파고 뚫음.

**굴총 掘塚** 팔 굴 / 무덤 총 | 무덤을 파냄. 특히 남의 무덤을 불법적으로 파내는 일을 이른다.

**굴하다 屈**하다 굽힐 굴 | 1. 몸을 굽히다  2. 뜻을 접다.

**굴혈 窟穴** 굴 굴 / 구멍 혈 | 굴.

**궁 宮** 집 궁 | 임금이 거처하는 집. 궁궐.

**궁궐 宮闕** 집 궁 / 대궐 궐 | 임금이 거처하는 집.

**궁구 窮究** 다할 궁 / 연구할 구 | 속속들이 파고들어 깊게 연구함.

**궁구하다 窮究**하다 다할 궁 / 연구할 구 | 속속들이 파고들어 깊게 연구하다.

**궁극 窮極** 다할 궁 / 극진할 극 | 어떤 과정의 마지막이나 끝.

**궁극적 窮極的** 다할 궁 / 극진할 극 / 과녁 적 | 마

지막으로 최종적인 지경에 도달하는.

**궁도 弓道** 활 궁 / 길 도 | 활 쏘는 데 지켜야 할 도리.

**궁륭 穹隆** 하늘 궁 / 활꼴 륭(융) | 활이나 무지개 같이 한가운데가 높고 둥근 모습.

**궁륭반자 穹隆반자** 하늘 궁 / 활꼴 륭(융) | 건설 반원 꼴로 둥그렇게 굽은 천장.

**궁리 窮理** 다할 궁 / 다스릴 리(이) | 사물의 이치를 깊이 연구함.

**궁리하다 窮理하다** 다할 궁 / 다스릴 리(이) | 사물의 이치를 깊이 연구하다.

**궁벽 窮僻** 다할 궁 / 궁벽할 벽 | 후미지고 으슥함.

**궁벽하다 窮僻하다** 다할 궁 / 궁벽할 벽 | 후미지고 으슥하다.

**궁상 窮狀** 다할 궁 / 형상 상 | 어렵고 궁한 상태.

**궁상맞다 窮狀맞다** 다할 궁 / 형상 상 | 꾀죄죄하고 초라하다.

**궁색 窮塞** 다할 궁 / 막힐 색 | 아주 가난함.

**궁색하다 窮塞하다** 다할 궁 / 막힐 색 | 아주 가난하다.

**궁성 宮城** 집 궁 / 재 성 | 궁궐을 둘러 싼 성벽.

**궁수 弓手** 활 궁 / 손 수 | 역사 활 쏘는 군사.

**궁술 弓術** 활 궁 / 재주 술 | 활 쏘는 기술.

**궁인 宮人** 집 궁 / 사람 인 | 역사 조선 시대에, 궁궐 안에서 왕과 왕비를 가까이 모시는 궁녀를 이르는 말로 평생 수절을 했음.

**궁전 宮殿** 집 궁 / 전각 전 | 임금이 거처하는 집.

**궁중문학 宮中文學** 집 궁 / 가운데 중 / 글월 문 / 배울 학 | 문학 궁궐 안에서 일어난 일을 소재로 한 문학.

**궁지 窮地** 다할 궁 / 땅 지 | 매우 곤란하고 어려운 처지.

**궁촌 窮村** 다할 궁 / 마을 촌 | 가난하여 살기 어려운 마을.

**궁핍 窮乏** 다할 궁 / 모자랄 핍 | 몹시 가난함.

**궁핍하다 窮乏하다** 다할 궁 / 모자랄 핍 | 몹시 가난하다.

**권고 勸告** 권할 권 / 고할 고 | 권함.

**권고사직 勸告辭職** 권할 권 / 고할 고 / 말씀 사 / 직분 직 | 권고의 형식으로 직책을 그만두게 하는 일.

**권농 勸農** 권할 권 / 농사 농 | 농사를 권장함.

**❶권도 權度** 저울추 권 / 법도 도 | 저울과 자. 좇아야 할 규칙이나 법도.

**❷권도 權道** 저울추 권 / 길 도 | 그때그때의 형편에 따라 일을 처리하는 방도.

**권두사 卷頭辭** 책 권 / 머리 두 / 말씀 사 | 책의 머리말.

**권력 權力** 권세 권 / 힘 력(역) | 남을 복종시키거나

지배할 수 있는 공인된 권리와 힘. 특히 국가나 정부가 국민에 대하여 가지고 있는 강제력을 이른다.

**권력분립 權力分立** 권세 권/ 힘 력(역) / 나눌 분 / 설 립(입) | 사회 권력이 한곳에 집중되는 것을 방지할 목적으로, 권력을 분할·배치하여 서로 견제와 균형을 이루게 하려는 제도적 원리. ※ 입법, 사법, 행정의 삼권분립.

**권리 權利** 권세 권 / 이로울 리(이) | 권세와 이익. 어떤 일을 행하거나 타인에 대하여 요구할 수 있는 힘.

**권리남용 權利濫用** 권세 권/ 이로울 리(이) / 넘칠 남(람) / 쓸 용 | 법률 법률에서 인정한 사회적 목적과 어긋나게 권리를 부당하게 행사하는 일.

**권리선언 權利宣言** 권세 권 / 이로울 리(이) / 베풀 선 / 말씀 언 | 법률 인간이나 국민으로서의 자유와 권리를 선언하고 이를 보장하는 헌법 규정.

**권면 勸勉** 권할 권 / 힘쓸 면 | 권하여 힘쓰게 함.

**권모 權謀** 권세 권/ 꾀 모 | 때와 형편에 따라 꾀하는 계략.

**권모술수 權謀術數** 권세 권 / 꾀 모/ 꾀 술/ 꾀 수 | 1. 임기응변의 꾀와 술책  2. 목적 달성을 위하여 수단과 방법을 가리지 아니함.

**권문귀족 權門貴族** 권세 권/ 문 문 / 귀할 귀 / 겨레 족 | 권문세가와 귀족.

**권문세가 權門勢家** 권세 권/ 문 문 / 형세 세 / 집 가 | 벼슬이 높고 권세가 있는 집안.

**권불십년 權不十年** 권력 권/ 아니다 불/ 열 십 / 해 년 | 권세는 십 년을 가지 못한다. 아무리 높은 권세라도 오래가지 못함. ≒ 화무십일홍(花無十日紅).

**권선 勸善** 권할 권 / 착할 선 | 착한 일을 하도록 권장함.

**권선징악 勸善懲惡** 권할 권 / 착할 선 / 징계할 징/ 악할 악 | 착한 일을 권장하고 악한 일을 징계함.

**권세 權勢** 권세 권/ 형세 세 | 권력과 세력.

**권속 眷屬** 돌볼 권 / 무리 속 | 한집에 거느리고 사는 식구.

**권솔 眷率** 돌볼 권 / 거느릴 솔 | 집에 거느리고 사는 식구.

**권업 勸業** 권할 권 / 업 업 | 산업을 권하여 장려함.

**권외 權外** 권세 권 / 바깥 외 | 권한이나 직권의 범위 밖.

**권위 權威** 권세 권 / 위엄 위 | 남을 지휘하거나 통솔하여 따르게 하는 힘. 사회적으로 인정을 받고 영향력을 끼칠 수 있는 위신.

**권위적 權威的** 권세 권 / 위엄 위 / 과녁 적 | 권위를 내세우는. ≒ 권위주의적.

**권유 勸誘** 권할 권 / 꾈 유 | 어떤 일을 하도록 권함.

**권유하다 勸誘하다** 권할 권 / 꾈 유 | 어떤 일을 하도록 권하다.

**권익** 權益 권세 권 / 더할 익 | 권리와 이익.

**권잠** 勸蠶 권할 권 / 누에 잠 | 누에치기를 장려함.

**권장** 勸獎 권할 권 / 장려할 장 | 권하여 장려함.

**권적운** 卷積雲 책 권 / 쌓을 적 / 구름 운 | 지구 높은 하늘에 희고 엷은 구름 덩이가 촘촘히 흩어져 나타나는 구름.

**권점** 圈點 우리 권 / 점 점 | 글이 잘된 곳이나 중요한 곳을 표시하기 위하여 찍는 둥근 점.

**권좌** 權座 권세 권 / 자리 좌 | 권력을 가지고 있는 자리.

**권주** 勸酒 권할 권 / 술 주 | 술을 권함.

**권지** 卷紙 책 권 / 종이 지 | 두루말이 종이.

**권태** 倦怠 게으를 권 / 게으를 태 | 게으름이나 싫증.

**권태감** 倦怠感 게으를 권 / 게으를 태 / 느낄 감 | 어떤 일에 시들해져서 싫증이나 게으름이 나는 느낌.

**권토중래** 捲土重來 말다 권 / 흙 토 / 거듭 중 / 오다 래 | 땅을 말아 일으킬 것 같은 기세로 다시 온다. 한 번 실패하였으나 힘을 회복하여 다시 시도함을 뜻함. ※ 항우가 유방과의 결전에서 패하여 오강(烏江) 근처에서 자결한 것을 탄식한 고사. 두목(杜牧)의 〈오강정시(烏江亭詩)〉.

**권하다** 勸 권할 권 | 어떤 일을 하도록 부추기다.

**권학** 勸學 권할 권 / 배울 학 | 학문에 힘쓰도록 권함.

**권한** 權限 저울추 권 / 한할 한 | 권리나 권력이 미치는 범위.

**권한대행** 權限代行 저울추 권 / 한할 한 / 대신할 대 / 다닐 행 | 어떤 권한을 다른 사람이나 기관이 대신 행하는 일.

**권형** 權衡 저울추 권 / 저울대 형 | 1. 저울추와 저울대라는 뜻으로, '저울'을 이르는 말  2. 사물의 균형.

**권횡** 權橫 권세 권 / 가로 횡 | 권력을 믿고 제멋대로 행동함.

**권흉** 權凶 권세 권 / 흉할 흉 | 권력을 함부로 휘두르는 흉악한 사람.

**궐** 闕 대궐 궐 | 궁궐. 임금이 거처하는 집.

**궐내** 闕內 대궐 궐 / 안 내 | 대궐 안.

**궐외** 闕外 대궐 궐 / 바깥 외 | 대궐의 밖.

**궐문** 闕門 대궐 궐 / 문 문 | 대궐의 문.

**궐기** 蹶起 넘어질 궐 / 일어날 기 | 벌떡 일어남.

**궐기하다** 蹶起하다 넘어질 궐 / 일어날 기 | 벌떡 일어나다.

**궐련** 卷▽煙▽ 책 권 / 연기 연 | 얇은 종이로 가늘고 길게 말아 놓은 담배.

**궐석** 闕席 대궐 궐 / 자리 석 | 나가야 할 자리에 나가지 않음.

**궐석재판** 闕席裁判 대궐 궐 / 자리 석 / 마를 재 /

판단할 판 | 피고인이 참석하지 않은 채 진행하는 재판.

**궐연 蹶然** 넘어질 궐 / 그럴 연 | 갑자기 벌떡 일어남.

**궐연히 蹶然히** 넘어질 궐 / 그럴 연 | 갑자기 벌떡 일어나는 모양이 기운차게.

**궐자 厥者** 그 궐 / 놈 자 | '그 사람'의 낮은 말.

**❶궤 櫃** 궤 궤 | 물건을 넣도록 나무로 네모나게 만든 그릇. ※ 책궤. 옷궤.

**❷궤 几** 안석 궤 | 〔역사〕 늙어서 벼슬을 그만두는 대신이나 중신(重臣)에게 임금이 주던 물건. 앉아서 팔을 기대어 몸을 편하게 할 수 잇게 하는 물건.

**궤석 几席** 안석 궤 / 자리 석 | 기대어 앉는 안석과 돗자리.

**궤장 几杖** 안석 궤 / 지팡이 장 | 〔역사〕 궤장연(几杖宴) 때에 임금이 나라에 공이 많은 70세 이상의 늙은 대신에게 하사하던 궤(几)와 지팡이를 아울러 이르는 말.

**궤도 軌道** 바퀴자국 궤 / 길 도 | 1. 수레가 지나간 바큇자국.  2. 일이 발전하는 본격적인 방향과 단계. ≒ 선로.

**궤멸 潰滅** 무너질 궤 / 꺼질 멸 | 무너지거나 흩어져 없어짐.

**궤멸하다 潰滅하다** 무너질 궤 / 꺼질 멸 | 무너지거나 흩어져 없어지다.

**궤변 詭辯** 속일 궤 / 말씀 변 | 상대편을 이기기 위하여 교묘한 언술로 꾸며대는 것.

**궤변론자 詭辯論者** 속일 궤 / 말씀 변 / 논할 론(논) / 사람 자 | 궤변을 잘하는 사람. ≒ 소피스트.

**궤양 潰瘍** 무너질 궤 / 헐 양 | 〔의학〕 피부나 점막에 상처가 생기고 헐어서 출혈하기 쉬운 상태. 치유되어도 대부분 흉터가 남는다.

**궤좌 跪坐** 꿇어앉을 궤 / 앉을 좌 | 무릎을 꿇고 앉음.

**궤청 跪請** 꿇어앉을 궤 / 청할 청 | 무릎을 꿇고 앉아 뵙기를 청함.

**귀감 龜鑑** 거북 귀 / 거울 감 | 본받을 만한 모범.

**귀갑 龜甲** 거북 귀 / 갑옷 갑 | 거북의 등딱지.

**귀거래 歸去來** 돌아갈 귀 / 갈 거 / 올 래(내) | 관직을 그만두고 고향으로 돌아감.

**귀거래사 歸去來辭** 돌아갈 귀 / 갈 거 / 올 래(내) / 말 사 | 〔문학〕 세속명리를 버리고 고향으로 돌아가 전원생활을 하는 것에 대한 찬미. 중국 진(晉) 나라의 도연명(陶淵明)이 벼슬을 버리고 고향으로 돌아갈 때 지은 것으로, 자연과 더불어 사는 전원생활의 즐거움을 동경하는 내용이다.

**귀결 歸結** 돌아갈 귀 / 맺을 결 | 어떤 결말이나 결과에 이름.

**귀결하다 歸結하다** 돌아갈 귀 / 맺을 결 | 어떤 결말이나 결과에 이르다.

**귀경 歸京** 돌아갈 귀 / 서울 경 | 서울로 돌아옴.

**귀경하다** 歸京하다 돌아갈 귀 / 서울 경 | 서울로 돌아오다.

**귀곡** 鬼谷 귀신 귀 / 골 곡 | 귀신이 나온다는 골짜기.

**귀골** 貴骨 귀할 귀 / 뼈 골 | 귀하게 될 사람의 골격.

**귀공자** 貴公子 귀할 귀 / 공평할 공 / 아들 자 | 1. 귀한 집 아들 2. 귀한 집 젊은 남자.

**귀관** 貴官 귀할 귀 / 벼슬 관 | 상급자가 하급자를 높여 이르는 이인칭 대명사.

**귀국** 歸國 돌아갈 귀 / 나라 국 | 외국에 나가 있던 사람이 자기 나라로 돌아옴.

**귀국하다** 歸國하다 돌아갈 귀 / 나라 국 | 외국에 나가 있던 사람이 자기 나라로 돌아오다.

**귀금속** 貴金屬 귀할 귀 / 쇠 금 / 무리 속 | 산출량이 적어 값이 비싼 금속. 금·은·백금 등.

▶**귀납** 歸納 돌아갈 귀 / 들일 납 | 특수한 사실이나 원리로부터 일반적이고 보편적인 법칙을 이끌어 냄. 추리 및 사고방식의 하나. ≒ 귀납추리. ↔ 연역(演繹).

**귀납법** 歸納法 돌아갈 귀 / 들일 납 / 법 법 | 개별적인 특수한 사실이나 원리로부터 일반적인 사실이나 원리를 이끌어 내는 연구 방법. 베이컨을 거쳐 밀에 의하여 자연 과학 연구 방법으로 정식화되었다. ↔ 연역법(演繹法).

**귀농** 歸農 돌아갈 귀 / 농사 농 | 농사를 지으려고 농촌으로 돌아감.

**귀대** 歸隊 돌아갈 귀 / 무리 대 | 군사 자기가 근무하는 부대로 돌아감.

▶❶**귀두** 龜頭 거북 귀 / 머리 두 | 거북 모양으로 만든 비석의 받침돌.

❷**귀두** 鬼頭 귀신 귀 / 머리 두 | 재앙을 물리치기 위하여 지붕의 용마루 양쪽 끝에 세운 도깨비 머리 모양의 장식.

**귀래** 歸來 돌아갈 귀 / 올 래(내) | 돌아 옴.

**귀로** 歸路 돌아갈 귀 / 길 로(노) | 돌아오는 길.

**귀매** 鬼魅 귀신 귀 / 매혹할 매 | 도깨비와 도깨비 등을 이르는 말.

**귀면** 鬼面 귀신 귀 / 낯 면 | 귀신의 얼굴.

**귀명** 貴名 귀할 귀 / 이름 명 | 존귀한 이름.

**귀목** 櫷木 느티나무 귀 / 나무 목 | 느티나무 목재.

**귀물** 貴物 귀할 귀 / 물건 물 | 귀중한 물건. 드물어서 얻기 어려운 물건.

**귀부** 龜趺 거북 귀 / 책상다리 할 부 | 거북 모양으로 만든 비석의 받침돌

**귀부인** 貴婦人 귀할 귀 / 며느리 부 / 사람 인 | 신분이 높거나 재산이 많은 집안의 부인.

**귀빈** 貴賓 귀할 귀 / 손 빈 | 귀한 손님.

▶❶**귀선** 歸船 돌아갈 귀 / 배 선 | 항구로 돌아오는 배.

❷**귀선** 龜船 거북 귀 / 배 선 | 역사 거북선. 임진 왜란 때 이순신 장군이 만들어 왜군을 무찌르는

데 쓴 거북 모양의 철갑선.

**귀성 歸省** 돌아갈 귀 / 살필 성 | 객지에서 고향으로 돌아옴.

**귀성객 歸省客** 돌아갈 귀 / 살필 성 / 손 객 | 부모를 뵙기 위하여 객지에서 고향으로 돌아오는 여객.

**귀소 歸巢** 돌아갈 귀 / 새집 소 | 동물이 집이나 둥지로 돌아감. ≒ 귀서(歸棲).

**귀소성 歸巢性** 돌아갈 귀 / 새집 소 / 성품 성 | 동물이 자기 서식지나 둥지로 되돌아오는 성질을 가리킴. 꿀벌, 개미, 비둘기, 제비 등에서 나타난다. = 귀소본능(歸巢本能).

**귀속 歸屬** 돌아갈 귀 / 무리 속 | 재산, 영토, 권리 등이 특정한 주체에게 속함.

**귀속하다 歸屬하다** 돌아갈 귀 / 무리 속 | 재산, 영토, 권리 등이 특정한 주체에게 속하다.

**귀순 歸順** 돌아갈 귀 / 순할 순 | 적이었던 사람이 스스로 돌아서서 복종함.

**귀신 鬼神** 귀신 귀 / 정신 신 | 1. 사람이 죽은 뒤에 남는다는 넋. 2. 사람에게 화(禍)와 복(福)을 내려 준다는 신령(神靈). 3. 어떤 일에 남보다 뛰어난 재주가 있는 사람을 비유.

**귀와 鬼瓦** 귀신 귀 / 기와 와 | 귀신의 얼굴을 새긴 기와. 도깨비 귀와.

**귀의 歸依** 돌아갈 귀 / 의지할 의 | 1. 돌아와서 몸을 의지함 2. (불교) 몰아의 경지에서 종교적 절대자나 종교적 진리를 깊이 믿고 의지하는 일. ※ 예시: 불법(佛法)에 귀의하다.

**귀인 貴人** 귀할 귀 / 사람 인 | 사회적 지위가 높고 귀한 사람.

**구절 句節** 글귀 구 / 마디 절 | 한 토막의 글.

**귀족 貴族** 귀할 귀 / 겨레 족 | 가문이나 신분이 좋아 정치적·사회적 특권을 가진 계층.

**귀족층 貴族層** 귀할 귀 / 겨레 족 / 층 층 | 정치적, 사회적 특권을 가진 귀족들로 이루어진 사회 계층.

**❶귀중 貴重** 귀할 귀 / 가운데 중 | 귀하고 중요함.

**귀중하다 貴重하다** 귀할 귀 / 가운데 중 | 귀하고 중요하다.

**❷귀중 貴中** 귀할 귀 / 가운데 중 | 편지나 물품을 받을 단체나 기관의 이름 아래에 쓰는 높임말.

**귀착 歸着** 돌아갈 귀 / 붙을 착 | 1. 돌아가 닿음 2. 결말에 다다름.

**귀착하다 歸着하다** 돌아갈 귀 / 붙을 착 | 1. 돌아가 닿다 2. 결말에 다다르다.

**귀책 歸責** 돌아갈 귀 / 꾸짖을 책 | 1. 책임이 돌아감. 2. (법률) 행위의 결과를 행위자의 책임으로 돌리는 일.

**귀책사유 歸責事由** 돌아갈 귀 / 꾸짖을 책 / 일 사 / 말미암을 유 | (법률) 법률적인 책임을 지게 하기 위하여 필요한 요건. 의사 능력이나 책임 능력이 있고 고의나 과실이 있어야 한다.

**❶귀천 貴賤** 귀할 귀 / 천할 천 | 귀함과 천함.

**❷귀천 歸天** 돌아갈 귀 / 하늘 천 | 넋이 하늘로 돌

아간다. 사람의 죽음을 이르는 말.

**귀촉도** 歸蜀道 돌아갈 귀 / 애벌레 촉 / 길 도 | 두견. 소쩍새.

**귀추** 歸趨 돌아갈 귀 / 달아날 추 | 일이 되어 가는 형편.

**귀축** 鬼畜 귀신 귀 / 짐승 축 | '귀신과 짐승'이라는 말로, 야만하고 잔인한 자라는 뜻.

**귀토지설** 龜兔之說 거북 귀 / 토끼 토 / 갈 지 / 말씀 설 | 문학 토끼와 거북의 설화. ※ 〈삼국사기〉의 〈김유신전〉 참조.

**귀티** 貴티 귀할 귀 | 귀하게 보이는 모습이나 태도.

**귀하** 貴下 귀할 귀 / 아래 하 | 편지글에서, 상대편을 높여 이름 다음에 붙여 쓰는 말.

**귀하다** 貴하다 귀할 귀 | 신분이나 지위가 높다.

**귀함** 歸艦 돌아갈 귀 / 큰 배 함 | 자기가 근무하는 군함으로 돌아옴.

**귀항** 歸航 돌아갈 귀 / 배 항 | 배나 비행기가 출발하였던 곳으로 다시 돌아오는 항해.

▶**귀향** 歸鄕 돌아갈 귀 / 시골 향 | 고향으로 돌아옴.

**귀향하다** 歸鄕하다 돌아갈 귀 / 시골 향 | 고향으로 돌아오다

❶**귀화** 歸化 돌아갈 귀 / 될 화 | 1. 원산지가 아닌 다른 지역으로 옮겨서 적응하는 것  2. 다른 나라의 국적을 얻음.  3. 예전에, 왕의 어진 정

치에 감화되어 그 나라의 백성이 됨.

**귀화식물** 歸化植物 돌아갈 귀 / 될 화 / 심을 식 / 물건 물 | 식물 원래 살던 곳에서 다른 지역으로 옮겨 와 잘 적응하여 자라는 식물. 우리나라에는 개망초, 미루나무, 아카시아 등이 있다.

❷**귀화** 鬼火 귀신 귀 / 불 화 | 도깨비 불. 밤에 무덤이나 축축한 땅, 고목, 낡고 오래된 집에서 인의 작용으로 번쩍이는 푸른빛의 불꽃.

**귀환** 歸還 돌아갈 귀 / 돌아올 환 | 본래 있던 곳으로 돌아감.

**귀환하다** 歸還하다 돌아갈 귀 / 돌아올 환 | 본래 있던 곳으로 돌아가다.

**귀휴** 歸休 돌아갈 귀 / 쉴 휴 | 집에 돌아가서 쉼.

**귀휴하다** 歸休하다 돌아갈 귀 / 쉴 휴 | 집에 돌아가서 쉬다

**규격** 規格 법 규 / 격식 격 | 일정한 규정에 들어맞는 격식.

**규구** 規矩 법 규 / 모날 구 | 1. 목수가 쓰는 걸음쇠와 곱자.  2. 일상생활에서 지켜야 할 법도.

▶**규명** 糾明 들추다 규 / 밝히다 명 | 자세히 따져서 밝힘.

**규명하다** 糾明하다 들추다 규 / 밝히다 명 | 자세히 따져서 밝히다.

**규모** 規模 법 규 / 본뜰 모 | 1. 사물의 크기나 범위  2. 본보기가 될 만한 틀이나 제도.

▶**규방** 閨房 안방 규 / 방 방 | 부녀자가 거처하는

방. 안방.

**규방가사 閨房歌詞** 안방 규 / 방 방 / 노래 가 / 말 사 | 문학 조선 시대에, 부녀자가 지은 가사 작품. 〈계녀가〉, 〈춘유가〉 등이 있으며 작자와 연대를 알 수 없다. ≒ 내방가사(內房歌辭).

**규범 規範** 법 규 / 모범 범 | 마땅히 따르고 지켜야 할 법칙과 원리. 본보기.

**규수 閨秀** 안방 규 / 빼어날 수 | 1. 남의 집 처녀를 정중하게 이르는 말 2. 학문과 재주가 뛰어난 여자.

**규약 規約** 법 규 / 맺을 약 | 조직체 안에서 정하여 놓은 규칙

**규원 閨怨** 안방 규 / 원망할 원 | 사랑하는 사람에게 버림을 받은 여자의 원한

**규원가 閨怨歌** 안방 규 / 원망할 원 / 노래 가 | 문학 조선 시대에 허난설헌이 지은 규방 가사. 남편의 사랑을 받지 못하고 규방에서 늙어 가는 여인의 애처로운 정한(情恨)을 노래함.

**규율 規律** 법 규 / 법칙 율(률) | 1. 질서나 제도를 유지하기 위하여 정하여 놓은 법칙 2. 질서나 제도를 좇아 다스림.

**규장 奎章** 별 규 / 글 장 | 역사 임금이 쓴 글이나 글씨.

**규장각 奎章閣** 별 규 / 글 장 / 집 각 | 역사 조선 정조 즉위년(1776)에 설치한 왕실 도서관.

**규정 規定** 법 규 / 정할 정 | 규칙으로 정함.

**규정하다 規定하다** 법 규 / 정할 정 | 규칙으로 정하다.

**규제 規制** 법 규 / 누를 제 | 규칙에 의하여 일정한 한도를 넘지 못하게 막음. ≒ 규정(規定).

**규제하다 規制하다** 법 규 / 누를 제 | 규칙에 의하여 일정한 한도를 넘지 못하게 막다.

**규중 閨中** 안방 규 / 가운데 중 | 부녀자가 거처하는 곳.

**규칙 規則** 법 규 / 법 칙 | 1. 여러 사람이 다 같이 지키기로 작정한 법칙이나 질서 2. 법률 헌법이나 법률에 입각하여 정립되는 제정법. 입법·사법·행정의 각 부에서 제정되며, 국회 인사 규칙·감사원 사무 처리 규칙·법원 사무 규칙 따위가 있다.

**규탄 糾彈** 추어낼 규 / 힐책할 탄 | 잘못을 들춰내어 따지고 질책함.

**규탄하다 糾彈하다** 추어낼 규 / 힐책할 탄 | 잘못을 들춰내어 따지고 질책하다.

**규합 糾合** 모을 규 / 합할 합 | 모음.

**규합하다 糾合하다** 모을 규 / 합할 합 | 모으다.

**균등 均等** 고를 균 / 무리 등 | 고르고 가지런하여 차별이 없음.

**균분 均分** 고를 균 / 나눌 분 | 고르게 나눔.

**균열 龜裂** 터질 균 / 찢어질 열 | 1. 찢어지고 갈라짐 2. 거북의 등에 난 무늬처럼 갈라져 터짐.

**균일 均一** 고를 균 / 한 일 | 한결같이 고름

**균전 均田** 고를 균 / 밭 전 | 역사 토지를 백성들

에게 고르게 나누어 주던 제도.

**균전론| 均田論** 고를 균 / 밭 전 / 논할 론(논) 역사 조선 후기에 이익을 비롯한 실학자들이 주장하여, 백성들에게 땅을 골고루 나눠주자는 토지개혁론.

**균제 均齊** 고를 균 / 가지런할 제 | 고르고 가지런함.

**균제미 均齊美** 고를 균 / 가지런할 제 / 아름다울 미 | 균형이 잡히고 가지런하게 잘 다듬어진 아름다움.

**균질 均質** 고를 균 / 바탕 질 | 골고루 같음

**균평 均平** 고를 균 / 평평할 평 | 1. 고루 공평함 2. 한쪽으로 기울지 않고 고루 평평함.

**균형 均衡** 고를 균 / 저울 형 | 어느 한쪽으로 기울거나 치우치지 아니하고 고른 상태.

**귤피 橘皮** 귤 귤 / 가죽 피 | 귤껍질.

**귤화위지 橘化爲枳** 귤 귤 / 될 화 / 할 위 / 탱자 지 | 회남의 귤을 회북에 옮겨 심으면 탱자가 된다는 뜻으로, 환경에 따라 사람이나 사물의 성질이 변함을 이르는 말

**극광 極光** 극진할 극 / 빛 광 | 주로 극지방에서 초고층 대기 중에 나타나는 발광(發光) 현상. 오로라.

**극구 極口** 극진할 극 / 입 구 | 온갖 말을 다하여.

**극기 克己** 극복할 극 / 자기 기 | 1. 자기 자신을 스스로 눌러 이김. 2. 자기의 감정이나 욕심, 충동 등을 이성적 의지로 눌러 이김.

**극기심 克己心** 이길 극 / 자기 기 / 마음 심 | 자기의 감정이나 욕심, 충동을 스스로 눌러 이기는 마음.

**극기 훈련 克己訓鍊** 이길 극 / 자기 기 /가르칠 훈 / 단련할 련 | 자기의 감정이나 욕심, 충동 따위를 이성적 의지로 눌러 이길 수 있게 하기 위해 실시하는 강도 높은 체력 훈련.

**극기복례 克己復禮** 이길 극 / 자기 기 / 돌아올 복 / 예도 례 | 1. 자기 자신을 이겨서 예로 돌아감 2. 자기의 욕심을 누르고 극복하여 예의범절을 따름. ≒ 극복(克復).

**극대화 極大化** 끝 극 / 크다 대 / 되다 화 | 아주 크게 함. ↔ 극소화(極小化).

**❶극단 劇壇** 심할 극 / 단 단 | 연극의 무대

**극단 極端** 극진할 극 / 끝 단 | 맨 끝. 끝까지 가서 더 나아갈 데가 없는 지경.

**❷극단주의 極端主義** 극진할 극 / 끝 단 / 주인 주 / 뜻 의 | 한쪽으로 지나치게 치우치는 태도.

**극대 極大** 극진할 극 / 클 대 | 더할 수 없이 큼.

**극대화 極大化** 극진할 극 / 클 대 / 될 화 | 아주 커짐.

**극대치 極大値** 극진할 극 / 클 대 / 값 치 | 1. 더할 수 없이 큰 정도 2. 수학 함수가 극대일 때의 함숫값.

**극도 極度** 극진할 극 / 법도 도 | 더할 수 없는 정도.

**극도로 極度** 극진할 극 / 법도 도 | 더할 수 없이 심

하게.

**극동** 極東 극진할 극 / 동녘 동 | 동쪽의 맨 끝

**극락** 極樂 극진할 극 / 즐길 락(낙) | 더없이 안락해서 아무 걱정이 없는 것.

**극락정토** 極樂淨土 극진할 극 / 즐길 락(낙) / 깨끗할 정 / 흙 토 | 불교 아미타불이 살고 있는 서방 정토(淨土)로, 괴로움이 없으며 지극히 안락하고 자유로운 세상. 인간 세계에서 서쪽으로 1만억 불토(佛土)를 지난 곳에 있다.

**극락왕생** 極樂往生 극진할 극 / 즐길 락(낙) / 갈 왕 / 날 생 | 불교 죽어서 극락에 다시 태어남.

**극력** 極力 극진할 극 / 힘 력(역) | 있는 힘을 다함.

**극렬** 極烈 극진할 극 / 매울 렬(열) | 매우 열렬함. 맹렬함.

**극렬하다** 極烈하다 극진할 극 / 매울 렬(열) | 매우 열렬하거나 맹렬하다.

**극렬분자** 極烈分子 극진할 극 / 매울 렬(열) / 나눌 분 / 아들 자 | 사상이나 행동이 매우 과격한 사람.

**극명** 克明 이길 극 / 밝을 명 | 속속들이 밝힘.

**극미** 極美 극진할 극 / 아름다울 미 | 매우 작음.

**극변** 劇變 심할 극 / 변할 변 | 갑자기 심하게 변함

**극복** 克服 이길 극 / 굴복할 복 | 이겨 냄.

**극복하다** 克服하다 이길 극 / 굴복할 복 | 이겨 내

다.

**극본** 劇本 심할 극 / 근본 본 | 연극이나 영화를 만들기 위하여 쓴 글.

**극비** 極祕 극진할 극 / 숨길 비 | 절대 알려져서는 안 됨.

**극비리** 極祕裡 극진할 극 / 숨길 비 / 속 리(이) | 전혀 알려지지 않은 가운데.

**극빈** 極貧 극진할 극 / 가난할 빈 | 몹시 가난함.

**극빈하다** 極貧하다 극진할 극 / 가난할 빈 | 몹시 가난하다.

**극상** 極上 극진할 극 / 윗 상 | 가장 좋음.

**극상품** 極上品 극진할 극 / 윗 상 / 물건 품 | 품질이 가장 좋음.

**극성** 極盛 극진할 극 / 성할 성 | 몹시 왕성함

**극성떨다** 極盛떨다 극진할 극 / 성할 성 | 몹시 드세거나 지나치게 행동하다.

**극성맞다** 極盛맞다 극진할 극 / 성할 성 | 몹시 드세거나 지나친 데가 있다.

**극소** 極小 극진할 극 / 작을 소 | 아주 작음.

**극순** 戟盾 창 극 / 방패 순 | 창과 방패를 아울러 이르는 말. 병장기.

**극시** 劇詩 심할 극 / 시 시 | 문학 희곡 형식으로 된 시. 서정시, 서사시와 함께 시의 3대 장르의 하나로, 운문체의 대사체로 이루어진다.

**극심** 極甚/劇甚 극진할 극 / 심할 심 | 매우 심함.

**극심하다 極甚/劇甚**하다 극진할 극 / 심할 심 | 매우 심하다.

**극악 極惡** 극진할 극 / 악할 악 | 매우 악함.

**극악무도 極惡無道** 극진할 극 / 악할 악 / 없을 무 / 길 도 | 매우 악하여 도리에 완전히 어긋나 있음.

**극약 劇藥/劇藥** 심할 극 / 약 약 1. | 약학 독약보다는 약하나, 적은 분량으로도 위험을 줄 수 있는 약품. 산토닌, 카페인 등 2. 극단적인 해결 방법을 비유함.

**극약처방 劇藥處方** 심할 극 / 약 약 / 곳 처 / 모 방 | 극약은 잘못 사용하면 생명의 위험이 있을 수 있는 약제를 말하며, 극단적인 해결 방법을 비유함.

**극언 極言** 극진할 극 / 말씀 언 | 극단적인 말.

**극언하다 極言**하다 극진할 극 / 말씀 언 | 극단적인 말을 하다.

**극염 極炎/劇炎** 심할 극 / 불꽃 염 | 몹시 심한 더위.

**극우 極右** 극진할 극 / 오른쪽 우 | 극단적으로 보수주의적이거나 국수주의적인 성향.

**극우익 極右翼** 극진할 극 / 오른쪽 우 / 날개 익 | 극단적으로 보수주의적이거나 국수주의적인 성향.

**극작품 劇作品** 심할 극 / 지을 작 / 물건 품 | 연극이나 영화의 대본.

**극장 劇場** 심할 극 / 마당 장 | 연극이나 음악, 무용 등을 공연하거나 영화를 상영하기 위한 무대.

**극장의 우상 劇場**의**偶像** 심할 극 / 마당 장 짝 우 / 모양 상 | 철학 영국의 철학자 베이컨(Bacon, F.)이 말한 네 가지 우상설의 하나. 자기의 생각이나 판단에 의하지 않고 어떤 권위나 전통에 기대어 생각하고 판단할 때 범하는 편견을 이른다.

**극쟁 劇爭** 심할 극 / 다툴 쟁 | 매우 격렬하게 다툼.

**극쟁하다 劇爭**하다 심할 극 / 다툴 쟁 | 매우 격렬하게 다투다.

**극적 劇的** 연극 극 / 과녁 적 | 1. 연극의 특성을 띤 2. 연극을 보는 것처럼 긴장이나 감동을 불러일으키는.

**극전선 極前線** 극진할 극 / 앞 전 / 줄 선 | 지구 중위도지역 기단과 극지역 기단과의 경계면에 생기는 불연속선. 온대 저기압이 발생하는 장소이다.

**극점 極點** 극진할 극 / 점 점 | 극도에 이른 점.

**극좌 極左** 극진할 극 / 왼 좌 | 극단적으로 사회주의적이거나 공산주의적인 성향.

**극좌모험주의 極左冒險主義** 극진할 극 / 왼 좌 / 무릅쓸 모 / 험할 험 / 주인 주 / 뜻 의 | 극좌적인 경향으로 흘러서 무모한 위험을 무릅쓰는 태도.

**극지 極地** 극진할 극 / 땅 지 | 맨 끝에 있는 땅.

**극진 極盡** 극진할 극 / 다할 진 | 정성을 다함.

**극진하다** 極盡하다 극진할 극 / 다할 진 | 정성을 다하다.

**극찬** 極讚 극진할 극 / 기릴 찬 | 매우 칭찬함.

**극찬하다** 極讚하다 극진할 극 / 기릴 찬 | 매우 칭찬하다.

**극창** 劇唱 심할 극 / 부를 창 | 판소리. 소리꾼 한 사람이 고수(鼓手 북치는 사람)의 북장단에 맞추어, 이야기를 소리(노래)와 아니리(말)와 발림(몸짓)으로 풀어내는 것.

**극치** 極致 극진할 극 / 이를 치 | 도달할 수 있는 최고의 경지.

**극친** 極親 극진할 극 / 친할 친 | 아주 친함.

**극통** 極痛/劇痛 극진할 극 / 아플 통 | 몹시 심한 아픔

**극한** 極寒/劇寒 심할 극 / 찰 한 | 매우 심한 추위. ↔ 극서(極暑/劇暑)

**극한** 極限 극진할 극 / 한할 한 | 1. 궁극의 한계. 사물이 도달할 수 있는 최후의 단계 2. 수학 어떤 양이 규칙에 따라 일정한 값에 한없이 가까워지는 일.

**극한상황** 極限狀況 극진할 극 / 한할 한 / 형상 상 / 상황 황 | 1. 궁극의 지점에 처한 상황. 한계상황 2. 철학 야스퍼스의 용어. 평소는 무자각하지만 살아 있는 한 불가피하게 직면할 수밖에 없는 상황. 죽음, 고뇌, 투쟁, 죄책감 따위의 극한적인 장면을 통하여 사람은 자기의 실존을 각성한다고 한다.

**극한투쟁** 極限鬪爭 극진할 극 / 한할 한 / 싸울 투 / 다툴 쟁 | 어떤 목적을 이루고자 있는 힘을 다하여 싸우는 일.

**극형** 極刑 극진할 극 / 형벌 형 | 가장 무거운 형벌이라는 뜻으로, '사형'을 가리킴.

❶**극화** 劇化 심할 극 / 될 화 | 극의 형식으로 만듦.

❷**극화** 劇畫 심할 극 / 그림 화 | 이야기를 그림과 글로 엮음.

**극히** 極히 극진할 극 | 더할 수 없는 정도로.

❶**근간** 根幹 뿌리 근 / 줄기 간 | 1. 뿌리와 줄기 2. 사물의 바탕이나 중심이 되는 중요한 것. ↔ 지엽(枝葉 줄기와 잎).

❷**근간** 近刊 가까울 근 / 새길 간 | 최근에 나온 간행물.

**근거** 根據 뿌리 근/ 기댈 거 | 근본이 되는 이유. 늑 증거.

**근거지** 根據地 뿌리 근 / 근거 거 / 땅 지 | 활동의 근거로 삼는 곳. 늑 소굴.

**근거리** 近距離 가까울 근 / 상거할 거 / 떠날 리(이) | 짧은 거리.

**근검** 勤儉 부지런할 근 / 검소할 검 | 부지런하고 검소함.

**근검하다** 勤儉하다 부지런할 근 / 검소할 검 | 부지런하고 검소하다.

**근검노작** 勤儉勞作 부지런할 근 / 검소할 검 / 일할 노 / 지을 작 | 부지런하고 검소하며 노력을 들여 일함

**근경 近景** 가까울 근 / 볕 경 | 가까이 보이는 경치.

**근골 筋骨** 힘줄 근 / 뼈 골 | 1. 근육과 뼈대  2. '체력'을 비유함.

**근교 近郊** 가까울 근 / 들 교 | 도시에 가까이 있는 마을이나 들.

**근교농업 近郊農業** 가까울 근 / 들 교 / 농사 농 / 업 업 | 농업 도시 주변에서 하는 농업. 채소, 과실, 꽃 등을 재배하여 도시에 내다 파는 상업적 농업.

**근근 僅僅** 겨우 근 / 겨우 근 | 어렵사리 겨우.

**근근도생 僅僅圖生** 겨우 근 / 겨우 근 / 그림 도 / 날 생 | 생활이 어려워 겨우겨우 살아감.

**근기 根氣** 뿌리 근 / 기운 기 | 근본이 되는 힘.

**근년 近年** 가까울 근 / 해 년(연) | 요 몇 해 사이.

**근농 勤農** 부지런할 근 / 농사 농 | 농사를 부지런히 지음.

**근대 近代** 가까울 근 / 시대 대 | 1. 얼마 지나가지 않은 가까운 시대  2. 중세와 현대의 사이. 우리나라에서는 일반적으로 1876년의 개항 이후부터 근대 시기가 시작되었다고 여긴다.

**근대화 近代化** 가까울 근 / 대신할 대 / 될 화 | 근대적인 상태가 됨.

**근대국가 近代國家** 가까울 근 / 대신할 대 / 나라 국 / 집 가 | 역사 중세 봉건 국가와 근세 절대주의 국가의 붕괴 후 근대에 성립한 국가. 근대 국가의 특징은, 법치주의, 인간의 자유와 평등, 기본권의 보장, 의회 정치 등을 특징으로 한다.

**근대소설 近代小說** 가까울 근 / 대신할 대 / 작을 소 / 말씀 설 | 문학 19세기 유럽에서 주로 사실주의나 자연주의에 바탕을 두고 현실과 사회와 인간 문제를 다룬 소설. 우리나라의 경우, 이광수의 〈무정〉을 근대소설의 효시로 본다.

**근대정신 近代精神** 가까울 근 / 대신할 대 / 정할 정 / 귀신 신 | 휴머니즘과 과학적 합리주의를 바탕으로 자연, 인간, 사회를 관찰하고 이해하는 정신.

**근동 近東** 가까울 근 / 동녘 동 | 유럽의 관점에서 본 동쪽 지역. 유럽과 가장 가까운 터키, 시리아 등의 아시아의 서쪽 지역을 가리킴.

**근력 筋力** 힘줄 근 / 힘 력(역) | 1. 근육의 힘  2. 일을 감당해 내는 힘.

**근로 勤勞** 부지런할 근 / 일할 로(노) | 부지런히 일함.

**근로하다 勤勞하다** 부지런할 근 / 일할 로(노) | 부지런히 일하다.

**근로계약 勤勞契約** 부지런할 근 / 일할 로(노) / 맺을 계 / 맺을 약 | 법률 근로자와 사용자 사이에 노무 제공과 임금 지급을 약속하는 계약.

**근로소득 勤勞所得** 부지런할 근 / 일할 로(노) / 바 소 / 얻을 득 | 피고용자가 노동을 하여 보수로 얻는 소득.

**근로보호법 勤勞保護法** 부지런할 근 / 일할 로(노) / 지킬 보 / 도울 호 / 법 법 | 법률 근로자의 권익 보호에 관한 법.

**근린 近鄰** 가까울 근 / 이웃 린(인) | 가까운 이웃.

**근면 勤勉** 부지런할 근 / 힘쓸 면 | 부지런히 일함.

**근면하다 勤勉하다** 부지런할 근 / 힘쓸 면 | 부지런히 일하다.

**근면성 勤勉性** 부지런할 근 / 힘쓸 면 / 성품 성 | 부지런한 품성.

**근무 勤務** 부지런할 근 / 힘쓸 무 | 직장에서 직무에 종사함.

**근무처 勤務處** 부지런할 근 / 힘쓸 무 / 곳 처 | 근무하는 일정한 곳.

**근묵자흑 近墨者黑** 가까울 근 / 먹 묵 / 사람 자 / 검을 흑 | 먹을 가까이하는 사람은 검어진다. 나쁜 사람과 가까이 지내면 같이 나쁜 버릇에 물들기 쉬움을 비유함. ≒ 근주자적(**近朱者赤** 붉은색을 가까이하면 붉어진다). ※ 참조: 먹을 가까이 하면 검어진다. 까마귀 노는 골에 백로야 가지 마라.

**근방 近方** 가까울 근 / 모 방 | 가까운 곳.

**근본 根本** 뿌리 근 / 근본 본 | 초목의 뿌리.

**근본주의 根本主義** 뿌리 근 / 근본 본 / 주인 주 / 뜻 의 | 근본을 따져서 생각하거나 평가하는 주의.

**근사 近似** 가까울 근 / 닮을 사 | 아주 비슷함. 거의 같음.

**근사하다 近似하다** 가까울 근 / 닮을 사 | 거의 같다. 그럴싸하다.

**근사치 近似値** 가까울 근 / 닮을 사 / 값 치 | 수학 근

삿값. 참값에 가까운 값.

**근성 根性** 뿌리 근 / 성품 성 | 태어날 때부터 지니고 있는 근본적인 성질.

**근세 近世** 가까울 근 / 인간 세 | 1. 오래되지 않은 가까운 세상 2.중세에 이어 근대가 시작되기 전의 시기. 우리나라에서는 조선 시대, 유럽에서는 르네상스로부터 현대에 이르기까지의 기간.

**근소 僅少** 겨우 근 / 적을 소 | 얼마 되지 않을 만큼 아주 적음.

**근소하다 僅少하다** 겨우 근 / 적을 소 | 얼마 되지 않을 만큼 아주 적다.

**근속 勤續** 부지런할 근 / 이을 속 | 한 일자리에서 계속 근무함.

**장기근속 長期勤續** 길 장 / 기약할 기 / 부지런할 근 / 이을 속 | 한곳에서 오래 근무를 계속함.

**근속연한 勤續年限** 부지런할 근 / 이을 속 / 해 연 (년) / 한할 한 | 어떤 일자리에서 계속 근무한 햇수.

**근수 斤數** 근 근 / 셈 수 | 저울에 단 무게의 수.

**근수축 筋收縮** 힘줄 근 / 거둘 수 / 줄일 축 | 의학 근육이 신경의 자극으로 수축하는 일.

**❶근시 近視** 가까울 근 / 볼 시 | 가까운 데 있는 것은 잘 보아도, 먼 데 있는 것은 잘 보지 못하는 시력.

**근시안 近視眼** 가까울 근 / 볼 시 / 눈 안 | 눈앞의 일에만 사로잡혀 멀리 내다보는 지혜가 없음을

비유함.

**❷근시 近侍** 가까울 근 / 모실 시 | 임금을 가까이에서 모시던 신하.

**근신 謹愼** 삼가다 근 / 삼가다 신 | 삼가고 조심함.

**근신하다 謹愼**하다 삼가다 근 / 삼가다 신 | 말이나 행동을 삼가고 조심하다.

**근엄 謹嚴** 삼갈 근 / 엄할 엄 | 점잖고 엄숙함.

**근엄하다 謹嚴**하다 삼갈 근 / 엄할 엄 | 점잖고 엄숙하다.

**근역 槿域** 무궁화 근 / 지역 역 | 끝이 없이 피어나는 무궁화가 많은 땅. '우리나라' 를 이르는 말 ≒ 근화향(槿花鄉).

**근엽 根葉** 뿌리 근 / 잎 엽 | 뿌리와 잎.

**근영 近影** 가까울 근 / 그림자 영 | 근래에 찍은 인물 사진.

**근왕 勤王** 부지런할 근 / 임금 왕 | 임금을 위하여 충성을 다함

**근위 近衛** 가까울 근 / 지킬 위 | 임금을 가까이에서 호위함

**근위병 近衛兵** 가까울 근 / 지킬 위 / 병사 병 | 임금을 가까이에서 호위하던 군인.

**근원 根源** 뿌리 근 / 근원 원 | 1. 물줄기가 나오기 시작하는 곳. 2. 근본이나 원인.

**근육 筋肉** 힘줄 근 / 고기 육 | 힘줄과 살. 동물의 운동을 맡은 기관.

**근육조직 筋肉組織** 힘줄 근 / 고기 육 / 짤 조 / 짤 직 | 수축하여 몸을 움직일 수 있도록 하는 조직.

**근육노동 筋肉勞動** 힘줄 근 / 고기 육 / 일할 노(로) / 움직일 동 | 육체를 움직여서 하는 노동. 육체노동.

**근육질 筋肉質** 힘줄 근 / 고기 육 / 바탕 질 | 근육처럼 연하면서 질긴 성질.

**근육통 筋肉痛** 힘줄근 / 고기육 / 아플통 | 의학 근육이 쑤시고 아픈 증상.

**근인 根因** 뿌리 근 / 인할 인 | 근본 원인. ↔ 원인

**근일 近日** 가까울 근 / 날 일 | 지금으로부터 가까운 날. 요사이.

**근자 近者** 가까울 근 / 놈 자 | 지금으로부터 며칠 동안. 요사이.

**근저 根底/根柢** 뿌리 근 / 밑 저 | 사물의 뿌리나 밑바탕. 사물의 기초.

**근절 根絶** 뿌리 근 / 끊을 절 | 다시 살아날 수 없도록 뿌리 뽑음.

**근절하다 根絶**하다 뿌리 근 / 끊을 절 | 다시 살아날 수 없도록 뿌리 뽑다.

**근접 近接** 가까울 근 / 이을 접 | 가까이 접근함.

**근접하다 近接**하다 가까울 근 / 이을 접 | 가까이 접근하다.

**근정 謹呈** 삼갈 근 / 드릴 정 | 물품이나 편지를 삼가 드림.

**근조 謹弔** 삼갈 근 / 조상할 조 | 사람의 죽음에 대

하여 삼가 슬픈 마음을 나타냄.

**근처 近處** 가까울 근 / 곳 처 | 가까운 곳.

**근친 近親** 가까울 근 / 친할 친 | 촌수가 가까운 일가(一家).

**근친혼 近親婚** 가까울 근 / 친할 친 / 혼인할 혼 | 가까운 일가끼리 하는 결혼.

**근하신년 謹賀新年** 삼갈 근 / 하례할 하 / 새 신 / 해 년(연) | '삼가 새해를 축하한다'는 뜻으로, 새해의 복을 비는 인사말.

**근해 近海** 가까울 근 / 바다 해 | 육지에서 가까운 바다.

**근해어업 近海漁業** 가까울 근 / 바다 해 / 고기 잡을 어 / 업 업 | 수산업 가까운 바다에서 하는 어업. 연안어업. ↔ 원양어업.

**근행 覲行** 뵐 근 / 다닐 행 | 시집간 딸이나 객지에 사는 자식들이 본가에 어버이를 뵈러 감.

**근화 槿花** 무궁화 근 / 꽃 화 | '무궁화'꽃. 우리나라의 국화(國花)이다.

**금 金** 금 금 | 노란 광택이 있는 금속 원소. 가늘고 얇게 펴지며 늘어나는 성질이 가장 크다. 화학적으로 매우 안정되고, 공기 중에서 산화되지 않아 녹이 슬지 않는다. 원자 번호는 79, 원소 기호는 Au.

**금강 金剛** 금 금 / 굳셀 강 | 1. '금강석(다이아몬드)'을 일상적으로 이르는 말 2. 매우 단단하여 결코 부서지지 않는 것을 비유.

**금강력 金剛力** 금 금 / 굳셀 강 / 힘 력(역) | 불교 금

강처럼 단단하여 온갖 사물과 번뇌를 깨뜨릴 만큼 강한 힘.

**❶금계 禁戒** 금할 금 / 경계할 계 | 못하도록 막고 경계함.

**❷금계 金鷄** 금 금 / 닭 계 | 동물 꿩과의 새. 수컷은 광택 있는 몸빛이 매우 화려하다.

**❸금계국 金鷄菊** 금 금 / 닭 계 / 국화 국 | 식물 국화과의 한해살이풀 또는 두해살이풀. 6~8월에 황금빛 꽃이 줄기 끝에 하나씩 핀다. 관상용으로 길가에 널리 심는다.

**❶금고 禁錮** 금하다 금 / 가두다 고 | 1. 가두어 둠 2. 교도소에 가두어 두기만 하고 노역은 시키지 않는 형벌. ≒ 금고형(禁錮刑).

**❷금고 金庫** 금 금 / 곳집 고 | 화재나 도난을 막기 위하여 귀중품을 보관하는 궤.

**금과옥조 金科玉條** 금 금 / 과목 과 / 구슬 옥 / 조문 조 | 금이나 옥처럼 귀중히 여겨 꼭 지켜야 할 법칙이나 규정.

**❶금관 金管** 쇠 금 / 대롱 관 | 금으로 만든 피리나 퉁소.

**금관악기 金管樂器** 쇠 금 / 대롱 관 / 노래 악 / 그릇 기 | 쇠붙이로 만든 관악기. 트럼펫, 트롬본, 호른 등. ≒ 브라스.

**❷금관 金冠** 금 금 / 갓 관 | 예전에, 주로 임금이 쓰던 황금으로 만든 관.

**금관조복 金冠朝服** 금 금 / 갓 관 / 아침 조 / 옷 복 | 조선 시대에 벼슬아치들이 입던 금관과 조복을 아울러 이르는 말.

**금광 金鑛** 금 금 / 쇳돌 광 | 금을 캐내는 광산.

**금괴 金塊** 금 금 / 덩어리 괴 | 황금의 덩이.

▶**금권 金權** 금 금 / 권세 권 | 재력으로 인해서 생기는 권세.

**금권만능 金權萬能** 금 금 / 권세 권 / 일 만 만 / 능할 능 | 돈만 있으면 모든 일을 다 할 수 있음.

**금권정치 金權政治** 금 금 / 권세 권 / 정사 정 / 다스릴 치 | 정치 금권과 결부되어 이루어지는 정치. 특히 금융 자본이나 산업 자본이 정치권력과 유착한 경우를 가리킨다.

**금력 金力** 금 금 / 힘 력(역) | 돈의 힘.

**금괴 金塊** 금 금 / 덩어리 괴 | 황금의 덩이.

▶**금기 禁忌** 금할 금 / 꺼릴 기 | 마음에 꺼려서 피함. 사용을 금지함.

**금기어 禁忌語** 금할 금 / 꺼릴 기 / 말씀 어 | 마음에 꺼려서 피하는 말. 관습, 신앙, 질병, 배설 등과 관련되는 경우가 많다.

**금녀 禁女** 금할 금 / 여자 녀(여) | 여자의 출입이나 접근을 금함.

**금년 今年** 이제 금 / 해 년(연) | 올해.

▶❶**금니 金니** 금 금 | 금으로 만든 이.

**금니박이 金니박이** 금 금 | 금니를 해 박은 사람.

❷**금니 金泥** 금 금 / 진흙 니(이) | 미술 아교에 개어 만든 금박 가루.

▶**금단 禁斷** 금할 금 / 끊을 단 | 어떤 행위를 못하도록 막음.

**금단증세 禁斷症勢** 금할 금 / 끊을 단 / 증세 증 / 형세 세 | 의학 습관성 약물 중독자가 섭취를 끊었을 때 일어나는 여러 현상. 두통, 불면, 흥분, 망상, 허탈감 등.

**금동 金銅** 금 금 / 구리 동 | 금으로 도금을 한 구리.

▶**금란 金蘭** 금 금 / 난초 란 | 쇠보다 견고하고, 난초보다 향기롭다. 매우 친밀한 사귐이나 두터운 우정을 가리킴.

**금란지교 金蘭之交** 금 금 / 난초 란 / 어조사 지 / 사귈 교 | 우정이 두터워 단단하기가 쇠를 자를 정도이고, 향내가 난초와 같은 사귐. 다정한 친구사이의 교제. = 금란지계(金蘭之契).

▶**금렵 禁獵** 금할 금 / 사냥 렵(엽) | 사냥을 못 하게 함.

**금렵기 禁獵期** 금할 금 / 사냥 렵(엽) / 기약할 기 | 사냥을 못하게 하는 기간.

**금령 禁令** 금할 금 / 하여금 령(영) | 어떤 행위를 못하게 하는 법령.

▶**금리 金利** 금 금 / 이로울 리(이) | 빌려준 돈이나 예금에 붙는 이자.

**금리정책 金利政策** 쇠 금 / 이로울 리(이) / 정사 정 / 꾀 책 | 경제 중앙은행이 금리를 올리거나 내려서 통화의 공급량을 조절하는 정책. 물가를 안정시키고 경기 변동을 조정한다.

**금린 錦鱗** 비단 금 / 비늘 린(인) | '비단 같은 비늘'

이라는 뜻으로, 아름다운 물고기를 이르는 말

**금마 金馬** 금 금 / 말 마 | 1. 금으로 만든 말  2. 금빛 나는 털을 가진 말.

**금맥 金脈** 금 금 / 줄기 맥 | 광업 금이 나는 광맥.

**금명간 今明間** 이제 금 / 내일 명 / 사이 간 | 곧. 오늘 내일 사이.

❶**금문 金文** 금 금 / 글월 문 | 1. 금빛이 나는 글자  2. 역사 임금의 명령을 적은 문서.  3. 역사 금석문. 예전에 청동기나 철기에 새긴 글자.

❷**금문 今文** 이제 금 / 글월 문 | 1. 지금 시대의 문장  2. 언어 중국 한대에 쓰던 문자. 진(秦)나라의 시황제가 정한 예서(隸書)를 이른다.

❸**금문 金門** 쇠 금 / 문 문 | 1. 금으로 장식한 문  2. 대궐의 문.

❹**금문 禁門** 금할 금 / 문 문 | 1. 출입을 금지한 문  2. 대궐의 문.

**금물 禁物** 금할 금 / 물건 물 | 해서는 안 되는 일.

**금박 金箔** 쇠 금 / 박 박 | 금을 두드려 아주 얇게 눌러서 종이처럼 만든 것.

**금박지 金箔紙** 성씨 김 / 박 박 / 종이 지 | 1. 금박 종이  2. 금빛이 나는 종이.

**금박댕기 金箔댕기** 성씨 김 / 박 박 | 금박으로 글자나 무늬를 입힌 댕기.

**금발 金髮** 금 금 / 터럭 발 | 금빛 나는 머리털.

**금방 今方** 이제 금 / 모 방 | 이제 곧. 바로 전.

**금배 金杯** 금 금 / 잔 배 | 금으로 만들거나 도금한 잔.

**금벌 禁伐** 금할 금 / 칠 벌 | 나무를 함부로 베는 것을 금함

**금비 金肥** 쇠 금 / 살찔 비 | 돈을 주고 사서 쓰는 거름. ≒ 화학비료

**금사 金沙** 성씨 김 / 모래 사 | 1. 황금 가루  2. 금빛으로 빛나는 고운 모래. 금모래.

❶**금삼 錦衫** 비단 금 / 적삼 삼 | 비단으로 만든 적삼.

❷**금삼 禁蔘** 금할 금 / 삼 삼 | 예전에 인삼의 수출을 금지하던 일.

❶**금상 金像** 금 금 / 모양 상 | 금으로 만들었거나 도금을 하여 만든 형상.

❷**금상 今上** 이제 금 / 윗 상 | 현재 왕위에 있음.

❸**금상첨화 錦上添花** 비단 금 / 윗 상 / 더할 첨 / 꽃 화 | 비단 위에 꽃을 더한다. 좋은 일 위에 또 좋은 일이 더하여짐. ↔ 설상가상(雪上加霜).

**금생 今生** 이제 금 / 날 생 | 지금 살고 있는 세상.

**금서 禁書** 금할 금 / 글 서 | 출판이나 판매를 금지한 책.

❶**금석 金石** 쇠 금 / 돌 석 | 쇠붙이와 돌. 매우 굳고 단단함을 비유.

**금석맹약 金石盟約** 쇠 금 / 돌 석 / 맹세 맹 / 맺을 약 | 쇠나 돌처럼 굳고 변함없는 약속. = 금석지약(金石之約).

**금석지교** 金石之交 쇠 금 / 돌 석 / 어조사 지 / 사귈 교 | 쇠나 돌처럼 굳고 변함없는 사귐.

**금석문** 金石文 쇠 금 / 돌 석 / 글월 문 | 금속이나 돌에 새겨진 글자. 고대의 역사나 문화를 연구하는데 귀중한 자료가 된다. = 금석문자(金石文字).

**금석학** 金石學 쇠 금 / 돌 석 / 배울 학 | 금속과 석재에 새겨진 글을 대상으로 언어와 문자를 연구하는 학문.

❷**금석지감** 今昔之感 이제 금 / 옛 석 / 어조사 지 / 느낄 감 | 지금과 옛날의 차이가 너무 심하여 생기는 느낌. ≒ 상전벽해(桑田碧海 뽕나무밭이 푸른 바다가 되듯이 아주 심한 변화를 가리킴.).

**금선** 琴線 거문고 금 / 줄 선 | 1. 가야금이나 거문고의 줄 2. 예민하게 느낄 수 있는 마음결을 비유.

❶**금성** 金星 금 금 / 별 성 | 태양계에서 태양에서 둘째로 가까운 행성. 지구에 가장 가까이 있는 천체로서 크기는 지구와 비슷하다. 저녁의 서쪽 하늘이나 새벽의 동쪽 하늘에서 볼 수 있다. 새벽에 보이는 금성은 '샛별', 저녁에 보이는 금성은 '개밥바라기' ≒ 루시퍼, 비너스, 요도성, 태백성(太白星).

❷**금성** 金城 쇠 금 / 성 성 | '쇠로 만든 성'이라는 뜻으로, '굳고 단단한 성'을 비유함.

**금성탕지** 金城湯池 쇠 금 / 재 성 / 끓다 탕 / 못 지 | 쇠로 만든 성과, 그 둘레에 파 놓은 뜨거운 물로 가득 찬 못. 방어 시설이 튼튼하게 잘되어 있는 성. 출전 〈한서(漢書)〉의 괴통전(蒯通傳).

**금세기** 今世紀 이제 금 / 인간 세 / 벼리 기 | 지금의 세기.

▶ **금속** 金屬 쇠 금 / 무리 속 | 쇠붙이. 열이나 전기를 잘 전도하고, 펴지고 늘어나는 성질이 풍부하며, 특수한 광택을 가진 물질.

**금속결합** 金屬結合 쇠 금 / 무리 속 / 맺을 결 / 합할 합 | 화학 금속 결정을 형성하는, 원자 사이의 화학적 결합.

▶ ❶**금송** 金松 금 금 / 소나무 송 | 식물 소나무와 비슷한 늘푸른큰키나무.

❷**금송** 禁松 금할 금 / 소나무 송 | 소나무를 베지 못하게 금하던 일.

▶ ❶**금수** 錦繡 비단 금 / 수놓을 수 | 수를 놓은 비단.

**금수강산** 錦繡江山 비단 금 / 수놓을 수 / 강 강 / 산 산 | 비단에 수를 놓은 것처럼 아름다운 우리 강산을 가리킴.

❷**금수** 禽獸 새 금 / 짐승 수 | '날짐승과 길짐승'이라는 뜻으로, '모든 짐승'을 이르는 말.

❸**금수품** 禁輸品 금할 금 / 보낼 수 / 물건 품 | 수출이나 수입이 금지된 물품.

▶ **금실** 琴瑟▽ 거문고 금 / 비파 슬 | 부부간의 사랑.

**금슬** 琴瑟 거문고 금 / 비파 슬 | 거문고와 비파. 부부사이를 나타내는 "금실"의 본딧말.

**금슬지락** 琴瑟之樂 거문고 금 / 비파 슬 / 어조사 지 / 즐거울 락 | 부부사이의 화목함..

**금시 今時** 이제 금 / 때 시 | 바로 지금. 이때.

**금시발복 今時發福** 이제 금 / 때 시 / 필 발 / 복 복 | 어떤 일을 한 뒤에 바로 복이 돌아와 부귀를 누리게 됨.

**금시초문 今時初聞/今始初聞** 이제 금/ 때 시 / 처음 초 / 들을 문 | 지금 처음으로 듣는 말. 갑작스럽고도 엉뚱한 말.

**금식 禁食** 금할 금 / 밥 식 | 음식을 먹지 않음.

**금액 金額** 금 금 / 이마 액 | 돈의 액수

**❶금어 禁漁** 금할 금 / 고기 잡을 어 | 고기잡이를 못하게 함.

**금어기 禁漁期** 금할 금 / 고기 잡을 어 / 기약할 기 | 어류의 번식과 보호를 위하여 고기잡이를 못하도록 하는 기간.

**❷금어 金魚** 금 금 / 물고기 어 | 불교 절에서 단청(丹靑)이나 불화(佛畫)를 그리는 승려.

**금언 金言** 금 금 / 말씀 언 | 귀중한 격언.

**금연 禁煙** 금할 금 / 연기 연 | 담배를 피우는 것을 금함.

**금오 金烏** 금 금 / 까마귀 오 | '해'를 달리 이르는 말

**금오옥토 金烏玉兔** 금 금 / 까마귀 오 / 구슬 옥 / 토끼 토 | '해와 달'을 아울러 이르는 말. 해 속에 까마귀가 있고, 달 속에 옥토끼가 있다는 전설에서 유래한다.

**금욕 禁慾** 금할 금 / 욕심 욕 | 욕구나 욕망을 억제하고 금함.

**금욕주의 禁慾主義** 금할 금 / 욕심 욕 / 주인 주 / 뜻 의 | 철학 정신적·육체적 욕망이나 세속적 명예나 이익을 탐하는 모든 욕심을 억제하여 종교나 도덕에서 이상을 성취하려는 주의. ≒ 극기주의.

**금융 金融** 금 금 / 녹을 융 | 금전을 융통하는 일

**금융시장 金融市場** 금 금 / 녹을 융 / 저자 시 / 마당 장 | 경제 자금의 수요와 공급이 만나 금리가 결정되고, 자금 거래가 이루어지는 시장을 통틀어 이르는 말.

**금융자본주의 金融資本主義** 금 금 / 녹을 융 / 재물 자 / 근본 본 / 주인 주 / 뜻 의 | 경제 금융자본이 경제 사회를 지배하는 자본주의의 한 형태.

**금은 金銀** 금 금 / 은 은 | 금과 은.

**금의야행 錦衣夜行** 비단 금 / 옷 의 / 밤 야 / 가다 행 | 비단옷을 입고 밤길을 다닌다. 자랑삼지 않으면 생색이 나지 않음. 아무 보람이 없는 일을 비유함. ↔ 금의환향(錦衣還鄉).

**금의환향 錦衣還鄉** 비단 금 / 옷 의 / 돌다 환 / 고향 향 | 비단옷을 입고 자랑스럽게 고향에 돌아온다. 타지에서 출세를 하여 태어난 고향에 돌아옴. ≒ 금귀(錦歸), 금환(錦還). ↔ 금의야행(錦衣夜行).

**금의옥식 錦衣玉食** 비단 금 / 옷 의 / 구슬 옥 / 음식 식 | 비단옷과 흰쌀밥. 호화스럽고 사치스러운 생활. ≒ 호의호식(好衣好食).

**금일 今日** 이제 금 / 날 일 | 오늘.

**금일봉 金一封** 쇠 금 / 한 일 / 봉할 봉 | 돈 봉투.

**금자동이** 金子童이 쇠 금 / 아들 자 / 아이 동 | 어린아이를 '금과 같이 귀하다'는 뜻으로 하는 말.

**금자탑** 金字塔 금 금 / 글자 자 / 탑 탑 | '金자 모양의 탑. 피라미드(Pyramid)를 한자(漢子)로 옮긴 말. 길이 후세에 남을 뛰어난 업적을 비유.

**금잔** 金盞 금 금 / 잔 잔 | 금으로 만든 술잔.

**❶금장** 金裝 금 금 / 꾸밀 장 | 금으로 장식함.

**❷금장** 金匠 금 금 / 장인 장 | 금속에 세공을 하는 일.

**❸금장하다** 金裝하다 금 금 / 꾸밀 장 | 금으로 장식하다.

**금전** 金錢 금 금 / 돈 전 | 돈. 상품 교환 가치의 척도가 되며 교환을 매개하는 수단.

**금전출납부** 金錢出納簿 금 금 / 돈 전 / 날 출 / 들일 납 / 문서 부 | 경제 돈이 나가고 들어오는 것을 적는 장부.

**금족** 禁足 금할 금 / 발 족 | 일정한 곳에 머무르게 하고 외출을 못하게 함.

**금족령** 禁足令 금할 금 / 발 족 / 하여금 령(영) | 외출을 금하는 명령.

**❶금주** 禁酒 금할 금 / 술 주 | 술을 마시지 못하게 함.

**금주법** 禁酒法 금할 금 / 술 주 / 법 법 | 법률 술을 만들거나 사고팔거나 운반하는 일을 금지하는 법.

**❷금주** 今週 이제 금 / 돌 주 | 이번 주일.

**금준** 金樽 금 금 / 술통 준 | 금으로 화려하게 만든 술통.

**금줄** 金줄 금 금 | 금실을 꼬아서 만든 줄.

**금줄** 禁줄 금할 금 | 민속 부정한 것의 접근을 막기 위하여 문간에 가로 건너질러 매는 새끼줄. 주로 아이를 낳았을 때에 사용한다.

**금지** 禁止 금할 금 / 그칠 지 | 못하게 함.

**금지하다** 禁止하다 금할 금 / 그칠 지 | 못하게 하다.

**금지구역** 禁止區域 금할 금 / 그칠 지 / 구분할 구 / 지경 역 | 함부로 드나들지 못하도록 정해 놓은 구역.

**금지옥엽** 金枝玉葉 금 금 / 가지 지 / 옥 옥 / 잎 엽 | 1. '금으로 된 가지와 옥으로 된 잎'처럼 귀한 자손을 이르는 말 2. 임금의 가족을 높여 이르는 말.

**금지환** 金指環 금 금 / 가리킬 지 / 고리 환 | 금가락지.

**금채** 錦采 비단 금 / 풍채 채 | 비단 옷감.

**금치산자** 禁治産者 금할 금 / 다스릴 치 / 낳을 산 / 놈 자 | 법률 법원에서 심신 상실의 상태에 있어 자기 재산의 관리·처분을 못하게 하는 선고를 받은 사람.

**금칙** 禁飭 금할 금 / 신칙할 칙 | 하지 못하게 타이름.

**❶금침 衾枕** 이불 금 / 베개 침 | 이부자리와 베개.

**원앙금침 鴛鴦衾枕** 원앙 원 / 원앙 앙 / 이불 금 / 베개 침 | 원앙을 수놓은 이불과 베개.

**❷금침 金針** 금 금 / 바늘 침 | 금으로 만든 바늘.

**금탑 金塔** 금 금 / 탑 탑 | 황금으로 만든 탑.

**금테 金테** 금 금 | 금으로 만든 테.

**금테안경 金테眼鏡** 금 금 / 눈 안 / 거울 경 | 금이나 금빛 나는 재료로 만든 테가 있는 안경.

**금품 金品** 금 금 / 물건 품 | 돈과 물품.

**금하다 禁하다** 금할 금 | 어떤 일을 못하게 말리다.

**금현 琴絃** 거문고 금 / 줄 현 | 거문고의 줄.

**❶금혼 禁婚** 금할 금 / 혼인할 혼 | 혼인을 못 하게 금함.

**❷금혼식 金婚式** 금 금 / 혼인할 혼 / 법 식 | 서양 풍속에서, 결혼한 지 50주년을 기념하는 의식.

**금화 金貨** 금 금 / 재물 화 | 금으로 만든 돈.

**금후 今後** 이제 금 / 뒤 후 | 지금으로부터 뒤에.

**급감 急減** 급할 급 / 덜 감 | 급작스럽게 줄어듦.

**급감하다 急減하다** 급할 급 / 덜 감 | 급작스럽게 줄어들다.

**급강하 急降下** 급할 급 / 내릴 강 / 아래 하 | 갑자기 빠른 속도로 내려감. ↔ 급상승.

**급격하다 急激하다** 급할 급 / 격할 격 | 급하고 격렬하다.

**급경사 急傾斜** 급할 급 / 기울 경 / 비낄 사 | 몹시 가파른 경사.

**급급하다 汲汲하다** 길을 급 / 길을 급 | 한 가지 일에만 정신을 쏟아 다른 일을 할 여유가 없다.

**급기야 及其也** 미칠 급 / 그 기 / 잇기 야 | 마침내.

**급등 急騰** 급할 급 / 오를 등 | 갑자기 오름.

**급등하다 急騰하다** 급할 급 / 오를 등 | 갑자기 오르다.

**급락 急落** 급할 급 / 떨어질 락(낙) | 갑자기 떨어짐.

**급락하다 急落하다** 급할 급 / 떨어질 락(낙) | 갑자기 떨어지다.

**급랭 急冷** 급할 급 / 찰 랭(냉) | 급속히 얼리거나 식힘.

**급랭하다 急冷하다** 급할 급 / 찰 랭(냉) | 급속히 얼리거나 식히다.

**급료 給料** 줄 급 / 헤아릴 료(요) | 일에 대한 대가로 주거나 받는 돈.

**급류 急流** 급할 급 / 흐를 류(유) | 빠른 속도로 흐름.

**급매 急賣** 급할 급 / 팔 매 | 물품을 급히 팖.

**급매하다 急賣하다** 급할 급 / 팔 매 | 물품을 급히 팔다.

**급무 急務** 급할 급 / 힘쓸 무 | 빨리 처리하여야 할 일.

**최급무 最急務** 가장 최 / 급할 급 / 힘쓸 무 | 가장 급한 일.

**급선무 急先務** 급할 급 / 먼저 선 / 힘쓸 무 | 가장 먼저 서둘러야 할 일.

**급박 急迫** 급할 급 / 핍박할 박 | 매우 급함

**급박하다 急迫하다** 급할 급 / 핍박할 박 | 매우 급하다.

**급변 急變** 급할 급 / 변할 변 | 1. 갑자기 변함 2. 갑자기 일어난 변고.

**급변하다 急變하다** 급할 급 / 변할 변 | 갑자기 변하다.

**급보 急報** 급할 급 / 갚을 보 | 급한 소식.

**급부 給付** 줄 급 / 줄 부 | 재물을 대어 줌.

**반대급부 反對給付** 돌이킬 반 / 대할 대 / 줄 급 / 줄 부 | 어떤 일에 대응하여 얻게 되는 이익.

**급상승 急上昇** 급할 급 / 윗 상 / 오를 승 | 갑자기 올라감.

**급상승하다 急上昇하다** 급할 급 / 윗 상 / 오를 승 | 갑자기 올라가다.

❶**급서하다 急逝하다** 급할 급 / 갈 서 | 세상을 빨리 떠나다. '급사하다'의 높임말.

❷**급서 急書** 급할 급 / 글 서 | 급한 일을 알리는 편지.

**급선회 急旋回** 급할 급 / 돌 선 / 돌아올 회 | 급히 돌아 섬.

**급선회하다 急旋回하다** 급할 급 / 돌 선 / 돌아올 회 | 급히 돌아 서다.

**급성 急性** 급할 급 / 성품 성 | 갑자기 나타나서 빠르게 진행됨.

**급성질환 急性疾患** 급할 급 / 성품 성 / 병 질 / 근심 환 | 의학 갑자기 생기거나 악화하는 병

**급소 急所** 급할 급 / 바 소 | 1. 조금만 다쳐도 생명에 지장을 주는 몸의 중요한 부분 2. 사물의 가장 중요한 곳.

**급속도 急速度** 급할 급 / 빠를 속 / 법도 도 | 매우 빠른 속도.

**급송 急送** 급할 급 / 보낼 송 | 급히 보냄.

**급송하다 急送하다** 급할 급 / 보낼 송 | 급히 보내다.

**급수 給水** 줄 급 / 물 수 | 물을 줌.

**급수하다 給水하다** 줄 급 / 물 수 | 물을 주다.

**급습 急襲** 급할 급 / 엄습할 습 | 갑자기 공격함.

**급습하다 急襲하다** 급할 급 / 엄습할 습 | 갑자기 공격하다.

**급식 給食** 줄 급 / 밥 식 | 식사를 공급함.

**급식하다 給食하다** 줄 급 / 밥 식 | 식사를 공급하다.

**급여 給與** 줄 급 / 더불 여 | 돈이나 물품을 줌.

**급우 級友** 등급 급 / 벗 우 | 같은 학급에서 공부하는 친구.

**급유 給油** 줄 급 / 기름 유 | 연료를 보급함.

**급유하다 給油**하다 줄 급 / 기름 유 | 연료를 보급하다.

**❶급전 急錢** 급할 급 / 돈 전 | 급하게 쓸 돈.

**❷급전 急傳** 급할 급 / 전할 전 | 급히 전함.

**급정거 急停車** 급할 급 / 머무를 정 / 수레 거 | 갑자기 멈춰 섬.

**급정거하다 急停車**하다 급할 급 / 머무를 정 / 수레 거 | 갑자기 멈춰 서다.

**급정지 急停止** 급할 급 / 머무를 정 / 그칠 지 | 갑자기 멈춤.

**급제 及第** 미칠 급 / 차례 제 | 시험이나 검사에 합격함.

**급제하다 及第**하다 미칠 급 / 차례 제 | 시험이나 검사에 합격하다.

**급조 急造** 급할 급 / 지을 조 | 급히 만듦.

**급조하다 急造**하다 급할 급 / 지을 조 | 급히 만들다.

**급증 急增** 급할 급 / 더할 증 | 갑작스럽게 늘어남.

**급증하다 急增**하다 급할 급 / 더할 증 | 갑작스럽게 늘어나다.

**급진 急進** 급할 급 / 나아갈 진 | 서둘러 급히 나아감. ↔ 점진(漸進 천천히 나아감).

**급진적 急進的** 급할 급 / 나아갈 진 / 과녁 적 | 1. 빠르고 급하게 이루어지는 2. 목적이나 이상을 급히 실현하고자 하는. ↔ 점진적(漸進的).

**급진주의 急進主義** 급할 급 / 나아갈 진 / 주인 주 / 뜻 의 | 사회적 이상을 실현하기 위하여, 현재의 사회제도나 정치체제를 급격하게 변혁하려는 주의.

**급체 急滯** 급할 급 / 막힐 체 | 갑작스럽게 체함.

**급파 急派** 급할 급 / 갈래 파 | 급히 파견함.

**급파하다 急派**하다 급할 급 / 갈래 파 | 급히 파견하다.

**급하다 急**하다 급할 급 | 바삐 서두르다.

**급행 急行** 급할 급 / 다닐 행 | 빨리 감.

**급행열차 急行列車** 급할 급 / 다닐 행 / 벌일 열(렬) / 수레 차 | 큰 역에만 정차하는, 운행 속도가 빠른 열차.

**급회전 急回轉** 급할 급 / 돌아올 회 / 구를 전 | 갑작스럽게 돌아 섬.

**급회전하다 急回轉**하다 급할 급 / 돌아올 회 / 구를 전 | 갑작스럽게 돌아 서다.

**급훈 級訓** 등급 급 / 가르칠 훈 | 학급에서 목표로 정한 덕목.

**궁구하다 窮究**하다 다할 궁 / 연구할 구 | 속속들이 파고들어 깊게 연구하다. ≒ 고구하다, 궁리하다, 연구하다.

**긍긍하다 兢兢**하다 떨릴 긍 / 떨릴 긍 | 삼가고 두려워하다

**긍정 肯定** 고개 끄덕일 긍 / 정할 정 | 그러하거나 옳다고 인정함.

**긍정적 肯定的** 즐길 긍 / 정할 정 / 과녁 적 | 1. 그러하거나 옳다고 인정하는 것 2. 바람직한 것.

**긍지 矜持** 자랑할 긍 / 가지다지 | 당당함. 자랑스러움.

**긍휼 矜恤** 가엾게 여길 긍 / 도와줄 휼 | 불쌍히 여겨 돌보아 줌.

**기 氣** 기운 기 | 1. 활동하는 힘 2. 숨 쉴 때 나오는 기운.

**기각 棄却** 버릴 기 / 물리칠 각 | 법률 소송을 수리한 법원이, 그 내용이 이유가 없다고 판단하여 소송을 종료하는 일.

**❶기간 期間** 기약할 기 / 사이 간 | 어느 때부터 다른 어느 때까지의 사이.

**❷기간 基幹** 터 기 / 줄기 간 | 가장 근본이 되거나 중심이 되는 줄거리.

**기간산업 基幹産業** 터 기 / 줄기 간 / 낳을 산 / 업 업 | 경제 한 나라 산업의 기초가 되는 산업. 전력·철강·가스·석유 산업 등이 있다.

**기갈 飢渴** 주릴 기 / 목마를 갈 | 배고픔과 목마름.

**기갈 들다 飢渴**들다 주릴 기 / 목마를 갈 | 몹시 배고프고 목마르다. 굶주려서 음식을 탐내다.

**기갑 機甲** 틀 기 / 갑옷 갑 | 전차, 장갑차와 같이 기동력과 기계력을 갖춘 병기로 무장함.

**기갑부대 機甲部隊** 틀 기 / 갑옷 갑 / 떼 부 / 무리 대 | 군사 전차와 장갑차를 주력으로 삼아 기동력과 화력을 높인 작전 부대.

**기강 紀綱** 벼리 기 / 벼리 강 | 법도와 질서.

**❶기개 氣槪** 기운 기 / 대개 개 | 기상과 절개.

**❷기개세 氣蓋勢** 기운 기 / 덮을 개 / 인간 세 | 기세가 세상을 덮을 만큼 왕성함.

**기거 起居** 일어날 기 / 살 거 | 일정한 곳에서 먹고 자는 일상적인 생활을 하며 지냄.

**기거하다 起居**하다 일어날 기 / 살 거 | 일정한 곳에서 먹고 자는 일상적인 생활을 하다.

**기겁 氣怯** 기운 기 / 겁낼 겁 | 숨이 막힐 듯이 갑작스럽게 겁을 내며 놀람.

**기겁하다 氣怯**하다 기운 기 / 겁낼 겁 | 숨이 막힐 듯이 갑작스럽게 겁을 내며 놀라다.

**기결 旣決** 이미 기 / 결단할 결 | 이미 결정함.

**기결수 旣決囚** 이미 기 / 결단할 결 / 가둘 수 | 법률 유죄판결을 받고 형의 집행을 받고 있는 사람.

**기계 機械** 틀 기 / 기계 계 | 1. 동력을 써서 움직이거나 일을 하는 장치 2. 생각이나 행동이 정확하거나 판에 박은 듯한 사람을 비유함.

**기계공업 機械工業** 틀 기 / 기계 계 / 장인 공 / 업 업 | 기계를 사용하여 새로운 물품을 만드는 산업.

**기계론 機械論** 틀 기 / 기계 계 / 논할 론(논) 철학 모든 현상을 자연적 인과 관계와 역학적 법칙으로 설명하려는 이론.

**기계문명 機械文明** 틀 기 / 기계 계 / 글월 문 / 밝을 명 | 산업 혁명 이후 기계를 써서 이룩한 현대 물질문명.

**기계화 機械化** 틀 기 / 기계 계 / 될 화 | 1. 사람이나 동물이 하는 노동을 기계가 대신함 2. 사람의 행동이 자주성, 창조성을 잃고 기계적으로 됨.

❶**기고 寄稿** 부칠 기 / 원고 고 | 신문, 잡지 등에 싣기 위하여 원고를 써서 보냄. ≒ 투고(投稿).

**기고하다 寄稿**하다 부칠 기 / 원고 고 | 신문, 잡지 등에 싣기 위하여 원고를 써서 보내다. ≒ 투고(投稿).

**기고자 寄稿者** 부칠 기 / 볏짚 고 / 사람 자 | 신문, 잡지 등에 싣기 위하여 원고를 보낸 사람.

❷**기고만장 氣高萬丈** 기운 기/ 높을 고/ 일 만 만 / 길이 장 | 높이 뛰어 오를 만큼 기세가 대단함.

**기곡 祈穀** 빌 기 / 곡식 곡 | 농사가 잘되기를 기원함.

**기곡제 祈穀祭** 빌 기 / 곡식 곡 / 제사 제 | 역사 임금이 친히 한 해의 농사가 잘되기를 빌며 음력 정월에 지내던 제사.

**기골 氣骨** 기운 기 / 뼈 골 | 1. 기혈과 뼈대 2. 건장하고 튼튼한 체격.

**기공식 起工式** 일어날 기 / 장인 공 / 법 식 | 토목이나 건축 공사를 시작할 때에 하는 의식.

**기관 機關** 틀 기 / 관계할 관 | 1. (과학) 화력·수력·전력 등의 에너지를 기계적 에너지로 바꾸는 기계 장치 2. 어떤 역할과 목적을 위하여 설치한 기구나 조직.

**기괴 奇怪** 기특할 기 / 괴이할 괴 | 괴상하고 기이함.

**기괴하다 奇怪**하다 기특할 기 / 괴이할 괴 | 괴상하고 기이하다.

**기괴망측하다 奇怪罔測**하다 기특할 기 / 괴이할 괴 / 그물 망 / 헤아릴 측 | 괴상하고 기이하여 느낌이 좋지 아니하다.

**기교 技巧** 재주 기 / 공교할 교 | 교묘한 기술이나 솜씨.

**기교파 技巧派** 재주 기 / 공교할 교 / 갈래 파 | 예술 창작에서 내용보다 표현의 형식미에 중점을 두는 유파.

❶**기구 機構** 틀 기 / 얽을 구 | 어떤 목적을 위하여 구성한 조직이나 기관.

❷**기구 祈求** 빌 기 / 구할 구 | 원하는 바가 실현되도록 빌고 바람. ≒ 기원.

**기구하다 祈求**하다 빌 기 / 구할 구 | 원하는 바가 실현되도록 빌고 바라다.

❸**기구 氣球** 기운 기 / 공 구 | 커다란 주머니에 공기보다 가벼운 수소나 헬륨 같은 기체를 넣어, 공중에 높이 올라가도록 만든 물건.

❹**기구하다 崎嶇**하다 험할 기/ 험할 구 | 험하다. 순탄하지 못하다.

**❶기국 器局** 그릇 기 / 판 국 | 사람의 재능과 도량.

**❷기국 旗國** 기 기 / 나라 국 | 배의 국적을 알리기 위하여 게양하는 국기.

**기국주의 旗國主義** 기 기 / 나라 국 / 주인 주 / 뜻 의 | 〔법률〕 공해상의 배나 항공기는 달고 있는 국기가 표시하는 나라만이 관할권을 갖는다는 국제법상의 일반 원칙.

**기권 棄權** 버릴 기 / 권세 권 | 권리를 스스로 포기하고 행사하지 아니함.

**기권하다 棄權하다** 버릴 기 / 권세 권 | 권리를 스스로 포기하고 행사하지 않다.

**기근 饑饉/飢饉** 굶을 기 / 주리다 근 | 굶주림.

**기금 基金** 터 기 / 쇠 금 | 기본적인 자금.

**기급 氣急** 기운 기 / 급할 급 | 숨이 막힐 듯이 놀랍고 두려움.

**기급하다 氣急하다** 기운 기 / 급할 급 | 숨이 막힐 듯이 겁을 내며 놀라다.

**기기 機器/器機** 틀 기 / 그릇 기 | 기구와 기계.

**기기묘묘하다 奇奇妙妙하다** 기특할 기 / 기특할 기 / 묘할 묘 / 묘할 묘 | 몹시 기이하고 묘하다.

**기내 機內** 틀 기 / 안 내 | 비행기의 안

**기내식 機內食** 틀 기 / 안 내 / 밥 식 | 비행기 안에서 승객에게 제공되는 식사.

**기년체 紀年體** 벼리 기 / 해 년(연) / 몸 체 | 역사적으로 중요한 사실을 연대순으로 기록하는 역사 기술 방법. ≒ 편년체.

**편년체 編年體** 엮을 편 / 해 년(연) / 몸 체 | 역사적 사실을 연대순으로 기록하는 역사 기술 방법.

**기전체 紀傳體** 벼리 기 / 전할 전 / 몸 체 | 역사적 인물의 전기(傳記)를 중심으로 역사를 기술하는 방법. 사마천의 〈사기(史記)〉에서 비롯되었다.

**기념 紀念/記念** 벼리 기 / 생각 념(염) | 어떤 뜻 깊은 일을 잊지 아니하고 마음에 간직함.

**기념하다 紀念/記念하다** 벼리 기 / 생각 념(염) | 어떤 뜻 깊은 일을 잊지 아니하고 마음에 간직하다.

**기념비적 紀念碑的** 벼리 기 / 생각 념(염) / 비석 비 / 과녁 적 | 오래도록 잊지 아니할 만한 가치가 있는 것.

**기념일 紀念日** 벼리 기 / 생각 념(염) / 날 일 | 해마다 그 일이 있었던 날을 기념하는 날.

**기능 機能** 틀 기 / 능할 능 | 구실이나 작용.

**기능주의 機能主義** 틀 기 / 능할 능 / 주인 주 / 뜻 의 | 본질이나 내용보다도 기능이나 작용을 중시하는 주의.

**기단 氣團** 기운 기 / 둥글 단 | 비슷한 온도와 습도를 가지고 넓은 지역에 퍼져 있는 공기 덩어리. ※ 적도 기단. 열대 기단. 북극 기단 등.

**기담 奇談/奇譚** 기특할 기 / 말씀 담 | 기이한 이야기. 이상야릇한 이야기.

**기대 期待 / 企待** 기약할 기 / 기다릴 대 | 이루어지

기를 바라고 기다림.

**기대하다 期待/企待**하다 기약할 기 / 기다릴 대 | 이루어지기를 바라고 기다리다.

**기대치 期待値** 기약할 기 / 기다릴 대 / 값 치 |
1. 이루어지리라 기대하였던 목표의 정도
2. 수학 어떤 사건이 일어날 때 얻어지는 양과 그 사건이 일어날 확률을 곱하여 얻어지는 가능성의 값. 가망치.

**❶기도 企圖** 꾀할 기 / 그림 도 | 어떠한 것을 이루려고 꾀함.

**기도하다 企圖**하다 꾀할 기 / 그림 도 | 어떤 일을 이루도록 꾀하다.

**❷기도 祈禱** 빌 기 / 빌 도 | 인간보다 뛰어나다고 생각하는 절대적 존재에게 빎.

**기도하다 祈禱**하다 빌 기 / 빌 도 | 인간보다 뛰어나다고 생각하는 절대적 존재에게 빌다.

**❸기도 氣道** 기운 기 / 길 도 | 의학 숨길. 호흡할 때 공기가 지나가는 길.

**기독 基督** 터 기 / 감독할 독 | 기독교 '그리스도'의 음역어.

**기독강탄절 基督降誕節** 터 기 / 감독할 독 / 내릴 강 / 낳을 탄 / 마디 절 | 기독교 크리스마스. 예수의 성탄을 축하하는 명절.

**기동 機動** 틀 기 / 움직일 동 | 때에 맞추어 재빠르게 움직임.

**기동성 機動性** 틀 기 / 움직일 동 / 성품 성 | 때에 맞추어 재빠르게 움직이거나 상황에 대처함.

**기득 既得** 이미 기 / 얻을 득 | 이미 얻어서 차지함.

**기득권 既得權** 이미 기 / 얻을 득 / 권리 권 | 이미 차지하고 있는 권리.

**기라성 綺羅星** 비단 기 / 벌일 라(나) / 별 성 | '밤하늘에 반짝이는 무수한 별'이라는 뜻으로, 신분이 높거나 이름 난 이들이 호화롭게 모여 있는 것을 비유함.

**기략 機略** 틀 기 / 간략할 략(약) | 상황에 맞춰 문제를 재치 있게 처리할 수 있는 슬기.

**기량 器量** 그릇 기 / 헤아릴 량(양) | 사람의 재능과 도량.

**기력 氣力** 기운 기 / 힘 력(역) | 사람의 몸으로 활동할 수 있는 육신의 힘

**❶기로 岐路** 나뉠 기 / 길 로 | 나누어진 길. 여러 갈래로 갈린 길.

**❷기로 耆老** 늙을 기 / 늙을 로(노) | 연로하고 덕이 높은 사람. 기(耆)는 예순 살을, 노(老)는 일흔 살을 이른다.

**기로소 耆老所** 늙을 기 / 늙을 로(노) / 바 소 | 역사 조선 시대에, 70세가 넘는 정이품 이상의 문관들을 예우하기 위하여 설치한 기구.

**기록 記錄** 기록할 기 / 기록할 록(녹) | 어떤 사실을 적음.

**기록하다 記錄**하다 기록할 기 / 기록할 록(녹) | 어떤 사실을 적다.

**기록적 記錄的** 기록할 기 / 기록할 록(녹) / 과녁 적 | 기록에 남을 만한 것.

**기록문학 記錄文學** 기록할 기 / 기록할 록(녹) / 글월 문 / 배울 학 | 문학 | 문자로 기록되어 전해지는 문학. 르포, 르포르타주, 보고문학 등.

**기록사진 記錄寫眞** 기록할 기 / 기록할 록(녹) / 베낄 사 / 참 진 | 어떤 일의 기록을 위하여 찍은 사진.

▶**기롱 譏弄** 비웃을 기 / 희롱할 롱(농) | 실없는 말로 놀림.

**기롱하다 譏弄하다** 비웃을 기 / 희롱할 롱(농) | 실없는 말로 놀리다.

▶**기뢰 機雷** 틀 기 / 우레 뢰(뇌) | 군사 | 적의 함선을 파괴하기 위하여 물속에 설치한 폭탄.

**기뢰탐지기 機雷探知機** 틀 기 / 우레 뢰(뇌) / 찾을 탐 / 알 지 / 틀 기 | 군사 | 기뢰의 위치를 알아내는 전기나 자기 장치.

**기류 氣流** 기운 기 / 흐를 류(유) | 공기의 흐름.

▶**기립 起立** 일어날 기 / 서다 립 | 일어섬.

**기립하다 起立하다** 일어날 기 / 서다 립 | 일어서다.

**기마 騎馬** 말 탈 기 / 말 마 | 승마.

**기마병 騎馬兵** 말 탈 기 / 말 마 / 병사 병 | 말을 타고 싸우는 병사

▶**기만 欺瞞** 속일 기 / 속일 만 | 남을 속여 넘김.

**기만하다 欺瞞하다** 속일 기 / 속일 만 | 남을 속여 넘기다.

▶**기망 欺罔** 속일 기 / 그물 망 | 남을 속여 넘김.

**기망하다 欺罔하다** 속일 기 / 그물 망 | 남을 속여 넘기다.

**기맥 氣脈** 기운 기 / 줄기 맥 | 기혈과 맥락.

**기면 嗜眠** 즐길 기 / 잘 면 | 항상 졸거나 잠이 들어 있는 상태.

▶❶**기명 記名** 기록할 기 / 이름 명 | 이름을 적음.

❷**기명 器皿** 그릇 기 / 그릇 명 | 그릇.

**기명도 器皿圖** 그릇 기 / 그릇 명 / 그림 도 | 미술 | 진귀한 그릇을 그린 그림.

❸**기명 記銘** 기록할 기 / 새길 명 | 기억 과정에서 새로운 일을 먼저 마음속에 새기는 일.

▶**기묘 奇妙** 기특할 기 / 묘할 묘 | 생김새가 이상하고 묘함.

**기묘하다 奇妙하다** 기특할 기 / 묘할 묘 | 생김새가 이상하고 묘하다.

▶**기무 機務** 틀 기 / 힘쓸 무 | 중요하고 비밀한 사무.

**기무처 機務處** 틀 기 / 힘쓸 무 / 곳 처 | 역사 | 조선 후기에, 정치·군사에 관한 일체의 사무를 맡아보던 관아. 고종 31년(1894)에 설치한 것으로, 갑오개혁의 중추적 역할을 하였다.

**기문 記文** 기록할 기 / 글월 문 | 기록한 문서.

**기물 器物** 그릇 기 / 물건 물 | 살림살이에 쓰는 그릇.

▶❶**기미 幾微/機微** 몇 기 / 작을 미 | 낌새. 조짐.

❷기미 氣味 기운 기 / 맛 미 | 1. 냄새와 맛  2. 기분이나 취미.

❸기미 羈縻/羇縻 굴레 기 / 고삐 미 | '굴레와 고삐'라는 뜻으로, 속박하거나 견제함을 비유함.

❶기민 機敏 틀 기 / 민첩할 민 | 눈치가 바르고 동작이 날쌘 것.

기민하다 機敏하다 틀 기 / 민첩할 민 | 눈치가 바르고 동작이 날쌔다.

기민성 機敏性 틀 기 / 민첩할 민 / 성품 성 | 눈치가 빠르고 동작이 날쌘 성질.

❷기민 飢民/饑民 주릴 기 / 백성 민 | 굶주린 백성.

기밀 機密 틀 기 / 빽빽할 밀 | 외부에 드러내서는 안 될 중요한 비밀.

기밀누설죄 機密漏泄罪 틀 기 / 빽빽할 밀 / 샐 누(루) / 샐 설 / 허물 죄 | 군사 정치나 군사에서 기밀을 탐지하고 수집하여 외국이나 적군에게 알려 줌으로써 성립하는 범죄.

기박하다 奇薄하다 기특할 기 / 엷을 박 | 운수가 사납고 복이 없다.

기반 基盤 터 기 / 소반 반 | 기초가 되는 바탕. 사물의 토대.

기발 奇拔 기이할 기 / 빼어날 발 | 기이하고 뛰어남.

기발하다 奇拔하다 기이할 기 / 빼어날 발 | 기이하고 뛰어나다. 진기하게 빼어나다. ↔ 평범하다(平凡)

기백 氣魄 기운 기 / 넋 백 | 씩씩하고 굳센 정신.

기범선 機帆船 틀 기 / 돛 범 / 배 선 | 동력 기관과 돛을 함께 갖춘 배.

기법 技法 재주 기 / 법 법 | 기교와 방법.

기벽 奇癖 기특할 기 / 버릇 벽 | 기이한 버릇

기별 奇別 기특할 기 / 나눌 별 | 소식을 전함.

기별하다 奇別하다 기특할 기 / 나눌 별 | 다른 곳에 있는 사람에게 소식을 전하다.

❶기병 騎兵 말 탈 기 / 병사 병 | 군사 말을 타고 싸우는 병사.

❷기병 起兵 일어날 기 / 병사 병 | 군사 군사를 일으킴.

기병하다 起兵하다 일어날 기 / 병사 병 | 군사 군사를 일으키다.

기보 棋譜/碁譜 바둑 기 / 족보 보 | 1. 바둑이나 장기 두는 법을 적은 책  2. 바둑이나 장기를 둔 내용의 기록.

❶기복 祈福 빌 기 / 복 복 | 복을 빎.

기복 신앙 祈福信仰 빌 기 / 복 복 / 믿을 신 / 우러를 앙 | 종교 복 받기를 기원하는 신앙.

❷기복 起伏 일어날 기 / 엎드릴 복 | 1. 일어났다 엎드림  2. 성하였다가 쇠함.

기본 基本 터 기 / 근본 본 | 사물이나 기초와 바탕.

기본급 基本給 터 기 / 근본 본 / 줄 급 | 수당을 제

외한 기본 급료.

**기본소득 基本所得** 터 기 / 근본 본 / 바 소 / 얻을 득 | 경제 재산이나 근로 여부에 상관없이, 모든 사회 구성원에게 무조건적으로 지급하는 소득.

**기본욕구 基本欲求** 터 기 / 근본 본 / 하고자 할 욕 / 구할 구 | 심리 생명을 유지하고 종족을 보존하는 데 꼭 필요한 생리적 욕구. 먹고, 마시고, 잠자고, 배설하는 등의 욕구이다.

**기부 寄附** 부칠 기 / 붙을 부 | 돈이나 물건을 대가 없이 내놓음.

**기부하다 寄附하다** 부칠 기 / 붙을 부 | 돈이나 물건을 대가 없이 내놓다.

**기부금 寄附金** 부칠 기 / 붙을 부 / 쇠 금 | 자선사업이나 공공사업을 위하여 대가 없이 내놓은 돈.

**기분 氣分** 기운 기 / 분위기 분 | 감정이나 분위기.

**기분파 氣分派** 기운 기 / 분위기 분 / 갈래 파 | 순간적인 자기 기분에 따라 움직이는 사람.

**❶기사 記事** 기록할 기 / 일 사 | 신문이나 잡지 등에서, 어떤 사실을 알리는 글.

**❷기사 騎士** 말 탈 기 / 선비 사 | 말을 탄 무사

**기사도 騎士道** 말 탈 기 / 선비 사 / 길 도 | 중세 유럽에서, 기사로서 지켜야 했던 도덕.

**❸기사 技士** 재주 기 / 선비 사 | 1. '운전사'를 높여 이르는 말 2. 공학적 지식을 가지고 기술

업무를 수행할 수 있는, 기술 자격 시험에 합격한 사람.

**기사회생 起死回生** 일어날 기 / 죽다 사 / 돌다 회 / 살다 생 | 1. 죽은 사람을 일으켜 다시 살리다 2. 거의 죽을 뻔했다가 도로 살아남. 간신히 위기에서 벗어남.

**기산일 起算日** 일어날 기 / 셈 산 / 날 일 | 날짜 계산에서 첫날로 잡는 날.

**❶기상 氣象** 기운 기 / 코끼리 상 | 지구 날씨. 대기 중에서 일어나는 물리적인 현상을 통틀어 이르는 말. 바람, 구름, 비, 눈, 더위, 추위 등.

**기상관측 氣象觀測** 기운 기 / 코끼리 상 / 볼 관 / 헤아릴 측 | 지구 날씨를 알기 위하여 기압, 기온, 습도 등의 기상 요소를 관찰하고 측정하는 일.

**기상주의보 氣象注意報** 기운 기 / 코끼리 상 / 부을 주 / 뜻 의 / 갚을 보 | 지구 기상 현상으로 피해가 예상될 때 이를 주의시키기 위한 예보. 대설 주의보, 폭풍 주의보, 안개주의보 등.

**기상경보 氣象警報** 기운 기 / 코끼리 상 / 깨우칠 경 / 갚을 보 | 지구 기상 현상으로 큰 재해가 예상될 때 미리 경고하여 알리는 일. '주의보'보다 위험도가 높다. 대설 경보, 태풍 경보 등.

**❷기상 氣像** 기운 기 / 코끼리 상 | 사람이 타고난 기개나 마음씨

**❸기상 起牀** 일어날 기 / 평상 상 | 잠자리에서 일어남.

**기상곡 綺想曲/奇想曲** 기특할 기 / 생각 상 / 굽을 곡 | 음악 일정한 형식에 구속받지 않고 자유로

운 요소가 강한 기악곡.

**❹기상천외 奇想天外** 기이할 기 / 생각할 상 / 하늘 천 / 밖 외 | 기발하고 엉뚱한 생각.

**기색 氣色** 기운 기 / 빛 색 | 1. 마음의 작용으로 얼굴에 드러나는 빛 2. 어떠한 현상이 일어날 것을 미리 짐작할 수 있게 해주는 눈치나 낌새.

**기생 寄生** 부칠 기 / 날 생 | 1. 생명 서로 다른 종류의 생물이 함께 생활하며, 한쪽은 이익을 얻고 다른 쪽은 해를 입는 일 2. 스스로 생활하지 못하고 남에게 의지하여 생활함.

**기생식물 氣生植物** 기운 기 / 날 생 / 심을 식 / 물건 물 | 식물 나무나 바위에 붙어 공기 속에서 양분을 빨아들여 사는 식물. 석곡, 풍란 등.

**기생충 寄生蟲** 부칠 기 / 날 생 / 벌레 충 | 다른 동물체(숙주)에 붙어서 양분을 빨아 먹고 사는 벌레.

**기서 奇書** 기특할 기 / 글 서 | 별난 책.

**❶기선 汽船** 물 끓는 김 기 / 배 선 | 증기의 힘으로 가는 배.

**❷기선 機先** 기회 기 / 먼저 선 | 상대편의 세력이나 기세를 억누르기 위하여 재빠르게 먼저 행동하는 것. ※ 기선을 잡다.

**기성 旣成** 이미 기 / 이룰 성 | 이미 이루어짐.

**기성복 旣成服** 이미 기 / 이룰 성 / 옷 복 | 일정한 치수에 따라 미리 여러 벌을 지어 놓고 파는 옷. ↔ 맞춤복.

**기성세대 旣成世代** 이미 기 / 이룰 성 / 인간 세 / 대신할 대 | 현재 사회를 이끌어 가는 나이가 든 세대

**❶기세 氣勢** 기운 기 / 형세 세 | 기운차게 뻗치는 형세.

**기세부리다 氣勢부리다** 기운 기 / 형세 세 | 남에게 기운을 드러내 보이다.

**❷기세 棄世** 버릴 기 / 인간 세 | 1. 세상을 버린다는 뜻으로, 웃어른이 돌아가심을 이르는 말 2. 세상을 멀리하여 초탈함.

**❸기세 欺世** 속일 기 / 인간 세 | 세상을 속임.

**기소 起訴** 일어날 기 / 호소할 소 | 법률 검사가 형사 사건에 대하여 법원에 심판을 요구하는 일.

**기소유예 起訴猶豫** 일어날 기 / 호소할 소 / 오히려 유 / 미리 예 | 법률 검사가 형사 피고인에 대하여, 성격·연령·환경, 정상, 등을 참작하여 공소를 제기하지 않는 일

**❶기수 旗手** 기 기 / 손 수 | 1. 행사 때 대열의 앞에 서서 기를 드는 사람 2. 사회 활동에서 앞장서서 이끄는 사람을 비유함. 3. 기를 들고 신호를 하는 사람.

**❷기수 騎手** 말 탈 기 / 손 수 | 경마에서 말을 타는 사람.

**❸기수 機首** 틀 기 / 머리 수 | 비행기의 앞부분.

**❹기수 奇數** 기특할 기 / 셈 수 | 수학 홀수 2로 나누어서 나머지 | 1. 남는 수. 1, 3, 5, 7, 9 등.

**기숙 寄宿** 부칠 기 / 잘 숙 | 남의 집에 기거하며 생

169

활함.

**기숙사 寄宿舍** 부칠 기 / 잘 숙 / 집 사 | 학교나 회사에서 지어 학생이나 사원에게 숙식을 제공하는 시설.

**❶기술 技術** 기예 기 / 술수 술 | 1. 과학 이론을 적용하여 사물을 인간 생활에 유용하도록 가공하는 일 2. 사물을 잘 다룰 수 있는 방법이나 능력.

**❷기술 記述** 기록할 기 / 펼 술 | 있는 그대로 기록하여 서술함.

**기술하다 記述하다** 기록할 기 / 펼 술 | 있는 그대로 기록하여 서술하다.

**기습 奇襲** 기특할 기 / 엄습할 습 | 몰래 갑자기 습격함.

**기습하다 奇襲하다** 기특할 기 / 엄습할 습 | 몰래 갑자기 습격하다.

**❶기승 氣勝** 기운 기 / 이길 승 | 1. 기운이나 힘이 성하여 누그러들지 않음 2. 남에게 지지 않고자하는 굳세고 억척스러운 성미.

**기승부리다 氣勝부리다** 기운 기 / 이길 승 | 성미가 억척스럽고 굳세어 좀처럼 굽히려고 하지 않다.

**❷기승전결 起承轉結** 일어나다 기 / 잇다 승 / 구르다 전 / 맺다 결 | 기는 시작, 승은 전개, 전은 국면 전환, 결은 전체를 끝맺는 부분이다.

**기시감 旣視感** 이미 기 / 볼 시 / 느낄 감 | 한 번도 본 일이 없으면서, 언젠가 이미 경험한 것처럼 친숙하게 느껴지는 일.

**기식 寄食** 부칠 기 / 밥 식 | 남의 집에 붙어서 밥을 얻어먹고 지냄.

**❶기신 己身** 몸 기 / 몸 신 | 1. 그 사람의 몸 2. 바로 그 사람.

**❷기신 起身** 일어날 기 / 몸 신 | 몸을 일으킴.

**❸기신 氣神** 기운 기 / 귀신 신 | 기력과 정신.

**기신없다 氣神없다** 기운 기 / 귀신 신 | 기력이 없고 정신이 흐리다.

**기실 其實** 그 기 / 열매 실 | 실제의 사정.

**기심 欺心** 속일 기 / 마음 심 | 자기의 마음을 속임.

**❶기아 棄兒** 버릴 기 / 아이 아 | 아이를 버림.

**❷기아 飢餓/饑餓** 주릴 기 / 주릴 아 | 굶주림.

**기아선상 飢餓線上** 주릴 기 / 주릴 아 / 줄 선 / 윗 상 | 굶어 죽을 지경.

**기악 器樂** 그릇 기 / 노래 악 | 악기를 사용하여 연주하는 음악. 연주자의 수에 따라 독주·중주·합주로 나누고, 표현 형식에 따라 교향곡·협주곡·소나타·실내악곡 등으로 나눈다.

**기안 起案** 일어날 기 / 책상 안 | 문서의 초안(草案)을 만듦.

**기암 奇巖** 기특할 기 / 바위 암 | 기이하게 생긴 바위.

**기압 氣壓** 기운 기 / 누를 압 | 대기의 무게로 생기는 압력.

**❶기약 期約** 기약할 기 / 맺을 약 | 때를 정하여 약

속함.

**기약하다 期約**하다 기약할 기 / 맺을 약 | 때를 정하여 약속하다.

❷**기약 旣約** 이미 기 / 맺을 약 | 1. 이미 해 놓은 약속 2. 수학 더 이상 약분이 안 됨.

**기어 綺語** 비단 기 / 말씀 어 | 교묘하게 꾸며 대는 말

**기억 記憶** 적을 기 / 다시 생각할 억 | 지난 일을 의식 속에 저장함. ↔ 망각.

**기억하다 記憶**하다 적을 기 / 다시 생각할 억 | 지난 일을 의식 속에 저장하다.

**기업 企業** 꾀할 기 / 업 업 | 영리(營利)를 얻기 위하여 재화나 용역을 생산하고 판매하는 조직체.

**기업가 起業家** 일어날 기 / 업 업 / 집 가 | 경영 영리를 목적으로 기업을 운영하는 경영주.

**기업공개 企業公開** 꾀할 기 / 업 업 / 공평할 공 / 열 개 | 경영 기업의 주식을 공개하고 경영 내용을 일반 대중에게 공시하는 일.

**기업합병 企業合倂** 꾀할 기 / 업 업 / 합할 합 / 나란히 병 | 경영 둘 이상의 기업이 경제적인 규모를 만들어 시장을 지배하기 위하여 하나의 기업으로 합병하는 일.

**기여 寄與** 부칠 기 / 더불 여 | 도움이 되도록 이바지함.

**기여하다 寄與**하다 부칠 기 / 더불 여 | 도움이 되도록 이바지하다.

**기연 機緣** 틀 기 / 인연 연 | 별난 인연.

**기연가미연가하다 其然가未然**가하다 그 기 / 그럴 연 / 아닐 미 / 그럴 연 | 그런지 그러지 않은지 하다.

**기염 氣焰** 기운 기 / 불꽃 염 | 불꽃처럼 대단한 기세.

❶**기예 技藝** 재주 기 / 재주 예 | 기술과 예술.

❷**기예 氣銳** 기운 기 / 날카로울 예 | 기백이 날카롭고 대단함.

**신진기예 新進氣銳** 새 신 / 나아갈 진 / 기운 기 / 날카로울 예 | 새로 나타난 신인으로서 뜻과 기상이 날카로움.

**기온 氣溫** 기운 기 / 따뜻할 온 | 대기의 온도. 보통 지면으로부터 1.5미터 높이의 관측기 속에 놓인 온도계로 온도를 잰다.

**기왕 旣往** 이미 기 / 갈 왕 | 이미 지나간 이전.

**기왕지사 旣往之事** 이미 기 / 갈 왕 / 갈 지 / 일 사 | 이왕에 지나간 일.

**기용 起用** 일어날 기 / 쓸 용 | 인재를 높은 자리에 올려 씀.

**기용하다 起用**하다 일어날 기 / 쓸 용 | 인재를 높은 자리에 올려 쓰다.

❶**기우 奇遇** 기특할 기 / 만날 우 | 기이한 인연으로 만남.

❷**기우 杞憂** 나라이름 기 / 걱정 우 | 쓸데없는 걱정. 옛날 중국 기(杞)나라 사람이 '만일 하늘이 무너지면 어디로 피해야 좋을 것인가?' 하고 침

식을 잊고 걱정하였다는데서 온 말. ≒ 군걱정.

**기운 氣運** 기운 기 / 옮길 운 | 1. 어떤 일이 벌어지려고 하는 분위기  2. 돌아가는 형편. ※ '기운( 생물이 살아 움직이는 힘)'은 순우리말

❶**기원 起源/起原** 일어날 기 / 근원 원 | 사물이 처음으로 생김.

❷**기원 祈願** 기원할 기/ 원할 원 | 바라는 일이 이루어지기를 빎.

**기원하다 祈願**하다 기원할 기/ 원할 원 | 바라는 일이 이루어지기를 빌다.

❸**기원 紀元** 벼리 기 / 으뜸 원 | 1. 연대를 계산하는 데에 기준이 되는 해. 서기, 단기 등  2. 새로운 출발이 되는 시기. 3. 나라를 세우거나 종교가 만들어진 해.

**기원전 紀元前** 벼리 기 / 으뜸 원 / 앞 전 | 기원 원년 이전. B.C.

**기이 奇異** 기특할 기 / 다를 이(리) | 기묘하고 이상함.

**기이하다 奇異**하다 기특할 기 / 다를 이(리) | 기묘하고 이상하다.

❶**기인 畸人** 뙤기밭 기 / 사람 인 | 기이한 사람.

❷**기인 基因** 터 기 / 인할 인 | 어떠한 것에 원인을 둠.

**기인하다 基因**하다 터 기 / 인할 인 | 어떠한 것에 원인을 두다.

**기일 忌日** 꺼릴 기/ 날 일 | 해마다 돌아오는 제삿날.

❶**기자 記者** 기록할 기 / 놈 자 | 신문, 잡지, 방송에 실을 기사를 취재하여 쓰거나 편집하는 사람.

❷**기자 祈子** 빌 기 / 아들 자 | 아들 낳기를 기원함.

**기자신앙 祈子信仰** 빌 기 / 아들 자 / 믿을 신 / 우러를 앙 | 민속 아들을 낳기 위하여 기원하는 민간 신앙.

❶**기장 記帳** 기록할 기 / 장막 장 | 장부에 적음. ※ '기장(옷의 길이)'는 순우리말.

❷**기장 機長** 틀 기 / 길 장 | 민간 항공기에서 승무원 가운데 최고 책임자.

❶**기재 記載** 기록할 기 / 실을 재 | 문서 따위에 기록하여 올림.

**기재하다 記載**하다 기록할 기 / 실을 재 | 문서 따위에 기록하여 올리다.

❷**기재 奇才** 기특할 기 / 재주 재 | 아주 뛰어난 재주를 가진 사람.

**기저 基底** 터 기 / 밑 저 | 1. 바닥이 되는 부분  2. 사물의 뿌리나 기초.

**기저상태 基底狀態** 터 기 / 밑 저 / 형상 상 / 모습 태 | 물리 양자론에서, 분자, 원자, 원자핵의 상태에서 에너지가 가장 낮고 안정된 상태.

❶**기적 奇跡/奇迹** 기특할 기 / 발자취 적 | 1. 상식으로는 생각할 수 없는 기이한 일  2. 불가사의한 일.

❷**기적 汽笛** 물 끓는 김 기 / 피리 적 | 증기로 가는 기차나 배에서 증기를 내뿜을 때 나는 경적 소리.

**기절 氣絶** 기운 기 / 끊을 절 | 1. 충격으로 정신을 잃음 2. 갑자기 몹시 놀람.

**기절초풍 氣絶초風** 기운 기 / 끊을 절 / 부를 초 / 바람 풍 | 기절하거나 까무러칠 정도로 몹시 놀라 질겁함.

**기점 起點** 일어날 기 / 점 점 | 처음으로 시작된 곳.

**기정 旣定** 이미 기 / 정할 정 | 이미 작정함.

**기제사 忌祭祀** 꺼릴 기 / 제사 제 / 제사 사 | 해마다 사람이 죽은 날에 지내는 제사.

**기조 基調** 바탕 기 / 고르다 조 | 일관되게 흐르는 기본적인 경향이나 방향.

**기존 旣存** 이미 기 / 있을 존 | 이미 존재함.

**기준 基準** 바탕 기 / 법도 준 | 기본이 되는 표준.

**기중 其中** 그 기 / 가운데 중 | 그 가운데.

**기증 寄贈** 부칠 기 / 줄 증 | 선물이나 기념으로 남에게 물품을 거저 줌.

**기증하다 寄贈하다** 부칠 기 / 줄 증 | 선물이나 기념으로 남에게 물품을 거저 주다.

**기재 記載** 기록할 기 / 실을 재 | 문서 따위에 기록하여 올림.

**기재하다 記載하다** 기록할 기 / 실을 재 | 문서 따위에 기록하여 올리다.

**❶기지 機智** 기회 기 / 지혜 지 | 재치 있게 대응하는 지혜.

**❷기지 基地** 터 기 / 땅 지 | 1. 군대, 탐험대 등의 활동의 근거지 2. 자리를 잡은 곳.

**기지창 基地廠** 터 기 / 땅 지 / 공장 창 | 〔군사〕 보급품을 조달·비축·분배하는 임무를 맡은 부대.

**기진맥진 氣盡脈盡** 기운 기 / 다할 진 / 줄기 맥 / 다할 진 | 기운이 다하고 맥이 빠져 스스로 가누지 못할 지경.

**기질 器質** 그릇 기 / 바탕 질 | 타고난 기량과 성질.

**기차 汽車** 물 끓는 김 기 / 수레 차 | 차량을 연결하여도 궤도 위로 운행하는 기관차.

**기착 寄着** 부칠 기 / 붙을 착 | 목적지로 가는 도중에 잠깐 들름.

**기착지 寄着地** 부칠 기 / 붙을 착 / 땅 지 | 목적지로 가는 도중에 잠깐 들르는 곳.

**기찰 譏察** 비웃을 기 / 살필 찰 | 넌지시 살핌.

**기찰하다 譏察하다** 비웃을 기 / 살필 찰 | 넌지시 살피다.

**기찰군관 譏察軍官** 비웃을 기 / 살필 찰 / 군사 군 / 벼슬 관 | 조선시대에 탐정 수사를 맡아보던 포도청의 벼슬.

**❶기체 氣體** 기운 기 / 몸 체 | 공기, 산소처럼 분자 사이가 멀어서 응집력이 없으며 분자가 자유로이 움직여서, 일정한 모양과 부피를 갖지 않는 물질의 상태.

**기체역학 氣體力學** 기운 기 / 몸 체 / 힘 역(력) / 배울 학 | 기체의 운동이나 기체 속의 물체에 작용하는 힘을 연구하는 유체 역학.

❷기체 氣體 기운 기 / 몸 체 | '몸과 마음의 형편'이라는 뜻으로, 웃어른께 문안을 올릴 때 쓰는 말.

❸기체 機體 틀 기 / 몸 체 | 비행기의 몸체.

기초 基礎 터 기 / 주춧돌 초 | 기본이 되는 토대.

기초공사 基礎工事 터 기 / 주춧돌 초 / 장인 공 / 일 사 | 건설 구조물을 지탱할 수 있도록 기반을 다지는 공사.

기초과학 基礎科學 터 기 / 주춧돌 초 / 과목 과 / 배울 학 | 과학 공학이나 응용과학의 밑바탕이 되는 순수 과학인 자연 과학. 수학, 물리학, 화학, 생물학이 있다.

기초의학 基礎醫學 터 기 / 주춧돌 초 / 의원 의 / 배울 학 | 의학 의학의 기초가 되는 학문. 해부학, 생리학, 생화학, 병리학, 약리학, 세균학 따위를 이른다.

❶기축 基軸 터 기 / 굴대 축 | 어떤 사상이나 조직의 토대나 중심.

기축통화 基軸通貨 터 기 / 굴대 축 / 통할 통 / 재물 화 | 경제 국제간의 결제나 금융 거래에 사용되는 화폐. 전에는 영국의 파운드가 쓰였으나, 현재는 미국의 달러가 주로 사용되고 있다.

❷기축 機軸 틀 기 / 굴대 축 | 기관이나 바퀴의 굴대.

❸기축 祈祝 빌 기 / 빌 축 | 빌고 바람.

기축하다 祈祝하다 빌 기 / 빌 축 | 빌고 바라다.

❶기층 基層 터 기 / 층 층 | 바탕을 이루는 층.

기층문화 基層文化 터 기 / 층 층 / 글월 문 / 될 화 | 각 민족이나 지역의 전통적이며 고유한 서민 문화.

❷기층 氣層 기운 기 / 층 층 | 지구 대기의 층.

❶기치 旗幟 깃발 기 / 깃발 치 | 예전에 군대에서 쓰던 깃발.

❷기치 棋峙/碁峙 바둑 기 / 언덕 치 | 맞섬. 죽 벌여 섬.

기타 其他 그 기 / 다를 타 | 그 밖의 것.

기탁 寄託 부칠 기 / 부탁할 탁 | 부탁하여 맡겨 둠.

기탁하다 寄託하다 부칠 기 / 부탁할 탁 | 부탁하여 맡겨 두다.

기탄 忌憚 꺼리다 기 / 꺼리다 탄 | 꺼림. ※ 기탄없는 의견.

기특 奇特 기특할 기 / 특별할 특 | 뛰어나고 특별하여 귀여움.

기특하다 奇特하다 기특할 기 / 특별할 특 | 뛰어나고 특별하여 귀엽다.

기포 氣泡 기운 기 / 거품 포 | 거품이 일어남.

기폭 起爆 일어날 기 / 터질 폭 | 폭발을 일으킴.

기풍 氣風 기운 기 / 바람 풍 | 공통적인 습성이나 기질.

기피 忌避 꺼릴 기 / 피할 피 | 꺼리거나 피함. ※ 예시: 병역 기피. 기피 시설.

기피하다 忌避하다 꺼릴 기 / 피할 피 | 꺼리거나 피하다.

**❶기필 起筆** 일어날 기 / 붓 필 | 붓을 들고 쓰기 시작함.

**❷기필 期必** 기약할 기 / 반드시 필 | 꼭 이루어지기를 기약함.

**기필코 期必코** 기약할 기 / 반드시 필 | 반드시.

**기하 幾何** 몇 기 / 어찌 하 | 얼마.

**기하급수적 幾何級數的** 몇 기 / 어찌 하 / 등급 급 / 셈 수 / 과녁 적 | 증가하는 수나 양이 아주 많은 것.

**기하학 幾何學** 몇 기 / 어찌 하 / 배울 학 | 수학 도형 및 공간에 대하여 연구하는 수학의 분야.

**기하학무늬 幾何學무늬** 몇 기 / 어찌 하 / 배울 학 | 직선이나 곡선의 교차에 의하여 이루어지는 추상적인 무늬.

**기한 期限** 기약할 기 / 한할 한 | 미리 정해 놓은 시기.

**기함 氣陷** 기운 기 / 빠질 함 | 기력이 없어서 가라앉음.

**기함하다 氣陷하다** 기운 기 / 빠질 함 | 1. 기력이 없어서 가라앉다  2. 갑자기 놀라거나 아프거나 하여 소리를 지르면서 넋을 잃다.

**기합 氣合** 기운 기 / 합할 합 | 1. 특별한 힘을 내려고 정신을 집중하기 위해서 내는 소리  2. 군대나 학교 등 단체 생활을 하는 곳에서, 잘못한 사람을 단련시키려고 정신적·육체적 고통을 주는 것.

**기항 寄港** 부칠 기 / 항구 항 | 배가 항해 중에 목적지가 아닌 중간 항구에 잠시 들름.

**기항지 寄港地** 부칠 기 / 항구 항 / 땅 지 | 배가 목적지로 가는 도중에 잠시 들르는 항구.

**기행 紀行** 벼리 기 / 다닐 행 | 여행하는 동안에 보고, 듣고, 느낀 겪은 것을 적은 것.

**기현상 奇現象** 기특할 기 / 나타날 현 / 코끼리 상 | 기이한 현상.

**기혈 氣血** 기운 기 / 피 혈 | 기와 혈.

**기형 畸形** 뙈기밭 기 / 모양 형 | 사물의 구조나 생김새가 정상과는 다른 모양.

**기형적 畸形的** 뙈기밭 기 / 모양 형 / 과녁 적 | 사물의 구조, 생김새가 정상과는 다른 모양인 것.

**❶기호 記號** 적다 기 / 부호 호 | 어떠한 뜻을 나타내기 위하여 쓰이는 부호, 문자, 표지 등. ≒ 심벌(symbol).

**❷기호 嗜好** 즐길 기 / 좋아할 호 | 즐기고 좋아함.

**기호품 嗜好品** 즐길 기 / 좋을 호 / 물건 품 | 즐기고 좋아하는 것.

**❸기호지세 騎虎之勢** 말 타다 기 / 범 호 / 어조사 지 / 형세 세 | 호랑이를 타고 달리는 형세. 이미 시작한 일을 중도에서 그만둘 수 없는 경우를 가리킴.

**기혼 旣婚** 이미 기 / 혼인할 혼 | 이미 결혼함.

**기혼자 旣婚者** 이미 기 / 혼인할 혼 / 놈 자 | 이미 결혼을 한 사람.

**❶기화 氣化** 기운 기 / 될 화 | 물리 액체가 기체

로 변함.

**기화열 氣化熱** 기운 기 / 될 화 / 더울 열 | 물리 액체가 기화할 때 외부로부터 흡수하는 열량

❷**기화 奇花** 기특할 기 / 꽃 화 | 보기 드문 신비하고 이상한 꽃.

❸**기화 琪花** 아름다운 옥 기 / 꽃 화 | 선경(仙境)에 있다는 아름답고 고운 꽃.

**기화요초 琪花瑤草** 아름다운 옥 기 / 꽃 화 / 아름다운 옥 요 / 풀 초 | 옥같이 고운 풀에 핀 구슬같이 아름다운 꽃.

**기회 機會** 틀 기 / 모일 회 | 어떠한 일을 하는 데 적절한 시기나 경우.

**기회주의 機會主義** 틀 기 / 모일 회 / 주인 주 / 뜻 의 | 일관된 입장을 지니지 못하고, 그때그때의 정세에 따라 이로운 쪽으로 행동하는 태도.

**기회균등 機會均等** 틀 기 / 모일 회 / 고를 균 / 무리 등 | 누구에게나 기회를 고루 주는 일.

**기회비용 機會費用** 틀 기 / 모일 회 / 쓸 비 / 쓸 용 | 경제 한 품목의 생산이 다른 품목의 생산 기회를 놓치게 하는 것의 비용.

**기획 企劃** 꾀할 기 / 그을 획 | 일을 계획함.

**기획하다 企劃하다** 꾀할 기 / 그을 획 | 일을 계획하다.

**기후 氣候** 기운 기 / 기후 후 | 기온, 비, 눈, 바람 따위의 대기(大氣) 상태.

**기후대 氣候帶** 기운 기 / 기후 후 / 띠 대 | 공통적인 기후 특성에 따라 구분한 지대. 대체로 기온에 따라 열대, 온대, 한대로 나누며 비슷한 위도에 걸쳐 있다.

**기후병 氣候病** 기운 기 / 기후 후 / 병 병 | 날씨 변화와 밀접한 관계가 있는 병.

**긴급 緊急** 긴할 긴 / 급할 급 | 긴요하고 급함.

**긴급하다 緊急하다** 긴할 긴 / 급할 급 | 긴요하고 급하다.

**긴급동의 緊急動議** 긴할 긴 / 급할 급 / 한가지 동 / 의논할 의 | 회의에서, 긴급을 요하는 안건이 있을 때 그것을 우선적으로 처리하도록 제안하는 일.

**긴급사태 緊急事態** 긴할 긴 / 급할 급 / 일 사 / 모습 태 | 법률 대규모의 재해나 소란 따위와 같이 매우 급히 수습해야 하는 사태.

**긴급조치 緊急措置** 긴할 긴 / 급할 급 / 둘 조 / 둘 치 | 법률 유신 헌법에서, 국가의 안전 보장이나 공공의 안녕질서가 중대한 위협을 받거나~ 대통령이 국정 전반에 걸쳐서 내리던 특별한 조치. 국민의 자유나 권리의 일부를 제한하거나 정부, 국회, 법원의 활동을 제한할 수 있다.

**긴급행위 緊急行爲** 긴할 긴 / 급할 급 / 다닐 행 / 할 위 | 법률 국가 기관의 도움을 기다릴 여유가 없는 긴박한 침해가 있을 때, 자기 스스로 자기를 구하려고 취하는 행위. 정당방위, 긴급 피난 따위가 있다.

**긴급피난 緊急避難** 긴할 긴 / 급할 급 / 피할 피 / 어려울 난 | 법률 급박한 위난을 피하기 위하여 부득이 남에게 손해를 입히는 행위. 손해 배상

의 책임은 없다

**긴밀 緊密** 긴할 긴 / 빽빽할 밀 | 서로의 관계가 매우 가까움.

**긴밀하다 緊密**하다 긴할 긴 / 빽빽할 밀 | 서로의 관계가 매우 가깝다.

**긴박 緊迫** 긴할 긴 / 핍박할 박 | 매우 다급하고 절박함.

**긴박하다 緊迫**하다 긴할 긴 / 핍박할 박 | 매우 다급하고 절박하다.

**긴요하다 緊要**하다 긴할 긴 / 요긴할 요 | 꼭 필요하고 중요하다

**긴장 緊張** 팽팽할 긴 / 당길 장 | 팽팽하게 당김. 마음을 조이고 정신을 바짝 차림. ↔ 이완(弛緩).

**긴축 緊縮** 긴할 긴 / 줄일 축 | 바짝 줄이거나 조임.

**긴축재정 緊縮財政** 긴할 긴 / 줄일 축 / 재물 재 / 정사 정 | 경제 국가나 지방 자치 단체의 예산 규모를 줄이는 재정.

**긴축예산 緊縮豫算** 긴할 긴 / 줄일 축 / 미리 예 / 셈 산 | 경제 경비를 절약하여 규모를 줄이는 예산.

**긴하다 緊**하다 긴할 긴 | 1. 꼭 필요하다  2. 매우 간절하다.

**긴찮다 緊**찮다 긴할 긴 | 꼭 필요하지 않다

**길보 吉報** 길할 길 / 갚을 보 | 좋은 소식.

**길상 吉祥** 길할 길 / 상서 상 | 운수가 좋을 조짐.

**길상문 吉祥紋** 길할 길 / 상서 상 / 글월 문 | 장수나 행복 등 좋은 일을 상징하는 무늬. 십장생, 박쥐 등.

**길운 吉運** 길할 길 / 옮길 운 | 좋은 운수.

**길일 吉日** 길할 길 / 날 일 | 운이 좋거나 상서로운 날.

**❶길조 吉兆** 길할 길 / 조 조 | 좋은 일이 있을 조짐.

**❷길조 吉鳥** 길할 길 / 새 조 | 관습적으로 좋은 일을 가져온다고 여기는 새.

**길항 拮抗** 일할 길 / 겨룰 항 | 맞버팀.

**길흉 吉凶** 길할 길 / 흉할 흉 | 좋고 나쁨.

**길흉화복 吉凶禍福** 길할 길 / 흉할 흉 / 재앙 화 / 복 복 | 길하고 흉한 일과 화와 복.

**끽다 喫茶** 마시다 끽 / 차 다 | 차를 마심.

**끽연 喫煙** 마시다 끽 / 연기 연 | 담배를 피움. 늑 흡연(吸煙).

**ㄴ**

**나각 螺角** 소라 나(라) / 뿔 각 | 음악 소라의 껍데기로 만든 옛 군악기.

**나락 那落 奈落** 어찌 나 / 떨어질 락 | 아래로 떨어짐. 벗어나기 어려운 절망적인 상황을 비유.

**나병 癩病** 나환자 나(라) / 병 병 | 의학 문둥병. 한센병. 나병균에 의하여 감염되는 만성 전염병.

**나사 螺絲** 소라 나(라) / 실 사 | 소라처럼 빙빙 비틀리게 고랑이 진 못.

**❶나선 螺線** 소라 나(라) / 줄 선 | 나사 모양의 소용돌이 곡선.

**❷나선정벌 羅禪征伐** 벌일 나 / 선 선 / 칠 정 / 칠 벌 | 역사 조선 효종 5년(1654)과 9년(1658) 두 차례에 걸쳐 중국 청나라의 요청으로 나선(러시아)을 친 싸움.

**나약 懦弱/愞弱** 나약할 나 / 약할 약 | 의지가 굳세지 못하고 약함.

**나약하다 懦弱/愞弱**하다 나약할 나 / 약할 약 | 의지가 굳세지 못하다.

**나열 羅列** 벌일 나(라) / 벌일 열(렬) | 나란히 벌여 놓음.

**나열하다 羅列**하다 벌일 나(라) / 벌일 열(렬) | 나란히 벌여 놓다.

**나의 羅衣** 벌일 나(라) / 옷 의 | 얇은 비단옷.

**❶나인 內人** 안 내 / 사람 인 | 궁녀. 나인의 원말은 내인(내인)이다.

**❷나인 拿引** 잡을 나 / 끌 인 | 죄인을 잡아끌고 옴.

**나전 螺鈿** 소라 나(라) / 비녀 전 | 공예 광채가 나는 자개 조각을 박아 넣거나 붙여서 장식하는 기법.

**나전칠기 螺鈿漆器** 소라 나(라) / 비녀 전 | 공예 여러 가지 모양으로 자개를 박고 옻칠을 한 공예품.

**나제 羅濟** 벌일 나(라) / 건널 제 | 역사 신라와 백제

**나제동맹 羅濟同盟** 벌일 나(라) / 건널 제 / 한가지 동 / 맹세 맹 | 역사 삼국 시대에, 신라와 백제가 고구려를 막기 위하여 맺은 동맹.

**나졸 邏卒** 벌일 나(라) / 마칠 졸 | 역사 조선 시대에, 포도청(捕盜廳)에 속하여 지역 순찰과 죄인을 잡아들이는 일을 하던 하급 병졸.

**나찰 羅刹** 벌일 나(라) / 절 찰 | 불교 악귀의 이름. 지옥에서 지옥에서 죄인을 못살게 군다고 하며 나중에 불교의 수호신이 되었다.

**나체 裸體** 벗을 나(라) / 몸 체 | 아무것도 입지 않은 맨몸.

**나지 裸地** 벗을 나(라) / 땅 지 | 초목이 없는 맨 땅.

**나침반 羅針盤** 벌일 나(라) / 바늘 침 / 쟁반 반 | 방향을 가리키는 계기판. 자침(磁針)이 남북을 가리키는 특성을 이용하여 만든다. 늑 컴퍼스.

**나침자오선 羅針子午線** 벌일 나(라) / 바늘 침 / 아들 자 / 낮 오 / 줄 선 | 나침반이 가리키는 남과 북을 이은 선. 지구 자기선(磁氣線)의 방향에 따른다.

**나태** 懶怠 게으를 나(라) / 게으를 태 | 느리고 게으름.

**나태하다** 懶怠하다 게으를 나(라) / 게으를 태 | 느리고 게으르다.

**❶나발** 喇叭▽ 나팔 나(라) / 입 벌릴 팔 | 1. 옛 관악기의 하나. 가늘고 긴 대롱의 끝은 나팔꽃처럼 퍼진 모양이다. 원명은 나팔(喇叭) 2. 떠들어대는 입을 속되게 이르는 말.

**❷나팔** 喇叭 나팔 나(라) / 입 벌릴 팔 | 음악 끝이 넓게 퍼져서 나팔꽃 모양으로 된 금관 악기. 군대에서 행군하거나 신호할 때 쓴다.

**나팔꽃** 喇叭꽃 나팔 나(라) / 입 벌릴 팔 | 식물 나팔 모양의 꽃이 피는 메꽃과의 한해살이풀.

**나팔바지** 喇叭바지 나팔 나(라) / 입 벌릴 팔 | 아랫단 통이 나팔 모양으로 넓어지는 바지.

**나포** 拿捕 잡을 나 / 잡을 포 | 죄인을 붙잡음.

**나포하다** 拿捕하다 잡을 나 / 잡을 포 | 죄인을 붙잡다.

**나한** 羅漢 벌일 나(라) / 한수 한 | 불교 아라한의 준말. 부처의 제자들.

**나환자** 癩患者 나환자 나(라) / 근심 환 / 놈 자 | 나병을 앓고 있는 사람.

**낙** 樂 즐길 락(낙) | 즐거움이나 재미.

**낙과** 落果 떨어질 낙(락) / 실과 과 | 열매가 나무에서 떨어짐. ※ 도사리(다 익지 못한 채로 덜어진 과실).

**❶낙관** 樂觀 즐길 낙(락) / 볼 관 | 밝고 희망적으로 바라봄. ↔ 비관.

**낙관론** 樂觀論 즐길 낙(락) / 볼 관 / 논할 론(논) | 인생이나 사물을 밝고 희망적으로 바라보는 견해.

**낙관적** 樂觀的 즐길 낙(락) / 볼 관 / 과녁 적 | 인생이나 사물을 밝고 희망적인 것으로 보는.

**낙관주의** 樂觀主義 즐길 낙(락) / 볼 관 / 주인 주 / 뜻 의 | 세상과 인생을 밝고 희망적으로 보는 생각이나 태도. ≒ 옵티미즘, 낙천주의(樂天主義).

**❷낙관** 落款 떨어질 낙(락) / 항목 관 | 글씨나 그림에 작가가 자신의 이름이나 호를 쓰고 도장을 찍음.

**낙농** 酪農 쇠젖 낙(락) / 농사 농 | 젖소나 염소 따위를 기르고 그 젖을 이용하는 산업.

**낙농품** 酪農品 쇠젖 낙(락) / 농사 농 / 물건 품 | 식품 우유로부터 생산되는 모든 식료품. 버터, 치즈, 연유, 분유 등.

**낙담** 落膽 떨어질 낙(락) / 쓸개 담 | 바라던 일이 뜻대로 되지 않아 마음이 몹시 상함.

**낙담하다** 落膽하다 떨어질 낙(락) / 쓸개 담 | 바라던 일이 뜻대로 되지 않아 마음이 몹시 상하다.

**낙담상혼** 落膽喪魂 떨어질 낙(락) / 쓸개 담 / 잃을 상 / 넋 혼 | 몹시 놀라거나 마음이 상해서 넋을 잃음.

**낙도** 落島 떨어질 낙(락) / 섬 도 | 육지에서 멀리 떨어진 외딴섬.

❶**낙락 落落** 떨어질 낙(락) / 떨어질 락(낙) | 큰 나무의 가지가 아래로 축축 늘어진 모양.

**낙락장송 落落長松** 떨어질 낙(락) / 떨어질 락(낙) / 길 장 / 소나무 송 | 가지가 길게 축축 늘어진 키가 큰 소나무.

❷**낙락하다 樂樂하다** 즐길 낙(락) / 즐길 낙(락) | 매우 즐겁다.

**희희낙락하다 喜喜樂樂하다** 기쁠 희 / 기쁠 희 / 즐길 낙(락) / 즐길 락(낙) | 매우 기뻐하고 즐거워하다.

**낙뢰 落雷** 떨어질 낙(락) / 우레 뢰(뇌) | 벼락이 떨어짐.

**낙루 落淚** 떨어질 낙(락) / 눈물 루(누) | 눈물을 흘림.

**낙마 落馬** 떨어질 낙(락) / 말 마 | 말에서 떨어짐.

**낙망 落望** 떨어질 낙(락) / 바랄 망 | 희망을 잃음.

**낙망하다 落望하다** 떨어질 낙(락) / 바랄 망 | 희망을 잃다.

**낙목한천 落木寒天** 떨어질 낙(락) / 나무 목 / 찰 한 / 하늘 천 | 나뭇잎이 다 떨어진 겨울의 춥고 쓸쓸한 풍경.

**낙반 落磐/落盤** 떨어질 낙(락) / 너럭바위 반 | 광산의 갱내에서, 천장이나 벽의 암석이 떨어짐.

**낙방 落榜** 떨어질 낙(락) / 방 붙일 방 | 시험, 선거, 모집 등에 응하였다가 떨어짐.

**낙방거자 落榜擧子** 떨어질 낙(락) / 방 붙일 방 / 들 거 / 아들 자 | 과거에 떨어진 선비.

**낙백 落魄** 떨어질 낙(락) / 넋 백 | 1. 넋을 잃음 2. 세력이나 살림이 줄어들어 보잘것없이 됨.

**낙법 落法** 떨어질 낙(락) / 법 법 | 체육 운동에서 떨어지거나 넘어질 때 안전하게 몸을 보호하는 기술.

**낙빈 樂貧** 즐길 낙(락) / 가난할 빈 | 가난한 가운데도 즐겁게 지냄.

**낙상 落傷** 떨어질 낙(락) / 다칠 상 | 떨어지거나 넘어져서 다침.

**평지낙상 平地落傷** 평평할 평 / 땅 지 / 떨어질 낙(락) / 다칠 상 | 평지에서 넘어져 다친다는 뜻으로, 뜻밖에 불행한 일을 겪음을 비유함.

❶**낙서 落書** 떨어질 낙(락) / 글 서 | 1. 글자, 그림 따위를 장난으로 아무 데나 함부로 씀 2. 글을 베낄 때에, 잘못하여 글자를 빠뜨리고 씀.

❷**낙서 洛書** 물 이름 낙(락) / 글 서 | 중국 하나라 우임금이 치수할 때에, 뤄수이강(낙수강 洛水江)에서 나온 거북의 등에 씌어 있었다는 마흔다섯 개의 점. 팔괘와 홍범구주가 여기에서 비롯한 것이라고 한다.

**낙석 落石** 떨어질 낙(락) / 돌 석 | 돌이 떨어짐.

**낙선 落選** 떨어질 낙(락) / 가릴 선 | 선거에서 떨어짐.

❶**낙성 落城** 떨어질 낙(락) / 재 성 | 성이 함락됨.

❷**낙성 落成** 떨어질 낙(락) / 이룰 성 | 건축물이 완공됨.

**낙성식 落成式** 떨어질 낙(락) / 이룰 성 / 법 식 | 건축물의 완공을 축하하는 의식.

**낙수 落水** 떨어질 낙(락) / 물 수 | 처마 끝에서 빗물이나 눈 녹은 물이 떨어짐.

**낙숫물 落水물** 떨어질 낙(락) / 물 수 | 처마 끝에서 떨어지는 물.

**낙심 落心** 떨어질 낙(락) / 마음 심 | 바라던 일이 이루어지지 아니하여 마음이 상함.

**낙심하다 落心하다** 떨어질 낙(락) / 마음 심 | 바라던 일이 이루어지지 아니하여 마음이 상하다.

**❶낙양 落陽** 떨어질 낙(락) / 볕 양 | 저녁때의 햇빛. 저녁때의 저무는 해.

**❷낙양지귀 洛陽紙貴** 물 이름 낙(락) / 볕 양 / 종이 지 / 귀할 귀 | 책이 좋은 평가를 얻어 잘 팔리는 것. 예전에 좌사의 책이 인기가 있어서, 너도 나도 베끼는 바람에 낙양의 종이 값이 오른 고사에서 유래. ※ 예시: 낙양지가를 올리다.

**낙엽 落葉** 떨어질 낙(락) / 잎 엽 | 말라서 떨어진 나뭇잎.

**낙엽귀근 落葉歸根** 떨어질 낙(락) / 잎 엽 / 돌아갈 귀 / 뿌리 근 | 잎이 떨어져 뿌리로 돌아간다는 뜻으로, 결국은 자기가 본래 났거나 자랐던 곳으로 돌아감을 이르는 말.

**추풍낙엽 秋風落葉** 가을 추 / 바람 풍 / 떨어질 낙(락) / 잎 엽 | 1. 가을바람에 떨어지는 나뭇잎 2. 어떤 세력이 갑자기 기울어지거나 흩어지는 모양을 비유함.

**❶낙영 落影** 떨어질 낙(락) / 그림자 영 | 지는 해.

**❷낙영 落瓔** 떨어질 낙(락) / 옥돌 영 | 연(輦) 같은 데에 장식으로 드리운 주렴(珠簾).

**낙오 落伍** 떨어질 낙(락) / 다섯 사람 오 | 뒤떨어짐.

**낙오병 落伍兵** 떨어질 낙(락) / 다섯 사람 오 / 병사 병 | 대열에서 뒤에 처진 병사.

**낙원 樂園** 즐길 낙(락) / 동산 원 | 아무런 괴로움이나 고통이 없이 안락하게 살 수 있는 즐거운 곳. ≒ 낙토, 이상향, 파라다이스

**낙인 烙印** 지질 낙(락) / 도장 인 | 1. 불도장. 쇠붙이를 불에 달구어 찍는 도장 2. 목재나 기구, 가축에 찍고, 예전에는 죄인의 몸에 형벌로도 찍었다. 3. 불명예스럽고 욕된 판정.

**낙인찍다 烙印찍다** 지질 낙(락) / 도장 인 | 벗어나기 어려운 부정적 평가를 내리다.

**낙인효과 烙印效果** 지질 낙(락) / 도장 인 / 본받을 효 / 실과 과 | 1. 과거의 좋지 않은 경력이 현재의 인물 평가에 미치는 부정적인 영향 2. 한번 나쁜 사람으로 낙인이 찍히면 의식적·무의식적으로 그렇게 행동하는 현상.

**낙장 落張** 떨어질 낙(락) / 베풀 장 | 1. 책에 빠진 장 2. 화투·투전·트럼프를 할 때에, 판에 내놓은 패.

**낙제 落第** 떨어질 낙(락) / 등급 제 | 떨어짐. = 낙방(落榜). ↔ 급제(及第).

**낙조 落照** 떨어질 낙(락) / 비칠 조 | 저녁에 지는 햇빛.

**낙진 落塵** 떨어질 낙(락) / 티끌 진 | 화산 폭발이나 핵폭발 등으로 땅 위에 떨어지는 가루 형태의 물질.

**낙차 落差** 떨어질 낙(락) / 다를 차 | 높은 곳에서 낮은 곳으로 떨어지는 물의 높낮이 차이

**낙찰 落札** 떨어질 낙(락) / 편지 찰 | 경매나 경쟁 입찰에서 물건이나 일이 어떤 사람이나 업체에 돌아가도록 결정하는 일.

**❶낙천 樂天** 즐길 낙(락) / 하늘 천 | 세상과 인생을 즐겁고 좋은 것으로 여김.

**낙천적 樂天的** 즐길 낙(락) / 하늘 천 / 과녁 적 | 세상과 인생을 즐겁고 좋은 것으로 여기는.

**낙천주의 樂天主義** 즐길 낙(락) / 하늘 천 / 주인 주 / 뜻 의 | 세상과 인생을 희망적으로 밝게 보는 생각이나 태도. ≒옵티미즘. 낙관주의.

**낙천주의자 樂天主義者** 즐길 낙(락) / 하늘 천 / 주인 주 / 뜻 의 / 사람 자 | 세상이나 인생을 희망적으로 밝게 보고 사는 사람.

**❷낙천 落薦** 떨어질 낙(락) / 천거할 천 | 후보자의 추천에서 떨어짐.

**낙토 樂土** 즐길 낙(락) / 흙 토 | 늘 즐겁고 행복하게 살 수 있는 좋은 땅.

**낙하 落下** 떨어질 낙(락) / 아래 하 | 높은 데서 낮은 데로 떨어짐.

**낙하산 落下傘** 떨어질 낙(락) / 아래 하 / 우산 산 | 비행 중인 항공기에서 사람이나 물건이 안전하게 땅 위에 내리도록 하는 데 쓰는 기구.

**낙향 落鄕** 떨어질 낙(락) / 시골 향 | 시골로 거처를 옮김.

**낙향하다 落鄕하다** 떨어질 낙(락) / 시골 향 | 시골로 거처를 옮기다.

**낙화 落花** 떨어질 낙(락) / 꽃 화 | 떨어진 꽃. 또는 꽃이 떨어짐.

**낙화유수 落花流水** 떨어질 낙(락) / 꽃 화 / 흐를 유(류) / 물 수 | 떨어지는 꽃과 흐르는 물이라는 뜻으로, '가는 봄의 경치'를 이르는 말.

**낙화생 落花生** 떨어질 낙(락) / 꽃 화 / 날 생 | 땅콩.

**낙후 落後** 떨어질 낙(락) / 뒤 후 | 뒤떨어짐.

**낙후하다 落後하다** 떨어질 낙(락) / 뒤 후 | 뒤떨어지다.

**낙희 樂戲** 즐길 낙 / 놀이 희 | 즐기며 놂.

**❶난 蘭** 난초 난(란) | 난초과의 식물.

**❷난 亂** 어지러울 란(난) | 싸움으로 겪는 난리. 전쟁.

**난간 欄干/欄杆** 난간 난(란) / 방패 간 | 층계, 다리, 마루 따위의 가장자리에 일정한 높이로 세워, 사람이 떨어지는 것을 막는 구조물.

**난감하다 難堪하다** 어려울 난 / 견딜 감 | 딱하고 어렵다.

**난경 難境** 어려울 난 / 지경 경 | 어려운 경우나 처지.

**❶난공 難攻** 어려울 난 / 칠 공 | 공격하기 어려움.

**난공불락 難攻不落** 어려울 난 / 칠 공 / 아닐 불 / 떨어질 락(낙) | 공격하기가 어려워 쉽게 함락되지 아니함.

**❷난공사 難工事** 어려울 난 / 장인 공 / 일 사 | 일하기가 힘든 공사.

**난관 難關** 어려울 난 / 관계할 관 | 어려움. 어려운 고비.

**난국 亂局** 어지러울 난(란) / 판 국 | 어지러운 판국. 어려운 시국.

**난도질 亂刀질** 어지러울 난(란) / 칼 도 | 칼로 사람이나 물건을 함부로 마구 베는 짓.

**난독 難讀** 어려울 난 / 읽을 독 | 읽기 어려움.

**난동 亂動** 어지러울 난(란) / 움직일 동 | 질서를 어지럽히며 마구 행동함. ≒ 소요, 소란, 폭동

**난로 暖爐/煖爐** 따뜻할 난 / 화로 로(노) | 나무, 석탄 같은 연료를 때서 방 안의 온도를 올리는 난방기구.

**❶난류 暖流/煖流** 따뜻할 난 / 흐를 류(유) | 적도 부근에서 흐르는 따뜻한 해류. ↔ 한류.

**❷난류 亂流** 어지러울 난(란) / 흐를 류(유) | 속도의 방향이 불규칙하게 변하는 흐름. ※ 난기류.

**난리 亂離** 어지러울 난(란) / 떠날 리 | 소란스럽고 어지러움.

**난립 亂立** 어지러울 난(란) / 설 립(입) | 질서 없이 여기저기서 나섬.

**난립하다 亂立하다** 어지러울 난(란) / 설 립(입) | 질서 없이 여기저기서 나서다.

**난마 亂麻** 어지러울 난(란) / 삼 마 | 어지럽게 얽힌 삼실 가닥이라는 뜻으로, '갈피를 잡기 어렵게 뒤얽힌 일'을 비유함.

**난만하다 爛漫하다** 빛날 난(란) / 흩어질 만 | 꽃이 활짝 많이 피어 화려하다. 흐드러지다.

**난망 難望** 어려울 난 / 바랄 망 | 바라기 어려움.

**난망지은 難忘之恩** 어려울 난 / 잊을 망 / 갈 지 / 은혜 은 | 잊을 수 없는 은혜.

**난맥 亂脈** 어지러울 난(란) / 줄기 맥 | 갈피를 잡을 수 없게 마구 헝클어져 있음.

**난맥상 亂脈相** 어지러울 난(란) / 줄기 맥 / 서로 상 | 이리저리 어지럽게 흩어져 있는 모양.

**난무 亂舞** 어지러울 난(란) / 춤출 무 | 1. 엉킨 듯이 어지럽게 추는 춤 2. 함부로 나서서 마구 날뜀을 비유.

**난무하다 亂舞하다** 어지러울 난(란) / 춤출 무 | 1. 어지럽게 춤추다 2. 함부로 나서서 마구 날뛰다.

**❶난민 難民** 어려울 난 / 백성 민 | 1. 곤경에 빠져 어려운 사람 2. 가난하여 생활이 어려운 사람.

**난민촌 難民村** 어려울 난 / 백성 민 / 마을 촌 | 내전이나 기아 등으로 인하여 생긴 난민들이 모여 사는 곳.

**난민조약 難民條約** 어려울 난 / 백성 민 / 가지 조 / 맺을 약 | 법률 국제법에서, 난민의 인권을 보호하기 위한 조약. 임의 귀국, 재이주(**再移住**), 귀화에 대한 편의 제공, 불법 입국 난민에 대한 배려, 박해받을 우려가 있는 나라로의 추방이나 송환의 금지 등.

❷**난민 亂民** 어려울 난 / 백성 민 | 무리를 지어 다니며 법과 질서를 어지럽히는 사람.

**피난민 避難民** 피할 피 / 어려울 난 / 백성 민 | 재난을 피하여 가는 사람.

**난반사 亂反射** 어지러울 난(란) / 돌이킬 반 / 쏠 사 | 물리 울퉁불퉁한 면에 빛이 부딪쳐서 사방팔방으로 흩어지는 현상. 서로 다른 위치에 있는 사람들이 여러 가지 물체를 동시에 볼 수 있는 것은 이 때문이다.

**난발 亂發** 어지러울 난(란) / 필 발 | 총, 대포 등을 아무 곳에나 함부로 마구 쏘아 댐.

**난사 亂射** 어지러울 난(란) / 쏠 사 | 활, 대포, 총 등을 제대로 겨냥하지 않고 아무 곳에나 마구 쏨.

**난방 暖房/煖房** 따뜻할 난 / 방 방 | 방을 따뜻하게 함.

**난백 卵白** 알 난(란) / 흰 백 | 알의 흰자위. ※ 난황 (노른자위 卵黄).

**난봉 鸞鳳** 난새 난(란) / 봉새 봉 | 1. 난조(鸞鳥)와 봉황 2. 뛰어난 인물을 이르는 말. ※ '난봉(허랑방탕한 짓)'은 순우리말.

**난산 難産** 어려울 난 / 낳을 산 | 힘들고 어렵게 아이를 낳음.

**난산하다 難産하다** 어려울 난 / 낳을 산 | 힘들고 어렵게 아이를 낳다.

**난삽하다 難澁하다** 어려울 난 / 어려울 삽 | 글이나 말이 어렵고 까다롭다.

**난상 爛商** 빛날 난(란) / 장사 상 | 충분히 논의함.

**난상공론 爛商公論** 빛날 난(란) / 장사 상 / 공평할 공 / 논할 론(논) | 여러 사람이 모여서 충분히 의논함.

**난상토론 爛商討論** 빛날 난(란) / 장사 상 / 칠 토 / 논할 론(논) | 여러 사람이 모여서 충분히 의논함.

**난새 鸞** 새 난새 란(난) | 중국 전설에 나오는 상상의 새. 모양은 닭과 비슷하나 깃은 붉은빛에 다섯 가지 색채가 섞여 있으며, 소리는 오음(五音)과 같다고 한다.

**난색 難色** 어려울 난 / 빛 색 | 꺼리거나 어려워하는 기색.

**난생 卵生** 알 난(란) / 날 생 | 알에서 생겨남.

**난선 難船** 어려울 난 / 배 선 | 부서지거나 뒤집힐 위험에 놓인 배.

**난세 亂世** 어지러울 난(란) / 인간 세 | 어지러워 살기 힘든 세상.

**난소 卵巢** 알 난(란) / 새집 소 | 알집.

**난숙 爛熟** 빛날 난(란) / 익을 숙 | 열매가 무르익음.

**난숙기 爛熟期** 빛날 난(란) / 익을 숙 / 기약할 기 | 1. 열매가 무르익는 때 2. 충분히 발달하거나 성숙된 때.

❶**난시 亂視** 어지러울 난(란) / 볼 시 | 의학 눈의 각막이나 수정체의 면이 고르지 않아 물체를 명확하게 볼 수 없는 상태.

**❷난시청 難視聽** 어려울 난 / 볼 시 / 들을 청 | 산이나 높은 건물 같은 장애물 때문에 전파가 잘 잡히지 않아서 보고 듣기가 어려움.

**난신 亂臣** 어지러울 난(란) / 신하 신 | 나라를 어지럽히는 신하.

**난신적자 亂臣賊子** 어지러울 난(란) / 신하 신 / 도둑 적 / 아들 자 | 나라를 어지럽히는 불충한 무리.

**난여 鑾輿/鸞輿** 난새 난(란) / 수레 여 | 임금이 거둥할 때 타고 다니던 가마.

**난이 難易** 어려울 난 / 쉬울 이 | 어려움과 쉬움.

**난이도 難易度** 어려울 난 / 쉬울 이 / 정도 도 | 어려움과 쉬움의 정도.

**난도 難度** 어려울 난 / 법도 도 | 어려움의 정도.

**고난도 高難度** 높을 고 / 어려울 난 / 법도 도 | 어려움의 정도가 매우 큼.

**난입 闌入/攔入** 막을 란(난) / 들 입 | 허가 없이 함부로 뛰어듦.

**난입하다 闌入/攔入하다** 막을 란(난) / 들 입 | 허가 없이 함부로 뛰어들다.

**❶난자 卵子** 알 란 / 자식 자 | 생물 암컷의 생식 세포. 유성 생식을 하는 생물에서 볼 수 있는 것으로 감수 분열에 의하여 생기며, 수정 후 발달하여 배(胚)를 형성한다. ≒ 난세포, 알.

**❷난자 亂刺** 어지러울 난(란) / 찌를 자 | 칼이나 창으로 마구 찌름. ≒ 난도질.

**난자하다 亂刺하다** 어지러울 난(란) / 찌를 자 | 칼이나 창으로 마구 찌르다.

**난잡하다 亂雜하다** 어지러울 난(란) / 섞일 잡 | 1. 행동이 어지럽고 막되다 2. 함부로 행동하고 너저분하다.

**❶난장 亂場** 어지러울 난(란) / 마당 장 | 1. 여러 사람이 어지러이 뒤섞여 떠들어 대거나 뒤엉켜 뒤죽박죽이 된 곳 2. 역사 수많은 선비들이 질서 없이 들끓어 떠들어대던 과거 마당.

**난장판 亂場판** 어지러울 난(란) / 마당 장 | 여러 사람이 어지러이 뒤섞여 떠들어 대거나 뒤엉켜 뒤죽박죽이 된 곳.

**❷난장 亂杖** 어지러울 난(란) / 지팡이 장 | 1. 몰매. 여러 사람이 한꺼번에 덤비어 때리는 매 2. 역사 고려·조선 시대에, 신체의 부위를 가리지 않고 마구 치던 고문. 영조 때에 없앴다.

**난적 難敵** 어려울 난 / 대적할 적 | 맞서 싸우기에 까다로운 적수.

**❶난전 亂戰** 어지러울 난(란) / 싸움 전 | 마구 뒤섞여 어지럽게 싸움.

**❷난전 亂廛** 어지러울 난(란) / 가게 전 | 1. 허가 없이 길에 함부로 벌여 놓은 가게 2. 역사 조선 시대에, 나라에서 허가한 시전(市廛) 상인 이외의 상인이 하던 불법적인 가게.

**난정 亂政** 어지러울 난(란) / 정사 정 | 어지러운 정치.

**난제 難題** 어려울 난 / 제목 제 | 해결하기 어려운 문제.

**난중 亂中** 어지러울 난(란) / 가운데 중 | 난리가 일어나고 있는 동안.

**난중일기 亂中日記** 어지러울 난(란) / 가운데 중 / 날 일 / 기록할 기 | 역사 임진왜란 때 충무공 이순신이 진중(陣中)에서 쓴 일기.

**난처하다 難處하다** 어려울 난 / 곳 처 | 이럴 수도 없고 저럴 수도 없어 처신하기 곤란하다. ↔ 딱하다.

**난청 難聽** 어려울 난 / 들을 청 | 1. 방송 전파가 잘 잡히지 않아 잘 들을 수 없는 상태. 2. 의학 청력이 저하되어 잘 들을 수 없는 상태.

**난측하다 難測하다** 어려울 난 / 헤아릴 측 | 헤아리기 어렵다.

**난치 難治** 어려울 난 / 다스릴 치 | 병을 고치기 어려움.

**난타 亂打** 어지러울 난(란) / 칠 타 | 마구 두들김.

**난타하다 亂打하다** 어지러울 난(란) / 칠 타 | 마구 두들기다.

**난투 亂鬪** 어지러울 난(란) / 싸울 투 | 한데 뒤엉켜 마구 치고 받는 싸움.

**난투극 亂鬪劇** 어지러울 난(란) / 싸울 투 / 심할 극 | 한데 뒤엉켜 치고받으며 싸우는 소동.

**난파 難破** 어려울 난 / 깨뜨릴 파 | 배가 항해 중에 부서지거나 뒤집힘.

**난파선 難破船** 어려울 난 / 깨뜨릴 파 / 배 선 | 항해 중에 부서지거나 뒤집힌 배.

**난폭 亂暴** 어지러울 난(란) / 사나울 폭 | 행동이 몹시 거칠고 사나움.

**난필 亂筆** 어지러울 난(란) / 붓 필 | 함부로 어지럽게 쓴 글씨.

**난하다 難하다** 어려울 난 | 어렵거나 힘들다.

**난항 難航** 어려울 난 / 운항할 항 | 1. 배나 비행기가 어렵게 항행함 2. 여러 가지 장애 때문에 일이 순조롭게 진행되지 않음을 비유.

**난해하다 難解하다** 어려울 난 / 풀 해 | 풀기 어렵다. 해결하기 어렵다.

**난해성 難解性** 어려울 난 / 풀 해 / 성품 성 | 풀거나 해결하기 어려운 성질.

**난행 難行** 어려울 난 / 다닐 행 | 실행하기 어려움.

**난향 蘭香** 난초 난(란) / 향기 향 | 난초의 향기.

**난형난제 難兄難弟** 어려울 난 / 형 형 / 어려울 난 / 아우 제 | 누구를 형이라 하고 누구를 아우라 하기 어렵다는 뜻으로, 서로 비슷하여 누가 낫고 못한지 정하기 어려움을 이르는 말.

**난황 卵黃** 알 난(란) / 누를 황 | 알의 노른자위.

**날인 捺印** 누를 날 / 도장 찍을 인 | 눌러 찍음.

**날조 捏造** 꿰어 맞출 날 / 만들 조 | 거짓으로 꾸며냄.

**날조하다 捏造하다** 꿰어 맞출 날 / 만들 조 | 거짓으로 꾸며내다.

**남가일몽 南柯一夢** 남녘 남 / 나뭇가지 가 / 하나 일 / 꿈 몽 | 꿈과 같이 헛된 한때의 부귀영화. ※ 중

국 당나라의 순우분(淳于棼)이 술에 취하여 회화나무의 남쪽으로 뻗은 가지 밑에서 잠이 들었는데, 괴안국(槐安國)의 부마가 되어 20년 동안 부귀영화를 누리다가 깨었다는 고사에서 유래. ≒ 일장춘몽(一場春夢). 인생무상(人生無常).

**남국 南國** 남녘 남 / 나라 국 | 남쪽에 있는 나라.

**남극 南極** 남녘 남 / 극진할 극 | 1. 지구의 남쪽 끝 2. 물리 자침(磁針)이 가리키는 남쪽 끝. 에스(S)로 표시한다.

**남남북녀 南男北女** 남녘 남 / 사내 남 / 북녘 북 / 여자 녀(여) | 예전에, 우리나라에서 남자는 남쪽 지방 사람이 잘나고, 여자는 북쪽 지방 사람이 고움을 이르는 말.

**남녀 男女** 사내 남 / 여자 녀(여) | 남자와 여자를 아울러 이르는 말.

**남녀노소 男女老少** 사내 남 / 여자 녀(여) / 늙을 노(로) / 적을 소 | 남자와 여자, 늙은이와 젊은이. 모든 사람을 일컬음.

**남녀평등 男女平等** 사내 남 / 여자 녀(여) / 평평할 평 / 무리 등 | 남자와 여자의 법률적 권리나 사회적 대우가 성별에 따라 차별이 없이 동등함.

**남녀상열지사 男女相悅之詞** 사내 남 / 여자 녀(여) / 서로 상 / 기쁠 열 / 갈 지 / 말 사 | 문학 남녀가 서로 사랑하면서 즐거워하는 가사라는 뜻으로, 조선 시대에 사대부들이 '고려 가요'를 낮잡아 이르던 말. 쌍화점, 만전춘 등.

**남단 南端** 남녘 남 / 끝 단 | 남쪽의 끝.

❶**남도 南道** 남녘 남 / 길 도 | 1. 남과 북으로 되어 있는 도에서 남쪽에 있는 도. ※ 예시: 충청

남도 2. 경기도 이남의 충청도, 전라도, 경상도, 제주도를 통틀어 이르는 말.

❷**남도 南都** 남녘 남 / 도읍 도 | 남쪽 지방에 있는 도시.

**남독 濫讀** 넘칠 남(람) / 읽을 독 | 책의 내용을 가리지 않고 아무 책이나 마구 읽음.

**남루 襤褸** 헌 누더기 남(람) / 헌 누더기 루(누) | 낡아 해진 옷.

**남루하다 襤褸하다** 헌 누더기 남(람) / 헌 누더기 루(누) | 해지고 초라하다.

**남면 南面** 남녘 남 / 향할 면 | 1. 남쪽으로 향함 2. 왕이 나라를 다스림. 예전에 왕이 남쪽을 보고 앉아서 나라의 정사를 보던 데서 유래한 말. ≒ 남면출치(南面出治).

**남문 南門** 남녘 남 / 문 문 | 남쪽으로 난 문.

**남대문입납 南大門入納** 남녘 남 / 클 대 / 문 문 / 들 입 / 들일 납 | 주소를 알 수 없는 편지 또는 주소나 이름을 모르고 집을 찾는 일을 비유함.

**남반구 南半球** 남녘 남 / 반 반 / 공 구 | 적도를 경계로 지구를 둘로 나누었을 때의 남쪽 부분. 북반구에 비하여 바다 면적이 훨씬 넓다.

**남발 濫發** 넘칠 남 / 발행할 발 | 1. 마구 발행함 2. 말이나 행동을 함부로 함.

**남방 南方** 남녘 남 / 모 방 | 남쪽. 남녘. 나침반의 에스(S) 극이 가리키는 방위이다.

❶**남벌 濫伐** 넘칠 남(람) / 칠 벌 | 나무를 함부로 베어 냄.

**❷남벌 南伐** 남녘 남 / 칠 벌 | 무력으로 남쪽 지방을 침.

**남부여대 男負女戴** 사내 남 / 짊어질 부 / 여자 여 / 머리에 일 대 | 남자는 지고 여자는 인다. 가난한 사람들이 살 곳을 찾아 이리저리 떠돌아다님. ≒ 유랑걸식(流浪乞食).

**남북 南北** 남녘 남 / 북녘 북 | 남쪽과 북쪽.

**남북문제 南北問題** 남녘 남 / 북녘 북 / 물을 문 / 제목 제 | 북반구의 선진 공업국과 남반구의 개발도상국 사이에서 생기는 정치적·경제적 문제를 통틀어 이르는 말.

**남산 南山** 남녘 남 / 메 산 | 남쪽에 있는 산.

**남산골딸깍발이 南山골딸깍발이** 남녘 남 / 메 산 | 가난한 선비를 낮잡아 이르는 말. 옛날 서울 남산골에 살던 선비들이 가난하여 맑은 날에도 나막신을 신고 다닌 데서 유래한다.

**❶남상 濫觴** 넘칠 남(람) / 술잔 상 | 사물의 처음이나 기원. 양쯔 강(揚子江) 같은 큰 하천의 근원도 잔을 띄울 만큼 가늘게 흐르는 시내에서 시작하였다는 데서 온 말.

**❷남상 男相** 사내 남 / 서로 상 | 사내 얼굴처럼 생긴 여자의 얼굴.

**남색 藍色** 쪽 남(람) / 빛 색 | 푸른빛을 띤 자주색.

**남양 南洋** 남녘 남 / 큰 바다 양 | 태평양의 적도를 경계로 하여 그 남북에 걸쳐 있는 바다.

**남양군도 南洋群島** 남녘 남 / 큰 바다 양 / 무리 군 / 섬 도 | 태평양의 적도 부근에 흩어져 있는 섬의 무리. 마리아나, 마셜, 캐롤라인, 팔라우 등의 여러 군도.

**남용 濫用** 넘칠 남(람) / 쓸 용 | 함부로 씀.

**남용하다 濫用하다** 넘칠 남(람) / 쓸 용 | 함부로 쓰다.

**남원 南園** 남녘 남 / 동산 원 | 남쪽 동산.

**남작 男爵** 사내 남 / 벼슬 작 | 다섯 등급으로 나눈 귀족의 작위 가운데 맨 마지막 작위. 자작의 아래이다.

**남장 男裝** 사내 남 / 꾸밀 장 | 여자가 남자처럼 차림.

**❶남정 男丁** 사내 남 / 고무래 정 | 열다섯 살이 넘은 사내.

**❷남정 南征** 남녘 남 / 칠 정 | 무력으로 남쪽 지방을 침.

**남정북벌 南征北伐** 남녘 남 / 칠 정 / 북녘 북 / 칠 벌 | 남쪽을 정복하고 북쪽을 토벌함.

**남중 南中** 남녘 남 / 가운데 중 | 천문 천체가 일주 운동에 따라 자오선을 지나는 일.

**남중고도 南中高度** 남녘 남 / 가운데 중 / 높을 고 / 법도 도 | 천문 천체가 자오선을 통과할 때의 고도.

**남진 南進** 남녘 남 / 나아갈 진 | 남쪽으로 나아감.

**❶남천 南天** 남녘 남 / 하늘 천 | 남쪽 하늘.

**❷남천 南遷** 남녘 남 / 옮길 천 | 남쪽으로 옮김.

**❶남초 南草** 남녘 남 / 풀 초 | 담배.

❷**남초 男超** 사내 남 / 뛰어넘을 초 | 남자가 여자보다 수적으로 많은 상태.

**남촌 南村** 남녘 남 / 마을 촌 | 남쪽에 있는 마을.

**남취 濫吹** 넘칠 남(람) / 불 취 | 무능한 사람이 재능이 있는 체하거나, 실력이 없는 사람이 어떤 지위에 붙어 있음. ※ 중국 제(齊)나라 때에, 남곽(南廓)이라는 사람이 생황을 불 줄 모르면서 300명의 악사들 가운데에 끼어 있다가 한 사람씩 불게 하자 도망하였다는 고사에서 유래.

**남침 南侵** 남녘 남 / 침노할 침 | 북쪽에서 남쪽을 침범함.

**남파 南派** 남녘 남 / 갈래 파 | 임무를 주어 남쪽으로 보냄.

**남풍 南風** 남녘 남 / 바람 풍 | 남쪽에서 불어오는 바람. 마파람.

▶**남하 南下** 남녘 남 / 아래 하 | 남쪽으로 내려감. ↔ 북상.

**남하하다 南下하다** 남녘 남 / 아래 하 | 남쪽으로 내려가다. ↔ 북상.

❶**남항 南港** 남녘 남 / 항구 항 | 남쪽에 있는 항구

❷**남항 南航** 남녘 남 / 배 항 | 남쪽으로 항해함.

**남해 南海** 남녘 남 / 바다 해 | 남쪽에 있는 바다.

❶**남행 南行** 남녘 남 / 다닐 행 | 남쪽으로 향하여 감.

**남행열차 南行列車** 남녘 남 / 다닐 행 / 벌일 열(렬) / 수레 차 | 남쪽으로 가는 열차.

❷**남행 濫行** 넘칠 남(람) / 다닐 행 | 난잡하게 행동함.

❸**남행 南行** 남녘 남 / 다닐 행 | 역사 과거를 거치지 않고 조상의 공덕에 의하여 맡은 벼슬. ≒ 백골남행, 음관, 음직.

**남향 南向** 남녘 남 / 향할 향 | 남쪽으로 향함.

**남회귀선 南回歸線** 남녘 남 / 돌아올 회 / 돌아갈 귀 / 줄 선 | 지구 남위 23도 27분. 태양이 추분에 적도에서 남쪽으로 기울다가 동지에 다시 적도로 향하는 회귀의 지점.

▶**남획 濫獲** 넘칠 남(람) / 얻을 획 | 짐승이나 물고기 따위를 마구 잡음.

**남획하다 濫獲** 넘칠 남(람) / 얻을 획 | 짐승이나 물고기 따위를 마구 잡다.

**납골 納骨** 들일 납 / 뼈 골 | 유골을 모셔 둠.

**납기 納期** 들일 납 / 기약할 기 | 세금이나 공과금 등을 내는 기한.

▶**납득 納得** 들일 납 / 얻을 득 | 알아듣고 받아들임.

**납득하다 納得하다** 들일 납 / 얻을 득 | 알아듣고 받아들이다.

**납량 納凉** 들일 납 / 서늘할 량 | 서늘한 기운을 느낌. ※ 여름 납량 특선(特選).

**납매 臘梅** 섣달 납(랍) / 매화 매 | 음력 섣달에 꽃이 피는 매화.

**납본 納本** 들일 납 / 근본 본 | 1. 새로 발간한 출판물을 해당 기관에 제출함  2. 주문받은 책을 갖다 줌.

189

**납부 納付/納附** 들일 납 / 줄 부 | 세금이나 공과금을 냄.

**납부하다 納付/納附하다** 들일 납 / 줄 부 | 세금이나 공과금을 내다.

**납세 納稅** 들일 납 / 세금 세 | 세금을 냄.

**납세의무 納稅義務** 들일 납 / 세금 세 / 옳을 의 / 힘쓸 무 | 세금을 내야하는 국민의 의무.

**납속 納贖** 들일 납 / 속죄할 속 | 죄를 면하기 위하여 돈을 바침.

**납속책 納粟策** 들일 납 / 조 속 / 꾀 책 | 역사 조선 시대에, 나라의 재정난 타개와 구호 사업을 위하여 곡물을 바치게 하고, 그 대가로 벼슬을 주거나 면천(免賤)해 주던 일.

**납속가자 納粟加資** 들일 납 / 조 속 / 더할 가 / 재물 자 | 역사 조선 시대에, 흉년이 들거나 병란이 있을 때 많은 곡식을 바친 사람에게 공명첩을 주던 일. 공명첩은 이름만의 벼슬임.

**납속면천 納粟免賤** 들일 납 / 조 속 / 면할 면 / 천할 천 | 역사 조선 시대에, 곡물을 바치고 노비의 신분에서 벗어나던 일.

**납월 臘月** 섣달 납(랍) / 달 월 | 음력 섣달. 음력 12월.

**납입 納入** 들일 납 / 들 입 | 세금이나 공과금을 냄.

**납채 納采** 들일 납 / 풍채 채 | 신랑 집에서 신부 집에 혼인을 청하는 의례.

**납폐 納幣** 들일 납 / 화폐 폐 | 혼인할 때에, 정혼이 이루어진 증거로 신랑 집에서 신부 집으로 예물을 보냄.

**납치 拉致** 끌 납(랍) / 이를 치 | 강제 수단을 써서 억지로 데리고 감.

**낭독 朗讀** 소리 내어 읽을 낭(랑) / 읽을 독 | 소리 내어 읽음. ↔ 묵독(默讀).

**낭독하다 朗讀하다** 소리 내어 읽을 낭(랑) / 읽을 독 | 소리 내어 읽다.

**❶낭랑하다 朗朗하다** 밝을 랑(낭) / 밝을 랑(낭) | 소리가 맑고 또랑또랑하다.

**❷낭랑하다 琅琅하다** 옥돌 랑(낭) / 옥돌 랑(낭) | 옥이 서로 부딪쳐 울리는 소리가 아주 맑다.

**낭만 浪漫** 물결 낭(랑) / 흐트러질 만 | 현실에 매이지 않고 감상적이고 이상적으로 사물을 대하는 태도. ※ 참조: 로맨틱 'romantic'에서 유래.

**낭만주의 浪漫主義** 물결 낭(랑) / 흐트러질 만 / 주인 주 / 뜻 의 | 실재나 현실보다 꿈이나 공상의 세계를 동경하고 정서를 중시하는 사조. 늑 노만주의, 로맨티시즘.

**낭만적 浪漫的** 물결 낭(랑) / 흐트러질 만 / 과녁 적 | 현실적이 아니고 환상적이며 공상적인.

**낭비 浪費** 함부로 낭(랑) / 쓸 비 | 헤프게 마구 씀. ↔ 검약(儉約).

**낭비벽 浪費癖** 함부로 낭(랑) / 쓸 비 / 버릇 벽 | 헤프게 마구 쓰는 버릇.

**낭설 浪說** 함부로 낭(랑) / 말할 설 | 터무니없는 헛소문.

**낭송 朗誦** 밝을 낭(랑) / 외울 송 | 크게 소리를 내어 글을 읽음.

**낭송시 朗誦詩** 밝을 낭(랑) / 외울 송 / 시 시 | 외어서 읊기에 알맞은 시.

**낭인 浪人** 물결 낭(랑) / 사람 인 | 일정한 직업이 없이 이리저리 떠돌아다니며 빈둥빈둥 노는 사람.

**❶낭자 娘子** 여자 낭 / 아들 자 | 젊은 여자

**❷낭자하다 狼藉**하다 이리(동물) 낭 / 어지러울 자 | 1. 어지럽게 흩어져 있다  2. 떠들썩하고 시끄럽다.

**낭중 囊中** 주머니 낭 / 가운데 중 | 주머니 속.

**낭중지추 囊中之錐** 주머니 낭 / 가운데 중 / 어조사 지 / 송곳 추 | 주머니 속의 송곳. 재능이 뛰어난 사람은 숨어 있어도 저절로 사람들에게 알려짐. ≒ 백미(**白眉**), 군계일학(**群鷄一鶴**).

**낭중취물 囊中取物** 주머니 낭 / 가운데 중 / 가질 취 / 물건 물 | 주머니 속에서 물건을 꺼내듯이 손쉽게 얻을 수 있음. ≒ 여반장(**如反掌** 손바닥을 뒤집는 것처럼 쉽다).

**낭패 狼狽** 이리(동물) 낭 / 이리(동물) 패 | 뜻한 일이 실패하거나 기대에 어긋나 딱하게 됨.

**낭패보다 狼狽**보다 이리(동물) 낭 / 이리(동물) 패 | 뜻한 일이 실패로 돌아가거나 기대에 어긋나, 매우 딱한 형편에 처하다.

**내각 內閣** 안 내 / 집 각 | 정치 국가의 행정권을 담당하는 국무의원으로 구성된 최고 합의 기관. 내각 책임제 국가에서는 최고 정책 결정 기관이고, 대통령 중심제 국가에서는 대통령의 보좌·자문 기관이다.

**내각책임제 內閣責任制** 안 내 / 집 각 / 꾸짖을 책 / 맡길 임 / 절제할 제 | 정치 국회의 신임에 따라 정부가 성립·존속하는 정치 제도. 다수당을 중심으로 행정부가 만들어진다.

**내객 來客** 올 내(래) / 손 객 | 찾아온 손님.

**내고 內告** 안 내 / 고할 고 | 비공식적으로 개인에게 통고함.

**내공 內功** 안 내 / 공 공 | 1. 오랜 기간 무에 같은 것을 수련해서 다져진 힘과 기운  2. 오랜 기간의 경험을 통해 쌓은 능력.

**내관 內官** 안 내 / 벼슬 관 | 역사 내시. 환관.

**내구 耐久** 견딜 내 / 오랠 구 | 오래 견딤.

**내구성 耐久性** 견딜 내 / 오랠 구 / 성품 성 | 변하지 않고 오래 견디는 성질.

**내국 內國** 안 내 / 나라 국 | 자기 나라.

**내국법 內國法** 안 내 / 나라 국 / 법 법 | 자기 나라 법률.

**내국산 內國産** 안 내 / 나라 국 / 낳을 산 | 국산. 국내에서 생산된 물건.

**내근 內勤** 안 내 / 부지런할 근 | 직장 안에서 근무함.

**내근하다 內勤**하다 안 내 / 부지런할 근 | 직장 안에서 근무하다.

**내년 來年** 올 내(래) / 해 년(연) | 올해의 바로 다

음 해. ≒ 명년. 이듬해.

**내명년 來明年** 올 내(래) / 밝을 명 / 해 년(연) |
올해의 다음다음 해.

**내후년 來後年** 올 내(래) / 뒤 후 / 해 년(연) | 내
년의 다음다음 해.

**내달 來달** 올 내(래) | 다음 달.

**내란 內亂** 안 내 / 어지러울 란(난) | 나라 안에서
정권을 차지할 목적으로 벌어지는 큰 싸움.

**내란죄 內亂罪** 안 내 / 어지러울 란(난) / 허물 죄
| 법률 정부에 반대하여 일정한 규모와 조직
을 갖추고 무력을 행사함으로써 성립하는 범
죄.

**내란음모죄 內亂陰謀罪** 안 내 / 어지러울 란(난)
/ 그늘 음 / 꾀 모 / 허물 죄 | 법률 내란의 목적
을 가지고 준비를 하거나 내란 음모를 꾀함으
로써 성립하는 범죄.

**내력 來歷** 올 내(래) / 지날 력(역) | 지금까지 지
내온 경로나 경력.

**내륙 內陸** 안 내 / 뭍 륙(육) | 바다에서 멀리 떨어
져 있는 육지.

**내막 內幕** 안 내 / 장막 막 | 겉으로 드러나지 않
은 속 내용.

**내면 內面** 안 내 / 얼굴 면 | 안쪽. 사람의 속마음.

**내면세계 內面世界** 안 내 / 얼굴 면 / 세상 세 / 지
경 계 | 겉으로 드러나지 않는 마음속의 감정이
나 심리.

**내면화 內面化** 안 내 / 얼굴 면 / 될 화 | 정신적·심
리적으로 마음속에 깊이 자리 잡힘.

**내명부 內命婦** 안 내 / 목숨 명 / 며느리 부 | 역사
조선 시대에, 왕과 왕비, 왕세자를 받들어 모시
고 궁중의 일을 하던 품계를 가진 궁녀.

**내무반 內務班** 안 내 / 힘쓸 무 / 나눌 반 | 군사
병영 안에서 사병들이 기거하는 방.

**내밀하다 內密하다** 안 내 / 빽빽할 밀 | 어떤 일이
겉으로 드러나지 아니하다. ≒ 은밀하다.

**내방 來訪** 올 내(래) / 찾을 방 | 만나기 위하여 찾
아옴.

**내방하다 來訪하다** 올 내(래) / 찾을 방 | 만나기
위하여 찾아오다.

**내방객 來訪客** 올 내(래) / 찾을 방 / 손 객 | 찾아온
손님.

**내벽 內壁** 안 내 / 벽 벽 | 건설 건물의 안쪽에 있는
벽.

**내변 內變** 안 내 / 변할 변 | 1. 내부의 변고 2. 나
라 안에서 일어난 변고.

**❶내보 來報** 올 내(래) / 갚을 보 | 직접 와서 보고
함.

**내보하다 來報하다** 올 내(래) / 갚을 보 | 직접 와
서 보고하다.

**❷내보 內報** 안 내 / 갚을 보 | 외부에 공개되지 않
게 하는 보고.

**❶내복 內服** 안 내 / 옷 복 | 속 옷.

❷**내복 內服** 안 내 / 옷 복 | 약을 먹음.

**내복하다 內服**하다 안 내 / 옷 복 | 약을 먹다

**내부 內部** 안 내 / 떼 부 | 안쪽의 부분.

**내부감사 內部監査** 안 내 / 떼 부 / 볼 감 / 조사할 사
경영 기업 내부의 감사 기관이 행하는 감사.

**내부마찰 內部摩擦** 안 내 / 떼 부 / 문지를 마 / 문지를 찰 | 내부에 있는 사람들 사이에서 발생하는 충돌.

**내부분열 內部分裂** 안 내 / 떼 부 / 나눌 분 / 찢을 열(렬) | 내부의 분열이나 갈등으로 갈라짐.

**내분 內紛** 안 내 / 어지러울 분 | 내부의 분열.

❶**내빈 來賓** 올 내(래) / 손 빈 | 모임에 공식적으로 초대를 받고 온 사람.

**내빈석 來賓席** 올 내(래) / 손 빈 / 자리 석 | 내빈이 앉을 자리.

❷**내빈 耐貧** 견딜 내 / 가난할 빈 | 가난을 참고 견딤.

**내빙사 來聘使** 올 내 / 부를 빙 / 부릴 사 | 역사 예물을 가지고 찾아온 다른 나라의 사신.

❶**내사 內査** 안 내 / 조사할 사 | 안에서 몰래 조사함. 자체적으로 조사함.

**내사하다 內査**하다 안 내 / 조사할 사 | 1. 안에서 몰래 조사하다 2. 조직 안에서 자체적으로 조사하다.

❷**내사 內事** 안 내 / 일 사 | 내부의 일.

❸**내사 來社** 올 내(래) / 모일 사 | 회사에 찾아옴.

**내상 內傷** 안 내 / 다칠 상 | 내부에 입은 상처.

**내색 내色** 빛 색 | 마음속에 느낀 것을 얼굴에 드러냄.

**내색하다 내色**하다 빛 색 | 마음속에 느낀 것을 얼굴에 드러내다.

**내생 來生** 올 내(래) / 날 생 | 불교 전생, 현생, 내생이란 삼생(三生)의 하나. 오는 세상에 다시 태어남. 죽음 뒤의 삶.

❶**내선 內線** 안 내 / 줄 선 | 내부의 선.

❷**내선일체 內鮮一體** 안 내 / 고울 선 / 한 일 / 몸 체 | 일본과 조선은 한 몸이라는 뜻으로, 일제 강점기 때 일본이 조선인의 정신을 말살시키기 위하여 만들어 낸 구호.

❶**내성 耐性** 참을 내 / 성품 성 | 1. 외부 자극에 대해서 견디어내는 성질 2. 약물의 반복 복용에 의해 약효가 떨어지는 현상.

❷**내성적 內省的** 안 내 / 살필 성 / 과녁 적 | 겉으로 드러내지 아니하고 마음속으로만 생각하는 것. ≒ 내면적. 내향적.

**내세 來世** 올 내(래) / 인간 세 | 불교 삼세(三世)의 하나. 죽은 뒤에 다시 태어나 산다는 미래의 세상.

**내수 內需** 안 내 / 쓰일 수 | 국내 수요(需要).

**내수시장 內需市場** 안 내 / 쓰일 수 / 저자 시 / 마당 장 | 경제 소비가 이루어지는 국내의 시장.

**내습 來襲** 올 내(래) / 엄습할 습 | 습격하여 옴.

**내습하다 來襲**하다 올 내(래) / 엄습할 습 | 습격 하여 오다.

**내시 內侍** 안 내 / 모실 시 | 역사 조선 시대에, 임금의 시중을 들거나 숙직 등의 일을 맡아보던 남자 환관.

❶**내신 內申** 안 내 / 말할 신 | 1. 인사 문제나 사업 내용을 비공개로 상급 기관에 보고함 2. 상급 학교 진학이나 취직과 관련하여 선발의 자료가 될 학업 성적, 품행 등을 적어 보냄.

❷**내신 內信** 안 내 / 믿을 신 | 나라 안의 소식.

❶**내실 內實** 안 내 / 열매 실 | 내적인 가치나 충실성.

❷**내실 內室** 안 내 / 집 실 | 안주인이 거처하는 방.

**내심 內心** 안 내 / 마음 심 | 속마음. 마음속.

**내압 耐壓** 견딜 내 / 누를 압 | 압력에 견딤.

**내역 內譯** 안 내 / 번역할 역 | 물품이나 금액의 내용.

**내역별 內譯別** 안 내 / 번역할 역 / 다를 별 | 내역에 따른 구별.

**내연 內燃** 안 내 / 탈 연 | 1. 가솔린 같은 연료가 기관의 내부에서 폭발하여 연소함 2. 마음속에서 감정이 불타오름.

**내연기관 內燃機關** 안 내 / 탈 연 / 틀 기 / 관계할 관 | 기계 연료를 기관 속에 집어넣고 연소 폭발 시켜서 생긴 팽창력으로 피스톤을 움직이게 하는 원동기. 열에너지를 기계적 에너지로 바꾸는 작동원리.

**내열 耐熱** 견딜 내 / 더울 열 | 열에 견딤.

**내왕 來往** 올 내(래) / 갈 왕 | 오고 감.

**내왕하다 來往**하다 올 내(래) / 갈 왕 | 오고 가다.

**내외 內外** 안 내 / 바깥 외 | 1. 안과 밖 2. 조금 덜하거나 넘음.

**내외 內外** 안 내 / 바깥 외 | 1. 남자와 여자 2. 부부. 3. 남녀가 서로 얼굴을 피하는 것.

**내외간 內外間** 안 내 / 바깥 외 / 사이 간 | 부부 사이.

**내외하다 內外**하다 안 내 / 바깥 외 | 남녀가 서로 얼굴을 피하다.

**내용 內容** 안 내 / 얼굴 용 | 안에 든 것. 사물의 속내. ↔ 형식.

**내용물 內容物** 안 내 / 얼굴 용 / 물건 물 | 속에 든 물건.

**내우 內憂** 안 내 / 근심 우 | 나라 안의 걱정. ↔ 외환(外患).

**내우외환 內憂外患** 안 내 / 근심 우/ 바깥 외 / 근심 환 | 안의 근심과 바깥의 근심. 나라 안팎의 여러 가지 어려움.

**내유 內柔** 안 내 / 부드러울 유 | 속이 부드러움

**내유외강 內柔外剛** 안 내 / 부드러울 유 / 바깥 외 / 굳셀 강 | 겉으로 보기에는 강하게 보이나 속은 부드러움.

**내의 內衣** 안 내 / 옷 의 | 속옷.

**내인 內因** 안 내 / 인할 인 | 내부에 있는 원인.

**내인성 內因性** 안 내 / 인할 인 / 성품 성 | 원인이 내부에 있는 것.

❶**내자 內子** 안 내 / 아들 자 | 남 앞에서 자기의 아내를 이르는 말.

❷**내자 內資** 안 내 / 재물 자 | 경제 국내의 자본.

❶**내장 內臟** 안 내 / 오장 장 | 생물 동물 척추동 물의 가슴 안이나 배안에 있는 여러 가지 기관 들. 위, 창자, 간, 콩팥, 이자 따위가 있다.

❷**내장 內藏** 안 내 / 감출 장 | 안에 간직함.

❸**내장 內裝** 안 내 / 꾸밀 장 | 건물 내부를 꾸미거 나 설비를 갖추는 공사.

**내재 內在** 안 내 / 있을 재 | 1. 어떤 사물이나 범 위의 안에 들어 있음 2. 철학 형이상학에서, 신(神)이 세계의 본질로서 세계 안에 존재함을 이르는 말.

**내재적 內在的** 안 내 / 있을 재 / 과녁 적 | 안에 있는. 내면에 존재하는.

**내재율 內在律** 안내/있을재/법칙 율(률) | 문학 자 유시나 산문시에서 문장 안에 깃들어 있는 운 율. ↔ 외형률.

**내재인 內在因** 안 내 / 있을 재 / 인할 인 | 철학 사 물의 운동이나 변화에 있어서 그 원인이 자신 안에 있다고 보는 일. 범신론에서, 만물의 생 성·소멸의 원인으로서의 신은 세계 안에서 움 직인다는 뜻으로 쓴다.

❶**내전 內戰** 안 내 / 싸움 전 | 나라 안에서 일어나 는 싸움.

❷**내전 內殿** 안 내 / 전각 전 | 왕비가 거처하던 궁 전.

**내접 內接** 안 내 / 이을 접 | 수학 원 안에 있는 다 각형의 각 꼭짓점이 원둘레에 맞닿음.

❶**내정 內情** 안 내 / 뜻 정 | 내부의 사정.

❷**내정 內定** 안 내 / 정할 정 | 속으로 정함.

**내정하다 內定하다** 안 내 / 정할 정 | 드러내지 않 고 속으로 정하다.

❸**내정 內政** 안 내 / 정사 정 | 국내의 정치.

**내정간섭 內政干涉** 안 내 / 정사 정 / 방패 간 / 건 널 섭 | 다른 나라의 정치에 간섭하는 일.

❶**내조 來朝** 올 내(래) / 아침 조 | 1. 외국의 사신 (使臣)이 찾아옴. 2. 지방의 신하가 조정에 와 서 임금을 뵘.

❷**내조 內助** 안 내 / 도울 조 | 아내가 남편을 도움. ↔ 외조.

❶**내지 內地** 안 내 / 땅 지 | 1. 해안에서 깊숙이 들 어간 안쪽 지역. 2. 변두리가 아닌 중심 지역. 3. 외국이나 식민지에서 본국을 이르는 말.

❷**내지 乃至** 이에 내 / 이를 지 | '얼마에서 얼마까 지'의 뜻.

**내직 內職** 안 내 / 직분 직 | 중앙 부서에 있는 직책.

❶**내진 內診** 안 내 / 진찰할 진 | 의학 몸 안을 진 찰하는 일.

**❷내진 耐震** 견딜 내 / 우레 진 | 지진을 견디어 냄.

**내출혈 內出血** 안 내 / 날 출 / 피 혈 | 의학 출혈이 몸 안이나 피부 밑에서 일어남.

**내측 內側** 안 내 / 곁 측 | 안쪽.

**내치 內治** 안 내 / 다스릴 치 | 나라 안을 다스림.

**내칙 內則** 안 내 / 법칙 칙 | 내부의 규칙.

**내탕금 內帑金** 안 내 / 금고 탕 / 쇠 금 | 역사 조선 시대에, 임금이 개인적으로 쓰던 돈.

**내통 內通** 안 내 / 통할 통 | 남몰래 서로 통함.

**내파 內破** 안 내 / 깨뜨릴 파 | 안에서 부수는 것.

**내포 內包** 안 내 / 싸다 포 | 어떤 성질이나 뜻을 속에 품음. ↔ 외연 (**外延**).

**내피 內皮** 안 내 / 가죽 피 | 속껍질.

**내핍 耐乏** 견딜 내 / 모자랄 핍 | 물자가 없는 것을 참고 견딤.

**내핍하다 耐乏하다** 견딜 내 / 모자랄 핍 | 물자가 없는 것을 참고 견디다.

**❶내한 來韓** 올 내(래) / 한국 한 | 한국에 옴.

**내한하다 來韓하다** 올 내(래) / 한국 한 | 한국에 오다.

**❷내한 耐寒** 견딜 내 / 찰 한 | 추위를 견딤.

**내항 內港** 안 내 / 항구 항 | 항만의 안쪽에 항구

**내해 內海** 안 내 / 바다 해 | 육지로 둘러싸인 바다.

**내향 內向** 안 내 / 향할 향 | 안쪽으로 향함.

**내향성 內向性** 안 내 / 향할 향 / 성품 성 | 1. 안쪽으로 향하는 성질 2. 성격이 내성적이고 비사교적임.

**내홍 內訌** 안 내 / 어지럽다 홍 | 내부에서 자기들끼리 일으킨 분쟁. ≒ 자중지란(**自中之亂**).

**내화 耐火** 견딜 내 / 불 화 | 불에 타지 아니하고 견딤.

**내환 內換** 안 내 / 바꿀 환 | 경제 나라 안에서 쓰는 환어음.

**내훈 內訓** 안 내 / 가르칠 훈 | 집안의 부녀자들에게 하는 훈시.

**내흉 內凶** 안 내 / 흉할 흉 | 속으로 엉큼함. ※ '내숭'의 비표준어.

**냉각 冷却** 찰 냉(랭) / 물리칠 각 | 차갑게 식힘.

**냉각기간 冷却期間** 찰 냉(랭) / 물리칠 각 / 기약할 기 / 사이 간 | 1. 감정의 대립을 멈추고 사태를 진정하기 위한 기간 2. 법률 노동 쟁의나 정치적 분쟁을 평화적으로 해결하기 위하여 두는 유예 기간.

**냉골 冷골** 찰 냉(랭) | 찬 방구들. 찬 방바닥.

**냉과 冷菓** 찰 냉(랭) / 과자 과 | 얼음과자.

**냉국 冷국** 찰 냉(랭) | 차게 식힌 국물.

**냉기 冷氣** 찰 냉(랭) / 기운 기 | 차가운 기운.

**냉난방 冷暖房** 찰 냉(랭) / 따뜻할 난 / 방 방 | 냉방과 난방.

**냉담** 冷淡 찰 냉(랭) / 맑을 담 | 1. 동정심 없이 차가움. 2. 흥미나 관심을 보이지 않음.

**냉담하다** 冷淡하다 찰 냉(랭) / 맑을 담 | 동정심 없이 차갑다.

**냉대** 冷待 찰 냉(랭) / 기다릴 대 | 차갑게 대함.

**냉대하다** 冷待하다 찰 냉(랭) / 기다릴 대 | 차갑게 대하다.

**냉돌** 冷埃 찰 냉(랭) / 굴뚝 돌 | 불기 없는 찬 온돌.

**냉동** 冷凍 찰 냉(랭) / 얼 동 | 차갑게 얼림.

**냉동건조** 冷凍乾燥 찰 냉(랭) / 얼 동 / 하늘 건 / 마를 조 | 공업 진공 상태에서 수분이 있는 세포를 급히 얼린 후에, 얼음을 승화시켜 건조하는 방법.

**냉랭하다** 冷冷하다 찰 냉(랭) / 찰 랭(냉) | 몹시 차갑다.

**냉방** 冷房 찰 냉(랭) / 방 방 | 실내의 온도를 낮춰 차게 하는 일.

**냉소** 冷笑 찰 냉(랭) / 웃음 소 | 비웃음. ≒ 찬웃음.

**냉소하다** 冷笑하다 찰 냉(랭) / 웃음 소 | 비웃다. 차갑게 웃다.

**냉수** 冷水 찰 냉(랭) / 물 수 | 차가운 물.

**냉수욕** 冷水浴 찰 냉(랭) / 물 수 / 목욕할 욕 | 찬물로 하는 목욕.

**냉엄하다** 冷嚴하다 찰 냉(랭) / 엄할 엄 | 냉정하고 엄격하다.

**냉온** 冷溫 찰 냉(랭) / 따뜻할 온 | 차가운 온도.

**냉장** 冷藏 찰 냉(랭) / 감출 장 | 차갑게 보존함.

**냉장하다** 冷藏하다 찰 냉(랭) / 감출 장 | 차갑게 보존하다.

**냉장고** 冷藏庫 찰 냉(랭) / 감출 장 / 곳집 고 | 식품이나 약품을 상하지 않도록 차갑게 보관하는 설비 기구.

**냉전** 冷戰 찰 냉(랭) / 싸움 전 | 무력을 사용하지 않고, 경제·외교·정보 등을 수단으로 하는 대립 관계.

**냉정** 冷靜 찰 냉(랭) / 고요할 정 | 차갑고 침착함.

**냉정하다** 冷情하다 찰 냉(랭) / 뜻 정 | 태도가 차갑고 침착하다.

**냉풍** 冷風 찰 냉(랭) / 바람 풍 | 차갑고 쌀쌀한 바람.

**냉해** 冷害 찰 냉(랭) / 해할 해 | 차가운 날씨로 입는 피해.

**냉혈** 冷血 찰 냉(랭) / 피 혈 | 찬피.

**냉혈한** 冷血漢 찰 냉(랭) / 피 혈 / 한수 한 | 인정이 없고 냉혹한 남자.

**냉혹하다** 冷酷하다 찰 냉(랭) / 심할 혹 | 차갑고 가혹하다.

**냉혹성** 冷酷性 찰 냉(랭) / 심할 혹 / 성품 성 | 인정이 없고 가혹한 성질.

**노경** 老境 늙을 노(로) / 지경 경 | 늙은 때.

**노고** 勞苦 일할 노(로) / 쓸 고 | 힘들여 애씀.

**노골적 露骨的** 드러날 노 / 뼈 골 / 과녁 적 | 숨김 없이 있는 그대로 드러내는 것.

**노구 老軀** 늙을 노(로) / 몸 구 | 늙은 몸.

**노궁 弩弓** 쇠뇌 노 / 활 궁 | 손으로 잡아당겨 쏘는 활과 달리 일종의 기계장치를 하여 여러 개의 화살을 연달아 쏠 수 있도록 만든 큰 활로 쇠뇌라고 함.

**노기 怒氣** 성낼 노(로) / 기운 기 | 성난 기색.

**노기등등하다 怒氣騰騰**하다 성낼 노(로) / 기운 기 / 오를 등 / 오를 등 | 노하거나 성난 기운이 얼굴에 가득하다.

**노기충천하다 怒氣衝天**하다 성낼 노(로) / 기운 기 / 찌를 충 / 하늘 천 | 화가 하늘을 찌를 듯이 머리끝까지 치받쳐 있다.

**노년 老年** 늙을 노(로) / 해 년(연) | 늙은 때.

**노년기 老年期** 늙을 노(로) / 해 년(연) / 기약할 기 | 늙은 시기.

**노도 怒濤** 성낼 노(로) / 물결 도 | 성난 파도.

**노동 勞動** 일할 노(로) / 움직일 동 | 몸과 마음을 움직여 일을 함.

**노동조합 勞動組合** 일할 노(로) / 움직일 동 / 짤 조 / 합할 합 | 노동 조건의 개선과 노동자의 사회적·경제적인 지위 향상을 목적으로 노동자가 조직한 단체.

**노동기본권 勞動基本權** 일할 노(로) / 움직일 동 / 터 기 / 근본 본 / 저울추 권 | 법률 근로자의 인간다운 생활을 보장하기 위하여 헌법이 정한 기본권. 단결권, 단체 교섭권, 단체 행동권 따위가 있다

❶**노두 蘆頭** 갈대 노(로) / 머리 두 | 인삼이나 도라지 등의 뿌리에서 싹이 나오는 대가리 부분.

❷**노둣돌 路頭**돌 길 노 / 머리 두 | 말에 오르거나 내릴 때에 발돋움하기 위하여 대문 앞에 놓은 큰 돌.

**노둔하다 駑鈍/魯鈍**하다 둔한 말 노 / 둔할 둔 | 둔하고 미련하다.

**노략 擄掠** 노략질할 노(로) / 노략질할 략(약) | 떼를 지어 돌아다니며 사람을 해치거나 재물을 강제로 빼앗음.

**노략질 擄掠**질 노략질할 노(로) / 노략질할 략(약) | 떼를 지어 돌아다니며 사람을 해치거나 재물을 강제로 빼앗는 짓.

**노력 努力** 힘쓸 노 / 힘 력(역) | 힘을 들여 애를 씀.

**노력하다 努力**하다 힘쓸 노 / 힘 력(역) | 힘을 들여 애를 쓰다.

**노련하다 老鍊**하다 늙을 노(로) / 단련할 련(연) | 익숙하고 능란하다. ↔ 미숙하다.

**노련미 老鍊味** 늙을 노(로) / 단련할 련(연) / 맛 미 | 많은 경험에서 우러나오는 익숙하고 능란한 맛이나 멋

**노령 老齡** 늙을 노(로) / 나이 령(영) | 늙은 나이.

**노령연금 老齡年金** 늙을 노(로) / 나이 령(영) / 해 연(년) / 금 금 | 복지 알정한 연령에 도달한 노령자에게 연금을 지급하는 사회 보장 제도.

**노마** 駑馬 둔한 말 노 / 말 마 | 1. 느리고 둔한 말 2. 둔하고 재능이 모자란 사람이라는 뜻으로, 자기를 낮추어 이르는 말.

**노마식도** 老馬識途 늙을 노(로) / 말 마 / 알다 식 / 길 도 | 늙은 말이 길을 안다. 어려운 일이 닥치면 경험이 풍부한 사람의 지혜를 빌려서 풀어가야 한다는 뜻. ≒ 노마지지(老馬之智).

**노마지지** 老馬之智 늙을 노(로) / 말 마 / 어조사 지 / 슬기 지 | 1. 늙은 말의 슬기로움 2. 늙은 말처럼 쓸모없어 보이지만 풍부한 경험으로 지혜를 낼 수 있다는 뜻. 3. 아무리 하찮은 것이라도 저마다의 재주를 지니고 있다는 뜻.

**노만주의** 魯漫主義 노나라 노(로) / 흩어질 만 / 주인 주 / 뜻 의 | 꿈이나 공상의 세계를 동경하고 감상적인 정서를 중시하는 창작 태도. 로맨티시즘.

**노망** 老妄 늙을 노(로) / 망령될 망 | 늙어서 망령이 듦.

**노면** 路面 길 노(로) / 낯 면 | 길바닥.

**노모** 老母 늙을 노(로) / 어머니 모 | 늙은 어머니.

**노무** 勞務 일할 노(로) / 힘쓸 무 | 육체적 노력을 들이는 노동 근무.

**노반** 路盤 길 노(로) / 소반 반 | 도로를 포장하기 위하여 땅을 파고 다져 놓은 땅바닥.

**노발대발** 怒發大發 성낼 노(로) / 필 발 / 클 대 / 필 발 | 몹시 노하여 펄펄 뛰며 성을 냄.

**❶노변** 路邊 길 노(로) / 가 변 | 길가.

**❷노변** 爐邊 화로 노(로) / 가 변 | 화로의 옆.

**노변담화** 爐邊談話 화로 노(로) / 가 변 / 말씀 담 / 말씀 화 | 화롯가에 둘러앉아서 서로 한가롭게 주고받는 세상이야기.

**노병** 老兵 늙을 노(로) / 병사 병 | 1. 늙은 병사 2. 경험이 많아 노련한 병사.

**노복** 奴僕 종 노 / 종 복 | 종살이를 하는 남자.

**노비** 奴婢 종 노 / 계집종 비 | 예전에, 사내종과 계집종을 이르는 말.

**❶노사** 勞使 일할 노(로) / 하여금 사 | 노동자와 사용자.

**❷노사** 老師 늙을 노(로) / 스승 사 | 나이 많은 스승.

**노상** 路上 길 노(로) / 윗 상 | 길 위.

**노선** 路線 길 노(로) / 줄 선 | 1. 기차나 버스 노선처럼 일정한 두 지점을 정기적으로 오가는 교통선 2. 일정한 목표를 이루어가려는 견해나 행동 방향.

**❶노성** 怒聲 성낼 노(로) / 소리 성 | 성난 소리.

**❷노성하다** 老成하다 늙을 노(로) / 이룰 성 | 1. 경험을 많이 쌓아 세상일에 익숙하다 2. 나이에 비해 어른티가 나다.

**노소** 老少 늙을 노(로) / 적을 소 | 늙은이와 젊은이.

**노소동락** 老少同樂 늙을 노(로) / 적을 소 / 한가지 동 / 즐길 락(낙) | 늙은이와 젊은이가 함께 즐김.

**노송** 老松 늙을 노(로) / 소나무 송 | 늙은 소나무.

**노쇠 老衰** 늙을 노(로) / 쇠할 쇠 | 늙어서 쇠약함.

**노쇠하다 老衰하다** 늙을 노(로) / 쇠할 쇠 | 늙어서 쇠약하고 기운이 별로 없다.

**❶노숙 老宿** 늙을 노(로) / 잘 숙 | 1. 나이가 많아 경험이 풍부한 사람  2. 학식이 높고 견문이 넓은 사람.

**노숙하다 老熟하다** 늙을 노(로) / 익을 숙 | 오랜 경험을 지녀 익숙하다.

**❷노숙 露宿** 드러날 노(로) / 잠잘 숙 | 바깥에서 자는 잠. 한뎃잠. ※ 참조: 길 로(路)자가 아님.

**노숙인 露宿人** 드러날 노(로) / 잘 숙 / 사람 인 | 길이나 공원 같은 곳에서 한뎃잠을 자는 사람.

**준노숙인 準露宿人** 준할 준 / 드러날 노(로) / 잘 숙 / 사람 인 | 거의 노숙에 가까운 생활을 하는 사람.

**노승 老僧** 늙을 노(로) / 중 승 | 나이가 많은 승려.

**❶노신 老臣** 늙을 노(로) / 신하 신 | 늙은 신하.

**❷노신 老身** 늙을 노(로) / 몸 신 | 늙은 몸.

**노심초사 勞心焦思** 애쓸 노 / 마음 심 / 태우다 초 / 생각 사 | 몹시 마음을 쓰며 애를 태움.

**❶노안 老顔** 늙을 노(로) / 낯 안 | 1. 노쇠한 얼굴  2. 노인의 얼굴.

**❷노안 老眼** 늙을 노(로) / 눈 안 | 늙어서 시력이 나빠진 눈.

**노안경 老眼鏡** 늙을 노(로) / 눈 안 / 거울 경 | 작은 것을 크게 보이도록 하는 노인들이 쓰는 안경.

**❸노안 蘆雁** 갈대 노(로) / 기러기 안 | 갈대가 있는 곳에 기러기가 앉은 것

**노안도 蘆雁圖** 갈대 노(로) / 기러기 안 / 그림 도 | 미술 동양화에서, 갈대와 기러기를 소재로 그린 화조화. 갈대의 한자어인 노(蘆)가 늙을 로(老)와 발음이 같고, 기러기의 안(雁)이 평안의 안(安)과 발음이 같아서, 늙어서 평안하라는 뜻이 된다.

**노약 老弱** 늙을 노(로) / 약할 약 | 늙은 사람과 약한 사람.

**노약자 老弱者** 늙을 노(로) / 약할 약 / 사람 자 | 늙거나 약한 사람.

**노역 奴役** 종 노 / 부릴 역 | 수고로운 노동.

**노역하다 奴役하다** 종 노 / 부릴 역 | 수고롭게 노동하다.

**노염 老炎** 늙을 노(로) / 불꽃 염 | 여름이 가도록 가시지 않는 늦더위.

**노예 奴隸** 종 노 / 종 예(례) | 남의 소유물이 되어 갖가지 노동에 시달림을 당하는 사람. 인간으로서의 모든 권리와 자유를 빼앗기고, 물건처럼 사고 팔리던 노예제 사회의 피해자.

**노예해방 奴隸解放** 종 노 / 종 예(례) / 풀 해 / 놓을 방 | 노예 제도를 없애고 노예에게 자유인으로서의 권리와 능력을 주는 일. 19세기 초에 급속히 확산된 이 운동으로, 1815년에 빈 회의에서 최초로 노예무역 금지를 선포했고, 1865년에 미국에서는 남북 전쟁의 결과 노예 제도를 폐하였으며, 1926년에 국제 연맹은 노예 매매 금지 조약을 체결하였다.

**노예경제 奴隷經濟** 종 노 / 종 예(례) / 지날 경 / 건널 제 | 경제 노예 제도를 바탕으로 운용되는 경제 제도.

**노예근성 奴隷根性** 종 노 / 종 예(례) / 뿌리 근 / 성품 성 | 남이 시키는 대로 하거나 주체성 없이 남의 눈치만 보는 성질.

**노예도덕 奴隷道德** 종 노 / 종 예(례) / 길 도 / 클 덕 | 철학 독일 철학자 니체가 말한 기독교적 약자의 복수심에 의한 도덕.

**노욕 老慾** 늙을 노(로) / 욕심 욕 | 늙은이가 부리는 욕심.

**노유 老幼** 늙을 노(로) / 어릴 유 | 늙은이와 어린 아이.

▶**노인 老人** 늙을 노(로) / 사람 인 | 나이가 들어 늙은 사람.

**노익장 老益壯** 늙을 노(로) / 더할 익 / 힘셀 장 | 늙었지만 기력이 점점 좋아짐.

**노임 勞賃** 일할 노(로) / 품삯 임 | 노동 임금. 품삯.

**노자 路資** 길 노(로) / 재물 자 | 먼 길을 오가는 데 드는 비용.

▶**노작 勞作** 힘쓸 노 / 작품 작 | 애쓰고 노력해서 만든 작품.

**수작 秀作** 빼어날 수 / 작품 작 | 빼어난 작품. 우수한 작품.

**걸작 傑作** 훌륭할 걸 / 작품 작 | 매우 훌륭하고 뛰어난 작품.

**역작 力作** 힘 역(력) / 작품 작 | 힘을 기울여 만든 작품.

▶**❶노장 老將** 늙을 노(로) / 장수 장 | 늙은 장수.

**백전노장 百戰老將** 일백 백 / 싸움 전 / 늙을 노(로) / 장수 장 | 수많은 싸움을 치른 노련한 장수.

**❷노장 老莊** 늙을 노(로) / 엄할 장 | 중국 춘추전국 시대의 사상가 노자와 장자.

**노장사상 老莊思想** 늙을 노(로) / 엄할 장 / 생각 사 / 생각 상 | 철학 노자와 장자의 도가(道家) 사상. 무위자연을 주장함.

**노적 露積** 이슬 노(로) / 쌓을 적 | 바깥에 수북이 쌓아 놓음.

**노적가리 露積가리** 이슬 노(로) / 쌓을 적 | 한데에 수북이 쌓아 둔 곡식 더미.

**노점 露店** 이슬 노(로) / 가게 점 | 길가의 한데에 물건을 벌여 놓고 하는 장사.

**노정 路程** 길 노(로) / 한도 정 | 거쳐 지나가는 길이나 과정.

**노조 勞組** 일할 노(로) / 짤 조 | 경제 노동조합. 노동 조건의 개선과 노동자의 사회적·경제적인 지위 향상을 목적으로 조직한 단체

**노중 路中** 길 노(로) / 가운데 중 | 길의 가운데.

▶**노지 露地** 이슬 노(로) / 땅 지 | 지붕으로 덮거나 가리지 않은 땅.

**노지재배 露地栽培** 이슬 노(로) / 땅 지 / 심을 재 / 북을 돋울 배 | 농작물을 온실이 아니라 밭에서 가꿈.

**노천 露天** 이슬 노(로) / 하늘 천 | 한데. 지붕으로 하늘을 가리지 않은 바깥 장소.

**노천카페 露天café** 이슬 노(로) / 하늘 천 | 건물 밖에 탁자와 의자를 놓고 손님들이 차와 음료를 마실 수 있게 되어 있는 찻집.

**노천욕 露天浴** 이슬 노(로) / 하늘 천 / 목욕할 욕 | 실내 바깥에 있는 탕에서 하는 목욕.

**노추하다 老醜하다** 늙을 노(로) / 추할 추 | 늙고 추하다.

**노출 露出** 이슬 노(로) / 날 출 | 겉으로 드러냄.

**노출하다 露出하다** 이슬 노(로) / 날 출 | 겉으로 드러내다.

**노친네 老親네** 늙을 노 / 친할 친 | '노인'을 낮잡아 부르는 말.

**노파심 老婆心** 늙을 노(로) / 할머니 파 / 마음 심 | 필요 이상으로 남의 일을 걱정하는 마음.

**노폐물 老廢物** 늙을 노(로) / 폐할 폐 / 물건 물 | 낡아서 소용없는 물건.

**노포 老鋪** 늙을 노(로) / 펼 포 | 대대로 물려 내려오는 점포.

**노하다 怒하다** 성낼 노 | 화내다.

**노형 老兄** 늙을 노(로) / 형 형 | 동년배 사이에서 자기보다 나이를 더 먹은 남자를 높여 부르는 말.

**노호 怒號 怒號** 성낼 노(로) / 이름 호 | 1. 성내어 소리를 지름 2. 바람이나 파도가 세찬 소리를 냄.

**❶노화 老化** 늙을 노(로) / 될 화 | 늙어짐.

**❷노화 怒火** 성낼 노 / 불 화 | 불같이 노함.

**노회하다 老獪하다** 늙을 노(로) / 교활할 회 | 경험이 많고 교활하다.

**❶노획 鹵獲** 소금 로(노) / 얻을 획 | 싸워서 적의 물품을 빼앗음.

**노획물 鹵獲品** 소금 로(노) / 얻을 획 / 물건 물 | 싸워서 빼앗은 적의 물품.

**❷노획 虜獲** 사로잡을 로(노) / 얻을 획 | 적을 산 채로 잡거나 목을 베어 죽임.

**❶노후 老朽** 늙을 노(로) / 썩을 후 | 낡고 오래됨.

**노후화 老朽化** 늙을 노(로) / 썩을 후 / 될 화 | 낡고 오래되어서 쓸모가 없게 됨.

**❷노후 老後** 늙을 노(로) / 뒤 후 | 늙어진 뒤.

**노후생활 老後生活** 늙을 노(로) / 뒤 후 / 날 생 / 살 활 | 늙은 뒤의 생활.

**녹각 鹿角** 사슴 녹(록) / 뿔 각 | 사슴의 머리에 난 나뭇가지처럼 생긴 뿔.

**녹록하다 碌碌/錄錄하다** 돌이 많을 녹(록) / 돌이 많을 녹(록) | 1. 평범하고 보잘것없다 2. 만만해서 상대하기 쉽다. ※ 예시: 녹록하지 않다.

**녹림 綠林** 푸를 녹(록) / 수풀 림(임) | 푸른 숲.

**녹림호걸 綠林豪傑** 푸를 녹(록) / 수풀 림(임) / 호걸 호 / 뛰어날 걸 | 화적이나 도둑을 달리 이르는 말.

**녹말 綠末** 푸를 녹(록) / 끝 말 | 감자, 고구마, 물에 불린 녹두 따위를 갈아서 가라앉힌 앙금을 말린

가루.

**녹봉 祿俸** 녹 녹(록) / 녹 봉 | 역사 벼슬아치에게 일 년 또는 계절 단위로 나누어 주던 금품. 쌀, 보리, 명주, 베, 돈 따위이다.

**녹비 綠肥** 푸를 녹(록) / 살찔 비 | 생풀이나 생잎으로 만든, 충분히 썩지 않은 거름.

**녹색 綠色** 푸를 녹(록) / 빛 색 | 파랑과 노랑의 중간색.

**녹색혁명 綠色革命** 푸를 녹(록) / 빛 색 / 가죽 혁 / 목숨 명 | 농업 농작물의 생산량을 급속하게 늘리는 개혁.

**녹수 綠水** 푸를 녹(록) / 물 수 | 맑고 푸른 물.

**녹수청산 綠水靑山** 푸를 녹(록) / 물 수 / 푸를 청 / 메 산 | 맑은 물과 푸른 산이라는 뜻으로 깨끗한 자연.

**녹용 鹿茸** 사슴 녹(록) / 풀 날 용 | 새로 돋은 사슴의 연한 뿔.

**❶녹음 綠陰** 푸를 녹(록) / 그늘 음 | 푸른 숲

**녹음방초 綠陰芳草** 푸를 녹(록) / 그늘 음 / 꽃다울 방 / 풀 초 | 푸르게 우거진 나무와 향기로운 풀이라는 뜻으로, 여름철의 자연 경관을 이르는 말.

**❷녹음 錄音** 기록할 녹(록) / 소리 음 | 소리를 기록하는 것

**녹음기 錄音器** 기록할 녹(록) / 소리 음 / 그릇 기 | 소리를 담아 두는 기계 장치.

**녹읍 祿邑** 녹 녹(록) / 고을 읍 | 역사 신라에서 고려 초기까지, 벼슬아치에게 직무의 대가로 일정 지역의 땅에서 세금을 거두어 쓸 수 있게 하던 일.

**녹의홍상 綠衣紅裳** 초록 녹(록) / 저고리 의 / 붉을 홍 / 치마 상 | 연두저고리와 다홍치마. 곱게 차려입은 젊은 여자의 옷차림.

**녹조 綠藻** 푸를 녹(록) / 마름 조 | 엽록소를 가지고 있어 녹색을 띤 조류. 청각·파래 등.

**녹조현상 綠潮現象** 푸를 녹(록) / 조수 조 / 나타날 현 / 모양 상 | (환경 영양 염류의 과다로 강이나 호수에 녹조류와 남조류가 크게 발생하여 물빛이 녹색으로 변하는 현상.

**❶녹화 綠化** 푸를 녹(록) / 될 화 | 나무를 가꿔서 푸르게 하는 것.

**녹화사업 綠化事業** 푸를 녹(록) / 될 화 / 일 사 / 업 업 | 녹지 공간을 늘리고 도시 경관을 아름답게 하기 위하여 정책적으로 나무를 심고 가꾸는 일.

**❷녹화 錄畫** 기록할 녹(록) / 그림 화 | 영상을 비디오 장치에 기록하는 것.

**논거 論據** 의논할 논(론) / 근거 거 | 논리의 근거.

**논고 論告** 의논할 논(론) / 고할 고 | 법률 형사 재판에서, 증거 조사를 마치고 검사가 피고의 범죄 사실과, 법률 적용에 관한 의견을 진술하는 일.

**논공행상 論功行賞** 의논할 논(론) / 공 공 / 다닐 행 / 상줄 상 | 공적의 크고 작음을 논의하여 그에 알맞은 상을 줌.

**논단 論壇** 의논할 논(론) / 단 단 | 토론을 하거나 의견을 진술하는 곳.

▶ **논리 論理** 의논할 논(론) / 이치 리 | 1. 사물의 이치 2. 이치에 맞게 사고나 추리를 이끌어 가는 원리.

**논리적 論理的** 의논할 논(론) / 다스릴 리(이) / 과녁 적 | 논리에 맞는. 사고나 추리에 맞는.

**논리학 論理學** 의논할 논(론) / 다스릴 리(이) / 배울 학 | 바른 판단과 인식을 얻기 위하여 올바른 사유의 형식과 법칙을 연구하는 학문.

**논문 論文** 의논할 논(론) / 글월 문 | 논리에 맞게 체계적으로 자기 의견이나 주장을 적은 글. 글의 체계는 서론, 본론, 결론의 세 단계이다.

**논박 論駁** 의논할 논(론) / 공격할 박 | 논리나 이론으로 반박함.

**논변 論辯/論辨** 의논할 논(론) / 분별할 변 | 사리의 옳고 그름을 밝히어 말함.

▶ **논설 論說** 의논할 논(론) / 말씀 설 | 이성적으로 판단하고 추리하여 하는 말.

**논설문 論說文** 의논할 논(론) / 말씀 설 / 글월 문 | 어떤 주제에 관하여 자기의 생각이나 주장을 체계적으로 밝혀 쓴 글.

▶ **논술 論述** 의논할 논(론) / 서술할 술 | 어떤 것에 관하여 의견을 논리적으로 서술함.

**논의 論議** 의논할 논(론) / 의논할 의 | 어떤 문제에 대하여 서로 의견을 내어 토의함.

**논쟁 論爭** 의논할 논(론) / 다툴 쟁 | 서로 의견이 다른 사람들이 자기의 주장을 다툼.

**논점 論點** 의논할 논(론) / 점 점 | 논의나 논쟁의 중심이 되는 문제점.

**논제 論題** 의논할 논(론) / 제목 제 | 논설이나 논문의 주제나 제목.

**논조 論調** 의논할 논(론) / 고를 조 | 논하는 말이나 글의 투.

▶ **논증 論證** 의논할 논(론) / 증명할 증 | 옳고 그름을 논리적 이유를 들어 밝힘.

**논증적 論證的** 의논할 논(론) / 증거 증 / 과녁 적 | 대상을 파악하는 데, 직감이 아니라 개념, 판단, 추리를 하여 따지는 것.

**논지 論旨** 의논할 논(론) / 뜻 지 | 논하는 말이나 글의 취지.

**논파 論破** 의논할 논(론) / 깨다 파 | 논하여 남의 이론이나 학설을 깨뜨려버림.

**논평 論評** 의논할 논(론) / 평가할 평 | 논의하고 비평함.

▶ **❶농 弄** 희롱할 롱(농) | 실없이 놀리거나 장난으로 하는 말.

**❷농 籠** 대바구니 롱(농) | 버들채나 싸리채로 함을 만들어 종이로 바른 상자. 옷이나 물건을 넣어 둔다.

**❸농 膿** 고름 농 | 몸 안에 병균이 들어가 염증을 일으켜서 생긴 고름.

**농경 農耕** 농사 농 / 밭 갈 경 | 농사를 지음.

**농공업** 農工業 농사 농 / 장인 공 / 업 업 | 농업과 공업.

**농기** 農期 농사 농 / 기약할 기 | 농사철.

**농기계** 農機械 농사 농 / 틀 기 / 기계 계 | 농업 농사짓는 데 쓰는 기계. 경운기, 탈곡기, 농약 살포기 등.

**농노** 農奴 농사 농 / 종 노 | 역사 중세 봉건 사회에서, 봉건 영주에게 예속된 농민.

**농노해방** 農奴解放 농사 농 / 종 노 / 풀 해 / 놓을 방 | 농민을 농노의 신분에서 해방하는 일. 중세 봉건제가 해체되고 근대 자본주의 사회로 이행하는 시기에 나타났던 사회 현상.

**농단** 壟斷/隴斷 언덕 농(롱) / 끊을 단 | 1. 이익이나 권리를 독차지함 2. 어떤 사람이 시장에서 높은 곳에 올라가 사방을 둘러보고 물건을 사 모아 비싸게 팔아 이익을 독점하였다는 고사.

**❶농담** 弄談 희롱할 농(롱) / 말씀 담 | 우스운 말.

**농담조** 弄談調 희롱할 농(롱) / 말씀 담 / 고를 조 | 놀리거나 장난으로 하는 말투.

**❷농담** 濃淡 짙을 농 / 묽을 담 | 짙음과 옅음. 진함과 묽음.

**농도** 濃度 짙을 농 / 법도 도 | 진함과 묽음의 정도.

**농림** 農林 농사 농 / 수풀 림(임) | 농업과 임업.

**농막** 農幕 농사 농 / 장막 막 | 농사짓는 데 편리하도록 논밭 근처에 간단하게 지은 집.

**❶농무** 農務 농사 농 / 힘쓸 무 | 농사짓는 일.

**❷농무** 農舞 농사 농 / 춤출 무 | (민속) 풍물놀이에 맞추어 추는 춤. 꽹과리, 북, 태평소, 징 따위의 소리에 맞추어 흥겹게 춘다.

**❸농무** 濃霧 짙을 농 / 안개 무 | 자욱하게 낀 짙은 안개.

**농민** 農民 농사 농 / 백성 민 | 농사짓는 사람.

**농민군** 農民軍 농사 농 / 백성 민 / 군사 군 | 평상시에는 농사짓고, 유사시에는 무장하여 군사가 되는 사람.

**농밀하다** 濃密하다 짙을 농 / 빽빽할 밀 | 짙고 빽빽하다.

**농번기** 農繁期 농사 농 / 번성할 번 / 기약할 기 | 농사이 매우 바쁜 시기. 모낼 때, 논맬 때, 추수할 때가 이에 속한다.

**농본사상** 農本思想 농사 농 / 근본 본 / 생각 사 / 생각 상 | 조선 시대의 기본 행정 방침. 사·농·공·상이라는 신분에서, 농업과 농민을 중히 여겼다.

**농부** 農夫 농사 농 / 지아비 부 | 농사짓는 사람.

**농사** 農事 농사 농 / 일 사 | 논밭을 갈아 곡식과 과채류를 심고 거두는 일.

**농상** 農商 농사 농 / 장사 상 | 농업과 상업.

**농상공** 農商工 농사 농 / 장사 상 / 장인 공 | 농업, 상업, 공업을 아울러 이르는 말.

**농성** 籠城 싸다 농(롱) / 성 성 | 1. 적에게 둘러싸

여 성문을 굳게 닫고 성을 지킴 2. 목적을 이루기 위하여 자리에서 버티면서 시위함.

**농성하다 籠城하다** 싸다 농(롱) / 성 성 | 1. 적에게 둘러싸여 성문을 굳게 닫고 성을 지키다 2. 목적을 이루기 위하여 자리에서 버티면서 시위하다.

**농수산물 農水産物** 농사 농 / 물 수 / 낳을 산 / 물건 물 | 농산물과 수산물.

**농숙 濃熟** 짙을 농 / 익을 숙 | 충분히 무르익음.

**농악 農樂** 농사 농 / 노래 악 | 농촌에서 농민들 사이에 행하여지는 우리나라 고유의 음악.

**농양 膿瘍** 고름 농 / 헐 양 | 세포가 죽고 고름이 몰려있는 고름집.

▶ **농업 農業** 농사 농 / 업 업 | 땅을 이용하여 농산물을 가꾸고 거두어들이는 생산 분야. 넓은 뜻으로는 낙농업과 임업도 포함한다.

**농업국 農業國** 농사 농 / 업 업 / 나라 국 | 농업을 주요 산업으로 하는 나라.

▶ **농와지경 弄瓦之慶** 희롱할 농(롱) / 기와 와 / 갈 지 / 경사 경 | 딸을 낳은 즐거움. 예전에, 중국에서 딸을 낳으면 흙으로 만든 실패모양의 장난감을 주었다는 데서 유래한다.

**농장지경 弄璋之慶** 희롱할 농(롱) / 홀 장 / 갈 지 / 경사 경 | 아들을 낳은 즐거움. 예전에, 중국에서 아들을 낳으면 구슬을 장난감으로 주었다는 데서 유래한다.

**농월 弄月** 희롱할 농(롱) / 달 월 | 달을 바라보고 즐김.

**농작물 農作物** 농사 농 / 지을 작 / 물건 물 | 논밭에 심어 가꾸는 곡식이나 채소.

**농장 農場** 농사 농 / 마당 장 | 농사지을 땅과 농기구, 가축, 노동력을 갖추고 농업을 경영하는 곳.

**농정 農政** 농사 농 / 정사 정 | 농사를 경영하는 일.

▶ **농지 農地** 농사 농 / 땅 지 | 농사짓는 데 쓰는 땅.

**농지개혁 農地改革** 농사 농 / 땅 지 / 고칠 개 / 가죽 혁 | 농업발전을 위하여 농지의 소유 제도를 개혁하는 일. 토지 소유권을 부재지주로부터 실제 경작자에게 넘겨주는 것을 주요 과제로 한다.

**절대농지 絶對農地** 끊을 절 / 대할 대 / 농사 농 / 땅 지 | 법률 어떠한 경우에도 농지 이외의 목적으로 사용할 수 없도록 지정하여 고시한 땅.

▶ **농촌 農村** 농사 농 / 마을 촌 | 농사짓는 사람들이 사는 마을.

**농촌계몽 農村啓蒙** 농사 농 / 마을 촌 / 열 계 / 어두울 몽 | 농촌의 생활 조건을 개선하고 농민의 교양 수준을 높이기 위하여 농촌·농민을 계발하는 일.

▶ **농축 濃縮** 짙을 농 / 줄일 축 | 액체를 진하게 졸임.

**농축하다 濃縮하다** 짙을 농 / 줄일 축 | 액체를 진하게 졸이다.

**농토 農土** 농사 농 / 흙 토 | 농사짓는 땅.

**농투성이 農투성이** 농사 농 | '농부'를 낮잡아 이르

는 말.

**농한기 農閑期** 농사 농 / 한가할 한 / 기약할 기 | 농사일이 바쁘지 않은 시기. 대개 추수 후부터 다음 모내기까지의 기간을 이른다.

**농후하다 濃厚하다** 짙다 농 / 두텁다 후 | 짙다. 진하다. ↔ 희박하다(稀薄하다).

**뇌 腦** 골 뇌 | 두뇌. 머리뼈 안에 있는 뇌.

**뇌관 雷管** 우레 뇌(뢰) / 대롱 관 | 포탄이나 탄환 따위의 폭발물을 점화하기 위하여 충격을 받으면 발화되는 특수 물질을 넣은 금속 관.

**뇌동 雷同** 우레 뇌(뢰) / 한가지 동 | 줏대 없이 남의 의견에 따라 움직임.

**뇌동하다 雷同하다** 우레 뇌(뢰) / 한가지 동 | 줏대 없이 남의 의견에 따라 움직이다.

**뇌문 雷文** 우레 뇌(뢰) / 글월 문 | 번개무늬.

**뇌물 賂物** 뇌물 뇌(뢰) / 물건 물 | 매수하려고 주는 돈이나 물건.

**뇌물죄 賂物罪** 뇌물 뇌(뢰) / 물건 물 / 허물 죄 〔법률〕 뇌물을 주고받거나 알선하고 전달함으로써 성립하는 범죄.

**뇌성 雷聲** 우레 뇌(뢰) / 소리 성 | 천둥소리.

**뇌성벽력 雷聲霹靂** 우레 뇌(뢰) / 소리 성 / 벼락 벽 / 벼락 력(역) | 천둥소리와 벼락.

**뇌우 雷雨** 우레 뇌(뢰) / 비 우 | 천둥과 번개를 동반한 비.

**누각 樓閣** 다락 누(루) / 집 각 | 이 층이나 삼 층으로 지은 다락집.

**❶누대 樓臺** 다락 누(루) / 대 대 | 누각과 대와 같이 높은 건물.

**❷누대 屢代/累代** 여러 누(루) / 대신할 대 | 여러 대.

**누락 漏落** 샐 누(루) / 떨어질 락(낙) | 기록에서 빠짐.

**누락하다 漏落하다** 샐 누(루) / 떨어질 락(낙) | 기록에서 빠지다.

**누란지위 累卵之危** 포갤 누(루) / 알 란 / 어조사 지 / 위험 위 | 매우 위태로움. 알을 층층이 쌓아 놓아 매우 위태로운 모습. ≒ 누란지세(累卵之勢).

**누명 陋名** 더러울 누(루) / 이름 명 | 사실이 아닌 일로 이름을 더럽히는 억울한 평판.

**누설 漏泄/漏洩** 새다 누(루) / 새다 설 | 1. 물이 새어 나감 2. 비밀이 새어 나감.

**누설하다 漏泄/漏洩하다** 새다 누(루) / 새다 설 | 1. 물이 새어 나가다 2. 비밀이 새어 나가다.

**누수 漏水** 샐 누(루) / 물 수 | 물이 샘.

**❶누실 漏失** 샐 누(루) / 잃을 실 | 물건을 빠뜨려 잃어버림.

**❷누실 陋室** 더러울 누(루) / 집 실 | 누추한 방.

**❶누옥 陋屋** 더러울 누(루) / 집 옥 | 좁고 누추한 집.

**❷누옥 漏屋** 샐 누(루) / 집 옥 | 비가 새는 집.

**누적 累積** 여러 누(루) / 쌓을 적 | 겹겹이 포개져 쌓임.

**누증 累增** 여러 누(루) / 더할 증 | 거듭하여 더함.

**누진 累進** 여러 누(루) / 나아갈 진 | 차차로 올라감.

**누진세 累進稅** 여러 누(루) / 나아갈 진 / 세금 세 | 법률 과세 대상의 수량이나 값이 증가함에 따라서 세율이 점점 높아지는 세금. 소득세, 법인세, 상속세 따위이다.

**누차 屢次/累次** 여러 누(루) / 버금 차 | 여러 차례.

**누추하다 陋醜하다** 더러울 누(루) / 추할 추 | 지저분하고 더럽다.

**누출 漏出** 샐 누(루) / 날 출 | 밖으로 새어 나옴.

**누출되다 漏出되다** 샐 누(루) / 날 출 | 밖으로 새어 나오게 되다.

**누항 陋巷** 더러울 누(루) / 거리 항 | 1. 좁고 지저분하며 더러운 거리 2. 자기가 사는 곳을 겸손하게 이르는 말.

**눌변 訥辯** 말 더듬거릴 눌 / 말할 변 | 서툰 말솜씨. ↔능변(能辯), 달변(達辯).

**눌언 訥言** 말 더듬거릴 눌 / 말씀 언 | 더듬거리는 말

**늑골 肋骨** 갈빗대 늑(륵) / 뼈 골 | 가슴을 구성하는 갈비뼈. 좌우 열두 쌍이 있는데, 흉부의 기관을 보호한다.

**늑약 勒約** 굴레 늑(륵) / 맺을 약 | 억지로 맺은 조약.

**을사늑약 乙巳勒約** 새 을 / 뱀 사 / 굴레 늑(륵) / 맺을 약 | 역사 대한제국 광무9년(1905)에 일본이 한국의 외교권을 빼앗기 위하여 강제로 맺은 조약. 고종 황제가 끝까지 재가하지 않았기 때문에 원인 무효의 조약이다.

**늠름하다 凜凜하다** 찰 늠(름) / 찰 름(늠) | 생김새나 태도가 의젓하고 당당하다.

**능 陵** 언덕 릉(능) | 역사 임금이나 왕후의 무덤.

**능가 凌駕** 업신여길 능(릉) / 멍에 가 | 비교 대상을 훨씬 넘어섬.

**능가하다 凌駕하다** 업신여길 능(릉) / 멍에 가 | 비교 대상을 훨씬 넘어서다.

**능동 能動** 능할 능 / 움직일 동 | 스스로 움직이거나 작용함. 주체가 자발적으로 움직임. ↔수동.

**능동적 能動的** 능할 능 / 움직일 동 / 과녁 적 | 스스로 자발적으로 움직이는. ↔수동적.

**능동성 能動性** 능할 능 / 움직일 동 / 성품 성 | 자신의 뜻에 따라 스스로 행동하거나 다른 것에 작용하는 성질.

**능란하다 能爛하다** 능할 능 / 빛날 란(난) | 익숙하고 솜씨가 있다.

**능력 能力** 능할 능 / 힘 력(역) | 일을 감당하거나 해결해 낼 수 있는 힘

**능률 能率** 능할 능 / 비율 률(율) | 일정한 시간에 할 수 있는 일의 비율.

**능률적 能率的** 능할 능 / 비율 률(율) / 과녁 적 | 능률을 많이 내는 것.

**능멸 凌蔑/陵蔑** 업신여길 능(릉) / 업신여길 멸 | 업신여기어 깔봄.

**능멸하다 凌蔑/陵蔑하다** 업신여길 능(릉) / 업신 여길 멸 | 업신여기어 깔보다.

**능사 能事** 능할 능 / 일 사 | 잘하는 일. ※ 예시: 능사가 아니다.

**능산적 能産的** 능할 능 / 낳을 산 / 과녁 적 | 생산하 거나 생산의 근원이 되는 것.

**능산적 자연 能産的自然** 능할 능 / 낳을 산 / 과 녁 적 / 스스로 자 / 그럴 연 | 철학 범신론에 서, 만물 생산의 근원력이 되는 자연을 이르는 말. 스피노자가 처음 사용한 용어이다.

**능선 稜線** 모날 능(릉) / 줄 선 | 산등성이를 따라 죽 이어진 선.

**칼능선 칼稜線** 모날 능(릉) / 줄 선 | 칼날처럼 날 카로운 험한 능선.

**능소능대 能小能大** 능할 능 / 작을 소 / 능할 능 / 클 대 | 능히 작게도 크게도 할 수 있음. 모든 일에 두루 능함.

**능수 能手** 능할 능 / 손 수 | 능숙한 솜씨.

**능수능란하다 能手能爛하다** 능할 능 / 손 수 / 능 할 능 / 빛날 란(난) | 익숙하고 솜씨가 좋다.

**능숙하다 能熟하다** 능할 능 / 익을 숙 | 능하고 익 숙하다.

**능욕 凌辱/陵辱** 업신여길 능(릉) / 욕될 욕 | 남을 업신여겨 욕보임.

**능원 陵園** 언덕 능(릉) / 동산 원 | 역사 왕이나 왕 비의 무덤인 능(陵)과 왕세자나 왕세자빈 같은 왕족의 무덤인 원(園).

**능참봉 陵參奉** 언덕 능(릉) / 참여할 참 / 받들 봉 | 역사 조선 시대에, 능을 관리하는 일을 맡아 보던 종구품 벼슬.

**능행도 陵行圖** 언덕 능(릉) / 다닐 행 / 그림 도 | 역사 조선 시대에, 정조가 아버지 사도세자 의 능에 행차하는 모습을 가로 폭으로 길게 그 린 그림.

**능하다 能하다** 능할 능 | 어떤 일에 뛰어나다. 잘 하다.

**ㄷ**

**다각 多角** 많을 다 / 뿔 각 | 1.여러 방면 2. 수학 여러 개의 각.

**다각도 多角度** 많을 다 / 뿔 각 / 법도 도 | 여러 각도. 또는 여러 방면.

**다각경영 多角經營** 많을 다 / 뿔 각 / 지날 경 / 경영할 영 | 한 경영 주체 밑에 여러 종류의 사업을 동시에 경영하는 일.

**다각무역 多角貿易** 많을 다 / 뿔 각 / 무역할 무 / 바꿀 역 | 여러 나라를 상대로 하는 무역. 각

**다감하다 多感하다** 많을 다 / 느낄 감 | 감정이나 감수성이 풍부하다.

**다과 茶菓** 차 다 / 과자 과 | 차와 과자.

**다관 茶罐** 차 다 / 두레박 관 | 찻주전자. 차를 끓여 담는 그릇.

**다구 茶具** 차 다 / 갖출 구 | 차를 달여 마시는 데에 쓰는 여러 기물. 차관, 찻종, 찻숟가락 따위가 있다.

**다기 茶器** 차 다 / 그릇 기 | 찻그릇.

**다극 多極** 많을 다 / 극진할 극 | 극(極)이 많음.

**다급하다 多急하다** 많을 다 / 급할 급 | 일이 닥쳐서 매우 급하다.

**다기망양 多岐亡羊** 많을 다 / 갈림길 기 / 잃을 망 / 양 양 | 1. 갈림길이 많아 잃어버린 양을 찾지 못한다는 뜻 2. 두루 섭렵하기만 하고 전공하는 바가 없어 끝내 성취하지 못함을 이름. ≒ 망양지탄(亡羊之嘆)

**다년간 多年間** 많을 다 / 해 년(연) / 사이 간 | 여러 해 동안.

**다년생 多年生** 많을 다 / 해 년(연) / 날 생 | 식물이 2년 이상 생존하는 일.

**다다익선 多多益善** 많을 다 / 많을 다 / 더욱 익 / 좋을 선 | 많으면 많을수록 더욱 좋음. ※ 중국 한(漢)나라의 장수 한신이 한고조(高祖)유방과 '장수의 역량'에 대하여 얘기할 때, 고조는 1만 정도의 병사(지휘 군관)를 지휘할 수 있는 그릇이지만, 자신은 병사의 수가 많을수록 잘 지휘할 수 있다고 한 고사.

**다단계 多段階** 많을 다 / 층계 단 / 섬돌 계 | 여러 단계.

**다단계판매 多段階販賣** 많을 다 / 층계 단 / 섬돌 계 / 팔 판 / 팔 매 | 경제 판매원이 차례로 다른 사람을 판매 조직에 가입시켜 피라미드식으로 확대하여 가는 판매 방식

**다담 茶談** 차 다 / 말씀 담 | 차를 마시며 하는 이야기.

**다담상 茶啖床** 차 다 / 씹을 담 / 평상 상 | 손님을 대접하기 위하여 다과를 차린 상.

**다도 茶道** 차 다 / 길 도 | 차를 달이거나 마실 때의 방식이나 예의범절.

**다례 茶禮** 차 다 / 예도 례(예) | 차례. 차를 올리는 제사.

**다방 茶房** 차 다 / 방 방 | 찻집.

**다반사 茶飯事** 차 다 / 밥 반 / 일 사 | 예삿일. 흔한 일. 차를 마시고 밥을 먹는 것처럼 예사로운 일. ≒ 일상다반사, 항다반사.

**다도해 多島海** 많을 다 / 섬 도 / 바다 해 | 많은 섬들이 흩어져 있는 바다.

**다독 多讀** 많을 다 / 읽을 독 | 많이 읽음.
※ '다독이다(가만가만 두드리다)'는 순우리말.

**다량 多量** 많을 다 / 헤아릴 량(양) | 많은 분량.

**다목적 多目的** 많을 다 / 눈 목 / 과녁 적 | 여러 가지 목적.

**다문박식 多聞博識** 많을 다 / 들을 문 / 넓을 박 / 알 식 | 보고 들은 것이 많고 아는 것이 많음.

**다문화 多文化** 많을 다 / 문화 문 / 될 화 | 한 사회 안에 여러 민족이나 문화가 뒤섞여 있음.
※ 예시: 다문화사회

**다물 多勿** 많을 다 / 말 물 | '옛땅을 되찾음'이란 뜻의 고구려 말.

**다민족 多民族** 많을 다 / 백성 민 / 겨레 족 | 여러 민족.

**다발 多發** 많을 다 / 필 발 | 많이 발생함.

**다발성 多發性** 많을 다 / 필 발 / 성품 성 | 여러 가지 일이 함께 일어남.

**다변가 多辯家** 많을 다 / 말씀 변 / 집 가 | 입담 좋게 말을 많이 하는 사람.

**다병하다 多病**하다 많을 다 / 병 병 | 몸에 병이 많거나 잦다.

**다재다병 多才多病** 많을 다 / 재주 재 / 많을 다 / 병 병 | 재주가 많은 사람이 몸이 약하고 병이 많음을 이르는 말.

**다복 多福** 많을 다 / 복 복 | 복이 많음.

**다복하다 多福**하다 많을 다 / 복 복 | 복이 많다.

**다사다난 多事多難** 많을 다 / 일 사 / 많을 다 / 어려울 난 | 여러 가지 일도 많고 어려움도 많음.

**다산 多産** 많을 다 / 낳을 산 | 아이를 많이 낳음.

**다산성 多産性** 많을 다 / 낳을 산 / 성품 성 | 동물이 새끼나 알을 많이 낳는 성질.

**다생 多生** 많을 다 / 날 생 | 1. 많이 남 2. 불교 육도를 윤회하면서 수 없이 많이 태어남.

**다소간 多少間** 많을 다 / 적을 소 / 사이 간 | 많든 적든 얼마간.

**다수 多數** 많을 다 / 셈 수 | 수효가 많음.

**다수결 多數決** 많을 다 / 셈 수 / 결단할 결 | 회의에서 많은 사람의 의견에 따라 가부를 결정하는 일.

**다수파 多數派** 많을 다 / 셈 수 / 갈래 파 | 어떤 모임에서 의견이 나뉠 때 많은 수를 차지하는 파.

**다수정당제 多數政黨制** 많을 다 / 셈 수 / 정사 정 / 무리 당 / 절제할 제 | 정치 의회 정치 국가에서, 정당이 여럿으로 나뉘어 있는 체제.

**❶다식 茶食** 차 다 / 밥 식 | 우리나라 고유 과자. 녹말가루를 꿀이나 조청에 반죽하여 다식판에 박아 만듦.

❷**다식 多識** 많을 다 / 알 식 | 아는 것이 많음.

**다신교 多神教** 많을 다 / 귀신 신 / 가르칠 교 | 종교 여러 신의 존재를 믿는 종교.

**다원 多元** 많을 다 / 으뜸 원 | 근원이 많음.

**다원주의 多元主義** 많을 다 / 으뜸 원 / 주인 주 / 뜻 의 | 개인이나 집단이 기본으로 삼는 원칙이나 목적이 서로 다를 수 있음을 인정하는 태도.

**다원론 多元論** 많을 다 / 으뜸 원 / 논할 론(논) | 철학 우주를 구성하고 있는 근본적 실체는 하나가 아니고 여럿이라고 보는 이론.

**다의 多義** 많을 다 / 뜻 의 | 여러 가지 뜻이 있음.

**다의성 多義性** 많을 다 / 뜻 의 / 성품 성 | 여러 가지 의미를 가지는 것.

**다자녀 多子女** 많을 다 / 아들 자 / 여자 녀(여) | 자녀가 많음.

**다작 多作** 많을 다 / 지을 작 | 작품 따위를 많이 지어냄.

**다정 多情** 많을 다 / 뜻 정 | 정이 많음.

**다정하다 多情하다** 많을 다 / 뜻 정 | 정이 많다.

**다정다감 多情多感** 많을 다 / 뜻 정 / 많을 다 / 느낄 감 | 정이 많고 감정이 풍부함.

**다종 多種** 많을 다 / 씨 종 | 종류가 많음.

**다종다양 多種多樣** 많을 다 / 씨 종 / 많을 다 / 모양 양 | 가짓수나 모양이 여러 가지로 많음.

❶**다중 多衆** 많을 다 / 무리 중 | 많은 사람.

❷**다중 多重** 많을 다 / 무거울 중 | 여러 겹.

**다중통신 多重通信** 많을 다 / 무거울 중 / 통할 통 / 믿을 신 | 한 회선으로 여러 가지 신호를 보내는 통신 방식.

**다층 多層** 많을 다 / 층 층 | 여러 층.

**다탁 茶卓** 차 다 / 높을 탁 | 차를 마실 때 사용하는 탁자.

**다탄두 多彈頭** 많을 다 / 탄알 탄 / 머리 두 | 군사 하나의 포탄 안에 여러 개의 작은 탄두가 들어 있는 것.

**다한증 多汗症** 많을 다 / 땀 한 / 증세 증 | 땀을 많이 흘리는 증상.

**다항 多項** 많을 다 / 항목 항 | 항이 많음.

**다행 多幸** 많을 다 / 다행 행 | 일이 뜻밖에 잘됨.

**다행스럽다 多幸스럽다** 많을 다 / 다행 행 | 뜻밖에 일이 잘되어 운이 좋다.

**다혈질 多血質** 많을 다 / 피 혈 / 바탕 질 | 감정의 움직임이 빨라서 자극에 민감하고 금방 흥분되나 오래가지 아니하며, 성급하고 인내력이 부족한 기질.

❶**단가 短歌** 짧을 단 / 노래 가 | 1. 길이가 짧은 노래 2. 가사(歌辭)에 대하여, '시조'를 달리 이르는 말.

❷**단가 單價** 홑 단 / 값 가 | 낱개의 값.

❸**단가 團歌** 둥글 단 / 노래 가 | 어떤 단체의 노래.

**단간방 單間房** 홑 단 / 사이 간 / 방 방 | 단칸방. 한

간되는 작은 방.

**단거리** 短距離 짧을 단 / 상거할 거 / 떠날 리(이) | 짧은 거리. ↔ 장거리.

**단거리경주** 短距離競走 짧을 단 / 상거할 거 / 떠날 리(이) / 다툴 경 / 달릴 주 | 체육 짧은 거리를 전력으로 달려 속도를 겨루는 육상 경기. 100미터, 200미터, 400미터 경주가 있다. ↔ 장거리경주.

**단견** 短見 짧을 단 / 볼 견 | 짧은 생각이나 의견.

**단결** 團結 둥글 단 / 맺을 결 | 한데 뭉침.

**단결력** 團結力 둥글 단 / 맺을 결 / 힘 력(역) | 많은 사람이 한데 뭉치는 힘.

**단결권** 團結權 둥글 단 / 맺을 결 / 저울추 권 | 법률 헌법이 보장하고 있는 노동 기본권의 하나. 노동자가 단체를 결성하고 이에 가입할 수 있는 권리.

**단계** 段階 층계 단 / 섬돌 계 | 일의 차례를 따라 나아가는 과정.

**단교** 斷交 끊을 단 / 사귈 교 | 1. 교제를 끊음. ≒ 절교   2. 나라와 나라 사이의 외교 관계를 끊음.

**단교하다** 斷交하다 끊을 단 / 사귈 교 | 1. 교제를 끊다   2. 나라와 나라 사이의 외교 관계를 끊다.

**단교정책** 斷交政策 끊을 단 / 사귈 교 / 정사 정 / 꾀 책 | 정치 외국과의 정치적, 경제적 관계를 끊으려는 정책.

**❶단구** 短句 짧을 단 / 글귀 구 | 글자 수가 적은 글귀.

**❷단구** 短軀 짧을 단 / 몸 구 | 작은 키의 몸. ≒ 단신.

**❸단구** 斷口 끊을 단 / 입 구 | 물체의 잘라 낸 면.

**❹단구** 段丘 층계 단 / 언덕 구 | 강이나 해안을 따라 형성된 계단 모양의 지형. 퇴적과 침식으로 생긴다.

**단군** 檀君 박달나무 단 / 임금 군 | 역사 우리 민족의 시조로 받드는 임금. 단군 신화에 따르면, 환웅과 웅녀 사이에 태어나 기원전 2333년 아사달에 도읍을 정하고 고조선을 세워 약 2천 년 동안 나라를 다스렸다고 한다.

**❶단기** 短期 짧을 단 / 기약할 기 | 짧은 기간.

**단기적** 短期的 짧을 단 / 기약할 기 / 과녁 적 | 짧은 기간인.

**❷단기** 檀紀 박달나무 단 / 벼리 기 | 단군기원. 단군이 즉위한 해인 서력 기원전 2333년을 원년(元年)으로 하는 기원. 우리나라의 기원으로, 대한민국 정부 수립과 동시에 사용하다가 1962년부터는 공식적으로 서기(西紀)를 사용하기 시작하였다.

**❸단기지계** 斷機之戒 자를 단 / 베틀 기 / 어조사 지 / 경계할 계 | 1. 학문을 중도에서 그만두면 아무 쓸모가 없음   2. 맹자(孟子)가 공부 도중에 집에 돌아오자, 어머니가 짜던 베의 날줄을 끊어 훈계하였다는 고사에서 온 말. ≒ 단기(斷機).

**단념** 斷念 끊을 단 / 생각 념(염) | 생각을 끊어 버

림.

**단념하다** 斷念하다 끊을 단 / 생각 념(염) | 생각을 끊어 버리다.

**단도직입** 單刀直入 홑 단 / 칼 도 / 곧을 직 / 들 입 | 혼자서 칼 한 자루를 들고 적진으로 곧장 쳐들어간다는 뜻으로, 여러 말을 늘어놓지 아니하고 바로 요점에 들어가는 것.

▶**단독** 單獨 홑 단 / 홀로 독 | 단 하나. 단 한 사람.

**단독경영** 單獨經營 홑 단 / 홀로 독 / 지날 경 / 경영할 영 | 자기 혼자의 힘으로 사업체를 경영하는 일. ↔ 공동 경영.

**단독강화** 單獨講和 홑 단 / 홀로 독 / 외울 강 / 화할 화 | 한 나라가 동맹국에서 이탈하여 단독으로 상대국과 강화하는 일.

**단독법원** 單獨法院 홑 단 / 홀로 독 / 법 법 / 집 원 | 법률 단독제로 된 법원. 한 사람의 판사가 단독으로 재판권을 행사하는 지방 법원. ↔ 합의제 법원.

**단독주택** 單獨住宅 홑 단 / 홀로 독 / 살 주 / 집 택 | 한 채씩 따로 지은 집.

**단독행동** 單獨行動 홑 단 / 홀로 독 / 다닐 행 / 움직일 동 | 개인적으로 하는 행동. ↔ 단체 행동.

**단두대** 斷頭臺 끊을 단 / 머리 두 / 대 대 | 사형수의 목을 자르는 형틀.

▶**단락** 段落 계단 단 / 떨어질 락 | 1. 긴 글을 나눈 토막 2. 일이 다 된 끝.

**일단락** 一段落 한 일 / 층계 단 / 떨어질 락(낙) |

일의 한 단계를 끝냄.

**단란하다** 團欒하다 둥글 단 / 둥글 란(난) | 한 가족이 원만하고 즐겁게 지내다.

▶**단련** 鍛鍊 불릴 단 / 불릴 련(연) | 1. 쇠붙이를 불에 달군 후 두드려서 단단하게 함 2. 몸과 마음을 굳세게 함. 3. 어떤 일을 반복하여 익숙하게 됨.

▶**단막** 單幕 홑 단 / 장막 막 | 연극에서, 하나의 막으로 된 형식.

**단막극** 單幕劇 홑 단 / 장막 막 / 심할 극 | 하나의 막으로써 진행하는 연극.

▶**단말마** 斷末摩 끊을 단 / 끝 말 / 문지를 마 | 1. '임종'(臨終)을 달리 이르는 말 2. 불교 숨이 끊어질 때의 모진 고통.

▶**단면** 斷面 끊을 단 / 낯 면 | 물체의 잘라 낸 면.

**단면적** 斷面的 끊을 단 / 낯 면 / 과녁 적 | 부분적인 단면만을 나타내는.

**단면도** 斷面圖 끊을 단 / 낯 면 / 그림 도 | 물체를 평면으로 잘라서 내부 구조를 나타낸 그림.

**단명** 短命 짧을 단 / 목숨 명 | 목숨이 짧음.

**단문** 短文 짧을 단 / 글월 문 | 1. 짧은 글 2. 글을 아는 것이 넉넉하지 못함.

❶**단발** 斷髮 끊을 단 / 터럭 발 | 머리털을 짧게 자름.

**단발령** 斷髮令 끊을 단 / 터럭 발 / 하여금 령(영) | 역사 조선 고종 32년(1895)에 을미개혁의 일

환으로 상투를 없애고 머리를 짧게 깎도록 한 명령.

❷**단발 單發** 홑 단 / 필 발 | 1. 총알이나 대포의 한 발  2. 어떤 일이 연속하여 일어나지 않고 단 한 번만 일어남.

**단방약 單方藥** 홑 단 / 모 방 / 약 약 | 한의 한 가지 약재로 약을 조제함.

**단벌 單벌** 홑 단 | 오직 한 벌의 옷.

**단병전 短兵戰** 짧을 단 / 병사 병 / 싸움 전 | 칼이나 창 같은 길이가 짧은 무기로 적과 직접 맞부딪쳐 싸움.

**단사표음 簞食瓢飮** 대그릇 단 / 밥 사 / 표주박 표 / 마실 음 | 대그릇에 담은 밥과 표주박에 든 물. 청빈하고 소박한 생활. ≒ 일단사일표음(**一簞食一瓢飮**), 단표누항(**簞瓢陋巷**), 안빈낙도(**安貧樂道**).

**단산 斷産** 끊을 단 / 낳을 산 | 여자가 아이를 낳지 않게 됨.

❶**단상 壇上** 단 단 / 윗 상 | 교단이나 강단 위.

❷**단상 斷想** 끊을 단 / 생각 상 | 단편적인 생각.

**단색 單色** 홑 단 / 빛 색 | 한 가지 빛깔.

**단색화 單色畫** 홑 단 / 빛 색 / 그림 화 | 미술 한 가지 색으로 그린 그림. 연필화, 목판화 등.

❶**단서 端緖** 끝 단 / 실마리 서 | 1. 어떤 문제를 해결하는 실마리  2. 어떤 일의 시초.

❷**단서 但書** 다만 단 / 글 서 | 명사 법률 조문이나 문서에서, 본문 다음에 그에 대한 어떤 조건이나 예외를 나타내는 글.

❶**단선 單船** 홑 단 / 배 선 | 한 척의 배.

❷**단선 斷線** 끊을 단 / 줄 선 | 줄이 끊어짐.

❸**단선 單線** 홑 단 / 줄 선 | 한 가닥의 줄.

**단선철도 單線鐵道** 홑 단 / 줄 선 / 쇠 철 / 길 도 | 교통 하나의 궤도를 오가는 철도선.

❶**단속 團束** 둥글 단 / 묶을 속 | 지키는 것.

**단속하다 團束하다** 둥글 단 / 묶을 속 | 지키도록 통제하다.

❷**단속 斷續** 끊을 단 / 이을 속 | 끊어졌다 이어지는 것.

**단속음 斷續音** 끊을 단 / 이을 속 / 소리 음 | 끊어졌다 이어졌다 하는 소리.

❶**단수 單數** 홑 단 / 셈 수 | 단일한 수.

❷**단수 斷水** 끊을 단 / 물 수 | 물이 끊김.

❸**단수 單手** 홑 단 / 손 수 | 바둑이나 장기에서, 마지막 한 수로 승패를 결정하게 된 상태를 이르는 말.

**단순 單純** 홑 단 / 순수할 순 | 간단함.

**단순하다 單純하다** 홑 단 / 순수할 순 | 간단하다.

**단순성** 單純性 홑 단 / 순수할 순 / 성품 성 | 단순한 성질.

**단순재생산** 單純再生産 홑 단 / 순수할 순 / 두 재 / 날 생 / 낳을 산 | 같은 규모로 거듭되는 생산.

**단순** 丹脣 붉을 단 / 입술 순 | 붉고 고운 입술.

**단순호치** 丹脣皓齒 붉을 단 / 입술 순 / 희다 호 / 이빨 치 | 붉은 입술과 하얀 치아. 아름다운 여자.

**단시간** 短時間 짧을 단 / 때 시 / 사이 간 | 짧은 시간.

**단식** 斷食 끊을 단 / 밥 식 | 음식 먹기를 끊음.

**단식기도** 斷食祈禱 끊을 단 / 밥 식 / 빌 기 / 빌 도 | 음식을 먹지 않으면서 기도함.

**단식투쟁** 斷食鬪爭 끊을 단 / 밥 식 / 싸울 투 / 다툴 쟁 | 음식을 먹지 않으면서 투쟁함.

**❶단신** 短信 짧을 단 / 믿을 신 | 짧게 쓴 편지.

**❷단신** 短身 짧을 단 / 몸 신 | 키가 작은 몸.

**❸단신** 單身 홑 단 / 몸 신 | 혼자의 몸.

**혈혈단신** 孑孑單身 외로울 혈 // 홑 단 / 몸 신 | 의지할 곳이 없는 외로운 홀몸.

**단심** 丹心 붉을 단 / 마음 심 | 속에서 우러나오는 정성스러운 마음.

**단심가** 丹心歌 붉을 단 / 마음 심 / 노래 가 | 문학 고려 말기에 정몽주가 지은 시조. 고려에 대한 충절을 읊은 단가.

**단안** 斷案 끊을 단 / 책상 안 | 1. 옳고 그름을 판단함 2. 생각을 딱 잘라 결정함.

**단애** 斷崖 끊을 단 / 언덕 애 | 깎아 세운 듯한 낭떠러지.

**단약** 丹藥 붉을 단 / 약 약 | 신선이 만든다고 하는 장생불사의 영약.

**단언** 斷言 끊을 단 / 말씀 언 | 딱 잘라 말함.

**단언하다** 斷言하다 끊을 단 / 말씀 언 | 딱 잘라 말하다.

**단역** 端役 끝 단 / 부릴 역 | 연극이나 영화에서, 비중이 크지 않은 역.

**단연** 斷然 끊을 단 / 그럴 연 | 확실히 그렇게.

**단열** 斷熱 끊을 단 / 더울 열 | 열이 서로 통하지 않도록 막음.

**단열재** 斷熱材 끊을 단 / 더울 열 / 재목 재 | 건설 보온을 하거나 열을 차단할 목적으로 쓰는 재료. 석면, 유리 섬유 등.

**단열팽창** 斷熱膨脹 끊을 단 / 더울 열/ 부풀 팽 / 부을 창 | 화학 열의 이동이 막힌 상태에서 물체의 부피가 부푸는 일. 이때에 대부분의 기체는 온도가 내려간다. 대기는 고도가 높아지면 기압이 낮아지고 단열 팽창 한다.

**단엽** 單葉 홑 단 / 잎 엽 | 홑잎. 한 장의 잎사귀로 된 잎.

**단엽비행기** 單葉飛行機 홑 단 / 잎 엽 / 날 비 / 다닐 행 / 틀 기 | 날개가 양쪽에 하나씩 있는 비행기.

**단오 端午** 끝 단 / 낮 오 | (민속) 우리나라의 명절로, 음력 5월 5일에 단오떡을 해 먹고 여자는 창포물에 머리를 감고 그네를 뛰며, 남자는 씨름을 한다.

**단오선 端午扇** 끝 단 / 낮 오 / 부채 선 | 단오부채. 단오날에 나누어 주는 부채.

**❶단원 單元** 홑 단 / 으뜸 원 | 1. 어떤 주제나 내용을 중심으로 묶은 학습 단위 2. 단일한 근원이나 실체. 3. 철학 모나드. 라이프니츠의 철학 용어로, 넓이나 형체를 가지고 있지 않으며 무엇으로도 나눌 수 없는 궁극적인 실체.

**❷단원 團員** 둥글 단 / 둥글 원 | 어떤 단체에 속한 사람

**❸단원제 單院制** 홑 단 / 집 원 / 절제할 제 | 정치 의회를 상하 양원으로 구분하지 않고 하나만 두는 제도.

**단위 單位** 홑 단 / 자리 위 | 길이, 무게, 수효, 시간 따위의 수량을 수치로 나타낼 때 기초가 되는 기준. 근, 되, 자, 그램, 리터, 미터 등.

**단위원소 單位元素** 홑 단 / 자리 위 / 으뜸 원 / 본디 소 | (수학) 어떤 수에 대하여 연산을 한 결과가 처음의 수와 같도록 만들어 주는 수. 늑 항등원.

**단일 單一** 홑 단 / 한 일 | 1. 단 하나로 되어 있음 2. 다른 것이 섞여 있지 않음.

**단일화 單一化** 홑 단 / 한 일 / 될 화 | 하나로 됨.

**단일민족 單一民族** 홑 단 / 한 일 / 백성 민 / 겨레 족 | 한겨레. 단일한 민족으로 구성되어 있음

**단일민족국가 單一民族國家** 홑 단 / 한 일 / 백성 민 / 겨레 족 / 나라 국 / 집 가 | 한 민족이 한 국가를 이루고 있는 나라.

**단일환율 單一換率** 홑 단 / 한 일 / 바꿀 환 / 비율 율(률) | 경제 어떤 외국의 통화를 기준으로 삼아 정한 각국 통화와의 환율.

**❶단자 端子** 끝 단 / 아들 자 | 전기 전기 기계에서, 전력을 끌어들이거나 보내는 데 쓰는 회로의 끝부분.

**❷단자 短資** 짧을 단 / 재물 자 | 단기성 자금. 짧은 기간 대여해 주는 자금.

**❸단자 單子** 홑 단 / 아들 자 | 1. 부조나 선물의 내용을 적은 종이 2. 사주를 적은 종이.

**사주단자 四柱單子** 넷 사 / 기둥 주 / 홑 단 / 아들 자 | 민속 혼인이 정해진 뒤 신랑 집에서 신부 집으로 신랑의 사주를 적어서 보내는 종이.

**❹단자 單子** 홑 단 / 아들 자 | 철학 넓이나 형체를 가지고 있지 않으며 더이상 나눌 수 없는 궁극적인 실체. 라이프니츠(Leibniz, G. W.)의 용어이다. 늑 모나드.

**단자론 單子論** 홑 단 / 아들 자 / 논할 론(논) | 철학 모나드를 궁극의 원리로 하는 라이프니츠의 학설. 우주는 무수한 모나드로 구성되며, 모나드 사이의 조화 관계는 신이 예정한 것이라고 한다.

**❶단장 丹粧** 붉을 단 / 단장할 장 | 곱게 꾸밈.

**단장하다 丹粧하다** 붉을 단 / 단장할 장 | 곱게 꾸미다.

**❷단장 團長** 둥글 단 / 길 장 | 단체의 우두머리.

❸단장 斷腸 끊을 단 / 창자 장 | 몹시 슬퍼서 창자가 끊어지는 듯함.

❹단장 短杖 짧을 단 / 지팡이 장 | 짧은 지팡이.

단적 端的 끝 단 / 과녁 적 | 곧바르고 명백한 것.

단적으로 端的으로 끝 단 / 과녁 적 | 여러 말 할 것 없이 명백하게.

❶단전 斷電 끊을 단 / 번개 전 | 전기의 공급을 끊음.

❷단전 丹田 붉을 단 / 밭 전 | 도가(道家)에서 말하는 하단전으로 배꼽 아래 한 치 다섯 푼 되는 곳.

단전호흡 丹田呼吸 붉을 단 / 밭 전 / 부를 호 / 마실 흡 | 단전으로 숨을 쉬는 정신 수련법.

단절 斷絕 끊을 단 / 끊을 절 | 관계를 끊음.

단절하다 斷絕하다 끊을 단 / 끊을 절 | 관계를 끊다.

단절면 斷切面 끊을 단 / 끊을 절 / 낯 면 | 물체의 잘라 낸 면.

❶단정 斷定 끊을 단 / 정할 정 | 딱 잘라서 판단하고 결정함.

단정하다 斷定하다 끊을 단 / 정할 정 | 딱 잘라서 판단하고 결정하다.

❷단정하다 端正하다 끝 단 / 바를 정 | 말쑥하고 바르다.

❸단정학 丹頂鶴 붉을 단 / 정수리 정 / 학 학 | 붉은 볏을 가진 두루미.

❶단조 短調 짧을 단 / 고를 조 | 음악 단음계로 된 곡조.

❷단조 單調 홑 단 / 고를 조 | 변화 없이 단일함.

단조롭다 單調롭다 홑 단 / 고를 조 | 변화가 없어 새로운 느낌이 없다.

단종 斷種 끊을 단 / 씨 종 | 생식이나 번식을 못하게 됨.

단죄 斷罪 끊을 단 / 허물 죄 | 죄를 처단함.

단죄하다 斷罪하다 끊을 단 / 허물 죄 | 죄를 처단하다.

❶단주 斷酒 끊을 단 / 술 주 | 술을 끊음.

❷단주 丹朱 붉을 단 / 붉을 주 | 붉은 빛깔.

❶단지 團地 둥글 단 / 땅 지 | 집단을 이루고 있는 일정 구역. ※ 주택단지, 공장단지.

단지조림 團地造林 둥글 단 / 땅 지 / 지을 조 / 수풀 림(임) | 한 지역에 같은 종류의 나무를 많이 심어 숲을 이루게 하는 일.

❷단지 但只 다만 단 / 다만 지 | 다만. 오로지.

❸단지 斷指 끊을 단 / 가리킬 지 | 굳은 결심의 뜻을 보이려고 손가락을 자르거나 깨묾.

❹단지 短枝 짧을 단 / 가지 지 | 짧은 나뭇가지.

단청 丹青 붉을 단 / 푸를 청 | 옛날식 집의 벽, 기둥, 천장에 여러 가지 빛깔로 그림이나 무늬를 그림.

단체 團體 둥글 단 / 몸 체 | 같은 목적을 달성하기

위하여 모인 사람들의 집단.

**단체경기 團體競技** 둥글 단 / 몸 체 / 다툴 경 / 재주 기 | 단체를 이루어 승부를 겨루는 경기. 배구, 농구, 축구 등.

**단체여행 團體旅行** 둥글 단 / 몸 체 / 나그네 여(려) / 다닐 행 | 여러 사람이 단체로 가는 여행.

**단체교섭 團體交涉** 둥글 단 / 몸 체 / 사귈 교 / 건널 섭 | 법률 노동조합의 대표자와 사용자 사이에 노동 조건의 유지 및 개선에 대하여 하는 교섭.

**단체행동 團體行動** 둥글 단 / 몸 체 / 다닐 행 / 움직일 동 | 한 집단의 사람들이 통일적으로 함께 하는 행동. ↔ 단독행동 .

**단체행동권 團體行動權** 둥글 단 / 몸 체 / 다닐 행 / 움직일 동 / 저울추 권 | 법률 헌법이 보장하고 있는 노동 기본권의 하나. 노동자가 노동 조건의 유지, 개선을 위하여 단체적인 행동을 할 수 있는 권리. ※ 노동 삼권 | 단결권, 단체 교섭권, 단체행동권.

**단체협약 團體協約** 둥글 단 / 몸 체 / 화합할 협 / 맺을 약 | 단체와 단체 또는 단체와 개인이 맺는 계약.

**단초 端初** 끝 단 / 처음 초 | 일이나 사건을 풀어 나갈 수 있는 실마리.

**단축 短縮** 짧을 단 / 줄일 축 | 짧게 줄임.

**단축수업 短縮授業** 짧을 단 / 줄일 축 / 줄 수 / 업 업 | 수업 시간을 줄임.

**단축노동 短縮勞動** 짧을 단 / 줄일 축 / 일할 노(로) / 움직일 동 | 노동 시간을 줄임. 불경기에 실업자의 발생을 방지하기 위하여 1인당 노동 시간을 줄이는 일

❶**단층 單層** 홑 단 / 층 층 | 하나로만 이루어진 층.

**단층집 單層집** 홑 단 / 층 층 | 한 층만으로 된 집.

❷**단층 斷層** 끊을 단 / 층 층 | 지각 변동으로 지층이 갈라져 어긋나는 현상.

**단층운동 斷層運動** 끊을 단 / 층 층 / 옮길 운 / 움직일 동 | 지구 지각을 구성하고 있는 지층이 서로 어긋나 한쪽은 가라앉고 한쪽은 솟아서 단층이 생기는 운동.

**단층애 斷層崖** 끊을 단 / 층 층 / 언덕 애 | 단층 운동으로 생긴 절벽.

**단타 單打** 홑 단 / 칠 타 | 야구에서, 짧은 안타.

**단파 短波** 짧을 단 / 물결 파 | 전자 파장 10~100미터, 주파수 3~30MHz의 전자파. 원거리 무선 전신, 대외(**對外**) 방송에 쓴다.

**단파방송 短波放送** 짧을 단 / 물결 파 / 놓을 방 / 보낼 송 | 단파는 먼 거리까지 도달하는 성질이 있으므로, 멀리 떨어져 있는 지역이나 국외 방송에 쓴다.

**단판 單판** 홑 단 | 단 한 번에 승패를 가르는 판.

**단편 短篇** 끊을 단 / 조각 편 | 짤막하게 지은 글. = 단편소설.

**단편적 斷片的** 끊을 단 / 조각 편 / 과녁 적 | 전체가 아니라 부분에 국한된 것.

**단편소설 短篇小說** 짧을 단 / 책 편 / 작을 소 / 말씀 설 | 문학 길이가 짧은 형태의 소설. 보통 200자 원고지 70매 내외의 분량으로 인생의 단면을 날카롭게 파악하여 표현한 소설. ≒ 단편(短篇).

**단평 短評** 짧을 단 / 평할 평 | 짧고 간단한 비평.

**단표누항 簞瓢陋巷** 소쿠리 단 / 바가지 표 / 더러울 누(루) / 거리 항 | '누추한 동네에서 먹는 한 그릇의 밥과 한 바가지의 물'이라는 뜻으로, 선비의 청빈한 생활을 이르는 말.

▶**단풍 丹楓** 붉을 단 / 단풍 풍 | 기후 변화로 식물의 잎이 붉은빛이나 누런빛으로 변하는 현상.

**단풍들다 丹楓**들다 붉을 단 / 단풍 풍 | 단풍잎으로 변하다.

**단풍지다 丹楓**지다 붉을 단 / 단풍 풍 | 단풍잎이 떨어지다.

❶**단하 丹霞** 붉을 단 / 노을 하 | 저녁놀.

❷**단하 段下** 층계 단 / 아래 하 | 계단 아래.

**단합 團合** 모일 단 / 합할 합 | 뭉침. = 단결.

**단행 斷行** 끊을 단 / 다닐 행 | 결단하여 실행함.

**단행본 單行本** 홀 단 / 다닐 행 / 근본 본 | 한번 발행된 책.

**단화 短靴** 짧을 단 / 신 화 | 1. 목이 짧은 구두 2. 굽이 낮은 여자 구두.

**단황 蛋黃** 새알 단 / 누를 황 | 알의 노른자위.

**달관 達觀** 통달할 달 / 볼 관 | 사소한 사물이나 일에 얽매이지 않고, 세속을 벗어난 활달한 식견이나 인생관.

**달변 達辯** 통달할 달 / 말씀 변 | 말을 능숙하고 막힘이 없이 잘함. ≒ 능변, 청산유수.

**달필 達筆** 통달할 달 / 붓 필 | 능숙하게 잘 쓰는 글씨.

**담담하다 淡淡**하다 묽을 담 / 묽을 담 | 1. 담백하고 묽다 2. 차분하고 평온하다.

▶**담당 擔當** 멜 담 / 마땅 당 | 어떤 일을 맡음.

**담당자 擔當者** 멜 담 / 마땅 당 / 사람 자 | 어떤 일을 맡아서 하는 사람.

**담대하다 膽大**하다 쓸개 담 / 클 대 | 겁이 없고 배짱이 두둑하다.

**담력 膽力** 쓸개 담 / 힘 력(역) | 겁이 없고 용감한 기운.

**담론 談論** 이야기할 담 / 의논할 론(논) | 이야기를 주고받음. 결론을 내거나 주장을 강하게 펼치지 않고 이어지는 논의이다.

**담박하다 淡泊**하다/**澹泊**하다 맑을 담 / 머무를 박 | 욕심이 없고 마음이 깨끗하다.

**담백하다 淡白**하다 맑을 담 / 흰 백 | 1. 욕심이 없고 마음이 깨끗하다 2. 아무 맛이 없이 싱겁다.

▶**담보 擔保** 멜 담 / 지킬 보 | 맡아서 보증함.

**담보물 擔保物** 멜 담 / 지킬 보 / 물건 물 | 빚을 못 갚을 때를 대비하여 담보로 제공하는 물건.

**담색 淡色** 맑을 담 / 빛 색 | 엷은 색깔.

**담석 膽石** 쓸개 담 / 돌 석 | 〔의학〕 쓸개 부분에 생긴 돌처럼 단단한 물질.

**담세 擔稅** 멜 담 / 세금 세 | 세를 부담함.

**담소 談笑** 말씀 담 / 웃음 소 | 웃고 즐기면서 이야기함.

**담수 淡水** 맑을 담 / 물 수 | 민물. 강이나 호수처럼 소금기가 없는 물. ↔ 염수, 함수.

**담수호 淡水湖** 맑을 담 / 물 수 / 호수 호 | 민물호수.

**담용 膽勇** 쓸개 담 / 날랠 용 | 1. 담과 용기 2. 대담하고 용맹스러움.

**담임 擔任** 멜 담 / 맡길 임 | 책임지고 맡아보는 사람.

**담장 담牆** 담 장 | 담. 울타리.

**담즙 膽汁** 쓸개 담 / 즙 즙 | 쓸개즙.

**담지하다 擔持**하다 멜 담 / 가질 지 | 담고 있다. 가지고 있다.

**담채 淡彩** 맑을 담 / 채색 채 | 엷은 채색.

**담채화 淡彩畫** 맑을 담 / 채색 채 / 그림 화 | 〔미술〕 물감을 엷게 써서 그린 그림.

**담청색 淡靑色** 맑을 담 / 푸를 청 / 색 색 | 엷은 청색.

**담판 談判** 말씀 담 / 판단할 판 | 맞선 양쪽이 서로 의논하여 옳고 그름을 판단함.

**담합 談合** 말씀 담 / 합할 합 | 1. 미리 서로 의논하여 짜 놓음. 2. 〔법률〕 경쟁 입찰을 할 때에 입찰 참가자가 서로 의논하여 미리 입찰 가격이나 낙찰자 따위를 정하는 일.

**담화 談話** 이야기 담 / 이야기 화 | 서로 이야기를 주고받음.

**담화문 談話文** 이야기 담 / 이야기 화 / 글월 문 | 공적인 자리에 있는 사람이 견해나 태도를 분명히 밝히기 위하여 공식적으로 발표하는 글.

**답교 踏橋** 밟을 답 / 다리 교 | (민속) 정월 보름날 밤에 다리를 밟는 풍속.

**답례 答禮** 대답 답 / 예도 례(예) | 남에게서 받은 것을 도로 갚는 예의.

**답방 答訪** 대답 답 / 찾을 방 | 다른 사람의 방문에 대한 답례로 방문함.

**답변 答辯** 대답 답 / 말씀 변 | 물음에 대한 대답.

**답변서 答辯書** 대답 답 / 말씀 변 / 글 서 | 답하는 글.

**답보 踏步** 밟다 답 / 걷다 보 | 앞으로 나가지 못하고 한 자리에 머무름 = 제자리걸음.

**답보하다 踏步**하다 밟다 답 / 걷다 보 | 앞으로 나가지 못하고 한 자리에 머무르다.

**❶답사 踏査** 밟을 답 / 조사할 사 | 현장에 가서 직접 조사함.

**답사대 踏査隊** 밟을 답 / 조사할 사 / 무리 대 | 답사하기 위하여 조직한 집단.

**❷답사 答辭** 대답 답 / 말씀 사 | 1. 답하는 말   2.

식장에서 식사나 축사에 대답으로 하는 말.

**답습 踏襲** 밟다 답 / 그대로 따를 습 | 예로부터 해 오던 방식을 그대로 뒤좇음.

**답신 答信** 대답 답 / 믿을 신 | 회답으로 보낸 통신이나 서신.

**답장 答狀** 대답 답 / 문서 장 | 회답하는 편지를 보냄.

▶**답안 答案** 대답 답 / 책상 안 | 문제의 해답.

**답안지 答案紙** 대답 답 / 책상 안 / 종이 지 | 문제의 해답을 적은 종이.

**답월 踏月** 밟을 답 / 달 월 | 달밤에 거닒.

▶❶**답지 遝至** 뒤섞일 답 / 이를 지 | 한군데로 몰려들거나 몰려옴.

❷**답지 答枝** 대답 답 / 가지 지 | 선택형 문제에서 제시해 놓은 정답.

**답청 踏靑** 밟을 답 / 푸를 청 | 봄에 파랗게 난 풀을 밟으며 노니는 일.

**답파 踏破** 밟을 답 / 깨뜨릴 파 | 험한 길이나 먼 길을 끝까지 걸어서 돌파함.

**당 黨** 무리 당 | 정치 정치적인 주장이 같은 사람들이 정권을 잡고 정치적 이상을 실현하기 위하여 조직한 단체.

**당가 唐家** 당나라 당 / 집 가 | 닫집. 궁전 안의 옥좌 위나 법당의 불좌 위에 만들어 다는 집 모형.

**당과 糖菓** 엿 당 / 과자 과 | 사탕과 과자.

▶**당구 堂狗** 집 당 / 개 구 | 서당에서 기르는 개.

**당구풍월 堂狗風月** 집 당 / 개 구 / 바람 풍 / 달 월 | 1. 서당 개가 풍월을 읊는다 2. 무식한 사람도 환경에 따라서 유식한 사람과 함께 지내면 다소 유식해진다. ※ 참조: 서당 개 삼년이면 풍월을 읊는다.

**풍월 風月** 바람 풍 / 달 월 | 1. 맑은 바람과 밝은 달. ≒ 청풍명월(淸風明月) 2. 맑은 바람과 밝은 달에 흥취가 나서 시를 지으며 즐겁게 놂. ≒ 음풍농월(吟風弄月). 3. 얻어들은 짧은 지식.

**당구장 撞球場** 칠 당 / 공 구 / 마당 장 | 당구를 하는 장소.

▶**당국 當局** 마땅 당 / 판 국 | 어떤 일을 직접 맡아 하는 기관.

**당국자 當局者** 마땅 당 / 판 국 / 놈 자 | 그 일을 맡아보는 자리에 있는 사람.

▶❶**당권 黨權** 무리 당 / 저울추 권 | 당의 주도권.

❷**당권 當權** 마땅 당 / 저울추 권 | 권세나 정권을 잡음.

▶❶**당내 黨內** 무리 당 / 안 내 | 한 정당의 안.

❷**당내 堂內** 집 당 / 안 내 | 같은 성(姓)을 가진 팔촌 안에 드는 일가. 집안에 초상이 나면 상복을 입게 되는 가까운 친척을 이른다.

**당원 黨員** 무리 당 / 인원 원 | 정당에 가입하여 구성원이 된 사람.

**당쟁 黨爭** 무리 당 / 다툴 쟁 | 역사 당파를 이루어 서로 싸우던 일.

**당론 黨論** 무리 당 / 논할 론(논) | 정당의 의견.

**당명 黨名** 무리 당 / 이름 명 | 정당의 이름.

**당벌 黨閥** 무리 당 / 문벌 벌 | 같은 당의 사람들이 힘을 합하여 다른 당의 사람들을 배척하는 일.

**당기 當期** 마땅 당 / 기약할 기 | 일이 있는 바로 그 시기.

**당년 當年** 마땅 당 / 해 년(연) | 일이 있는 바로 그해.

**당대 當代** 마땅 당 / 대신할 대 | 일이 있는 바로 그 시대.

**당당하다 堂堂하다** 집 당 / 집 당 | 모습이나 태도가 떳떳하다.

**당도하다 當到하다** 마땅 당 / 이를 도 | 다다르다.

**당돌하다 唐突하다** 당나라 당 / 갑자기 돌 | 꺼리거나 어려워하는 마음이 없이 다부지다.

**당락 當落** 마땅 당 / 떨어질 락(낙) | 당선과 낙선.

**당랑거철 螳螂拒轍** 사마귀 당 / 사마귀 랑 / 막을 거 / 바퀴자국 철 | 1. 제 역량을 생각하지 않고, 강한 상대에게 덤벼드는 무모한 행동 2. 중국 제나라 장공(莊公)이 사냥을 나가는데 사마귀가 앞발을 들고 수레바퀴를 멈추려 했다는 데서 온 말. ※ 참조: 하룻강아지 범 무서운 줄 모른다.

**당래하다 當來하다** 마땅 당 / 올 래(내) | 마땅히 닥쳐오다.

**당략 黨略** 무리 당 / 간략할 략(약) | 정당의 계략이나 정략(政略).

**당리당략 黨利黨略** 무리 당 / 이로울 리(이) / 무리 당 / 간략할 략(약) | 당의 이익과 당의 정략.

**당면 當面** 마땅 당 / 낯 면 | 바로 눈앞에 대함.

**당면하다 當面하다** 마땅 당 / 낯 면 | 바로 눈앞에 대하다.

**당목 唐木** 당나라 당 / 나무 목 | 가늘게 꼰 무명실로 폭이 넓고 곱게 짠 피륙. 광목보다 실이 가늘고 하얗다. 서양에서 중국을 거쳐 들어왔으므로 '당목'이라고 부른다. ≒ 서양목.

**당번 當番** 마땅 당 / 차례 번 | 어떤 일을 책임지고 돌보는 차례가 됨.

❶**당분 糖分** 엿 당 / 나눌 분 | 단맛이 나는 당류(糖類)의 성분.

❷**당분간 當分間** 마땅 당 / 나눌 분 / 사이 간 | 앞으로 얼마간.

❶**당사 黨舍** 무리 당 / 집 사 | 정당의 사무실.

❷**당사 當事** 마땅 당 / 일 사 | 그 사건에 직접 관여함.

**당사국 當事國** 마땅 당 / 일 사 / 나라 국 | 그 사건에 직접 관계되어 있는 나라.

**당사자 當事者** 마땅 당 / 일 사 / 놈 자 | 그 일에 직접 관계가 있는 사람.

**당사자주의 當事者主義** 마땅 당 / 일 사 / 놈 자 / 주인 주 / 뜻 의 | 법률 형사 소송에서, 법원이

223

소송의 주도권을 당사자, 즉 원고와 피고에게 주는 주의.

**당상 堂上** 집 당 / 윗 상 | 대청 위.

**당상관 堂上官** 집 당 / 윗 상 / 벼슬 관 | 역사 당상의 품계에 있는 벼슬아치. ↔ 당하관.

**당하관 堂下官** 집 당 / 아래 하 / 벼슬 관 | 당하의 품계에 있는 벼슬아치.

**당선 當選** 마땅 당 / 가릴 선 | 1. 선거에서 뽑힘 2. 심사나 선발에서 뽑힘.

**당선하다 當選하다** 마땅 당 / 가릴 선 | 1. 선거에서 뽑히다 2. 심사나 선발에서 뽑히다.

**당선사례 當選謝禮** 마땅 당 / 가릴 선 / 사례할 사 / 예도 례(예) | 선거에 뽑힌 사람이 뽑아 준 데 대하여 고마움을 나타냄.

**당세 當歲** 마땅 당 / 해 세 | 지금 지나가고 있는 이해.

**당시 當時** 마땅 당 / 때 시 | 일이 있었던 바로 그 때.

**당연 當然** 마땅 당 / 그럴 연 | 마땅히 그러함.

**당연하다 當然하다** 마땅 당 / 그럴 연 | 마땅히 그러하다.

**당연지사 當然之事** 마땅 당 / 그럴 연 / 갈 지 / 일 사 | 당연한 일.

**당위 當爲** 마땅 당 / 할 위 | 마땅히 그렇게 해야 하는 것. ≒ 졸렌(Sollen).

**당위성 當爲性** 마땅 당 / 할 위 / 성품 성 | 마땅히

그렇게 해야 할 성질.

**당위법칙 當爲法則** 마땅 당 / 할 위 / 법 법 / 법칙 칙 | 마땅히 행하여야 할 법칙.

**당의 唐衣** 당나라 당 / 옷 의 | 여자들이 저고리 위에 덧입는 한복의 하나.

**당일 當日** 마땅 당 / 날 일 | 바로 그날.

**당일치기 當日치기** 마땅 당 / 날 일 | 바로 그날 하루에 일을 서둘러 끝냄.

**당장 當場** 마땅 당 / 마당 장 | 바로 그 자리.

**당좌예금 當座預金** 마땅 당 / 자리 좌 / 맡길 예 / 쇠 금 | 경제 예금자가 수표를 발행하면 은행이 어느 때나 그 수표에 대한 지급을 하도록 되어 있는 예금.

**❶당직 當直** 마땅 당 / 곧을 직 | 근무하는 곳에서 숙직이나 일직의 당번이 됨.

**당직하다 當直하다** 마땅 당 / 곧을 직 | 근무하는 곳에서 숙직이나 일직의 당번이 되다.

**❷당직 黨職** 무리 당 / 직분 직 | 당의 직책을 맡은 사람.

**당직자 黨職者** 무리 당 / 직분 직 / 놈 자 | 당의 직책을 맡은 사람.

**당집 堂집** 집 당 | 서낭당, 국사당 같이 신을 모셔 두는 집.

**당착 撞着** 칠 당 / 붙을 착 | 말이나 행동의 앞뒤가 맞지 않음.

**당첨 當籤** 마땅 당 / 제비 첨 | 추첨에서 뽑힘.

**당첨금 當籤金** 마땅 당 / 제비 첨 / 쇠 금 | 당첨자가 받는 돈.

❶**당초 當初** 마땅 당 / 처음 초 | 일이 생기기 시작한 처음. ※ '애당초'는 강조하는 말.

❷**당초 唐草** 당나라 당 / 풀 초 | 덩굴무늬.

**당파 黨派** 무리 당 / 갈래 파 | 주의, 주장, 이해를 같이하는 사람들이 뭉쳐 이룬 단체.

**당파성 黨派性** 무리 당 / 갈래 파 / 성품 성 | 당 안의 파벌적인 경향.

**당황 唐慌/唐惶** 당나라 당 / 어리둥절할 황 | 놀라거나 다급하여 어찌할 바를 모름.

**당황하다 唐慌/唐惶하다** 당나라 당 / 어리둥절할 황 | 놀라거나 다급하여 어찌할 바를 모르다.

**당황실색 唐慌失色** 당나라 당 / 어리둥절할 황 / 잃을 실 / 빛 색 | 당황하여 얼굴빛이 바뀜.

**당회 堂會** 집 당 / 모일 회 | 교회의 목사와 장로가 모이는 회합.

❶**대가 代價** 대신할 대 / 값 가 | 1. 물건의 값 2. 일을 하고 받는 보수.

❷**대가 大家** 클 대 / 집 가 | 1. 전문 분야에서 뛰어난 권위가 있는 사람 2. 대대로 부귀를 누리며 번창하는 집안.

❸**대가 大駕** 클 대 / 멍에 가 | 역사 임금이 타던 수레.

**대가람 大伽藍** 클 대 / 절 가 / 쪽 람(남) | 규모가 큰 절.

**대가족 大家族** 클 대 / 집 가 / 겨레 족 | 식구 수가 많은 가족.

❶**대각 大覺** 클 대 / 깨달을 각 | 1. 불교 도를 닦아 크게 깨달음. 2. 불교 '부처'를 이르는 말. 스스로 깨닫고 남을 깨닫게 하므로 이렇게 이른다.

❷**대각 對角** 대할 대 / 뿔 각 | (수학) 다각형에서 한 변이나 한 각과 마주 대하고 있는 각.

**대각선 對角線** 대할 대 / 뿔 각 / 줄 선 | 다각형에서 서로 이웃하지 아니하는 두 꼭짓점을 잇는 선분. 또는 다면체에서 같은 면 위에 있지 아니하는 꼭짓점을 잇는 선분.

**대갈 大喝** 클 대 / 꾸짖을 갈 | 큰 소리로 외쳐서 꾸짖음.

**대갈일성 大喝一聲** 클 대 / 꾸짖을 갈 / 한 일 / 소리 성 | 크게 외쳐 꾸짖는 한마디의 소리.

**대감 大監** 클 대 / 볼 감 | 조선 시대에, 정이품 이상의 벼슬아치를 높여 부르던 말.

**대감마님 大監마님** 클 대 / 볼 감 | 예전에, 높은 지위에 있는 벼슬아치를 높여 이르던 말.

**터줏대감 터主大監** 주인 주 / 클 대 / 볼 감 | 집단의 구성원 가운데 가장 오래된 사람을 이르는 말.

**대강 大綱** 클 대 / 벼리 강 | 자세하지 않게 기본적인 부분만을 따 낸 줄거리.

**대개 大概** 클 대 / 대개 개 | 대부분. 전체에 거의

가까운 정도.

**대갱 大羹** 클 대 / 국 갱 | 예전에, 제사에 쓰던 고깃국. 소나 돼지, 양 따위의 고기를 삶아 얻는데, 소금이나 양념을 전혀 하지 않았다.

**대거 大擧** 클 대 / 들 거 | 한꺼번에 많은 사람이 들고일어남.

**대결 對決** 대할 대 / 결단할 결 | 서로 맞서서 승패를 가림.

**대결하다 對決하다** 대할 대 / 결단할 결 | 서로 맞서서 승패를 가리다.

**❶대경 大慶** 클 대 / 경사 경 | 명사 큰 경사.

**❷대경 大驚** 클 대 / 놀랄 경 | 크게 놀람.

**대경실색 大驚失色** 클 대 / 놀랄 경 / 잃을 실 / 빛 색 | 몹시 놀라 얼굴빛이 하얗게 질림.

**❶대계 大系** 클 대 / 맬 계 | 대략적인 체계.

**❷대계 大界** 클 대 / 지경 계 | 1. 큰 세계.  2. '우주', '세계'의 뜻.

**❸대계 大計** 클 대 / 셀 계 | 명사 큰 계획.

**백년대계 百年大計** 일백 백 / 해 년(연) / 클 대 / 셀 계 | 먼 앞날까지 내다보고 세우는 크고 중요한 계획.

**❶대공 大公** 클 대 / 공평할 공 | 1. 유럽에서, 왕가의 황태자나 여왕의 남편을 이르는 말  2. 유럽에서, 소국(小國)의 군주를 이르는 말.

**❷대공 大功** 클 대 / 공 공 | 큰 공로.

**❸대공 對空** 대할 대 / 빌 공 | 지상에서 공중의 목표물을 상대함.

**대공방어 對空防禦** 대할 대 / 빌 공 / 막을 방 / 막을 어 | 군사 공중으로부터의 적의 공격을 막는 일.

**❶대과 大過** 클 대 / 지날 과 | 큰 허물이나 큰 잘못.

**❷대과 大科** 클 대 / 과목 과 | 역사 과거(科擧)의 문과와 무과를 이르던 말.

**대과급제 大科及第** 클 대 / 과목 과 / 미칠 급 / 차례 제 | 역사 문과의 전시(殿試 | 임금이 친히 치르게 하던 과거)에 합격함.

**❶대관 大觀** 클 대 / 볼 관 | 크고 넓게 전체를 내다봄.

**대관절 大關節** 클 대 / 관계할 관 / 마디 절 | 여러 말 할 것 없이 요점만 말하면.

**❷대관 貸館** 빌릴 대 / 집 관 | 공연장이나 회관 등을 빌림.

**❸대관 戴冠** 일 대 / 갓 관 | 대관식에서 왕관을 받아 머리에 씀.

**대관식 戴冠式** 일 대 / 갓 관 / 법 식 | 유럽에서, 왕이 처음으로 왕관을 써서 왕위에 올랐음을 널리 알리는 의식.

**❶대교 大橋** 클 대 / 다리 교 | 큰 다리.

**❷대교약졸 大巧若拙** 클 대 / 공교할 교 / 같을 약 / 옹졸할 졸 | 훌륭한 기교는 도리어 졸렬해 보인다는 뜻.

**대구 對句** 대할 대 / 구절 구 | 비슷한 어조를 가진 것으로 짝 지은 둘 이상의 글귀.

❶**대국 大國** 클 대 / 나라 국 | 큰 나라. 국력이 강하거나 국토가 넓은 나라.

❷**대국 大局** 클 대 / 판 국 | 1. 일이 벌어져 있는 대체적인 형편. 2. 바둑이나 장기에서, 전체적인 승부의 형세를 이르는 말.

❸**대국적 大局的** 클 대 / 판 국 / 과녁 적 | 크고 대체적인 판국에 따르는 것. ≒ 대승적, 거시적

❹**대국 對局** 대할 대 / 판 국 | 1. 일의 어떤 국면에 마주함. 2. 바둑이나 장기를 마주 대하여 둠.

**대국하다 對局**하다 대할 대 / 판 국 | 1. 일의 어떤 국면에 마주하다 2. 바둑이나 장기를 마주 대하여 두다.

❶**대군 大君** 클 대 / 임금 군 | 1. 역사 왕의 적자(嫡子)에게 주던 작위. 3. | 역사 '군주'(君主)를 높여 이르던 말.

❷**대군 大軍** 클 대 / 군사 군 | 군사 병사의 수가 많은 군대.

**대권 大權** 클 대 / 저울추 권 | 나라의 최고 통치권자인 국가 원수가 국토와 국민을 통치하는 헌법상의 권한.

**대궐 大闕** 클 대 / 대궐 궐 | 임금이 거처하는 집. ≒ 궁전, 궁정.

**대규모 大規模** 클 대 / 법 규 / 본뜰 모 | 크기나 범위나 큰 것.

**대금 代金** 대신할 대 / 쇠 금 | 물건의 값으로 치르는 돈.

❶**대기 大氣** 클 대 / 기운 기 | 공기.

**대기순환 大氣循環** 클 대 / 기운 기 / 돌 순 / 고리 환 | 지구 공기가 주기적으로 되풀이하여 도는 과정.

**대기층 大氣層** 클 대 / 기운 기 / 층 층 | 지구 대기의 층.

❷**대기 待機** 기다릴 대 / 틀 기 | 기다림.

**대기소 待機所** 기다릴 대 / 틀 기 / 바 소 | 대기하도록 마련한 곳.

❸**대기 大器** 클 대 / 그릇 기 | 1. 큰 그릇 2. 큰일을 할 만한 뛰어난 인재.

**대기만성 大器晩成** 클 대 / 그릇 기 / 늦을 만 / 이룰 성 | 큰 그릇을 만드는 데는 시간이 오래 걸린다. 크게 될 사람은 늦게 이루어짐.

**대기업 大企業** 클 대 / 꾀할 기 / 업 업 | 경제 자본금이나 종업원 수 같은 규모가 큰 기업.

**대길 大吉** 클 대 / 길할 길 | 운이 매우 좋음. 일이 매우 상서로움.

**입춘대길 立春大吉** 설 입(립) / 봄 춘 / 클 대 / 길할 길 | 입춘을 맞이하여 길운을 기원하며 벽이나 문짝에 써 붙이는 글귀.

**대납 代納** 대신할 대 / 들일 납 | 1. 남을 대신하여 조세를 바침. 2. 다른 물건으로 대신하여 바침.

**대내 對內** 대할 대 / 안 내 | 내부.

**대내외 對內外** 대할 대 / 안 내 / 바깥 외 | 안과 밖을 아울러 이름.

**대노 大怒** 클 대 / 성낼 노(로) | 크게 노함.

**대농 大農** 클 대 / 농사 농 | 큰 규모로 농사짓는 농가.

**대뇌 大腦** 클 대 / 골 뇌 | 뇌의 대부분을 차지하는 부분. 좌우 반구와 양쪽을 연결하는 섬유 다발로 되어 있으며, 표면에 많은 주름이 있다. 신경 계통 전체의 중추적 작용을 하며, 고등 동물일수록 잘 발달되어 있다.

**대뇌피질 大腦皮質** 클 대 / 골 뇌 / 가죽 피 / 바탕 질 | 의학 대뇌 반구의 표면을 덮고 있는 회백질의 얇은 층. 신경 세포체가 모여 있으며, 감각을 종합하고, 의지적인 운동 및 고도의 지적 기능을 담당한다.

**대다수 大多數** 클 대 / 많을 다 / 셈 수 | 거의 모두 다.

**❶대담 對談** 대할 대 / 말씀 담 | 마주 대하고 말함.

**대담하다 對談하다** 대할 대 / 말씀 담 | 마주 대하고 말하다.

**❷대담 大膽** 클 대 / 쓸개 담 | 담력이 크고 용감함.

**대담무쌍 大膽無雙** 클 대 / 쓸개 담 / 없을 무 / 두 쌍 | 대담하기가 어디에 비할 데가 없음.

**대답 對答** 대할 대 / 대답 답 | 1. 부르는 말에 대한 답변 2. 상대가 묻는 것에 대한 답변.

**❶대대 代代** 대신할 대 / 대신할 대 | 여러 대를 이어서 계속하여.

**대대손손 代代孫孫** 대신할 대 / 대신할 대 / 손자 손 / 손자 손 | 오래도록 내려오는 여러 대.

**❷대대적 大大的** 클 대 / 클 대 / 과녁 적 | 범위나 규모가 매우 큰 것.

**❸대대 大隊** 클 대 / 무리 대 | 군사 군대 편성 단위. 중대의 위, 연대의 아래이다.

**대대장 大隊長** 클 대 / 무리 대 / 길 장 | 군사 대대를 지휘하고 통솔하는 최고 지휘관.

**대덕 大德** 클 대 / 클 덕 | 넓고 큰 덕. 또는 그런 덕을 가진 사람.

**❶대도 大道** 클 대 / 길 도 | 크고 넓은 길.

**❷대도 大刀** 클 대 / 칼 도 | 큰 칼.

**❸대도 大盜** 클 대 / 도둑 도 | 큰 도둑.

**대도시 大都市** 클 대 / 도읍 도 / 저자 시 | 큰 도시.

**대독 代讀** 대신할 대 / 읽을 독 | 대신 읽음.

**❶대동 大同** 클 대 / 한가지 동 | 1. 큰 세력이 합동함 2. 온 세상이 번영하여 화평하게 됨.

**대동단결 大同團結** 클 대 / 한가지 동 / 둥글 단 / 맺을 결 | 여러 집단이나 사람이 어떤 목적을 이루려고 크게 한 덩어리로 뭉침.

**대동법 大同法** 클 대 / 한가지 동 / 법 법 | 역사 조선 중기·후기에, 여러 가지 공물(貢物)을 쌀로 통일하여 바치게 한 납세 제도.

**대동미 大同米** 클 대 / 한가지 동 / 쌀 미 | 역사 조선 후기에, 대동법에 따라 거두던 쌀.

**대동사상 大同思想** 클 대 / 한가지 동 / 생각 사 / 생각 상 | 유교에서 말하는 이상세계. <예기>에 나오며, 큰 도가 행해졌던 고대 이상 사회에서는 모든 것이 평등하고 복된 세상이었다고 그리워 함.

**대동소이 大同小異** 클 대 / 한가지 동 / 작을 소 / 다를 이 | 거의 같음. 크게 같고 조금만 다르다는 말로, 큰 차이 없다는 말. ≒ 막상막하(莫上莫下).

**❷대동 大東** 클 대 / 동녘 동 | 우리나라를 '동쪽의 큰 나라'라는 뜻으로 일컬음.

**대동여지도 大東輿地圖** 클 대 / 동녘 동 / 수레 여 / 땅 지 / 그림 도 | 역사 조선 철종 12년(1861)에, 김정호가 제작한 우리나라의 대축척 지도.

**❶대두 擡頭** 쳐들다 대 / 머리 두 | 머리를 쳐든다. 어떤 세력이나 현상이 새롭게 나타남.

**대두하다 擡頭하다** 쳐들다 대 / 머리 두 | 머리를 쳐든다. 어떤 세력이나 현상이 새롭게 나타나다.

**❷대두 大豆** 클 대 / 콩 두 | 콩

**대등 對等** 대할 대 / 무리 등 | 서로 견주어 비슷함.

**대략 大略** 클 대 / 간략할 략(약) | 대강의 줄거리.

**대량 大量** 클 대 / 헤아릴 량(양) | 아주 많은 분량.

**대량생산 大量生産** 클 대 / 헤아릴 량(양) / 날 생 / 낳을 산 | 경제 기계를 이용하여 대량으로 만들어 내는 일.

**❶대련 對鍊** 대할 대 / 불릴 련(연) | 체육 태권도 등에서, 두 사람이 마주서서 공격과 방어의 기술을 익히는 연습을 함.

**❷대련 對聯** 대할 대 / 연이을 련(연) | 1. 시문에서 같은 형식으로 대(對)가 되는 연 2. 문이나 기둥에 써 붙이는 대구(對句).

**❸대련 大輦** 클 대 / 가마 련(연) | 역사 임금이 타는 큰 가마.

**❶대령 大領** 클 대 / 거느릴 령(영) | 군사 군대 영관 계급. 준장의 아래, 중령의 위로, 영관 계급에서 가장 높은 계급이다.

**❷대령 待令** 기다릴 대 / 하여금 령(영) | 윗사람의 지시나 명령을 기다림.

**대령하다 待令하다** 기다릴 대 / 하여금 령(영) | 윗사람의 지시나 명령을 기다리다.

**대례 大禮** 클 대 / 예도 례(예) | 규모가 큰 중대한 의식.

**❶대로 大路** 클 대 / 길 로(노) | 큰길.

**❷대로 大怒** 클 대 / 성낼 로(노) | 크게 화를 냄.

**대로하다 大怒하다** 클 대 / 성낼 로(노) | 크게 화를 내다.

**대류 對流** 대할 대 / 흐를 류(유) | 물리 기체나 액체에서, 물질이 이동함으로써 열이 전달되는 현상.

**대류권 對流圈** 대할 대 / 흐를 류(유) / 우리 권 | 지구 | 대기권의 최하층. 대류권에서는 구름, 비 따위의 일기 현상이 일어난다. 대류권의 고도는 극 지역에서는 8km 전후이며, 적도 지역에서는 18km에 이른다.

**대륙 大陸** 클 대 / 뭍 륙(육) | 바다로 둘러싸인 넓고 커다란 육지.

**대륙적 大陸的** 클 대 / 뭍 륙(육) / 과녁 적 | 대륙에만 특유한 것.

**대륙붕 大陸棚** 클 대 / 뭍 륙(육) / 사다리 붕 | 지구 | 대륙 주위에 분포하는 완만하게 비탈진 바다 밑. 바다의 평균 깊이는 200미터이다.

**대륙법 大陸法** 클 대 / 뭍 륙(육) / 법 법 | 법률 | 독일과 프랑스를 중심으로 발달한 유럽 대륙의 법. 로마법의 직접적인 영향을 받았으며 성문법(成文法)을 중심으로 한다. ※ 판례와 관습법 위주의 불문법(不文法)이 중심인 영미법과 더불어 주요 법계를 이룬다.

**대리 代理** 대신할 대 / 다스릴 리(이) | 대신하여 일을 처리함.

**대리대사 代理大使** 대신할 대 / 다스릴 리(이) / 클 대 / 하여금 사 | 특명 전권 대사가 직무를 수행할 수 없을 때, 일시적으로 직무를 대신하는 외교관.

**대리인 代理人** 대신할 대 / 다스릴 리(이) / 사람 인 | 1. 다른 사람을 대신하는 사람 2. 법률 | 대리를 할 수 있는 지위에 있는 사람. 의사 능력이 있는 사람이어야 하며 대리인이 한 행위의 효과는 본인에게 귀속된다.

**대리전쟁 代理戰爭** 대신할 대 / 다스릴 리(이) / 싸움 전 / 다툴 쟁 | 분쟁 당사자가 아닌 나라가 다른 두 나라 사이의 싸움에 개입하여 대신하여 전쟁을 치르는 것처럼 보이는 상황.

**대리석 大理石** 클 대 / 다스릴 리(이) / 돌 석 | 석회암이 높은 온도와 센 압력을 받아 변질된 돌. 흔히 흰색을 띠고 있으며, 세공이 쉬워 조각이나 건축에 많이 쓰인다.

**대립 對立** 대할 대 / 설 립(입) | 서로 반대됨. 서로 맞섬.

**대립적 對立的** 대할 대 / 설 립(입) / 과녁 적 | 서로 반대되거나 모순되는 것.

**대립하다 對立하다** 대할 대 / 설 립(입) | 서로 반대되거나 모순되다.

**대마불사 大馬不死** 클 대 / 말 마 / 아닐 불 / 죽을 사 | 바둑에서, 큰 말은 결국은 살길이 생겨 쉽게 죽지 않는 일.

**❶대망 待望** 기다릴 대 / 바랄 망 | 기다리고 바람.

**❷대망 大望** 클 대 / 바랄 망 | 큰 희망.

**대맥 大麥** 클 대 / 보리 맥 | 보리.

**대면 對面** 대할 대 / 낯 면 | 서로 얼굴을 마주 대함.

**대명천지 大明天地** 클 대 / 밝을 명 / 하늘 천 / 땅 지 | 아주 환하게 밝은 세상.

**대목 大木** 클 대 / 나무 목 | 큰 건축물을 잘 짓는 목수. ※ '대목(설이나 추석 명절을 앞두고 경기(景氣)가 활발한 시기.)'은 순우리말.

**대목장 大木匠** 클 대 / 나무 목 / 장인 장 | 나무로 궁궐, 사찰, 비각 따위의 규모가 큰 건축물을 짓는 목수.

**대문 大門** 클 대 / 문 문 | 큰 문. 주로, 한 집의 주가 되는 출입문을 이른다.

**대문간 大門間** 클 대 / 문 문 / 사이 간 | 대문의 안쪽에 있는 빈 곳.

**대문니 大門니** 클 대 / 문 문 | 대문처럼 앞니의 가운데에 위아래로 두 개씩 있는 넓적한 이.

**❶대물 大物** 클 대 / 물건 물 | 큰 물건.

**❷대물 貸物** 빌릴 대 / 물건 물 | 빌려준 물건.

**❸대물 對物** 대할 대 / 물건 물 | 어떠한 물건에 대함.

**대물렌즈 對物 lens** 대할 대 / 물건 물 | 현미경, 망원경에서 물체에 가까운 쪽의 렌즈.

**❶대미 大尾** 클 대 / 꼬리 미 | 끝. 마지막.

**❷대미 對美** 대할 대 / 아름다울 미 | 미국에 대한.

**대민 對民** 대할 대 / 백성 민 | 민간인을 상대함.

**대민업무 對民業務** 대할 대 / 백성 민 / 업 업 / 힘쓸 무 | 민간인을 상대로 하는 업무.

**대범하다 大汎/大泛하다** 클 대 / 넓을 범 | 사소한 것에 얽매이지 않으며 너그럽다.

**대변 代辯** 대신할 대 / 말씀 변 | 어떤 사람이나 단체를 대신하여 그의 의견이나 태도를 발표함.

**대변하다 代辯하다** 대신할 대 / 말씀 변 | 어떤 사람이나 단체를 대신하여 그의 의견이나 태도를 발표하다.

**대변인 代辯人** 대신할 대 / 말씀 변 / 사람 인 | 어떤 사람이나 단체를 대신하여 의견이나 태도를 발표하는 일을 맡은 사람.

**대보 大寶** 클 대 / 보배 보 | 귀중한 보물.

**❶대본 臺本** 대 대 / 근본 본 | 연극 상연이나 영화 제작에 기본이 되는 글.

**❷대본 大本** 클 대 / 근본 본 | 크고 중요한 근본.

**❸대본 貸本** 빌릴 대 / 근본 본 | 돈을 받고 책을 빌려줌.

**❶대부 代父** 대신할 대 / 아버지 부 | 1. `가톨릭` 영세를 받을 때에, 신앙의 증인으로 세우는 남자 후견인 2. 어떤 분야에서, 영향력이 가장 큰 남자 지도자.

**❷대부 貸付** 빌릴 대 / 줄 부 | `경제` 금융 기관에서 이자와 기한을 정하고 돈을 빌림.

**대부분 大部分** 클 대 / 떼 부 / 나눌 분 | 거의 전부.

**대부인 大夫人** 클 대 / 지아비 부 / 사람 인 | 남의 어머니를 높여 이르는 말.

**왕대부인 王大夫人** 임금 왕 / 클 대 / 지아비 부 / 사람 인 | 남의 할머니를 높여 이르는 말.

**대북 對北** 대할 대 / 북녘 북 | 북한에 대한.

**대북정책 對北政策** 대할 대 / 북녘 북 / 정사 정 / 꾀 책 | 북한을 상대로 하여 펼치는 정책.

**대붕 大鵬** 클 대 / 붕새 붕 | 원대한 이상과 포부. 하루에 구만 리를 날아간다는, 커다란 상상의 새. 북해에 살던 곤(鯤)이라는 물고기가 변해서 붕(鵬)이 되었다고 한다. ※ 참조 〈장자〉

❶**대비 對比** 대할 대 / 견줄 비 | 서로 차이를 비교함.

❷**대비 對備** 대할 대 / 갖출 비 | 미리 준비함.

**대비책 對備策** 대할 대 / 갖출 비 / 꾀 책 | 미리 대비하기 위한 방책.

❸**대비 大妃** 클 대 / 왕비 비 | 역사 선왕(先王)의 후비(后妃).

**대빈 大賓** 클 대 / 손 빈 | 높이 공경하여 받들어야 할 손님.

❶**대사 臺詞/臺辭** 무대 대 / 말씀 사 | 연극이나 영화에서 배우가 하는 말.

❷**대사 大使** 클 대 / 하여금 사 | 정치 나라를 대표하여 다른 나라에 파견되어 외교를 맡아보는 최고 직급. 주재국에 국가의 의사를 전달하는 임무를 가지며 국가의 원수와 그 권위를 대표한다.

❸**대사 代謝** 대신할 대 / 사례할 사 | 생물 생물체가 몸 밖으로부터 섭취한 영양물질을 몸 안에서 분해하고, 합성하여 물질이나 에너지를 생성하고 필요하지 않은 물질을 몸 밖으로 내보내는 작용.

**기초대사량 基礎代謝量** 터 기 / 주춧돌 초 / 대신할 대 / 사례할 사 / 헤아릴 량(양) | 생물 생물체가 생명을 유지하는 데 필요한 최소한의 에너지의 양. 주로 체온 유지, 심장 박동, 호흡,

근육의 긴장에 쓰는 에너지로, 우리나라 성인 남자의 경우 하루 1,400kcal 정도이다.

❹**대사 大事** 클 대 / 일 사 | 1. 크고 중대한 일  2. 결혼, 회갑, 초상 따위의 큰일을 치르는 일.

❺**대사 大師** 클 대 / 스승 사 | 불교 승려를 높여 이르는 말.

❻**대사 大赦** 클 대 / 용서할 사 | 법률 나라에 큰 경사가 있거나 할 때, 어떠한 죄인에 대하여 형을 사면하는 일. 국회의 동의를 얻어 대통령이 할 수 있다.

❶**대상 對象** 대할 대 / 코끼리 상 | 1. 어떤 일의 상대. 어떤 일의 목표  2. 객관적 사물.

**대상화하다 對象化하다** 대할 대 / 코끼리 상 / 될 화 | 어떠한 사물을 인식의 대상이 되게 함.

❷**대상 隊商** 무리 대 / 장사 상 | 사막이나 초원에서, 낙타나 말에 짐을 싣고 떼를 지어 먼 곳으로 다니는 상인의 집단.

**대상로 隊商路** 무리 대 / 장사 상 / 길 로 | 대상들이 다니는 길.

❸**대상 大商** 클 대 / 장사 상 | 장사를 크게 하는 상인.

❹**대상 大賞** 클 대 / 상줄 상 | 가장 큰 상.

❺**대상 大祥** 클 대 / 상서 상 | 사람이 죽은 지 두 돌 만에 지내는 제사.

❶**대서 大暑** 클 대 / 더울 서 | 몹시 심한 더위.

❷**대서 大書** 클 대 / 글 서 | 글씨를 두드러지게 크

게 씀.

**대서특필 大書特筆** 클 대 / 글 서 / 특별할 특 / 붓 필 | 특별히 드러나게 보이도록 글자를 크게 쓴 다는 뜻으로, 신문에서 어떤 기사를 중요하게 다루는 것.

**❸대서 代書** 대신할 대 / 글 서 | 남을 대신해서 글 을 씀.

**대설 大雪** 클 대 / 눈 설 | 아주 많이 오는 눈.

**대설주의보 大雪注意報** 클 대 / 눈 설 / 부을 주 / 뜻 의 / 갚을 보 | 눈이 많이 올 때를 대비하여 기상청이 미리 발표하는 기상주의보.

**❶대성 大成** 클 대 / 이룰 성 | 크게 이룸.

**❷대성 大聲** 클 대 / 소리 성 | 큰 목소리.

**대성통곡 大聲痛哭** 클 대 / 소리 성 / 아플 통 / 울 곡 | 큰 소리로 슬프게 울음.

**대소 大小** 클 대 / 작을 소 | 크고 작음.

**대소사 大小事** 클 대 / 작을 소 / 일 사 | 크고 작 은 일.

**대속 代贖** 대신할 대 / 속죄할 속 | 남의 죄를 대 신하여 벌을 받거나 속죄함.

**❶대승 大勝** 클 대 / 이길 승 | 크게 이김.

**대승하다 大勝하다** 클 대 / 이길 승 | 크게 이기 다.

**❷대승 大乘** 클 대 / 탈 승 | 큰 수레란 뜻으로, 개 인보다는 중생과 함께 모두 구원을 얻는 것을 이상으로 삼음.

**대승적 大乘的** 클 대 / 탈 승 / 과녁 적 | 1. 큰 수레 를 타는. 작은 일에 얽매이지 않고 전체적인 관 점에서 보는 2. 불교 불교에서 대승적 진리란 모두가 함께 깨달음을 얻고 극락에 가는 것을 이른다.

**대식 大食** 클 대 / 밥 식 | 음식을 많이 먹음.

**대식가 大食家** 클 대 / 밥 식 / 집 가 | 음식을 많이 먹는 사람.

**❶대신 代身** 대신할 대 / 몸 신 | 어떤 대상의 역할 을 바꾸어서 새로 맡음.

**대신하다 代身하다** 대신할 대 / 몸 신 | 어떤 대상 의 역할을 바꾸어서 새로 맡다.

**❷대신 大臣** 클 대 / 신하 신 | 군주 국가에서 '장관' 을 이르는 말.

**대심판결 對審判決** 대할 대 / 살필 심 / 판단할 판 / 결단할 결 | 법률 소송 당사자 양쪽이 출석한 자리에서, 법원이 양쪽의 변론에 근거하여 내리 는 판결.

**❶대악 大惡** 클 대 / 악할 악 | 아주 나쁜 짓.

**대악무도 大惡無道** 클 대 / 악할 악 / 없을 무 / 길 도 | 대단히 악독하여 사람의 도리에 어긋남.

**❷대악 碓樂** 방아 대 / 노래 악 | 음악 신라 때, 백 결 선생이 지었다고 하는 방아타령.

**❶대안 代案** 대신할 대 / 안건 안 | 대신하는 안.

**❷대안 對案** 대할 대 / 책상 안 | 대처 방안.

**❸대안 對顏** 대할 대 / 낯 안 | 서로 얼굴을 마주 대

함.

❹**대안 對岸** 대할 대 / 언덕 안 | 건너편에 있는 언덕.

■ **대약진 大躍進** 클 대 / 뛸 약 / 나아갈 진 | 1. 매우 힘차게 앞으로 뛰어 나감  2. 매우 빠르게 발전함.

**대약진운동 大躍進運動** 클 대 / 뛸 약 / 나아갈 진 / 옮길 운 / 움직일 동 | 중국이 고도 경제 성장 정책으로 전개한 대중 운동. 1958년에 마오쩌둥(**毛澤東**)이 추진함.

**대양 大洋** 클 대 / 큰 바다 양 | 큰 바다. 태평양, 인도양, 대서양, 북빙양, 남빙양을 오대양이라고 한다.

**대업 大業** 클 대 / 업 업 | 1. 큰 사업  2. 나라를 세우는 큰 사업.

■ **대여 貸與** 빌릴 대 / 더불 여 | 빌려 줌.

**대여금 貸與金** 빌릴 대 / 더불 여 / 쇠 금 | 빌려주는 돈.

■ ❶**대역 大役** 클 대 / 부릴 역 | 큰 일.

❷**대역 代役** 대신할 대 / 부릴 역 | 역할을 대신함.

❸**대역 帶域** 띠 대 / 지경 역 | 어떤 폭으로써 정해진 범위. 최대 주파수에서 최저 주파수까지의 구역을 말한다.

❹**대역 大逆** 클 대 / 거스를 역 | 국가와 사회의 질서를 어지럽히는 큰 죄.

**대역무도 大逆無道** 클 대 / 거스를 역 / 없을 무 / 길 도 | 임금이나 나라에 큰 죄를 지어 도리에 크게 벗어남.

**대역죄 大逆罪** 클 대 / 기스를 역 / 허물 죄 | 국가와 사회의 질서를 어지럽히는 큰 죄

**대열 隊列** 무리 대 / 벌일 열(렬) | 줄을 지어 늘어선 행렬.

❶**대오 隊伍** 무리 대 / 다섯 사람 오 | 편성된 대열.

❷**대오 大悟** 클 대 / 깨달을 오 | 1. 크게 깨달음  2. 불교 번뇌에서 벗어나 진리를 깨달음.

**대오각성 大悟覺醒** 클 대 / 깨달을 오 / 깨달을 각 / 깨달을 성 | 크게 깨달아 알아차림.

■ **대외 對外** 대할 대 / 바깥 외 | 외부나 바깥에 대함. 나라 밖에 대함.

**대외관계 對外關係** 대할 대 / 바깥 외 / 관계할 관 / 맬 계 | 외부나 외국과의 관계.

❶**대용 貸用** 빌릴 대 / 쓸 용 | 빌려 씀.

❷**대용 代用** 대신할 대 / 쓸 용 | 대신하여 다른 것을 씀.

**대용식 代用食** 대신할 대 / 쓸 용 / 밥 식 | 주식 대신으로 먹는 음식.

**대용작물 代用作物** 대신할 대 / 쓸 용 / 지을 작 / 물건 물 | 대신 심는 농작물.

■ ❶**대우 待遇** 기다릴 대 / 만날 우 | 1. 어떤 사회적 태도로 대하는 일  2. 예의를 갖추어 대하는 일.

❷**대우 大愚** 클 대 / 어리석을 우 | 매우 어리석음.

**대웅 大雄** 클 대 / 수컷 웅 | **불교** 큰 힘이 있어 모든 장애를 굴복시킨다는 뜻으로, '부처'를 이름.

❶**대원 隊員** 무리 대 / 인원 원 | 부대나 집단을 이루고 있는 사람.

❷**대원 大願** 클 대 / 원할 원 | 큰 소원.

**대원군 大院君** 클 대 / 집 원 / 임금 군 | **역사** 임금이 대를 이을 자손이 없어, 방계(傍系)로서 왕위를 이을 때 왕의 아버지에게 주던 벼슬. ※ 흥선대원군.

**대은 大恩** 클 대 / 은혜 은 | 큰 은혜.

**대응 對應** 대할 대 / 응할 응 | 1. 어떤 일에 맞추어 태도나 행동을 취함 2. 마주 대하여 서로 응함. 3. 서로 짝이 됨.

**대응책 對應策** 대할 대 / 응할 응 / 꾀 책 | 어떤 일에 맞추어 취하는 방책.

**대응원리 對應原理** 대할 대 / 응할 응 / 언덕 원 / 다스릴 리(이) | **물리** 근본적으로 서로 다른 양자론적인 양과 고전물리학의 양 사이에 대응이 있어, 양자수가 클 때는 그 사이의 방정식은 같게 된다는 원리.

❶**대의 大意** 클 대 / 뜻 의 | 글이나 말의 대략적인 뜻.

❷**대의 大義** 클 대 / 옳을 의 | 사람으로서 마땅히 지키고 행하여야 할 큰 도리.

**대의멸친 大義滅親** 클 대 / 옳을 의 / 없앨 멸 / 친할 친 | 중대한 의리를 위해서는 사사로움을 없앤다는 뜻으로, 국가나 사회의 큰 도리를 지키기 위하여 가족도 돌아보지 않음. ※ 멸사봉공(滅私奉公 사사로움을 버리고 공적인 이익을 위하여 힘씀).

❸**대의 代議** 대신할 대 / 의논할 의 | 1. 다른 사람을 대신하여 의논함 2. **정치** 선거를 통하여 선출된 이가 국민의 의사를 대표하여 정치를 담당하는 일.

**대의민주제 代議民主制** 대신할 대 / 의논할 의 / 백성 민 / 주인 주 / 절제할 제 | **정치** 유권자가 선출한 대의원을 통하여 국민이 간접적으로 정치에 참여하는 민주 정치 제도.

❶**대인 對人** 대할 대 / 사람 인 | 다른 사람을 상대함.

**대인관계 對人關係** 대할 대 / 사람 인 / 관계할 관 / 맬 계 | 다른 사람을 대하고 사귀는 일.

**대인행동 對人行動** 대할 대 / 사람 인 / 다닐 행 / 움직일 동 | 사람이 다른 사람의 존재에 영향을 받아서 나타내는 행동. 동일시, 공감, 동정, 모방, 암시 따위의 기본 형태가 있다.

❸**대인 大人** 클 대 / 사람 인 | 1. 몸이 아주 큰 사람 2. 말과 행실이 바르고 덕이 높은 사람.

**대인군자 大人君子** 클 대 / 사람 인 / 임금 군 / 아들 자 | 말과 행실이 바르고 덕이 높은 사람.

**대입 代入** 대신할 대 / 들 입 | 대신 다른 것을 넣음.

**대입하다 代入하다** 대신할 대 / 들 입 | 대신 다른 것을 넣다.

**대자보 大字報** 클 대 / 글자 자 / 갚을 보 | 자기의

235

주장을 큰 글씨로 써서 지나다니는 많은 사람이 볼 수 있도록 내붙이거나 걸어 두는 글.

❶**대작 大作** 클 대 / 지을 작 | 1. 뛰어난 작품 2. 규모나 내용이 큰 작품.

❷**대작 代作** 대신할 대 / 지을 작 | 남을 작품을 대신하여 만듦.

**대작하다 代作**하다 대신할 대 / 지을 작 | 남을 작품을 대신하여 만들다.

❸**대작 對酌** 대할 대 / 술 부을 작 | 마주 대하여 술을 마심.

**대잠공격 對潛攻擊** 대할 대 / 잠길 잠 / 칠 공 / 칠 격 | 잠수함을 공격함.

❶**대장 大將** 클 대 / 장수 장 | 군사 장성의 가장 높은 계급. 원수의 아래, 중장의 위이다.

**대장인 大將印** 클 대 / 장수 장 / 도장 인 | 대장이 가지던 도장.

❷**대장 隊長** 무리 대 / 길 장 | 한 대(隊)의 우두머리. ※ 소방대장. 청년대장.

❸**대장 臺帳** 대 대 / 장막 장 | 일정한 양식으로 기록한 장부.

❹**대장 大腸** 클 대 / 창자 장 | 큰창자.

**대장염 大腸炎** 클 대 / 창자 장 / 불꽃 염 | 의학 대장에 생기는 염증

❺**대장부 大丈夫** 클 대 / 어른 장 / 지아비 부 | 건장하고 씩씩한 사내.

❶**대저 大抵** 클 대 / 막을 저 | 대체로 보아서.

❷**대저 大著** 클 대 / 나타날 저 | 내용이 방대하고 규모가 큰 저서.

**대적 對敵** 대할 대 / 대적할 적 | 적과 맞서서 겨룸.

**대적하다 對敵**하다 대할 대 / 대적할 적 | 적과 맞서서 겨루다.

❶**대전 大戰** 클 대 / 싸움 전 | 여러 나라가 참가하여 벌이는 큰 전쟁. ※ 세계대전.

❷**대전 帶電** 띠 대 / 번개 전 | 전기 어떤 물체가 전기를 띰.

❸**대전 大殿** 클 대 / 전각 전 | 임금이 거처하는 궁전.

❹**대전 大全** 클 대 / 온전할 전 | 1. 완전히 갖추어 모자람이 없음 2. 어떤 분야에 대한 글을 빠짐없이 모아 엮은 책.

❺**대전 大典** 클 대 / 법 전 | 큰 법전. ※ 경국대전.

❻**대전 對戰** 대할 대 / 싸움 전 | 서로 맞서서 싸움.

**대전료 對戰料** 대할 대 / 싸움 전 / 헤아릴 료(요) | 시합을 하는 대가로 받는 돈.

**대절하다 貸切**하다 빌릴 대 / 끊을 절 | 계약에 의하여 일정 기간 동안 빌려주다.

**대제 大祭** 클 대 / 제사 제 | 역사 조선 시대에, 종묘·사직·영녕전에서 지내던 큰 제사.

**대접 待接** 기다릴 대 / 이을 접 | 마땅한 예로써 대함.

**대조 對照** 대할 대 / 비칠 조 | 서로 다른 것을 맞댐.

**대조적 對照的** 대할 대 / 비칠 조 / 과녁 적 | 서로 달라서 대비가 되는 것.

**❶대종 大鐘** 클 대 / 쇠북 종 | 큰 종.

**❷대종 大宗** 클 대 / 마루 종 | 1. 사물의 주류 2. 일가 가운데 가장 큰 종가의 계통.

**대종가 大宗家** 클 대 / 마루 종 / 집 가 | 일가 가운데 시조의 제사를 받드는 가장 큰 종가.

**대종중 大宗中** 클 대 / 마루 종 / 가운데 중 | 5대 이상의 선조에서 갈린 자손들의 집안.

**대종사 大宗師** 클 대 / 마루 종 / 스승 사 | 종교 도를 통하여 깨달음이 이루어진 사람을 높여 이르는 말.

**❶대좌 對坐** 대할 대 / 앉을 좌 | 마주앉음.

**대좌하다 對坐하다** 대할 대 / 앉을 좌 | 마주 대하여 앉다.

**❷대좌 臺座** 대 대 / 자리 좌 | 불교 불상을 올려 놓는 대.

**❶대죄 大罪** 클 대 / 허물 죄 | 1. 큰 죄 2. 가톨릭 하느님을 거역하고 인간의 자유 의지로 행동하여 구원이 없는 죽음에 이르는 죄. 고해성사로 용서받을 수 있다 한다.

**❷대죄 待罪** 기다릴 대 / 허물 죄 | 죄인이 처벌을 기다림.

**석고대죄 席藁待罪** 자리 석 / 짚 고 / 기다릴 대 / 허물 죄 | 역사 거적을 깔고 엎드려서 임금의 처분이나 명령을 기다리던 일.

**대주 大洲** 클 대 / 대륙 주 | 아주 크고 넓은 육지.

**육대주 六大洲** 여섯 육 / 클 대 / 대륙 주 | 지구 위의 여섯 대륙. 아시아 아주(亞洲), 아프리카 아주(阿洲), 유럽 구주(歐洲), 남아메리카 남미주(南美洲), 북아메리카 북미주(北美洲), 오세아니아 호주(濠洲)를 이른다.

**대중 大衆** 클 대 / 무리 중 | 1. 많은 사람 2. 일반적인 보통사람. 엘리트와 상대되는 개념으로, 수동적·감정적·비합리적인 특성을 가진다. 3. 불교 많은 승려와 신도들. ※ 예시: 대중교통. 대중가요. 대중식당.

**대중적 大衆的** 클 대 / 무리 중 / 과녁 적 | 수많은 보통 사람들의 무리. 일반 사람들의 무리. ↔ 귀족적.

**대중문화 大衆文化** 클 대 / 무리 중 / 글월 문 / 될 화 | 일반 대중이 만드는 문화. 대량 생산과 대량 소비를 전제로 하기 때문에 문화의 상품화·획일화·저속화되는 경향이 있다.

**대중소설 大衆小說** 클 대 / 무리 중 / 작을 소 / 말씀 설 | 일반 대중을 독자층으로 하는 흥미 위주의 소설. 추리 소설, 통속 연애 소설, 괴기 소설 따위가 있다.

**대중민주주의 大衆民主主義** 클 대 / 무리 중 / 백성 민 / 주인 주 / 주인 주 / 뜻 의 | 일반 대중을 기반으로 하는 20세기의 민주주의. 보통 선거제에 의해 일반 대중의 정치 참여가 확대되었지만, 사회의 복잡화와 대중 매체의 발달로 소수의 지배자가 대중을 조작하기 쉽다는 단점이 있다.

**대중음악 大衆音樂** 클 대 / 무리 중 / 소리 음 / 노

래악 | 대중을 대상으로 하는 음악.

**대증 對症** 대할 대 / 증세 증 | 병의 증상에 대응하는 일.

**대증요법 對症療法** 대할 대 / 증세 증 / 고칠 요 (료) / 법 법 | 의학 병의 원인을 찾아 없애기 곤란한 상황에서, 겉으로 나타난 병의 증상에 대응하여 처치를 하는 치료법.

**대증적 對症的** 대할 대 / 증세 증 / 과녁 적 | 근본적이지 않고 겉으로 드러나는 현상에만 조치를 취하는 것.

**❶대지 大志** 클 대 / 뜻 지 | 마음에 품은 큰 뜻.

**❷대지 大智** 클 대 / 슬기 지 | 매우 지혜로움.

**대지여우 大智如愚** 클 대 / 슬기 지 / 마치~같다 여 / 어리석을 우 | 크게 슬기로운 사람은 도리어 어리석게 보인다. 크게 슬기로운 사람은 함부로 자기를 드러내지 않으므로 겉으로는 어리석게 보인다는 말.

**❸대지 臺紙** 대 대 / 종이 지 | 그림이나 사진의 뒤에 덧붙이는 두꺼운 바탕 종이.

**❹대지 大旨** 클 대 / 뜻 지 | 글이나 말의 대략적인 뜻.

**❺대지 臺地** 대 대 / 땅 지 | (지리) 주위보다 고도가 높고 평평한 넓은 면적의 지형

**❻대지 垈地** 집터 대 / 땅 지 | 집터로서의 땅.

**❼대지 大地** 클 대 / 땅 지 | 넓고 큰 땅.

**대지주 大地主** 클 대 / 땅 지 / 주인 주 | 토지를 많이 소유한 지주.

**대지진 大地震** 클 대 / 땅 지 / 우레 진 | 큰 지진.

**대지측량 大地測量** 클 대 / 땅 지 / 헤아릴 측 / 헤아릴 량(양) | 지구를 회전 타원체로 취급하여 하는 측량.

**대진 對陣** 대할 대 / 진 칠 진 | 시합에서 서로 겨룸.

**대진하다 對陣하다** 대할 대 / 진 칠 진 | 시합에서 서로 겨루다.

**대질 對質** 대할 대 / 바탕 질 | 1. 무릎맞춤 2. 법률 소송법에서, 법원이 소송 사건의 관계자 양쪽을 대면시켜 심문하는 일.

**대질심문 對質審問** 대할 대 / 바탕 질 / 살필 심 / 물을 문 | 법률 원고, 피고, 증인 들을 대면시켜 그들에게 서면이나 말로 진술할 기회를 주는 일.

**대차 貸借** 빌릴 대 / 빌릴 차 | 꾸어 주거나 꾸어 옴.

**대차대조표 貸借對照表** 빌릴 대 / 빌릴 차 / 대할 대 / 비칠 조 / 겉 표 | 기업의 자산을 부채와 자본으로 나누어 놓은 표.

**대책 對策** 대할 대 / 꾀 책 | 어떤 일에 대처할 계획.

**❶대처 對處** 대할 대 / 곳 처 | 알맞은 조치를 취함.

**대처하다 對處하다** 대할 대 / 곳 처 | 알맞은 조치를 취하다.

❷대처 大處 클 대 / 곳 처 | 큰 도시.

대처바닥 大處바닥 클 대 / 곳 처 | 큰 도시.

❸대처 帶妻 띠 대 / 아내 처 | 아내를 둠.

대처승 帶妻僧 띠 대 / 아내 처 / 중 승 ｜불교｜ 살림을 차리고 아내와 자식을 거느린 승려.

대척 對蹠 대할 대 / 밟을 척 | 서로 정반대가 됨.

대척적 對蹠的 대할 대 / 밟을 척 / 과녁 적 | 서로 정반대가 되는.

대척점 對蹠點 대할 대 / 밟을 척 / 점 점 ｜지구｜ 지구 위의 한 지점에 대하여, 지구의 반대쪽에 있는 지점. 두 지점은 기후가 정반대이고 12시간의 시차가 난다.

❶대천 大川 클 대 / 내 천 | 큰 내. 이름난 내.

❷대천 戴天 일 대 / 하늘 천 | 하늘을 머리에 이었다는 뜻으로, 세상에 살아 있음을 비유함.

불구대천 不俱戴天 아닐 불 / 함께 구 / 일 대 / 하늘 천 | 하늘을 함께 이지 못한다는 뜻으로, 이 세상에서 같이 살 수 없을 만큼 큰 원한을 가짐을 비유함.

❸대천계 大千界 클 대 / 일천 천 / 지경 계 ｜불교｜ 대천세계. 중천세계를 천 배 합한 세계.

대첩 大捷 클 대 / 빠를 첩 | 큰 승리.

대청 大廳 클 대 / 관청 청 | 한옥에서 방과 방 사이에 있는 큰 마루.

대청마루 大廳마루 클 대 / 관청 청 | 한옥에서 방과 방 사이에 있는 큰 마루.

❶대체 大體 클 대 / 몸 체 | 기본적인 큰 줄거리.

대체적 大體的 클 대 / 몸 체 / 과녁 적 | 일이나 내용에서 기본적인 큰 줄거리로 된.

대체로 大體로 클 대 / 몸 체 | 크게 보아서. 일반적으로.

❷대체 代替 대신할 대 / 바꿀 체 | 다른 것으로 대신함.

대체하다 代替하다 대신할 대 / 바꿀 체 | 다른 것으로 대신하다.

대체제 代替製 대신할 대 / 바꿀 체 / 지을 제 | 대신하여 사용할 수 있는 것.

❶대춘 待春 기다릴 대 / 봄 춘 | 봄을 기다림.

❷대춘 大椿 클 대 / 참죽나무 춘 | 중국 고대의 전설상의 큰 나무. 8,000년이 봄이고 8,000년이 가을이어서 3만 2000년이 사람의 1년에 해당한다는 장수(長壽)의 나무로, 사람의 장수를 축하할 때 쓰는 말이다.

대출 貸出 빌릴 대 / 날 출 | 돈을 빌려줌.

대출금 貸出金 빌릴 대 / 날 출 / 금 금 | 금융 기관에서 빌린 돈.

대취 大吹 클 대 / 불 취 | 입으로 크게 불음.

대취타 大吹打 클 대 / 불 취 / 칠 타 ｜음악｜ 취타와 세악을 갖춘 대규모의 군악. 징, 자바라, 장구, 용고와 나각, 나발, 태평소 따위로 편성되며, 주로 임금의 거동이나 군대가 행진할 때 연주하였다.

❶**대치 對峙** 대할 대 / 우뚝 솟을 치 | 서로 맞서서 버팀.

**대치하다 對峙**하다 대할 대 / 우뚝 솟을 치 | 서로 맞서서 버티다.

❷**대치 對置** 대할 대 / 두다 치 | 마주 놓아 둠.

❸**대치 代置** 대신할 대 / 두다 치 | 다른 것으로 대신 바꾸어 놓음.

**대치하다 代置**하다 대신할 대 / 두다 치 | 다른 것으로 대신 바꾸어 놓다.

**대칭 對稱** 대할 대 / 일컬을 칭 | 같은 거리를 두고, 서로 마주 놓여 있음.

**대타 代打** 대신할 대 / 칠 타 | 어떤 일을 대신하여 하는 사람을 비유함.

**대통 大通** 클 대 / 통할 통 | 운수가 크게 트임.

**운수대통하다 運數大通**하다 옮길 운 / 셈 수 / 클 대 / 통할 통 | 인간의 능력을 초월하는 천운(天運)이 크게 트여 이루어짐.

**대통령 大統領** 클 대 / 거느릴 통 / 거느릴 령(영) 〔법률〕 외국에 대하여 국가를 대표하는 국가의 원수. 행정부의 실질적인 권한을 갖는 경우와 형식적인 권한만을 가지는 경우가 있는데, 우리나라는 전자에 속한다.

**대통령령 大統領令** 클 대 / 거느릴 통 / 거느릴 령(영) / 하여금 령(영) | 〔법률〕 대통령이 내리는 명령. 법률과 동일한 효력을 가지는 긴급 명령과, 법률에서 위임받은 위임 명령, 법률을 집행하기 위한 집행 명령 따위가 있다.

**대통령제 大統領制** 클 대 / 거느릴 통 / 거느릴 령(영) / 절제할 제 | 〔정치〕 대통령을 중심으로 국정이 운영되는 통치 구조. 현대 민주주의 정부 형태의 하나이다. 동안 대통령이 강력한 임기 집행권을 행사함으로써 정국이 안정되나, 대통령의 권한이 비대해질 경우 독재로 흐를 가능성도 있다.

**대통령거부권 大統領拒否權** 클 대 / 거느릴 통 / 거느릴 령(영) / 막을 거 / 아닐 부 / 저울추 권 | 대통령이 의회에서 가결된 법률안에 서명하는 것을 거부할 수 있는 권리. 헌법에 규정되어 있으며 내각 책임제에서는 인정되지 않는다.

**대퇴부 大腿部** 클 대 / 넓적다리 퇴 / 떼 부 | 넓적다리 부분.

**대파 大破** 클 대 / 깨뜨릴 파 | 크게 깨짐.

**대판 大판** 클 대 | 큰판.

**대포 大砲** 클 대 / 대포 포 | 큰 포탄을 멀리 내쏘는 무기. ※ '대포(술을 안주 없이 큰 대접에 따라 마심)'는 순우리말.

**대폭 大幅** 클 대 / 폭 폭 | 범위나 차이가 몹시 큼.

**대폭적 大幅的** 클 대 / 폭 폭 / 과녁 적 | 범위나 차이가 몹시 크고 넓은.

**대표 代表** 대신할 대 / 겉 표 | 1. 전체의 상태를 하나로 잘 나타냄 2. 전체를 대표하는 사람.

**대표작 代表作** 대신할 대 / 겉 표 / 지을 작 | 여러 작품을 대표할 만한 작품.

**대피 待避** 기다릴 대 / 피할 피 | 피해서 기다림.

**대필 代筆** 대신할 대 / 붓 필 | 남을 대신하여 글을 씀.

**대하 大河** 클 대 / 물 하 | 1. 큰 강  2. 중국에서, '황하강(黃河江)'을 달리 이르는 말.

**대하장편소설 大河長篇小說** 클 대 / 물 하 / 길 장 / 책 편 / 작을 소 / 말씀 설 | 문학 거대한 역사의 흐름 속에서 다양한 인간 군상들의 삶을 통하여 한 시대의 모습과 삶의 양상들을 그려 내는 대작 소설. ※ 참조: 톨스토이의 〈전쟁과 평화〉.

**대하다 對하다** 대할 대 | 마주 향하다.

**대학 大學** 클 대 / 배울 학 | 고등 교육 기관. 전문대학, 단과대학, 종합대학이 있다.

❶**대한 大寒** 클 대 / 찰 한 | 이십사절기의 하나. 소한(小寒)과 입춘(立春) 사이에 들며, 한 해에서 가장 추운 때이다. 1월 20일경.

❷**대한 大旱** 클 대 / 가물 한 | 큰 가뭄.

❸**대한 大韓** 클 대 / 한국 한 | 1. 역사 조선 고종 34년(1897)에 새로 정한 우리나라의 국호(國號). 황제를 칭하고 연호를 광무(光武)라고 하였는데, 1910년 국권 피탈로 멸망하였다  2. 아시아 대륙 동쪽에 있는 한반도와 그 부속 도서(島嶼)로 이루어진 민주공화국. 주민은 대부분 한민족(韓民族)이며, 언어는 알타이어계에 속하는 한국어이고 한글을 쓴다. 수도는 서울, 면적은 22만 1336㎢, 남한은 9만 9313㎢.

**대항 對抗** 대할 대 / 겨룰 항 | 맞서서 버팀.

**대항전 對抗戰** 대할 대 / 겨룰 항 / 싸움 전 | 서로 맞서서 승부를 겨루는 일.

**대항마 對抗馬** 대할 대 / 겨룰 항 / 말 마 | 경마에서, 우승이 예상되는 말과 결승을 겨루는 말.

**대해 大海** 클 대 / 바다 해 | 넓고 큰 바다.

**대행 代行** 대신할 대 / 다닐 행 | 대신하여 행함.

**대행하다 代行하다** 대신할 대 / 다닐 행 | 대신하여 행하다.

**대행자 代行者** 대신할 대 / 다닐 행 / 놈 자 | 일을 대신 하여 주는 사람.

**대헌장 大憲章** 클 대 / 법 헌 / 글 장 | 역사 마그나카르타. 1215년에 영국의 귀족들이 국왕 존(John)에게 강요하여 왕권의 제한과 제후의 권리를 확인한 문서. 영국 헌법의 근거가 된 최초의 문서이다.

**대혁명 大革命** 클 대 / 가죽 혁 / 목숨 명 | 역사 1789년부터 1799년까지 프랑스에서 일어난 시민 혁명. 부르봉 왕조를 무너뜨리고, 프랑스의 사회·정치·사법·종교적 구조를 크게 바꾸어 놓았다.

❶**대형 大型** 클 대 / 모형 형 | 큰 규모.

❷**대형 隊形** 무리 대 / 모양 형 | 여러 사람이 줄지어 정렬한 형태.

❸**대형 大兄** 클 대 / 형 형 | 친구 사이에 상대편을 높여 부르는 말.

**대화 對話** 대할 대 / 이야기 화 | 서로 이야기를 주고받음.

**대화체 對話體** 대할 대 / 이야기 화 / 몸 체 | 대화하는 형식으로 서술하는 문체.

**대회 大會** 클 대 / 모일 회 | 큰 모임.

**댁 宅** 댁 댁 | 남의 집이나 가정을 높여 이르는 말.

**댁내 宅內** 댁 댁 / 안 내 | 남의 집안을 높여 이르는 말

**새댁 새宅** 댁 댁 | '새색시'를 높여 이르는 말.

**덕 德** 덕 덕 | 밝고, 크고, 옳고, 착하고, 따스하여 사람으로서의 마땅한 길을 행하는 마음.

**덕담 德談** 클 덕 / 말씀 담 | 남이 잘되기를 비는 말. 주로 새해에 많이 나누는 말이다.

**덕망 德望** 클 덕 / 바랄 망 | 덕행으로 얻은 명망.

**덕목 德目** 클 덕 / 눈 목 | 충(忠), 효(孝), 인(仁), 의(義) 따위의 덕을 분류하는 명목.

**덕보다 德보다** 클 덕 | 이익이나 도움을 입다.

**덕분 德分** 클 덕 / 나눌 분 | 베풀어 준 은혜나 도움.

**덕색 德色** 클 덕 / 빛 색 | 남에게 조금 고마운 일을 하고, 그것을 자랑하는 태도.

**덕성스럽다 德性스럽다** 클 덕 / 성품 성 | 어질고 너그럽다.

**덕용품 德用品** 클 덕 / 쓸 용 / 물건 품 | 쓰기 편하고 이로운 물건.

▶**덕치 德治** 클 덕 / 다스릴 치 | 덕으로 다스리는 정치.

**덕치주의 德治主義** 클 덕 / 다스릴 치 / 주인 주 / 뜻 의 | 덕이 있는 사람이 다스려야 한다는 사

상. 공자. 맹자의 정치사상.

**덕택 德澤** 클 덕 / 은혜 택 | 베풀어 준 은혜나 도움. = 덕분(德分).

**덕행 德行** 클 덕 / 다닐 행 | 어질고 너그러운 행실.

**도 道** 길 도 | 1. 길  2. 마땅히 지켜야 할 도리. 3. 종교적으로 깊이 깨친 이치.

**도감 圖鑑** 그림 도 / 거울 감 | 그림이나 사진을 모아 실물 대신 볼 수 있도록 엮은 책.

▶❶**도강 渡江** 건널 도 / 강 강 | 강을 건넘.

**도강작전 渡江作戰** 건널 도 / 강 강 / 지을 작 / 싸움 전 | 군사 강을 건너 적을 공격하는 작전.

❷**도강 盜講** 도둑 도 / 외울 강 | 강의를 신청하지 않고 몰래 들음.

▶❶**도경 道經** 길 도 / 지날 경 | (종교 도교의 경전.

❷**도경 圖景** 그림 도 / 볕 경 | 그림으로 그린 경치나 모양.

**도개교 跳開橋** 뛸 도 / 열 개 / 다리 교 | 큰 배가 지나다닐 수 있도록 위로 열리는 구조로 만든 다리.

**도계 道界** 길 도 / 지경 계 | 도와 도 사이의 경계.

▶❶**도공 圖工** 그림 도 / 장인 공 | 예전에, '화가'를 이르던 말.

❷**도공 陶工** 질그릇 도 / 장인 공 | 옹기장이. 옹기를 직업적으로 만드는 사람.

**도관 導管** 인도할 도 / 대롱 관 | 물이나 증기가 통하도록 만든 관.

**도광 韜光** 감출 도 / 빛 광 | 빛을 감추어 밖에 비치지 않도록 함.

**도광양회 韜光養晦** 감출 도 / 빛 광 / 기를 양 / 그믐 회 | 자신을 드러내지 않고 힘을 기르며 때를 기다린다는 뜻으로, 1980년대 중국의 대외 외교 정책을 가리킴.

**도교 道敎** 길 도 / 가르칠 교 | (종교) 무위자연설을 근간으로 하는 중국의 종교. 황제(黃帝)와 노자를 숭배하며, 노장 철학을 받아들이고 음양오행설과 신선 사상, 불로장생을 추구하였으며, 중국의 민간 습속에 큰 영향을 미쳤다.

**도구 道具** 길 도 / 갖출 구 | 일을 할 때 쓰는 연장.

**도굴 盜掘** 도둑 도 / 팔 굴 | 허가를 받지 않고 고분이나 광물을 몰래 캐냄.

**도금 鍍金** 도금할 도 / 쇠 금 | 표면에 금이나 은 같은 금속을 얇게 입히는 일.

**도급 都給** 도읍 도 / 줄 급 | 일을 도거리(일을 나누지 않고 한꺼번에 몰아서 함.)로 맡음.

**도급제 都給制** 도읍 도 / 줄 급 / 절제할 제 | 일을 도거리로 맡기는 제도.

**도기 陶器** 질그릇 도 / 그릇 기 | 진흙으로 구워 만든 그릇.

**도난 盜難** 도둑 도 / 어려울 난 | 도둑을 맞음.

**도난품 盜難品** 도둑 도 / 어려울 난 / 물건 품 | 도둑맞은 물건.

**도달 到達** 이를 도 / 통달할 달 | 다다름.

**도달하다 到達하다** 이를 도 / 통달할 달 | 다다르다.

**도당 徒黨** 무리 도 / 무리 당 | 무리. 집단.

**도덕 道德** 길 도 / 클 덕 | 인간으로서 마땅히 지켜야 도리. 양심이나 관습에 관련된 것으로 법적 제재나 강제성은 없다. ※ 참조: 외적 강제력을 갖는 법률과 달리 개인의 내면적 원리로서 작용하며, 종교와 달리 초월자와의 관계가 아닌 인간 상호 관계를 규정한다.

**도덕성 道德性** 길 도 / 클 덕 / 성품 성 | 1. 도덕적 품성 2. 철학 칸트 도덕 철학의 용어에서는, 적법성이나 이해관계가 아니라 도덕률 그 자체에 대한 존중에서 자발적으로 도덕을 준수하는 것.

**도덕적 당위 道德的當爲** 길 도 / 클 덕 / 과녁 적 / 마땅 당 / 할 위 | 도덕적으로 마땅히 해야 할 행위.

**도덕군자 道德君子** 길 도 / 클 덕 / 임금 군 / 아들 자 | 도학을 닦아 덕이 높은 사람.

**도도하다 滔滔하다** 물 넘칠 도 / 물 넘칠 도 | 1. 물이 가득 차서 흐르는 모양이 힘차다 2. 기세가 크고 거침이 없다.

**도락 道樂** 길 도 / 즐길 락(낙) | 1. 도를 깨달아 스스로 즐기는 일 2. 재미나 취미로 즐기는 일.

**❶도래 到來** 이를 도 / 올 래 | 다가옴. 닥쳐옴.

**도래하다 到來하다** 이를 도 / 올 래 | 다가오다.

❷**도래 渡來** 건널 도 / 올 래(내) | 1. 물을 건너옴 2. 외부에서 전해져 들어옴.

**도래하다 渡來하다** 건널 도 / 올 래(내) | 외부에서 전해져 들어오다.

❶**도량 度量** 법도 도 / 헤아릴 량 | 1. 사물의 길이와 부피 2. 사물의 양을 헤아림. 3. 너그러운 마음과 깊은 생각.

❷**도장 道場** 길 도 / 마당 (장) | 불교 도를 얻으려고 수행하는 장소. 절이나 승려들이 모인 곳. ※ 참조: '도장' 으로 쓰고 '도량' 으로 읽음. 힌두어의 한자식 표기.

❶**도로 徒勞** 헛될 도 / 수고할 로 | 헛된 수고.

**도로무공 徒勞無功** 헛될 도 / 수고할 로 / 없을 무 / 공로 공 | 헛되이 애만 쓰고 아무런 보람이 없음. ≒ 도로무익(徒勞無益).

❷**도로 徒路** 무리 도 / 길 로(노) | 길.

**도로망 道路網** 길 도 / 길 로(노) / 그물 망 | 그물처럼 이리저리 나 있는 도로의 체계.

❶**도록 都錄** 도읍 도 / 기록할 록(녹) | 사람이나 물건의 이름을 적은 목록.

❷**도록 圖錄** 그림 도 / 기록할 록 | 내용을 그림이나 사진으로 엮은 목록.

**도륙 屠戮** 죽일 도 / 죽일 륙(육) | 마구 죽임.

❶**도리 桃李** 복숭아 도 / 오얏 리(이) | 복숭아꽃과 자두꽃.

❷**도리 道理** 길 도 / 다스릴 리(이) | 1. 마땅히 행해야 할 바른 길. 2. 어떤 방법이나 길.

❶**도립 道立** 길 도 / 설 립(입) | 도에서 세움.

**도립병원 道立病院** 길 도 / 설 립(입) / 병 병 / 집 원 | 공공의 이익을 위하여 도에서 세워 관리하는 병원.

❷**도립 倒立** 넘어질 도 / 설 립(입) | 거꾸로 섬.

**도립하다 倒立하다** 넘어질 도 / 설 립(입) | 거꾸로 서다.

**도망 逃亡** 도망할 도 / 망할 망 | 쫓기어 달아남.

**도매 都賣** 도읍 도 / 팔 매 | 물건을 낱개로 팔지 않고 묶음으로 팖.

**도매가 都賣價** 도읍 도 / 팔 매 / 값 가 | 도매로 파는 가격. ※ 도매금, 도맷값.

**도매시장 都賣市場** 도읍 도 / 팔 매 / 저자 시 / 마당 장 | 도매를 하는 가게가 모여 있는 시장.

**도면 圖面** 그림 도 / 낯 면 | 토목, 건축, 기계 따위의 구조나 설계를 제도기를 써서 기하학적으로 나타낸 그림.

**도모 圖謀** 그림 도 / 꾀 모 | 꾀함.

**도모하다 圖謀하다** 그림 도 / 꾀 모 | 어떤 일을 이루기 위하여 대책을 세우다.

**도목수 都木手** 도읍 도 / 나무 목 / 손 수 | 목수의 우두머리.

**도미 渡美** 건널 도 / 아름다울 미 | 미국으로 건너감.

❶**도민 道民** 길 도 / 백성 민 | 도에서 사는 사람.

❷**도민 島民** 섬 도 / 백성 민 | 섬에서 사는 사람.

**도박 賭博** 내기 도 / 넓을 박 | 노름.

**도박장 賭博場** 내기 도 / 넓을 박 / 마당 장 | 노름을 하는 곳.

**도박죄 賭博罪** 내기 도 / 넓을 박 / 허물 죄 | 법률 형법에서, 재물이나 재산상의 이익을 걸고 노름을 함으로써 성립하는 범죄.

**도반 道伴** 길 도 / 짝 반 | 함께 도를 닦는 친구.

**도발 挑發** 돋울 도 / 필 발 | 남을 집적거려 일이 일어나게 함.

**도발하다 挑發하다** 돋울 도 / 필 발 | 남을 집적거려 일이 일어나게 하다.

**도배 塗褙** 칠할 도 / 속적삼 배 | 1. 종이로 벽, 천장을 바름 2. 인터넷 등의 가상공간에서 글이나 사진을 반복적으로 게시하는 일을 비유적으로 이르는 말.

**도백 道伯** 길 도 / 맏 백 | 1. 도지사 2. 역사 관찰사.

**도벌 盜伐** 도둑 도 / 칠 벌 | 허가 없이 나무를 몰래 베어 감.

**도보 徒步** 무리 도 / 걸음 보 | 걸어 감.

**도보여행 徒步旅行** 무리 도 / 걸음 보 / 나그네 여(려) / 다닐 행 | 걸어서 가는 여행.

**도복 道服** 길 도 / 옷 복 | 1. 도사가 입는 의복 2. 태권도, 유도 등을 할 때 입는 의복.

❶**도사 道士** 길 도 / 선비 사 | 1. 도를 갈고닦는 사람 2. 어떤 일을 능숙하게 잘 해내는 사람을 비유함.

❷**도사공 都沙工** 도읍 도 / 모래 사 / 장인 공 | 뱃사공의 우두머리.

**도산 倒産** 넘어질 도 / 재산 산 | 재산을 모두 잃고 망함.

**도살 屠殺** 죽일 도 / 죽일 살 | 잡아 죽임.

**도상 圖上** 그림 도 / 윗 상 | 도면의 위.

**도상연습 圖上演習** 그림 도 / 윗 상 / 펼 연 / 익힐 습 | 군사 지도 위에 부대나 군사 시설을 도구나 부호로 표시한 다음 실제 작전처럼 옮기면서 하는 군사 연습.

**도색 塗色** 칠할 도 / 빛 색 | 색칠.

**도색잡지 桃色雜誌** 칠할 도 / 빛 색 / 섞일 잡 / 기록할 지 | 음란한 내용을 담은 잡지.

**도생 圖生** 그림 도 / 날 생 | 살아 나가기를 꾀함.

❶**도서 島嶼** 섬 도 / 섬 서 | 크고 작은 온갖 섬.

❷**도서 圖書** 그림 도 / 글 서 | 책.

**도서관 圖書館** 그림 도 / 글 서 / 집 관 | 온갖 종류의 도서, 문서, 기록, 출판물 따위의 자료를 모아 두고 일반이 볼 수 있도록 한 시설.

❶**도선 導船** 인도할 도 / 배 선 | 배를 안전한 수로로 안내하는 일.

**도선사 導船士** 인도할 도 / 배 선 / 선비 사 | 배를 안전하게 수로로 인도하는 자격을 가진 사람.

**도선배 導船배** 인도할 도 / 배 선 | 항구에서, 출입하는 큰 선박을 안전한 수로로 인도하는 배.

❷**도선 導線** 인도할 도 / 줄 선 | 전기의 양극을 이어 전류를 통하게 하는 쇠붙이 줄.

**도성 都城** 도읍 도 / 재 성 | 서울.

**도솔 導率** 인도할 도 / 거느릴 솔 | 무리를 이끌어 감.

**도솔천 兜率天** 투구 두 / 거느릴 솔 / 하늘 천 | 불교 미륵보살이 있다는 정토.

❶**도수 徒手** 무리 도 / 손 수 | 맨손.

**도수체조 徒手體操** 무리 도 / 손 수 / 몸 체 / 잡을 조 | 맨손체조.

❷**도수 導水** 인도할 도 / 물 수 | 물을 일정한 방향으로 흐르도록 함.

**도수교 導水橋** 인도할 도 / 물 수 / 다리 교 | 물이 흐르도록 만든 다리 모양의 구조물.

**도술 道術** 길 도 / 재주 술 | 도가에서 부리는 방술.

**도시 都市** 도읍 도 / 도시 시 | 사람이 많이 모여 사는 지역으로, 정치. 경제. 문화의 중심이 된다.

**도시화 都市化** 도읍 도 / 도시 시 / 될 화 | 도시가 아닌 지역이 도시로 변함. 도시의 문화 형태가 도시 이외의 지역으로 발전·확대되는 현상.

**도시국가 都市國家** 도읍 도 / 도시 시 / 나라 국 / 집 가 | 도시가 정치적으로 독립하여 하나의 국가를 이룸. 참조: 고대 그리스의 폴리스, 이탈리아의 바티칸 시국.

**도시동맹 都市同盟** 도읍 도 / 도시 시 / 한가지 동 / 맹세 맹 | 역사 중세 유럽에서, 상업도시들이 황제나 봉건 제후의 압박으로부터 경제적 이권을 보장하려고 결성한 동맹으로, 이 과정에서 시민의 자립 의식이 높아졌다. ※ 참조: 독일의 한자 동맹.

❶**도식 圖式** 그림 도 / 법 식 | 사물의 구조, 관계, 변화 상태를 그림으로 나타낸 것.

**도식화 圖式化** 그림 도 / 법 식 / 될 화 | 1. 사물의 구조, 관계, 변화 상태를 그림이나 양식으로 만듦 2. 사물의 본질을 밝히는데 창조적 태도 없이, 일정한 형식이나 틀에 기계적으로 맞춤.

**도식주의 圖式主義** 그림 도 / 법 식 / 주인 주 / 뜻 의 | 사물의 본질을 밝히려는 창조적 태도 없이, 일정한 형식이나 틀에 기계적으로 맞추려는 경향.

❷**도식 徒食** 무리 도 / 밥 식 | 하는 일 없이 거저먹음.

**도식하다 徒食하다** 무리 도 / 밥 식 | 하는 일 없이 거저먹기만 하다.

**도심 都心** 도읍 도 / 마음 심 | 도시의 중심.

**도심지 都心地** 도읍 도 / 마음 심 / 땅 지 | 도시의 중심이 되는 지역.

**부도심지 副都心地** 버금 부 / 도읍 도 / 마음 심 / 땅 지 | 대도시 주변에 형성되어 도심의 기능을 대체하는 부차적인 중심이 되는 지역.

**도안 圖案** 그림 도 / 책상 안 | 작품을 만들거나 꾸

미기 위하여 고안하여 그려낸 것.

**도야 陶冶** 도자기 도 / 쇠 달구다 야 | 1. 도기를 만드는 일과 쇠를 주조하는 일 2. 훌륭한 사람이 되도록 몸과 마음을 닦아 기름을 비유. ※ 예시: 인격도야.

**도약 跳躍** 뛸 도 / 뛸 약 | 위로 솟구침. 뛰어오름

**도약대 跳躍臺** 뛸 도 / 뛸 약 / 대 대 | 1. 도약의 발판 2. 도약을 하는 중요한 기회나 계기를 비유함.

**도연하다 陶然하다** 질그릇 도 / 그럴 연 | 거나하다.

**도열하다 堵列하다** 담 도 / 벌일 열(렬) | 죽 늘어서다.

**도예 陶藝** 질그릇 도 / 재주 예 | 도자기 공예.

**도외 度外** 법도 도 / 바깥 외 | 어떤 한도나 범위의 밖.

**도외시 度外視** 법도 도 / 바깥 외 / 볼 시 | 상관하지 않거나 무시함. ≒ 등한시(等閑視), 경시(輕視). / ↔ 중요시.

**도외치지 度外置之** 법도 도 / 바깥 외 / 둘 치 / 갈 지 | 생각 밖으로 내버려 둠.

**도요지 陶窯址** 질그릇 도 / 기와 굽는 가마 요 / 터 지 | 도자기를 굽는 터.

**도용 盜用** 도둑 도 / 쓸 용 | 남의 물건이나 이름을 몰래 씀

**도원 桃園** 복숭아 도 / 동산 원 | 복숭아밭.

**도원결의 桃園結義** 복숭아 도 / 동산 원 / 맺을 결 / 옳을 의 | 복숭아밭에서 서로 의형제를 맺음. 혈연이 아니라 의로 맺어진 관계이다 ※ 참조: 〈삼국지연의(三國志演義)〉. 유비, 관우, 장비가 도원에서 의형제(義兄弟)를 맺음.

**도원경 桃源境** 복숭아 도 / 근원 원 / 지경 경 | 이상향. 이 세상이 아닌 별천지처럼 아름다운 경지.

**무릉도원 武陵桃源** 무기 무 / 언덕 릉 / 복숭아 도 / 근원 원 | 이상향. 별천지. 인간이 살고 싶어 하는 매우 아름답고 평화로운 마을. ※ 중국 진(晉)나라 때 호남(湖南) 무릉의 한 어부가, 강물에 복숭아꽃이 떠서 흘러오는 곳을 따라 배를 저어가니 아름다운 별천지를 만나게 되었다는 고사. 그들은 진(秦)나라의 난리를 피하여 온 사람들로, 많은 세월이 흘러 바깥 세상에 많은 변화가 일어났는데도 전혀 모르고 있었다고 한다. 도연명(陶淵明)의 〈도화원기〉.

**도원수 都元帥** 도읍 도 / 으뜸 원 / 장수 수 | 역사 고려·조선 시대에, 전쟁이 났을 때 군무를 통괄하던 임시 무관 벼슬.

**도읍 都邑** 도읍 도 / 고을 읍 | 서울.

**도의 道義** 길 도 / 옳을 의 | 도덕과 의리.

**도의적 道義的** 길 도 / 옳을 의 / 과녁 적 | 사람이 마땅히 지켜야 할 도덕적 의리가 있는.

**❶도인 桃仁** 복숭아 도 / 어질 인 | 복숭아 씨앗.

**❷도인 刀刃** 칼 도 / 칼날 인 | 칼날.

**❸도인 道人** 길 도 / 사람 인 | 도사. 도를 갈고닦는 사람.

❹도인법 導引法 인도할 도 / 끌 인 / 법 법 | 도가에서 선인이 되기 위한 양생법. 호흡과 운동으로 온몸의 근육과 관절을 조절하여 모든 병을 물리친다고 한다.

도입 導入 이끌 도 / 들 입 | 끌어 들임.

도입부 導入部 이끌 도 / 들 입 / 떼 부 | 시작되는 앞부분.

도자기 陶瓷器 질그릇 도 / 사기그릇 자 / 그릇 기 | 도기, 자기, 사기, 질그릇을 통틀어 이르는 말. 점토를 빚어 가마에 구워낸 것으로, 굽는 온도에 따라서 토기, 도기, 자기 등으로 나눈다.

❶도작 稻作 벼 도 / 지을 작 | 벼농사.

❷도작 盜作 도둑 도 / 지을 작 | 남의 작품을 본떠서 자기가 지은 듯이 고쳐서 자기 글로 만듦.

❶도장 塗裝 칠할 도 / 꾸밀 장 | 도료를 칠해서 꾸밈.

도장공 塗裝工 칠할 도 / 꾸밀 장 / 장인 공 | 칠하는 일을 직업으로 하는 사람

❷도장 道場 길 도 / 마당 장 | 무예를 닦는 곳.

❸도장 圖章 그림 도 / 글 장 | 이름을 새겨서 찍는 물건.

도장밥 圖章밥 그림 도 / 글 장 | 도장을 찍는 데 쓰는 붉은빛의 재료

도저하다 到底하다 이를 도 / 밑 저 | 매우 깊다.

도저히 到底히 이를 도 / 밑 저 | 아무리 하여도.

도적 盜賊 도둑 도 / 도둑 적 | 남의 물건을 훔치거나 빼앗는 짓.

도전 挑戰 돋울 도 / 싸움 전 | 싸움을 걺. ↔ 응전(應戰).

도전장 挑戰狀 돋울 도 / 싸움 전 / 문서 장 | 상대에게 싸움을 거는 뜻을 나타내는 글.

❶도정 道程 길 도 / 한도 정 | 어떤 장소나 상태에 이르기까지의 과정.

❷도정 搗精 찧을 도 / 정할 정 | 곡식을 찧어 껍질을 벗김.

도정하다 搗精하다 찧을 도 / 정할 정 | 곡식을 찧어 껍질을 벗기다.

도제 徒弟 무리 도 / 아우 제 | 제자. 직업에 필요한 기술을 배우려고 남의 밑에서 일하는 사람.

도제학교 徒弟學校 무리 도 / 아우 제 / 배울 학 / 학교 교 | 교육 서양에서, 근세 산업 기술의 발달과 더불어 도제를 길러 내기 위하여 세운 전문 기술학교.

도조 賭租 내기 도 / 조세 조 | 남의 논밭을 빌려서 부치고 그 대가로 내는 벼.

도지농사 賭地農事 내기 도 / 땅 지 / 농사 농 / 일 사 | 소작농. 도조를 내면서 남의 땅을 빌어서 농사를 지음.

도주 逃走 도망할 도 / 달릴 주 | 달아남.

도주자 逃走者 도망할 도 / 달릴 주 / 놈 자 | 달아나는 사람.

**도주로** 逃走路 도망할 도 / 달릴 주 / 길 로 | 도망쳐 달아나는 길.

**도중** 途中 길 도 / 가운데 중 | 일의 과정이나 일의 중간.

**도중하차** 途中下車 길 도 / 가운데 중 / 아래 하 / 수레 차 | 1. 목적지에 닿기 전에 차에서 내림 2. 작한 일을 끝내지 않고 중간에서 그만둠을 비유함.

**❶도착** 到着 이를 도 / 붙을 착 | 다다름.

**도착하다** 到着하다 이를 도 / 붙을 착 | 다다르다.

**❷도착** 倒錯 넘어질 도 / 어긋날 착 | 위아래가 거꾸로 뒤바뀜.

**도참** 圖讖 그림 도 / 예언 참 | 앞날의 길흉을 예언하는 내용의 책. ※ 참조: 〈정감록〉.

**도처** 到處 이를 도 / 곳 처 | 곳곳마다.

**도처춘풍** 到處春風 이를 도 / 곳 처 / 봄 춘 / 바람 풍 | 가는 곳마다 순조롭거나 좋은 일이 있음.

**도철** 饕餮 탐할 도 / 탐할 철 | 재물과 음식을 몹시 탐냄.

**❶도첩** 圖牒 그림 도 / 편지 첩 | 그림첩.

**❷도첩** 度牒 법도 도 / 편지 첩 | 예전에 승려에게 발급해 주던 증명서.

**도첩제** 度牒制 법도 도 / 편지 첩 / 절제할 제 | 역사 고려·조선 시대에, 백성이 출가하는 것을 억제하기 위하여 승려가 되려는 자에게 허가장을 내주던 제도.

**❶도청** 盜聽 도둑 도 / 들을 청 | 엿들음.

**도청하다** 盜聽하다 도둑 도 / 들을 청 | 몰래 엿듣다.

**❷도청도설** 道聽塗說 길 도 / 들을 청 / 칠할 도 / 말씀 설 | 뜬소문.

**도축** 屠畜 죽일 도 / 짐승 축 | 집짐승을 잡음.

**도출** 導出 이끌 도 / 나오다 출 | 이끌어 냄.

**도출하다** 導出하다 이끌 도 / 나오다 출 | 이끌어 내다.

**도취** 陶醉 기뻐할 도 / 취할 취 | 1. 술에 거나하게 취함 2. 좋아하는 것에 마음이 쏠려 취하다시피 됨.

**도취경** 陶醉境 기뻐할 도 / 취할 취 / 지경 경 | 술이 거나하게 취할 때와 같이 기분이 무척 좋은 지경.

**도치** 倒置 넘어질 도 / 둘 치 | 거꾸로 둠. 뒤바꿈.

**도치문** 倒置文 넘어질 도 / 둘 치 / 글월 문 | 어순을 뒤바꾸어 놓은 문장. ※ 예시: 보고 싶어요, 나의 어머니가.

**도탄** 塗炭 진흙 도 / 숯 탄 | 진구렁에 빠지고 숯불에 탐. 몹시 곤궁하여 고통스러운 지경을 비유함.

**도탄지고** 塗炭之苦 진흙 도 / 숯 탄 / 어조사 지 / 괴로울 고 | 구렁에 빠지고 숯불에 타듯 심한 괴로움.

**도태** 淘汰/陶汰 쌀 일다 도 / 걸러낼 태 | 좋은 것을

선택하고 불필요한 것을 골라서 버림. ※ 예시: 자연도태.

❶**도통 道通** 길 도 / 통할 통 | 사물의 이치를 깨달아 통함. ≒ 정통, 통달.

❷**도통 道統** 길 도 / 거느릴 통 | 도학(**道學**)을 전하는 계통.

❸**도통 都統** 도읍 도 / 거느릴 통 | 아무리 해도. 도무지. 전혀.

**도판 圖板** 그림 도 / 널빤지 판 | 그림판.

**도편 陶片** 질그릇 도 / 조각 편 | 사금파리.

**도편추방제 陶片追放制** 질그릇 도 / 조각 편 / 쫓을 추 / 놓을 방 / 절제할 제 | 정치 고대 도시국가 아테네에서, 시민 투표를 통하여 참주(**僭主**)가 되려는 야심가를 가려내어 나라 밖으로 추방하던 제도. 도자기 파편에 그 이름을 적어 내도록 한 비밀 투표로, 육천 표가 넘는 자는 십 일 이내에 아테네를 떠나 십 년간 외지에서 지내야 했으나 그 사람의 재산권은 유지되었다.

**도편수 都편수** 도읍 도 | 우두머리 목수.

❶**도포 塗布** 칠할 도 / 베 포 | 거죽을 칠하여 바름.

**도포제 塗布劑** 칠할 도 / 베 포 / 약제 제 | 바르는 약제.

❷**도포 道袍** 길 도 / 도포 포 | 의복 예전에, 남자가 통상예복으로 입던 겉옷. 소매가 넓고 길다.

**도표 圖表** 그림 도 / 겉 표 | 그림으로 나타낸 표.

**도피 逃避** 도망할 도 / 피할 피 | 도망하여 몸을 피함.

**도피행 逃避行** 도망할 도 / 피할 피 / 다닐 행 | 도망하여 피해 가는 길.

**도피주의 逃避主義** 도망할 도 / 피할 피 / 주인 주 / 뜻 의 | 현실에 직면하는 것을 피하고, 공상과 관념의 세계로 도피하려는 태도. 관념론, 초현실주의, 예술지상주의 등에서 찾아볼 수 있다.

❶**도하 都下** 도읍 도 / 아래 하 | 서울 지방.

❷**도하 渡河** 건널 도 / 물 하 | 강을 건넘.

**도하작전 渡河作戰** 건널 도 / 물 하 / 지을 작 / 싸움 전 | 군사 강을 건너 공격하는 작전.

**도학 道學** 길 도 / 배울 학 | 도덕에 관한 학문.

**도학자 道學者** 길 도 / 배울 학 / 놈 자 | 도덕에 관한 학문을 연구하는 학자.

**도합 都合** 도읍 도 / 합할 합 | 모두 한데 모음.

**도항 渡航** 건널 도 / 배 항 | 배를 타고 건넘.

**도항하다 渡航하다** 건널 도 / 배 항 | 배를 타고 바다를 건너다.

**도해 圖解** 그림 도 / 풀 해 | 그림으로 풀이한 책.

❶**도형 圖形** 그림 도 / 모양 형 | 그림의 모양.

**도형화하다 圖形化하다** 그림 도 / 모양 형 / 될 화 | 그림의 형태로 만들다.

❷도형 徒刑 무리 도 / 형벌 형 | 조선 시대에, 죄인에게 곤장을 치고 징역으로 다스리던 형벌.

도형수 徒刑囚 무리 도 / 형벌 형 / 가둘 수 | 예전에, 도형(徒刑)에 처해진 죄수.

❶도화 桃花 복숭아 도 / 꽃 화 | 복숭아꽃.

❷도화 稻花 벼 도 / 꽃 화 | 벼꽃.

❸도화 圖畫 그림 도 / 그림 화 | 그림과 도안.

도화원 圖畫院 그림 도 / 그림 화 / 집 원 | 역사 조선 시대에, 그림에 관한 일을 맡아보던 관아.

❹도화선 導火線 끌다 도 / 불 화 / 선 선 | 1. 폭약이 터지도록 불을 붙이는 심지 2. 사건이 일어나게 된 직접적인 원인.

❶도회 都會 도읍 도 / 모일 회 | 도시. 도회지.

도회풍 都會風 도읍 도 / 모일 회 / 바람 풍 | 도회지의 생활 풍습을 풍기는 맛.

❷도회 韜晦 감출 도 / 그믐 회 | 자기의 재능이나 학식을 숨기고 감춤.

도회하다 韜晦하다 감출 도 / 그믐 회 | 재능이나 학식을 숨기다.

독 毒 독 독 | 건강이나 생명에 해가 되는 성분.

독각 獨覺 홀로 독 / 깨달을 각 | 누구의 가르침에 의하지 않고, 홀로 수행하여 깨달음을 얻은 사람.

독감 毒感 독 독 / 느낄 감 | 지독한 감기.

독거 獨居 홀로 독 / 살 거 | 혼자 삶. 홀로 지냄.

독경 讀經 읽을 독 / 지날 경 | 불경을 소리 내어 읽거나 욈.

독기 毒氣 독 독 / 기운 기 | 1. 독의 기운 2. 사납고 모진 기운.

독녀 獨女 홀로 독 / 여자 녀(여) | 외동딸.

독단 獨斷 홀로 독 / 끊을 단 | 1. 혼자서 결단함 2. 근본적인 연구를 하지 않고 주관적인 편견으로 판단함. 늑 도그마(dogma)

독단적 獨斷的 홀로 독 / 끊을 단 / 과녁 적 | 1. 남과 상의하지 않고 혼자서 판단하거나 결정하는 2. 근본적인 연구를 하지 않고 주관적인 편견으로 판단하는.

독도 讀圖 읽을 독 / 그림 도 | 지도를 읽어 냄.

독락 獨樂 홀로 독 / 즐길 락(낙) | 혼자서 즐김.

독려 督勵 감독할 독 / 격려할 려 | 감독하며 격려함.

독려하다 督勵하다 감독할 독 / 격려할 려 | 감독하며 격려하다.

독립 獨立 홀로 독 / 서다 립(입) | 1. 다른 것에 의존하지 않고 독자적으로 섬 2. 한 나라가 정치적으로 완전한 주권을 행사함. ↔ 종속, 의지.

독립국 獨立國 홀로 독 / 서다 립(입) / 나라 국 | 독립된 주권을 가진 나라. 국제법상 주체로서의 완전한 능력을 갖추고 있으며, 대내외적인 문제를 독자적으로 결정한다.

비독립국 非獨立國 아닐 비 / 홀로 독 / 서다 립(입) / 나라 국 | 법적으로는 독립국이지만, 실제

로는 정치나 경제·군사 면에서 다른 나라의 간섭이나 지배를 받고 있는 나라.

**독립선언 獨立宣言** 홀로 독 / 서다 립(입) / 베풀 선 / 말씀 언 | 국가가 완전한 주권을 행사하는 능력을 가짐을 국내외에 널리 알림.

**독물 毒物** 독 독 / 물건 물 | 독이 들어 있는 물질.

**극물 劇物** 심할 극 / 물건 물 | 독약보다는 약하나 적은 분량으로 위험을 줄 수 있는 물질.

**독극물 毒劇物** 독 독 / 심할 극 / 물건 물 | 독물과 극물.

**독배 毒杯** 독 독 / 잔 배 | 독이 든 술잔.

**독백 獨白** 홀로 독 / 말할 백 | 1. 혼잣말 2. 배우가 상대역 없이 혼자 말하는 대사. ≒ 모놀로그.

❶**독보 獨步** 홀로 독 / 걸음 보 | 남이 감히 따를 수 없을 만큼 혼자 앞서감.

**독보적 獨步的** 홀로 독 / 걸음 보 / 과녁 적 | 남이 감히 따를 수 없을 정도로 뛰어난 것.

❷**독보 讀譜** 읽을 독 / 족보 보 | 악보를 읽음.

**독본 讀本** 읽을 독 / 근본 본 | 글을 읽어서 내용을 익히기 위한 책.

**독불장군 獨不將軍** 홀로 독 / 아닐 불 / 장수 장 / 군사 군 | 무슨 일이든 자기 생각대로 혼자서 처리하는 사람.

**독사 毒蛇** 독 독 / 긴 뱀 사 | 독뱀.

**독살스럽다 毒煞스럽다** 독할 독 / 죽일 살 | 살기

가 있고 악독하다.

**독생자 獨生子** 홀로 독 / 날 생 / 아들 자 | (기독교) 하나님의 외아들이라는 뜻으로, '예수'를 이르는 말.

▶

**독서 讀書** 읽을 독 / 책 서 | 책을 읽음.

**음독 音讀** 소리 음 / 읽을 독 | 소리를 내어 읽음. ↔ 묵독(黙讀).

**묵독 黙讀** 침묵할 묵 / 읽을 독 | 소리 내지 않고 속으로 글을 읽음. ↔ 음독(音讀).

**속독 速讀** 빠를 속 / 읽을 독 | 빠른 속도로 읽음. ↔ 지독(遲讀).

**지독 遲讀** 늦을 지 / 읽을 독 | 천천히 느린 속도로 읽음. ↔ 속독(速讀).

**통독 通讀** 통할 통 / 읽을 독 | 처음부터 끝까지 훑어 읽음. ↔ 발췌독(拔萃讀 주요 부분만 골라서 읽음).

**정독 精讀** 정밀할 정 / 읽을 독 | 뜻을 찬찬히 새겨 가며 자세히 읽음. ↔ 난독(亂讀), 남독(濫讀).

**미독 味讀** 맛 미 / 읽을 독 | 내용을 충분히 음미하면서 읽음.

**난독 亂讀** 어지럽다 난 / 읽을 독 | 아무 책이나 닥치는 대로 마구 읽음. ≒ 남독(濫讀)./ ↔ 정독(精讀).

**다독 多讀** 많을 다 / 읽을 독 | 많이 읽음.

▶

**독서광 讀書狂** 읽을 독 / 책 서 / 미칠 광 | 책에 미친 듯이 책을 많이 읽는 사람.

**독서망양 讀書亡羊** 읽을 독 / 책 서 / 잃을 망 / 양 양 | 1. 글을 읽는 데 정신이 팔려서 먹이고 있던 양을 잃었다는 뜻 2. 자기가 하는 일에는 뜻이 없고, 다른 생각만 하다가 낭패를 봄을 비유함.

**독서삼매 讀書三昧** 읽을 독 / 책 서 / 셋 삼 / 어둡다 매 | 다른 생각은 전혀 없이, 오직 책 읽기에만 골몰하는 경지.

**독서상우 讀書尙友** 읽을 독 / 책 서 / 옛 상 / 벗 우 | 책을 읽음으로써, 옛날의 현인들과 벗이 될 수 있음.

**독서삼품과 讀書三品科** 읽을 독 / 책 서 / 석 삼 / 물건 품 / 과목 과 | 역사 신라 때에 있었던 인재 등용 제도. 〈좌전〉, 〈예기〉, 〈문선〉, 〈논어〉, 〈효경〉 등에 밝은 자를 상품, 중품, 하품으로 나누어 뽑아서 관리로 등용하였다.

**독선 獨善** 홀로 독 / 착할 선 | 자기 혼자만이 옳다고 믿고 행동하는 일. = 독선기신(獨善其身).

**독선적 獨善的** 홀로 독 / 착할 선 / 과녁 적 | 자기 혼자만이 옳다고 믿고 행동하는.

**독설 毒舌** 독 독 / 혀 설 | 모질고 악독스러운 말.

**독설가 毒舌家** 독 독 / 혀 설 / 집 가 | 남을 해치는 모질고 악독스러운 말을 사람.

**독성 毒性** 독 독 / 성품 성 | 독이 있는 성분.

**독소 毒素** 독 독 / 본디 소 | 해로운 요소.

**독송 讀誦** 읽을 독 / 외울 송 | 소리 내서 읽음.

**독송하다 讀誦하다** 읽을 독 / 외울 송 | 소리 내서 읽다.

**❶독수 毒獸** 독 독 / 짐승 수 | 사람을 해치는 짐승.

**❷독수 獨守** 홀로 독 / 지킬 수 | 1. 혼자서 지킴 2. 혼자 잠.

**독수공방 獨守空房** 홀로 독 / 지킬 수 / 빌 공 / 방 방 | 혼자서 지내는 것.

**독시 毒矢** 독 독 / 화살 시 | 촉에 독을 묻힌 화살.

**독식 獨食** 홀로 독 / 밥 식 | 1.혼자 먹음 2. 성과나 이익을 혼자서 다 차지함을 비유함.

**독식하다 獨食하다** 홀로 독 / 밥 식 | 1. 혼자 먹다 2. 성과나 이익을 혼자서 다 차지하다.

**❶독신 獨身** 홀로 독 / 몸 신 | 1. 형제자매가 없는 사람 2. 배우자가 없는 사람.

**독신주의 獨身主義** 홀로 독 / 몸 신 / 주인 주 / 뜻 의 | 결혼하지 않고 평생을 독신으로 지내려는 주의.

**❷독신 篤信** 도타울 독 / 믿을 신 | 깊고 확실하게 믿는 신앙이나 신념.

**❸독신 瀆神** 도랑 독 / 귀신 신 | 신을 모독함.

**독실하다 篤實하다** 도타울 독 / 열매 실 | 믿음이 두텁고 성실하다.

**독심술 讀心術** 읽을 독 / 마음 심 / 재주 술 | 남의 속마음을 읽어내는 기술.

**독안 獨眼** 홀로 독 / 눈 안 | 한쪽 눈으로만 보는 사람.

**독야** 獨夜 홀로 독 / 밤 야 | 홀로 지내는 밤.

**독야청청** 獨也青青 홀로 독 / 어조사 야 / 푸를 청 / 푸를 청 | 1. 나무들이 단풍이 들거나 낙엽이 질 때에 홀로 푸름을 유지함  2. 남들이 모두 절개를 꺾는 상황 속에서도, 홀로 절개를 굳세게 지킴을 비유.

**독옹** 禿翁 대머리 독 / 늙은이 옹 | 머리가 벗어진 늙은이.

**독우** 犢牛 송아지 독 / 소 우 | 송아지.

**❶독자** 讀者 읽을 독 / 놈 자 | 책을 읽는 사람.

**독자층** 讀者層 읽을 독 / 놈 자 / 층 층 | 독자가 속한 사회적 계층.

**❷독자** 獨子 홀로 독 / 아들 자 | 외아들.

**❸독자** 獨自 홀로 독 / 스스로 자 | 혼자.

**독자적** 獨自的 홀로 독 / 스스로 자 / 과녁 적 | 남에게 의지하지 않고 홀로 하는.

**독작** 獨酌 홀로 독 / 술 부을 작 | 홀로 술을 마심.

**독재** 獨裁 홀로 독 / 마를 재 | 주권자가 모든 권력을 차지하여 마음대로 처리함.

**독재자** 獨裁者 홀로 독 / 마를 재 / 놈 자 | 1. 모든 일을 독단적으로 처리하는 사람  2. 절대 권력을 가지고 독재 정치를 하는 사람.

**독재정치** 獨裁政治 홀로 독 / 마를 재 / 정사 정 / 다스릴 치 | 민주적인 절차를 부정하고 통치자의 독단으로 행하는 정치. 독일의 나치즘, 이탈리아의 파시즘, 일본의 군국주의 따위가 그 전형이다.

**독전** 督戰 감독할 독 / 싸움 전 | 싸움을 감독하고 사기를 북돋워 줌

**독전하다** 督戰하다 감독할 독 / 싸움 전 | 싸움을 감독하고 사기를 북돋워 주다

**독점** 獨占 홀로 독 / 차지할 점 | 독차지. 경쟁자를 배제하고 홀로 이익을 독차지함.

**독점가격** 獨占價格 홀로 독 / 차지할 점 / 값 가 / 격식 격 | 경제 시장의 독점으로 이루어지는 가격. ↔ 경쟁가격.

**과점** 寡占 적을 과 / 차지할 점 | 소수의 기업이 시장의 대부분을 지배하는 상태. ≒ 다원적 독점, 제한 경쟁.

**독과점** 獨寡占 홀로 독 /적을 과 / 차지할 점 | 독점과 과점.

**❶독존** 獨存 홀로 독 / 있을 존 | 홀로 존재함.

**❷독존** 獨尊 홀로 독 / 높을 존 | 혼자만 존귀함.

**유아독존** 唯我獨尊 오직 유 / 나 아 / 홀로 독 / 높을 존 | 1. 세상에서 자기 혼자 잘났다고 뽐내는 태도  2. 불교 우주 가운데 자기보다 더 존귀한 이는 없음. 석가모니가 태어났을 때 처음으로 한 말이라고 한다.

**독종** 毒種 독 독 / 씨 종 | 성질이 독한 사람.

**독좌** 獨坐 홀로 독 / 앉을 좌 | 홀로 앉아 있음.

**❶독주** 獨走 홀로 독 / 달릴 주 | 혼자서 뜀.

**독주하다** 獨走하다 홀로 독 / 달릴 주 | 혼자서 뛰

다.

❷독주 獨奏 홀로 독 / 아뢸 주 | 한 사람이 악기를 연주하는 것.

독주하다 獨奏하다 홀로 독 / 아뢸 주 | 한 사람이 악기를 연주하다.

❸독주 毒酒 독 독 / 술 주 | 매우 독한 술.

독지가 篤志家 두텁다 독 / 뜻 지 / 사람 가 | 물질 적으로나 정신적으로 후원하는 사람.

독직 瀆職 더럽힐 독 / 관직 직 | 직책을 더럽히거 나 부정을 저지르는 일. 늑 오직(汚職).

❶독창 獨創 홀로 독 / 처음 만들 창 | 새로운 것을 처음으로 생각해 내거나 만들어 냄. ↔ 모방.

독창성 獨創性 홀로 독 / 처음 만들 창 / 성품 성 | 새로운 것을 생각해 내거나 만들어 내는 성질.

❷독창 獨唱 홀로 독 / 부를 창 | 혼자서 노래를 부름.

독창곡 獨唱曲 홀로 독 / 부를 창 / 굽을 곡 | 혼자 서 부르기에 알맞은 노래.

독채 獨채 홀로 독 | 따로 떨어져 있는 집채.

독천하 獨天下 홀로 독 / 하늘 천 / 아래 하 | 혼자 서 멋대로 독판치는 세상.

독촉 督促 감독할 독 / 재촉할 촉 | 빨리하도록 재 촉함.

독촉하다 督促하다 감독할 독 / 재촉할 촉 | 빨리 하도록 재촉하다.

독축 讀祝 읽을 독 / 빌 축 | 축문을 읽음.

독침 毒針 독 독 / 바늘 침 | 독이 든 침.

독특하다 獨特하다 홀로 독 / 특별할 특 | 특별하 게 다르다.

독파 讀破 읽을 독 / 깨다 파 | 글을 처음부터 끝까 지 다 읽음. 늑 독료(讀了).

독파력 讀破力 읽을 독 / 깨뜨릴 파 / 힘 력(역) | 처 음부터 끝까지 다 읽어 내는 능력.

독판 獨판 홀로 독 | 독차지하는 판. 독장치는 판

독하다 毒하다 독 독 | 독기가 있다.

독학 獨學 홀로 독 / 배울 학 | 스승이 없이 혼자서 공부함.

독해 讀解 읽을 독 / 풀 해 | 읽어서 이해함.

독해력 讀解力 읽을 독 / 풀 해 / 힘 력(역) | 글을 읽고 이해하는 능력.

❶독행 獨行 홀로 독 / 다닐 행 | 1. 혼자서 길을 감 2. 남의 도움 없이 혼자의 힘으로 일을 함. 3. 세 속에 따르지 않고 높은 지조를 가지고 혼자 나 아감.

❷독행 篤行 도타울 독 / 다닐 행 | 성실하고 친절 한 행실.

독후감 讀後感 읽을 독 / 뒤 후 / 느낄 감 | 책을 읽 고 난 뒤의 느낌이나 생각.

돈독하다 敦篤하다 도탑다 돈 / 도탑다 독 | 도탑 고 성실하다.

**돈사** 豚舍 돼지 돈 / 집 사 | 돼지우리.

**❶돈수** 頓首 조아릴 돈 / 머리 수 | 공경하여 머리가 땅에 닿도록 하는 절.

**❷돈수** 頓修 조아릴 돈 / 닦을 수 | 불교 오랜 수행이나 단계를 거치지 아니하고 일시에 깨달음에 이름.

**돈오** 頓悟 조아릴 돈 / 깨달을 오 | 문득 깨달음.

**돈실하다** 敦實하다 도타울 돈 / 열매 실 | 인정이 많고 성실하다.

**돈연히** 頓然히 조아릴 돈 / 그럴 연 | 도무지.

**돈육** 豚肉 돼지 돈 / 고기 육 | 돼지고기.

**돈후하다** 敦厚하다 도타울 돈 / 두터울 후 | 인정이 두텁고 후하다.

**돌격** 突擊 갑자기 돌 / 칠 격 | 갑자기 냅다 침.

**돌격대** 突擊隊 갑자기 돌 / 칠 격 / 무리 대 | 군사 앞장서서 재빠르게 적진으로 처들어가는 부대.

**돌발** 突發 갑자기 돌 / 일어날 발 | 일이 뜻밖에 갑자기 일어남.

**돌발적** 突發的 갑자기 돌 / 일어날 발 / 과녁 적 | 일이 뜻밖에 갑자기 일어나는.

**돌변** 突變 갑자기 돌 / 변할 변 | 뜻밖에 갑자기 달라짐.

**돌변하다** 突變하다 갑자기 돌 / 변할 변 | 뜻밖에 갑자기 달라지다.

**돌연** 突然 갑자기 돌 / 그럴 연 | 갑자기.

**돌연변이** 突然變異 갑자기 돌 / 그럴 연 / 변할 변 / 다를 이(리) | 생물 생물체에서 어버이의 계통에 없던 새로운 형질이 갑자기 나타나 유전하는 현상. 유전자나 염색체의 구조에 변화가 생겨 일어난다.

**돌입** 突入 갑자기 돌 / 들 입 | 갑자기 세찬 기세로 뛰어듦.

**돌진** 突進 갑자기 돌 / 나아갈 진 | 세찬 기세로 거침없이 나아감.

**돌진력** 突進力 갑자기 돌 / 나아갈 진 / 힘 력(역) | 세찬 기세로 거침없이 곧장 나아가는 힘.

**돌출** 突出 갑자기 돌 / 나올 출 | 갑자기 툭 튀어나옴. 쑥 나오거나 불거짐.

**돌파** 突破 갑자기 돌 / 깨뜨릴 파 | 쳐서 깨뜨려 뚫고 나아감.

**돌파구** 突破口 갑자기 돌 / 깨뜨릴 파 / 입 구 | 가로막은 것을 쳐서 깨뜨려 통과할 수 있도록 뚫은 통로.

**동가식서가숙** 東家食西家宿 동녘 동 / 집 가 / 먹다 식 / 서녘 서 / 집 가 / 자다 숙 | 동쪽 집에서 밥 먹고 서쪽 집에서 잠잔다. 일정한 거처가 없이 이리저리 떠돌아다니며 지냄.

**동가홍상** 同價紅裳 같다 동 / 값 가 / 붉을 홍 / 치마 상 | 같은 값이면 다홍치마라는 뜻으로, 같은 값이면 좋은 물건을 고른다는 뜻.

**동감** 同感 한가지 동 / 느낄 감 | 생각이나 느낌이 같음.

**동갑** 同甲 한가지 동 / 갑옷 갑 | 육십갑자가 같다

는 뜻으로, 같은 나이를 이르는 말.

**동격 同格** 한가지 동 / 격식 격 | 같은 자격.

**동결 凍結** 얼 동 / 맺을 결 | 얼어붙음.

**동결건조 凍結乾燥** 얼 동 / 맺을 결 / 하늘 건 / 마를 조 | 진공 상태에서 급히 얼린 후에, 얼음을 승화시켜 건조함.

**❶동경 憧憬** 동경할 동 / 깨달을 경 | 간절히 그리워하여 그것만을 생각함.

**동경심 憧憬心** 동경할 동 / 깨달을 경 / 마음 심 | 어떤 것을 간절히 그리워하여 그것만을 생각하는 마음.

**❷동경 東經** 동녘 동 / 지날 경 | (지리) 동반구의 경도. 본초 자오선을 0도로 하여 동쪽으로 180도까지의 경선이다. 우리나라는 동경 135도를 표준시로 하고 있다.

**❸동경 東京** 동녘 동 / 서울 경 | 역사 고려 시대에, 경주를 가리킴.

**❹동경 銅鏡** 구리 동 / 거울 경 | 역사 구리거울.

**동계 冬季** 겨울 동 / 계절 계 | 겨울.

**동고서저 東高西低** 동녘 동 / 높을 고 / 서녘 서 / 낮을 저 | 지형이나 기압배치가, 동쪽은 높고 서쪽은 낮은 상태.

**동고동락 同苦同樂** 한가지 동 / 쓸 고 / 한가지 동 / 즐길 락(낙) | 괴로움도 즐거움도 함께함.

**동공 瞳孔** 눈동자 동 / 구멍 공 | 눈동자.

**동공반사 瞳孔反射** 눈동자 동 / 구멍 공 / 돌이킬 반 / 쏠 사 | 1. 망막에 빛이 들어가면 눈동자가 작아지는 반응  2. 가까운 곳을 볼 때에는 동공이 작아지고, 먼 곳을 볼 때에는 동공이 커진다.

**동구 洞口** 골 동 / 입 구 | 동네 어귀.

**동국 東國** 동녘 동 / 나라 국 | 예전에, 중국을 중심으로 하여 동쪽에 있는 나라. 우리나라를 가리킴.

**동국통감 東國通鑑** 동녘 동 / 나라 국 / 통할 통 / 거울 감 | 역사 조선 성종 15년(1484)에, 왕명에 따라 서거정 등이 편찬한 우리나라 역사책.

**동국세시기 東國歲時記** 동녘 동 / 나라 국 / 해 세 / 때 시 / 기록할 기 | 역사 조선 순조 때, 홍석모(洪錫謨)가 지은 우리나라의 민속 해설서. 연중행사와 풍속을 풀이하였다

**동국지리지 東國地理志** 동녘 동 / 나라 국 / 땅 지 / 다스릴 리(이) / 뜻 지 | 역사 조선 선조 때, 한백겸이 엮은 우리나라 역사 지리서.

**동굴 洞窟** 골 동 / 굴 굴 | 굴.

**동굴의 우상 洞窟의偶像** 골 동 / 굴 굴 / 짝 우 / 모양 상 | 철학 영국의 철학자 베이컨이 말한 네 가지 우상설의 하나. 개인적인 특성·환경·교양 등에 따라 사물에 대한 바른 판단을 그르치는 편견을 갖게 된다.

**동궁 東宮** 동녘 동 / 집 궁 | 황태자나 왕세자가 기거하는 곳.

**동궐 東闕** 동녘 동 / 대궐 궐 | 창덕궁. 동쪽에 있는 궁궐.

**동근 同根** 한가지 동 / 뿌리 근 | 1. 근본이 같음

2. 자라난 뿌리가 같음. 3. '형제'를 달리 이르는 말.

**동급 同級** 한가지 동 / 등급 급 | 같은 등급.

**동급생 同級生** 한가지 동 / 등급 급 / 날 생 | 같은 학급이나 같은 학년의 학생.

**❶동기 同氣** 한가지 동 / 기운 기 | 같은 부모 아래서 태어난 형제자매.

**동기간 同氣間** 한가지 동 / 기운 기 / 사이 간 | 같은 부모 아래서 태어난 형제자매 사이.

**❷동기 動機** 움직일 동 / 기회 기 | 어떤 일이나 행동을 일으키게 하는 계기. = 모티프. ↔ 결과.

**동기부여 動機附與** 움직일 동 / 기회 기 / 붙을 부 / 더불 여 | 어떤 자극을 주어 행동을 하도록 만드는 것. ≒ 동기화(動機化).

**❸동기 同期** 한가지 동 / 기약할 기 | 1. 같은 시기 2. 같은 시기에 교육이나 강습을 함께 받은 사람.

**❹동기 冬期** 겨울 동 / 기약할 기 | 겨울의 시기.

**동남풍 東南風** 동녘 동 / 남녘 남 / 바람 풍 | 동남쪽에서 불어오는 바람.

**동녀 童女** 아이 동 / 여자 녀(여) | 여자아이.

**동년 同年** 한가지 동 / 해 년(연) | 1. 같은 해 2. 같은 나이.

**동년배 同年輩** 한가지 동 / 해 년(연) / 무리 배 | 나이가 같은 또래인 사람.

**동네 洞네** 골 동 | 사람들이 사는 마을.

**동네북 洞네북** 골 동 | 여러 사람이 두루 건드리거나 만만하게 보는 사람을 비유함.

**동네방네 洞네坊네** 골 동 / 동네 방 | 온 동네. 이 동네 저 동네.

**한동네 한洞네** 골 동 | 같은 동네.

**산동네 山洞네** 메 산 / 골 동 | 산비탈처럼 높은 곳에 가난한 사람들이 모여 사는 동네.

**동년배 同年輩** 한가지 동 / 해 년(연) / 무리 배 | 나이가 같은 또래인 사람.

**동녘 東녘** 동녘 동 | 동쪽 방면.

**동등 同等** 한가지 동 / 무리 등 | 등급이나 정도가 같음.

**동락 同樂** 한가지 동 / 즐길 락(낙) | 함께 즐김.

**동란 動亂** 움직일 동 / 어지러울 란 | 폭동, 반란, 전쟁으로 사회가 질서를 잃고 소란해지는 일.

**동래 東來** 동녘 동 / 올 래(내) | 동쪽으로부터 옴.

**동량 棟梁/棟樑** 기둥 동 / 들보 량(양) | 기둥. 기둥과 들보.

**동량지재 棟梁之材** 기둥 동 / 들보 량(양) / 갈 지 / 재목 재 | 1. 기둥과 들보로 쓸 만한 좋은 재목 2. 한 집안이나 한 나라를 떠받치는 중대한 일을 맡을 만한 인재.

**동력 動力** 움직일 동 / 힘 력(역) | 1. 어떤 것을 움직이게 하는 힘 2. 전기 또는 자연에 있는 에너지를, 일을 하기 위하여 기계적인 에너지로 바꾼 것.

**동력원 動力源** 움직일 동 / 힘 력(역) / 근원 원 | 수력, 화력, 전력, 원자력, 풍력처럼 동력의 근원이 되는 에너지.

**동료 同僚** 한가지 동 / 동료 료(요) | 같은 직장에서 함께 일하는 사람.

**동류 同類** 한가지 동 / 무리 류(유) | 같은 부류나 집단.

**동류의식 同類意識** 한가지 동 / 무리 류(유) / 뜻 의 / 알 식 | 같은 부류라고 생각하는 의식.

**❶동리 洞里** 골 동 / 마을 리(이) | 동네. 주로 시골에 있는 마을.

**❷동리 東籬** 동녘 동 / 울타리 리(이) | 동쪽 울타리.

**동리군자 東籬君子** 동녘 동 / 울타리 리(이) / 임금 군 / 아들 자 | 국화.

**동맥 動脈** 움직일 동 / 줄기 맥 | 〔의학〕 심장에서 피를 신체 각 부분에 보내는 혈관. 동맥은 혈관의 벽이 두꺼우며 탄력성과 수축성이 많다.

**동맥경화 動脈硬化** 움직일 동 / 줄기 맥 / 굳을 경 / 될 화 | 〔의학〕 동맥의 벽이 두꺼워지고 굳어져서 탄력을 잃는 병.

**동맹 同盟** 한가지 동 / 맹세 맹 | 둘 이상의 개인이나 단체가 서로의 이익이나 목적을 위하여 결합한 조직체.

**동맹군 同盟軍** 한가지 동 / 맹세 맹 / 군사 군 | 공동의 적을 무찌르기 위하여 서로 동맹을 맺은 군대.

**동맹파업 同盟罷業** 한가지 동 / 맹세 맹 / 마칠 파 / 업 업 | 노동 조건의 개선을 위하여, 노동자들이 집단적으로 한꺼번에 작업을 중지하는 일.

**동면 冬眠** 겨울 동 / 잘 면 | 겨울잠. 동물이 활동을 중단하고 땅속에서 겨울을 보내는 일.

**동명 同名** 한가지 동 / 이름 명 | 같은 이름.

**동명인 同名人** 한가지 동 / 이름 명 / 사람 인 | 이름이 같은 사람. ≒동명이인.

**동명이인 同名異人** 한가지 동 / 이름 명 / 다를 이(리) / 사람 인 | 같은 이름을 가진 서로 다른 사람.

**동모하다 同謀하다** 한가지 동 / 꾀 모 | 어떤 일을 함께 꾀하다.

**동몽 童蒙** 아이 동 / 어두울 몽 | 남자아이.

**동몽선습 童蒙先習** 아이 동 / 어두울 몽 / 먼저 선 / 익힐 습 | 〔역사〕 조선 중종 때에, 박세무(朴世茂)가 쓴 어린이 학습서.

**❶동문 同門** 한가지 동 / 문 문 | 1. 같은 문 2. 같은 학교나 같은 스승에게서 배운 사람. 3. 같은 문중이나 종파.

**동문수학 同門受學** 한가지 동 / 문 문 / 받을 수 / 배울 학 | 같은 스승 밑에서 같이 학문을 닦고 배움.

**❷동문 東門** 동녘 동 / 문 문 | 동쪽으로 난 문.

**동문서답 東問西答** 동녘 동 / 물을 문 / 서녘 서 / 대답 답 | 동쪽에서 묻고 서쪽에서 답하다. 질문과는 상관없는 엉뚱한 대답을 비유함.

**동물 動物** 움직일 동 / 물건 물 | 스스로 움직이며 살아가는 생물. 길짐승, 날짐승, 물짐승을 통틀어 이르며, 운동, 감각, 신경 기능이 발달하였다.

**동물적 動物的** 움직일 동 / 물건 물 / 과녁 적 | 본능대로만 행동하는 동물과 같은.

**동물원 動物園** 움직일 동 / 물건 물 / 동산 원 | 여러 동물을 관람할 수 있도록 일정한 시설을 갖추어 놓은 곳.

**동민 洞民** 골 동 / 백성 민 | 동네 사람.

**동반 同伴** 한가지 동 / 짝 반 | 1. 함께하는 짝 2. 어떤 사물이나 현상이 함께 생김.

**동반작가 同伴作家** 한가지 동 / 짝 반 / 지을 작 / 집 가 | 동반자 문학을 한 작가. = 동반자 작가.

**동반자문학 同伴者文學** 한가지 동 / 짝 반 / 놈 자 / 글월 문 / 배울 학 | 문학 소련에서 공산주의 혁명 뒤에, 혁명에는 찬동하지만 마르크스주의나 프롤레타리아 문학에 참여하지 아니한 자유주의적인 인텔리겐치아의 문학. 공산주의 이념을 의식하지 않았고, 오히려 개인주의적 성향을 중시하였으며, 인텔리를 작품의 주인공으로는 등장시켰다.

**동방 東方** 동녘 동 / 모 방 | 동쪽.

**동방예의지국 東方禮儀之國** 동녘 동 / 모 방 / 예도 예(례) / 거동 의 / 갈 지 / 나라 국 | 동쪽에 있는 예의에 밝은 나라라는 뜻으로, 우리나라를 가리킴.

**동배 同輩** 한가지 동 / 무리 배 | 나이나 신분이 서로 같거나 비슷한 사람.

**동병 同病** 한가지 동 / 병 병 | 같은 병.

**동병상련 同病相憐** 한가지 동 / 병 병 / 서로 상 / 불쌍히 여길 련 | 1. 같은 병을 앓는 사람끼리 서로 가엾게 여김 2. 어려운 처지에 있는 사람끼리 서로 가엾게 여김.

**❶동복 冬服** 겨울 동 / 옷 복 | 겨울옷.

**❷동복 同腹** 한가지 동 / 배 복 | 같은 어머니에게서 태어난 사람들.

**동봉 同封** 한가지 동 / 봉할 봉 | 두 가지 이상을 같이 싸서 봉함.

**동봉하다 同封하다** 한가지 동 / 봉할 봉 | 두 가지 이상을 같이 싸서 봉하다.

**동부 東部** 동녘 동 / 떼 부 | 동쪽 부분.

**동부전선 東部戰線** 동녘 동 / 떼 부 / 싸움 전 / 줄 선 | 동쪽 지방에서 전개되는 전선.

**동부인 同夫人** 한가지 동 / 지아비 부 / 사람 인 | 아내와 함께 함.

**동북쪽 東北쪽** 동녘 동 / 북녘 북 | 동쪽과 북쪽의 사이.

**동북풍 東北風** 동녘 동 / 북녘 북 / 바람 풍 | 동북쪽에서 불어오는 바람.

**동분서주 東奔西走** 동녘 동 / 달릴 분 / 서녘 서 / 달릴 주 | 동쪽으로 뛰고 서쪽으로 뛴다. 사방으로 이리저리 몹시 바쁘게 돌아다님.

**동빙한설 凍氷寒雪** 얼 동 / 얼음 빙 / 찰 한 / 눈 설 | 얼어붙은 얼음과 차가운 눈이라는 뜻으로, 심

한 추위를 가리킴.

**❶동산 東山** 동녘 동 / 메 산 | 동쪽에 있는 산.

**❷동산 動産** 움직일 동 / 재산 산 | 형상이나 성질을 바꾸지 않고 옮길 수 있는 재산. 돈, 유가 증권 등을 가리킨다. ↔ 부동산(不動産).

**부동산 不動産** 아닐 부 / 움직일 동 / 낳을 산 | 움직여 옮길 수 없는 재산. 토지나 건물 등.

**❶동상 凍傷** 얼 동 / 다칠 상 | 추위로 살가죽이 얼어서 생긴 상해.

**❷동상이몽 同床異夢** 같을 동 / 평상 상 / 다를 이 / 꿈 몽 | 같은 자리에 자면서 서로 다른 꿈을 꾼다. 겉으로는 같이 행동하면서도 속으로는 각각 딴생각을 하고 있음.

**❶동서 同棲** 한가지 동 / 깃들일 서 | 동거. 같이 삶.

**❷동서양 東西洋** 동녘 동 / 서녘 서 / 큰 바다 양 | 동양과 서양.

**동서고금 東西古今** 동녘 동 / 서녘 서 / 옛 고 / 이제 금 | 공간적으로 동양과 서양, 시간적으로 옛날과 지금을 통틀어서 이르는 말.

**동석 同席** 한가지 동 / 자리 석 | 같은 자리.

**동선하로 冬扇夏爐** 겨울 동 / 부채 선 / 여름 하 / 화로 로(노) | 여름의 화로와 겨울의 부채라는 뜻으로, 격이나 철에 맞지 아니함을 비유함. ※ 〈논형(論衡)〉의 〈봉우편(逢遇篇)〉 참조.

**❶동성 同性** 한가지 동 / 성품 성 | 1. 성질이 같음 2. 성별(性別 남녀구분)이 같은 것. ↔ 이성(異姓).

**❷동성 同姓** 한가지 동 / 성씨 성 | 같은 성.

**동성동본 同姓同本** 한가지 동 / 성씨 성 / 한가지 동 / 근본 본 | 성도 같고 본도 같음.

**동소 同所** 한가지 동 / 바 소 | 같은 장소.

**동수 同數** 한가지 동 / 셈 수 | 같은 수.

**동숙 同宿** 한가지 동 / 잘 숙 | 한곳에서 같이 잠.

**동승 同乘** 한가지 동 / 탈 승 | 차, 배, 비행기 따위를 같이 탐.

**동승자 同乘者** 한가지 동 / 탈 승 / 사람 자 | 차, 배, 비행기 따위를 같이 탄 사람.

**무임동승자 無賃同乘者** 없을 무 / 품삯 임 / 한가지 동 / 탈 승 / 사람 자 | 운임을 내지 않고 같이 타는 사람.

**❶동시 同時** 한가지 동 / 때 시 | 같은 시기.

**동시성 同時性** 한가지 동 / 때 시 / 성품 성 | 같은 때에 일어남.

**동시통역 同時通譯** 한가지 동 / 때 시 / 통할 통 / 번역할 역 | 외국어로 말하는 것을 동시에 통역함.

**❷동시 童詩** 아이 동 / 시 시 | 문학 어린이의 정서를 읊은 시.

**동식물 動植物** 움직일 동 / 심을 식 / 물건 물 | 동물과 식물.

**야생동식물 野生動植物** 들 야 / 날 생 / 움직일 동 / 심을 식 / 물건 물 | 산, 들, 강 등 자연 상태에서 자라는 동물과 식물.

**동식물군집 動植物群集** 움직일 동 / 심을 식 / 물 건 물 / 무리 군 / 모을 집 | 일정한 지역 내에 서식하는 동물과 식물들의 모임.

**동신제 洞神祭** 골 동 / 귀신 신 / 제사 제 | 민속 마을을 지켜 주는 신인 동신(洞神)에게 공동으로 지내는 제사. 마을 사람들의 무병과 풍년을 빌며 정월 대보름날에 서낭당, 산신당, 당산(堂山) 따위에서 지낸다.

**❶동심 童心** 아이 동 / 마음 심 | 어린이 마음.

**❷동심 同心** 한가지 동 / 마음 심 | 1. 마음을 같이 함 2. 수학 몇 개의 도형이 모두 같은 중심을 가짐.

**동심원 同心圓** 한가지 동 / 마음 심 / 둥글 원 | (수학) 같은 중심을 가지며 반지름이 다른 두 개 이상의 원.

**동아 東亞** 동녘 동 / 버금 아 | '동아시아'의 음역어. 한국, 중국, 일본을 포함하는 동쪽아시아.

**동안 童顏** 아이 동 / 낯 안 | 어린아이의 얼굴.

**동양 東洋** 동녘 동 / 큰 바다 양 | 유라시아 대륙의 동부 지역. 주로 아시아의 동부 및 남부를 이르는데, 한국, 중국, 일본, 인도, 미얀마, 타이, 인도네시아 등이 있다.

**동어 同語** 한가지 동 / 말씀 어 | 같은 말.

**동어반복 同語反復** 한가지 동 / 말씀 어 / 돌이킬 반 / 회복할 복 | 논리 무언가를 설명하는 데에, 앞의 정의를 뒤에서 다시 반복하는 것.

**동업 同業** 한가지 동 / 업 업 | 1. 같은 종류의 직업 2. 같이 사업을 함.

**동업자 同業者** 한가지 동 / 업 업 / 놈 자 | 같이 사업을 하는 사람.

**동온하청 冬溫夏淸** 겨울 동 / 따뜻할 온 / 여름 하 / 서늘할 청 | 겨울에는 따뜻하게, 여름에는 서늘하게 어버이를 잘 모심. ≒ 혼정신성(昏定晨省).

**❶동요 動搖** 움직일 동 / 흔들 요 | 흔들려 움직임.

**동요하다 動搖하다** 움직일 동 / 흔들 요 | 흔들려 움직이다.

**❷동요 童謠** 아이 동 / 노래 요 | 어린이들이 부르는 노래.

**동우회 同友會** 한가지 동 / 벗 우 / 모일 회 | 일정한 목적 아래 뜻이 같은 사람끼리 모여서 만든 모임. ※ 예시: 수양동우회

**동원 動員** 움직일 동 / 인원 원 | 어떤 목적을 달성하고자 사람, 물건, 수단 등을 모으고 집중함.

**동원하다 動員하다** 움직일 동 / 인원 원 | 어떤 목적을 달성하고자 사람, 물건, 수단 등을 모으고 집중하다.

**동원령 動員令** 움직일 동 / 인원 원 / 하여금 령 (영) | 군사 전쟁같은 비상사태가 발생하였을 때, 병력이나 군수 물자 를 동원하기 위하여 내리는 명령.

**동위 同位** 한가지 동 / 자리 위 | 1. 같은 위치 2. 같은 지위나 등급.

**동위원소 同位元素** 한가지 동 / 자리 위 / 으뜸 원 / 본디 소 | 화학 원자 번호는 같으나 질량수가 서로 다른 원소. 양성자의 수는 같으나 중성자의 수가 다르다.

**❶동의 同意** 한가지 동 / 뜻 의 | 1. 같은 뜻. 뜻이 같음 2. 다른 사람의 행위를 승인하거나 시인함. ※ 예시: 동의서.

**동의하다 同意하다** 한가지 동 / 뜻 의 | 1. 의견을 같이하다 2. 다른 사람의 행위를 승인하다.

**❷동의 同義** 한가지 동 / 뜻 의 | 같은 뜻. 뜻이 같음. ※ 예시: 동의어(同義語).

**❸동의 動議** 움직일 동 / 의논할 의 | 회의 중에 토의할 안건을 내 놓음.

**동의하다 動議하다** 움직일 동 / 의논할 의 | 회의 중에 토의할 안건을 내놓다.

**❹동의 冬衣** 겨울 동 / 옷 의 | 겨울철에 입는 옷.

**동음 同音** 한가지 동 / 소리 음 | 같은 소리. 동일한 음.

**동음이의어 同音異議語** 같을 동 / 소리 음 / 다를 이 / 뜻 의 / 말씀 어 | 소리는 같으나 뜻이 다른 단어. ≒ 동음어(同音語).

**❶동인 動因** 움직일 동 / 인할 인 | 어떤 현상을 일으키거나 변화시키는 데 직접 작용하는 원인.

**❷동인 同人** 한가지 동 / 사람 인 | 1. 같은 사람 2. 어떤 일에 뜻을 같이하여 모인 사람.

**동인지 同人誌** 한가지 동 / 사람 인 / 기록할 지 | 사상, 취미, 경향이 같은 사람들끼리 모여 발행하는 잡지.

**동인도회사 東印度會社** 동녘 동 / 도장 인 / 법도 도 / 모일 회 / 모일 사 | 역사 17세기에 유럽의 영국, 프랑스, 네덜란드가 인도 및 동남아시아와 무역하기 위하여 동인도에 세운 무역 독점 회사.

**서인도회사 西印度會社** 서녘 서 / 도장 인 / 법도 도 / 모일 회 / 모일 사 | 역사 17세기에, 네덜란드, 프랑스가 아메리카에 대한 무역을 독점하고자 서인도 제도에 세운 회사.

**동일 同一** 한가지 동 / 한 일 | 똑같음.

**동일시 同一視** 한가지 동 / 한 일 / 볼 시 | 같은 것으로 봄.

**동일체 同一體** 한가지 동 / 한 일 / 몸 체 | 같은 한 몸. 같은 물체.

**동일률 同一律** 한가지 동 / 한 일 / 법칙 률(율) 철학 형식 논리학에서, 모든 대상은 그 자체와 같다는 원리로, '갑은 갑이다.'로 표현된다.

**동일철학 同一哲學** 한가지 동 / 한 일 / 밝을 철 / 배울 학 | 철학 물질과 정신, 주관과 객관은 서로 대립하고 있으나, 하나의 절대적 실체가 표시되는 방법에 따라 달라져 있을 뿐 실제로는 동일하다고 보는 철학. 스피노자, 셸링의 주장이다.

**❶동자 瞳子** 눈동자 동 / 아들 자 | 눈알의 한가운데에 있는, 빛이 들어가는 검은 부분.

**❷동자 童子** 아이 동 / 아들 자 | 1. 남자아이 2. 불교 승려가 되려고 절에서 공부하면서 아직 출가하지 아니한 남자아이.

**동자삼 童子蔘** 아이 동 / 아들 자 / 삼 삼 | 어린아이 모양처럼 생긴 산삼.

**동작 動作** 움직일 동 / 작동할 작 | 움직임.

**동작하다 動作**하다 움직일 동 / 작동할 작 | 움직이다.

❶**동장 洞長** 골 동 / 길 장 | 한 동네의 우두머리.

❷**동장군 冬將軍** 겨울 동 / 장수 장 / 군사 군 | 겨울의 사나운 추위.

❸**동장대 東將臺** 동녘 동 / 장수 장 / 대 대 | 역사 장수가 산성을 지킬 때에, 올라가서 지휘할 수 있도록 높게 만든 동쪽의 대.

**동재 桐梓** 오동나무 동 / 가래나무 재 | 오동나무와 가래나무를 가리키는 말로, 좋은 재목.

**동적 動的** 움직일 동 / 과녁 적 | 움직이는. 활동성이 있는.

**동적평형 動的平衡** 움직일 동 / 과녁 적 / 평평할 평 / 저울대 형 | 화학 내부가 미시적으로 움직이고 있음에도 불구하고, 겉으로는 멈춰 있는 것처럼 보이는 상태. 정반응과 역반응의 속도가 같아서 실제로는 움직이고 있으나 겉으로는 멈춘 것처럼 보인다.

**동전 銅錢** 구리 동 / 돈 전 | 구리돈.

❶**동점 同點** 한가지 동 / 점 점 | 같은 점수.

❷**동점 東漸** 동녘 동 / 점점 점 | 세력을 차츰 동쪽으로 옮김.

❶**동정 動靜** 움직일 동 / 고요할 정 | 1. 물질의 운동과 정지 2. 사람이 일상적으로 하는 모든 행위. 3. 일이나 현상이 벌어지고 있는 낌새.

❷**동정 同情** 한가지 동 / 뜻 정 | 남의 어려운 처지를 딱하게 여김.

**동정심 同情心** 한가지 동 / 뜻 정 / 마음 심 | 남의 어려운 처지를 안타깝게 여기는 마음.

❸**동정 東征** 동녘 동 / 칠 정 | 동방을 정벌함.

❹**동정 童貞** 아이 동 / 곧을 정 | 이성과의 접촉이 없는 순결함.

**동조 同調** 한가지 동 / 고를 조 | 1. 같은 가락. 2. 남의 주장에 자기의 의견을 맞춤.

**동조자 同調者** 한가지 동 / 고를 조 / 놈 자 | 남의 의견이나 일에 뜻을 같이하고 지지하는 사람.

**동조동근 同祖同根** 한가지 동 / 할아버지 조 / 한가지 동 / 뿌리 근 | 조상이 같고 근본이 같음.

**동족 同族** 한가지 동 / 겨레 족 | 한겨레. 같은 민족.

**동족상잔 同族相殘** 한가지 동 / 겨레 족 / 서로 상 / 잔인할 잔 | 같은 민족끼리 싸우고 죽임. 동족상쟁.

**동족방뇨 凍足放尿** 얼다 동 / 발 족 / 놓다 방 / 오줌 뇨 | 언 발에 오줌 누기. 잠시 동안만 효력이 있을 뿐 효력이 바로 사라짐을 비유.

❶**동종 銅鐘** 구리 동 / 쇠북 종 | 구리종.

❷**동종 同種** 한가지 동 / 씨 종 | 같은 종류.

**동지 同志** 한가지 동 / 뜻 지 | 목적이나 뜻을 같이하여 맺어진 사람.

**동지섣달 冬至섣달** 겨울 동 / 이를 지 | 동짓달과 섣달. 음력 11월과 12월. 한겨울.

**동질 同質** 한가지 동 / 바탕 질 | 같은 성질.

**동질적 同質的** 한가지 동 / 바탕 질 / 과녁 적 | 성질이 같은.

▶

**동참 同參** 한가지 동 / 참여할 참 | 어떤 일에 같이 참가함.

**동참하다 同參하다** 한가지 동 / 참여할 참 | 어떤 일에 같이 참가하다.

▶

**❶동창 同窓** 한가지 동 / 창 창 | 같은 학교에서 공부를 한 사이.

**❷동창 東窓** 동녘 동 / 창 창 | 동쪽으로 난 창.

▶

**❶동천 冬天** 겨울 동 / 하늘 천 | 겨울하늘.

**❷동천 東天** 동녘 동 / 하늘 천 | 동쪽 하늘.

**❸동천 洞天** 골 동 / 하늘 천 | 산천으로 둘러싸인 경치 좋은 곳.

**❹동천 動天** 움직일 동 / 하늘 천 | 하늘을 움직일 만큼 세력이 성함.

**❺동천 東遷** 동녘 동 / 옮길 천 | 동쪽으로 옮김.

**동체 胴體** 큰창자 동 / 몸 체 | 몸통.

**동촌 東村** 동녘 동 / 마을 촌 | 동쪽 마을. ※ 서촌(西村 서쪽 마을).

▶

**동태 動態** 움직일 동 / 모습 태 | 움직이는 모양.

**동태이론 動態理論** 움직일 동 / 모습 태 / 다스릴 이(리) / 논할 론(논) | 경제 경제 현상을 시간의 흐름에 따라 변화하는 관점에서 밝히는 이론. 자본의 증가율, 상품의 가격 변동 등.

**동통 疼痛** 아플 동 / 아플 통 | 몸이 쑤시고 아픔.

**동파 凍破** 얼 동 / 깨뜨릴 파 | 얼어서 터짐.

**동편 東便** 동녘 동 / 편할 편 | 동쪽 편.

**동편제 東便制** 동녘 동 / 편할 편 / 절제할 제 | 음악 호남의 동쪽인 운봉·구례·순창·흥덕 등지에서 일어난 판소리. 웅건하고 그윽한 우조(羽調)를 바탕으로 한다.

**동포 同胞** 한가지 동 / 세포 포 | 같은 나라 사람. 같은 민족의 사람

**동풍 東風** 동녘 동 / 바람 풍 | 동쪽에서 부는 바람.

**동하다 動하다** 움직일 동 | 움직이다.

**동학 同學** 한가지 동 / 배울 학 | 한 학교나 같은 스승에게서 배우는 사람.

▶

**❶동항 同行** 한가지 동 / 항렬 항 | 항렬이 같음.

**❷동항 凍港** 얼 동 / 항구 항 | 겨울에 바다 표면이 얼어붙어서 배가 드나들지 못하는 항구. ※ 부동항(不凍港 겨울에 얼어붙지 않는 항구).

**동해 東海** 동녘 동 / 바다 해 | 동쪽 바다.

▶

**동행 同行** 한가지 동 / 다닐 행 | 길동무.

**동행하다 同行하다** 한가지 동 / 다닐 행 | 길동무하다.

▶

**❶동향 東向** 동녘 동 / 향할 향 | 동쪽으로 향함.

**❷동향 動向** 움직일 동 / 향할 향 | 1. 사람들의 생각, 활동이나 정세가 움직여 가는 방향 2. 특정한 사람이나 사물의 낱낱의 움직임.

**❸동향 同鄕** 한가지 동 / 시골 향 | 같은 고향.

**동향인 同鄕人** 한가지 동 / 시골 향 / 사람 인 | 같은 고향 사람.

**동헌 東軒** 동녘 동 / 집 헌 | 역사 지방 관아에서 고을 원이나 감사, 수령들이 공사를 처리하던 건물.

**동혈 洞穴** 골 동 / 구멍 혈 | 깊고 넓은 굴.

**동형 同形** 한가지 동 / 모양 형 | 모양이나 성질 서로 같음.

▶**동호 同好** 한가지 동 / 좋을 호 | 1. 어떤 일이나 물건을 함께 좋아함 2. 같은 취미를 가지고 함께 즐기는 사람.

**동호인 同好人** 한가지 동 / 좋을 호 / 사람 인 | 같은 취미를 가지고 함께 즐기는 사람.

▶**❶동화 童話** 아이 동 / 말씀 화 | 어린이들을 위한 이야기.

**동화집 童話集** 아이 동 / 말씀 화 / 모을 집 | 동화를 모아 엮은 책.

**❷동화 同化** 한가지 동 / 될 화 | 다른 것이 서로 같게 됨. ↔ 이화(異化).

**동화정책 同化政策** 한가지 동 / 될 화 / 정사 정 / 꾀 책 | 식민지를 경영하는 나라가, 식민지 원주민의 고유한 언어, 문화, 생활양식 따위를 없애고 자국의 것을 강요하여 동화시키려는 정책.

**❸동화 同和** 한가지 동 / 화할 화 | 같이 화합함.

**동회 洞會** 골 동 / 모일 회 | 동네의 일을 의논하는 모임.

**두각 頭角** 머리 두 / 뿔 각 | 1. 짐승의 머리에 있는 뿔 2. 뛰어난 학식이나 재능을 비유함.

**두개골 頭蓋骨** 머리 두 / 덮을 개 / 뼈 골 | 머리뼈.

▶**두견새 杜鵑새** 막을 두 / 두견이 견 | 두견과의 새. 스스로 집을 짓지 않고 휘파람새의 알을 낳아 새끼를 키우게 한다. ≒ 접동새, 불여귀, 귀촉도, 두우, 망제. 자규. ※ 중국 전설에서, 촉나라의 왕 망제(望帝) 두우(杜宇)가 왕위를 빼앗기고 쫓겨났다. 다시는 고향에 돌아가지 못하고 떠돌다가 피를 토하며 죽었는데, 두우의 혼은 두견새로 다시 태어났고, 피를 토한 자리에서는 두견화가 피어났다고 한다.

**두견화 杜鵑花** 막을 두 / 두견이 견 / 꽃 화 | 진달래. ≒ 참꽃, 창꽃,

**두괄식 頭括式** 머리 두 / 묶을 괄 / 법 식 | 글의 첫머리에 중심 내용이 오는 구성 방식. ↔ 미괄식(尾括式).

**두뇌 頭腦** 머리 두 / 골 뇌 | 1. 머리. 머리뼈 안에 있는 대뇌, 소뇌, 뇌간 등을 이름 2. 지식수준이 높은 사람을 비유함.

**두둔하다 斗頓하다** 말(곡식을 재는) 두 / 조아릴 둔 | 편들어 감싸 주다. 역성을 들다.

**두량 斗量** 말 두 / 헤아릴 량(양) | 1. 되나 말로 곡식을 재는 일. 2. 일을 헤아려 처리함.

**두령 頭領** 머리 두 / 거느릴 령(영) | 여러 사람을 거느리는 우두머리.

**두목 頭目** 머리 두 / 눈 목 | 패거리의 우두머리.

**두문 杜門** 막을 두 / 문 문 | 밖으로 출입하지 않으려고 방문을 닫아 막음.

**두문불출 杜門不出** 막을 두 / 문 문 / 아닐 불 / 나가다 출 | 1. 문을 걸어 닫고 바깥출입을 하지 않음 2. 집에서 은거하면서 사회생활을 하지 않는 것을 비유.

**두문동 杜門洞** 막을 두 / 문 문 / 골 동 | 이성계가 조선을 건국한 것에 반대하여 고려 유신이 모여 살던 곳. 경기도 개풍군 광덕면 광덕산 서쪽 기슭에 있다.

**두발 頭髮** 머리 두 / 터럭 발 | 머리카락.

❶**두부 豆腐** 콩 두 / 썩을 부 | 콩으로 만든 식품. 물에 불린 콩을 갈아서 끓인 다음 간수를 넣고 엉기게 하여 만든다.

**두부살 豆腐살** 콩 두 / 썩을 부 | 피부가 두부처럼 희고 무른 살.

❷**두부 頭部** 머리 두 / 떼 부 | 1. 머리 부분 2. 위쪽 부분.

❶**두상 頭上** 머리 두 / 윗 상 | '머리'를 높여 이르는 말.

❷**두상 頭相** 머리 두 / 서로 상 | 머리 모양.

**두서 頭緒** 머리 두 / 실마리 서 | 일의 차례나 갈피. ※ 예시 두서가 없다.

**두서없이 頭緒없이** 머리 두 / 실마리 서 | 일의 차례나 갈피를 잡을 수 없이.

**두절 杜絕** 막을 두 / 끊을 절 | 막히거나 끊어짐.

**두절하다 杜絕하다** 막을 두 / 끊을 절 | 막히거나 끊어지다.

**두족류 頭足類** 머리 두 / 발 족 / 무리 류(유) | 연체동물 가운데 가장 진화된 것으로, 몸은 좌우 대칭이며, 머리, 몸통, 다리의 세 부분으로 되어 있고, 8~10개의 다리가 달려있다. 낙지, 오징어 등.

**두주 斗酒** 말 두 / 술 주 | 한 말 정도의 술.

**두주불사 斗酒不辭** 말 두 / 술 주 / 아닐 불 / 말씀 사 | 말술도 사양하지 않는다는 뜻으로, 술을 매우 잘 마심을 이르는 말.

**두창 痘瘡** 역질 두 / 부스럼 창 | 천연두.

**두타 頭陀** 머리 두 / 비탈질 타 | 〔불교〕 세속의 번뇌를 떨어 없애고 참기 어려운 고행을 행하며 불도를 닦는 일. ※ '두타'는 범어(산스크리트어) 'dhu·ta'를 음역한 것으로 버린다·떨어버린다·씻는다의 뜻을 갖고 있다.

**두통 頭痛** 머리 두 / 아플 통 | 머리가 아픔.

**두호 斗護** 말 두 / 도울 호 | 남을 두둔하여 보호함.

**둔각 鈍角** 둔할 둔 / 뿔 각 | (수학) 90도보다는 크고 180도보다는 작은 각. ↔ 예각.

**둔감 鈍感** 둔할 둔 / 느낄 감 | 무딘 감정이나 감각.

**둔감하다 鈍感하다** 둔할 둔 / 느낄 감 | 감정이나 감각이 무디다.

**둔갑 遁甲** 숨을 둔 / 갑옷 갑 | 술법을 써서 자기 몸

을 감추거나 다른 것으로 바꿈.

**둔마 鈍馬** 둔할 둔 / 말 마 | 1. 느리고 둔한 말  2. 자기를 낮추어 이르는 말.

**둔병 屯兵** 진 칠 둔 / 병사 병 | 군사가 주둔함.

**둔부 臀部** 볼기 둔 / 떼 부 | 볼기.

**둔재 鈍才** 둔할 둔 / 재주 재 | 둔한 재주. 재주가 둔한 사람. ↔ 영재(英才).

**둔전병 屯田兵** 진 칠 둔 / 밭 전 / 병사 병 | 변경에 주둔하여, 평상시에는 농사를 짓고, 전시에는 전투를 했던 군사.

**둔주곡 遁走曲** 숨을 둔 / 달릴 주 / 굽을 곡 | 푸가.

**둔중하다 鈍重**하다 둔할 둔 / 무거울 중 | 1. 성질이 무겁고 둔하다  2. 소리가 낮고 느리고 무겁다.

**둔탁하다 鈍濁**하다 둔할 둔 / 흐릴 탁 | 1. 성질이 무디고 거칠고 흐리다  2. 소리가 굵고 거칠며 깊다.

**둔피사상 遁避思想** 숨을 둔 / 피할 피 / 생각 사 / 생각 상 | 세상을 피해서 숨어 살려는 생각.

**둔하다 鈍**하다 둔할 둔 | 무겁고 둔하다. 느리고 굼뜨다.

**득남 得男** 얻을 득 / 사내 남 | 아들을 낳음.

**득달 得達** 얻을 득 / 통달할 달 | 목적한 곳에 도달함. 목적을 이룸. ※ '득달같다(잠시도 늦추지 않다)' 는 순우리말.

**득도 得道** 얻을 득 / 길 도 | 도를 깨달음.

**득롱망촉 得隴望蜀** 얻을 득 / 땅이름 롱 / 바랄 망 / 땅이름 촉 | 농(隴)을 얻고서 촉(蜀)까지 취하고자 한다. 만족할 줄을 모르고 계속 욕심을 부리는 경우를 비유. ※ 후한(後漢)의 광무제가 농 지방을 평정한 후에 다시 촉 지방까지 원하였다는 고사. ※ 참조: 말 타면 경마 잡히고 싶다. 마룻방 내어주니 안방 들겠단다.

**득문 得聞** 얻을 득 / 들을 문 | 남에게서 얻어듣고 앎.

▶**득세 得勢** 얻을 득 / 형세 세 | 세력을 얻음.

**득세하다 得勢**하다 얻을 득 / 형세 세 | 세력을 얻다.

**득실 得失** 얻을 득 / 잃을 실 | 얻음과 잃음

**득어망전 得魚忘筌** 얻을 득 / 물고기 어 / 잊을 망 / 통발 전 | 물고기를 잡고 나면 통발을 잊어버린다. 목적을 달성하고 나면 그때까지 수단으로 삼았던 것은 버린다는 말. ≒ 토사구팽(**兎死狗烹** 토끼를 잡고나면 사냥개는 삶는다.).

**등고자비 登高自卑** 오르다 등 / 높다 고 / ~로부터 자/ 낮다 비 | 높은 곳에 오르려면 낮은 곳에서부터 오른다는 뜻으로, 일을 순서대로 차근차근 해야 함을 이름. ≒ 천 리 길도 한 걸음부터.

**영과이후진 盈科而後進** 차다 영 / 웅덩이 과 / 어조사 이 / 뒤 후 / 나아갈 진 | 물은 흐르다가 웅덩이를 만나면 웅덩이를 다 채운 연후에 앞으로 나아간다.

**득음 得音** 얻을 득 / 소리 음 | 노래나 연주 솜씨가 매우 뛰어난 경지에 이름.

**득의 得意** 얻을 득 / 뜻 의 | 일이 뜻대로 이루어져 뽐냄.

**득의만면 得意滿面** 얻을 득 / 뜻 의 / 찰 만 / 낯 면 | 일이 뜻대로 이루어져 기쁜 표정이 얼굴에 가득함.

**득의양양 得意揚揚** 얻을 득 / 뜻 의 / 날릴 양 / 날릴 양 | 뜻한 바를 이루어 우쭐거리며 뽐냄.

**득점 得點** 얻을 득 / 점 점 | 점수를 얻음.

**득죄 得罪** 얻을 득 / 허물 죄 | 잘못을 저질러 죄를 얻음.

**득중 得中** 얻을 득 / 가운데 중 | 지나치거나 모자람이 없이 알맞음.

**득표 得票** 얻을 득 / 표 표 | 찬성표를 얻음.

**등가 等價** 무리 등 / 값 가 | 같은 값.

**등가교환 等價交換** 무리 등 / 값 가 / 사귈 교 / 바꿀 환 | 경제 가치가 서로 같은 것으로 교환하는 일.

**등가원리 等價原理** 무리 등 / 값 가 / 언덕 원 / 다스릴 리(이) | 물리 일반 상대성 이론에서, 중력과 가속운동은 동등한 현상으로 구별할 수 없다는 원리이다.

**등거리 等距離** 무리 등 / 상거할 거 / 떠날 리(이) | 서로 떨어져 있는 거리가 같음.

**등거리 외교 等距離外交** 무리 등 / 상거할 거 / 떠날 리(이) / 바깥 외 / 사귈 교 | 한 나라에 치우치지 아니하고, 각 나라에 같은 비중을 두면서 중립을 지향하는 외교.

**❶등고 等高** 무리 등 / 높을 고 | 높이가 같음.

**등고선 等高線** 무리 등 / 높을 고 / 줄 선 | 지도에서 해발 고도가 같은 지점을 연결한 곡선.

**❷등고 登高** 오를 등 / 높을 고 | 높은 곳에 오름

**등고자비 登高自卑** 오를 등 / 높을 고 / 스스로 자 / 낮을 비 | 높은 곳에 오르려면 낮은 곳에서부터 오른다는 뜻으로, 일을 순서대로 하여야 함을 비유함.

**등교 登校** 오를 등 / 학교 교 | 학생이 학교에 감.

**등교하다 登校하다** 오를 등 / 학교 교 | 학생이 학교에 가다.

**등극 登極** 오를 등 / 극진할 극 | 1. 임금의 자리에 오름 2. 어떤 분야에서 가장 높은 자리에 오름.

**등급 等級** 무리 등 / 등급 급 | 차이를 여러 층으로 구분한 단계.

**등기 登記** 오를 등 / 기록할 기 | 국가 기관이 부동산이나 동산 등의 권리나 사실 관계를 밝히려고 일정한 사항을 등기부에 적어 놓음.

**등단 登壇** 오를 등 / 단 단 | 1. 연단이나 교단에 오름 2. 어떤 사회적 분야에 처음으로 등장함.

**등대 燈臺** 등 등 / 대 대 | 1. 바닷가에 탑 모양으로 높이 세워 밤에 뱃길을 알려 주려고 불을 비추는 시설 2. 나아가야 할 길을 밝혀 주는 사람을 비유함.

**등대지기 燈臺지기** 등 등 / 대 대 | 등대를 지키는 사람.

**등등하다** 騰騰하다 오를 등 / 오를 등 | 기세가 무서울 만큼 높다.

**등락** 騰落 오를 등 / 떨어질 락(낙) | 오르내림.

**등록하다** 登錄하다 오를 등 / 기록할 록(녹) | 일정한 자격 조건을 갖추기 위하여 문서를 올려싣다.

**등록금** 登錄金 오를 등 / 기록할 록(녹) / 금 금 | 학교나 학원에 등록할 때 내는 돈.

**등반** 登攀 오를 등 / 더위잡을 반 | 어떤 것을 부여잡고 높은 곳에 올라감.

**등변** 等邊 무리 등 / 가 변 | 길이가 같은 변.

**이등변** 二等邊 두 이 / 무리 등 / 가 변 | 두 변의 길이가 같음.

**등변삼각형** 等邊三角形 무리 등 / 가 변 / 석 삼 / 뿔 각 / 모양 형 | 수학 변의 길이와 내각의 크기가 모두 같은 삼각형.

**❶등본** 謄本 베낄 등 / 근본 본 | 원본의 내용을 그대로 베낀 서류.

**❷등분** 等分 무리 등 / 나눌 분 | 등급의 구분.

**등불** 燈불 불 등 | 등에 켠 불.

**등산** 登山 오를 등 / 산 산 | 산에 오름.

**등상** 凳床 걸상 등 / 평상 상 | 발돋움할 때 쓰는 걸상.

**등속** 等速 무리 등 / 빠를 속 | 같은 속도.

**등수** 等數 무리 등 / 셈 수 | 등급에 따른 차례.

**등신대** 等身大 무리 등 / 몸 신 / 클 대 | 사람의 크기와 같음.

**등심선** 等深線 무리 등 / 깊을 심 / 줄 선 | 지도에서 수심의 깊이가 같은 지점을 연결하여 이은 선.

**❶등용** 登用/登庸 오를 등 / 떳떳할 용 | 인재를 뽑아서 씀.

**등용하다** 登用/登庸하다 오를 등 / 떳떳할 용 | 인재를 뽑아서 쓰다.

**❷등용문** 登龍門 오를 등 / 용 용(룡) / 문 문 | 용문(龍門)에 오른다는 뜻으로, 어려운 관문을 통과하여 크게 출세함. 잉어가 중국 황하강의 용문을 오르면 용이 된다는 전설에서 유래.

**❶등원** 登園 오를 등 / 동산 원 | '원(園)'의 이름이 붙은 곳에 나감. ※ 예시: 유아원, 유치원에 등원하다.

**❷등원** 登院 오를 등 / 집 원 | '원(院)'의 이름이 붙은 곳에 나감. ※ 예시: 국회에 등원하다.

**등자** 鐙子 등잔 등 / 아들 자 | 말을 타고 앉아 말의 옆구리에 두 발로 디디게 되어 있는 물건.

**등잔** 燈盞 등 등 / 잔 잔 | 기름을 담아 등불을 켜는 그릇.

**등장** 登場 오를 등 / 마당 장 | 무대나 연단에 나옴.

**등장인물** 登場人物 오를 등 / 마당 장 / 사람 인 / 물건 물 | 연극, 영화, 소설에 나오는 인물.

**등재** 登載하다 오를 등 / 실을 재 | 1. 장부에 올림

2. 책이나 잡지 따위에 실음.

**등정 登頂** 오를 등 / 정수리 정 | 꼭대기에 오름.

**등창 등瘡** 부스럼 창 | 등에 나는 부스럼.

**등청 登廳** 오를 등 / 관청 청 | 관청에 출근함.

**등촉 燈燭** 등 등 / 촛불 촉 | 등불과 촛불.

**등판 登板** 오를 등 / 널빤지 판 | 체육 야구에서 투수가 마운드에 서는 일.

**등하 燈下** 등 등 / 아래 하 | 등불 아래. 등잔불빛 아래.

**등하불명 燈下不明** 등잔불 등 / 아래 하 / 아닐 불 / 밝을 명 | 등잔 밑이 어둡다. 오히려 자기 가까이에 있는 것을 잘 찾지 못함.

**등화 燈火** 등 등 / 불 화 | 등불.

**등화가친 燈火可親** 등 등 / 불 화 / 옳을 가 / 친할 친 | 등불을 가까이할 만하다는 뜻으로, 서늘한 가을밤은 등불 아래서 글 읽기에 좋음을 이르

**등화관제 燈火管制** 등 등 / 불 화 / 대롱 관 / 절제 할 제 | 적의 야간 공습 시에 불빛을 모두 끄거나 가리는 일.

**등한시 等閑視** 무리 등 / 한가할 한 / 볼 시 | 소홀 하게 보아 넘김.

**마각 馬脚** 말 마 / 다리 각 | 1.말의 다리 2. 숨긴 본성이나 일의 진상(**眞相**).

**마각노출 馬脚露出** 말 마 / 다리 각 / 이슬 노(로) / 날 출 | 말의 다리가 겉으로 드러난다는 뜻으로, 숨기던 일이나 본성이 드러남을 가리킴.

**마계 魔界** 마귀 마 / 지경 계 | 악마의 세계.

**마고 麻姑** 삼 마 / 시어머니 고 | 전설에 나오는 신선 할미. 새의 발톱같이 긴 손톱을 가지고 있다고 한다.

**마고소양 麻姑搔癢** 삼 마 / 시어머니 고 / 긁을 소 / 가려울 양 | 마고할미가 긴 손톱으로 가려운 데를 긁는다는 뜻으로, 바라던 일이 뜻대로 잘 됨을 이르는 말.

**마관조약 馬關條約** 말 마 / 관계할 관 / 가지 조 / 맺을 약 | 역사 시모노세키 조약. 1895년 4월, 청일 전쟁 뒤 청의 이홍장(李**鴻章**)과 일본의 이토 히로부미(**伊藤博文**)가 일본의 시모노세키에서 체결한 강화 조약. 청이 조선의 독립을 확인하고, 랴오둥반도(遼**東半島**)와 대만을 일본에 할양하는 내용이 들어 있다.

**❶마구 馬具** 말 마 / 갖출 구 | 말을 타거나 부리는 데 쓰는 기구.

**❷마구 馬廄** 말 마 / 마구간 구 | 말을 기르는 곳.

**마구간 馬廄間** 말 마 / 마구간 구 / 사이 간 | 말을 기르는 곳.

**마력 馬力** 말 마 / 힘 력(역) | 물리 말 한 마리가 일하는 힘의 양. 1마력이란 한 마리의 말이 1초 동안 75kg의 중량을 1m 들어 올릴 수 있는 일의 크기로, 746와트의 전력에 해당한다. 기호는 hp.

**마멸 磨滅** 갈 마 / 꺼질 멸 | 닳아 없어짐.

**마모 磨耗** 갈 마 / 소모할 모 | 닳아 작아짐.

**마법 魔法** 마귀 마 / 법 법 | 요술. 마력으로 불가사의한 일을 행함.

**마법사 魔法師** 마귀 마 / 법 법 / 스승 사 | 마법을 부리는 사람.

**마법수 魔法數** 마귀 마 / 법 법 / 셈 수 | 물리 원자핵을 구성하는 양성자의 수와 중성자의 수가 짝수가 되는 경우, 다른 원자핵에 비하여 결합 에너지와 안정성이 크다. 50, 82, 126 들의 수가 있다.

**❶마방진 魔方陣** 마귀 마 / 모 방 / 진칠 진 | 수학 자연수를 정사각형 모양으로 배열하여, 가로, 세로, 대각선으로 합한 수가 전부 같아지게 만든 것.

**❷마방 馬房** 말 마 / 방 방 | 1. 마구간을 갖춘 주막집 2. 말을 매어 두는 곳.

**마부 馬夫** 말 마 / 지아비 부 | 말을 부리는 사람.

**마비 痲痹/麻痺** 저릴 마 / 저릴 비 | 1. 감각이 없어지고 힘을 제대로 쓰지 못함 2. 기능이 둔해지거나 멈춤을 비유함.

**마상객 馬上客** 말 마 / 윗 상 / 손 객 | 말을 타고 있는 사람.

**마성 魔性** 마귀 마 / 성품 성 | 사람을 속이거나 현혹하는 악마와 같은 성질.

**마수 魔手** 마귀 마 / 손 수 | 음험하고 흉악한 손길. ※ '마수( 맨 처음으로 물건을 파는 일)'는 순우리말.

**마애 磨崖** 갈 마 / 언덕 애 | 돌 벽에 그림이나 글자를 새김.

**마애불 磨崖佛** 갈 마 / 언덕 애 / 부처 불 | 돌 벽에 새긴 마애불상.

**마약 痲藥** 저릴 마 / 약 약 | 마취 작용을 하며, 습관성이 있어서 중독 증상을 나타내는 물질. 아편·모르핀·코카인·헤로인 등이 있으며, 의료에 사용하나 사용을 법률로 규제하고 있다.

**마이동풍 馬耳東風** 말 마 / 귀 이 / 동쪽 동 / 바람 풍 | 부드러운 바람이 말의 귀를 스쳐 간다. 아무리 좋은 말이라도 귀담아듣지 않고 지나쳐 흘려버리는 것을 비유. ≒ 우이독경(**牛耳讀經** 쇠귀에 경 읽기).

**❶마적 馬賊** 말 마 / 도둑 적 | 말을 타고 떼를 지어 다니는 도둑.

**❷마적 魔笛** 마귀 마 / 피리 적 | 마력을 가진 피리.

**❶마제 磨製** 갈 마 / 지을 제 | 돌을 갈아서 연장이나 기구를 만드는 일.

**마제석기 磨製石器** 갈 마 / 지을 제 / 돌 석 / 그릇 기 | 〔역사〕 갈아서 만든 석기. 신석기 시대의 특징적인 석기이다.

**❷마제 馬蹄** 말 마 / 굽 제 | 말의 발굽.

**마제형 馬蹄形** 말 마 / 굽 제 / 모양 형 | 말굽처럼 요형(凹形)으로 굽은 것.

**마차 馬車** 말 마 / 수레 차 | 말이 끄는 수레.

**마찰 摩擦** 문지를 마 / 비비다 찰 | 1. 서로 닿아 비비거나 부딪침  2. 의견이 서로 달라 부딪침.

**마찰력 摩擦力** 문지를 마 / 문지를 찰 / 힘 력 | 〔물리〕 물체가 움직일 때, 반대 방향으로 작용하는 저항력.

**마천루 摩天樓** 문지를 마 / 하늘 천 / 다락 루(누) | 하늘을 찌를 듯이 높이 솟은 고층 건물.

**마취 痲醉** 저릴 마 / 취할 취 | 약물을 이용하여 의식이나 감각을 잃게 함.

**마포 麻布** 삼 마 / 베 포 | 삼베.

**막간 幕間** 천막 막 / 사이 간 | 1. 연극에서 한 막이 끝나고, 다음 막이 시작될 때까지의 시간  2. 어떤 일이 끝나고 다음 일이 시작될 동안.

**막간극 幕間劇** 장막 막 / 사이 간 / 심할 극 | 연극의 막과 막 사이에 진행하는 짧은 연극.

**막강 莫強** 없을 막 / 강할 강 | 더할 수 없이 셈

**막강하다 莫強**하다 없을 막 / 강할 강 | 더할 수 없이 세다.

**막급하다 莫及**하다 없을 막 / 미칠 급 | 더 이상 이를 수 없다.

**막대하다 莫大**하다 없을 막 / 클 대 | 더할 수 없이 크거나 많다.

**막론하다 莫論**하다 없을 막 / 논할 론(논) | 이것저

것 따져 말하지 아니하다.

**막료 幕僚** 장막 막 / 동료 료(요) | 중요한 계획의 입안이나 시행의 일을 보좌하는 사람.

**막료조직 幕僚組織** 장막 막 / 동료 료(요) / 짤 조 / 짤 직 | 조직에 정보, 지식, 기술을 제공하여 보좌하는 조직.

**❶막막하다 漠漠하다** 넓을 막 / 넓을 막 | 아주 넓거나 멀어 아득하다.

**❷막막하다 寞寞하다** 고요할 막 / 고요할 막 | 1. 쓸쓸하고 고요하다 2. 의지할 데 없이 외롭고 답답하다.

**막부 幕府** 장막 막 / 마을 부 | 1. 변방에서 장군이 머물던 군막(軍幕) 2. 역사 1192년에서 1868년까지 일본을 통치한 쇼군의 정부. 천황은 상징적인 존재가 되고 쇼군이 실질적인 통치권을 가졌다.

**막상막하 莫上莫下** 없을 막 / 위 상 / 없을 막 / 아래 하 | 더 낫고 더 못함의 차이가 없이 거의 비슷함. ※ 참조 난형난제(難兄難弟).

**막심하다 莫甚하다** 없을 막 / 심할 심 | 더할 나위 없이 심하다.

**막역하다 莫逆하다** 없을 막 / 거스를 역 | 허물없이 아주 친하다.

**막역지우 莫逆之友** 없을 막 / 거스를 역 / 어조사 지 / 벗 우 | 서로 허물없이 아주 친한 친구. 늑 막역지간(莫逆之間).

**막연하다 漠然하다** 아득할 막 / 그러할 연 | 아득하다. 어렴풋하다. ↔ 확연하다(確然 확실하게

드러나다).

**막중하다 莫重하다** 없을 막 / 무거울 중 | 더할 수 없이 중대하다.

**막중대사 莫重大事** 없을 막 / 무거울 중 / 클 대 / 일 사 | 더할 수 없이 중대한 일.

**막하 幕下** 장막 막 / 아래 하 | 부하. 종사관.

**막후 幕後** 장막 막 / 뒤 후 | 막의 뒤.

**막후교섭 幕後交涉** 장막 막 / 뒤 후 / 사귈 교 / 건널 섭 | 겉으로 드러나지 않게 은밀히 하는 교섭.

**만가 輓歌/挽歌** 끌 만 / 노래 가 | 1. 상여소리 2. 죽은 사람을 애도하는 노래.

**만각 晚覺** 늦을 만 / 깨달을 각 | 늙어서야 깨달음.

**만감 萬感** 일 만 만 / 느낄 감 | 여러 가지 느낌.

**만강하다 萬康하다** 일 만 만 / 편안 강 | 아주 편안하다.

**만개 滿開** 찰 만 / 열 개 | 모두 다 피어남.

**만개하다 滿開하다** 찰 만 / 열 개 | 1. 꽃이 활짝 다 피다 2. 활짝 열어 놓다.

**만건곤하다 滿乾坤하다** 찰 만 / 하늘 건 / 땅 곤 | 하늘과 땅에 가득하다.

**만겁 萬劫** 일 만 만 / 위협할 겁 | 지극히 오랜 시간.

**만경창파 萬頃蒼波** 일 만 만 / 이랑 경 / 푸를 창 / 물결 파 | 만 이랑의 푸른 물결이라는 뜻으로, 한

없이 넓고 넓은 바다.

**❶만고 萬苦** 일 만 만 / 쓸 고 | 온갖 괴로움.

**❷만고 萬古** 일 만 만 / 옛 고 | 1. 아주 먼 옛날 2. 아주 오랜 세월. 3. 세상에 비길 데가 없음

**만고강산 萬古江山** 일 만 만 / 옛 고 / 강 강 / 산 산 | 오랜 세월을 두고 변함이 없는 자연.

**만고불멸 萬古不滅** 일 만 만 / 옛 고 / 아닐 불 / 꺼질 멸 | 아주 오랜 세월 동안 없어지지 아니함.

**만고불변 萬古不變** 일 만 만 / 옛 고 / 아닐 불 / 변할 변 | 아주 오랜 세월 동안 변하지 아니함.

**만고풍상 萬古風霜** 일 만 만 / 옛 고 / 바람 풍 / 서리 상 | 오랜 세월 겪어온 고생.

**만곡 彎曲** 굽을 만 / 굽을 곡 | 구부러짐.

**만곡부 彎曲部** 굽을 만 / 굽을 곡 / 떼 부 | 활 모양으로 굽은 부분.

**만공산 滿空山** 찰 만 / 빌 공 / 메 산 | 빈산에 가득하다.

**만국 萬國** 일 만 만 / 나라 국 | 세계 모든 나라.

**만국공법 萬國公法** 일 만 만 / 나라 국 / 공평할 공 / 법 법 | 국제법.

**만국기 萬國旗** 일 만 만 / 나라 국 / 기 기 | 세계 각 나라의 국기.

**만국박람회 萬國博覽會** 일 만 만 / 나라 국 / 넓을 박 / 볼 람(남) / 모일 회 | 세계 여러 나라가 참가하여 각국의 생산품을 전시하는 국제 박람

회.

**만권 萬卷** 일 만 만 / 책 권 | 매우 많은 책.

**만권당 萬卷堂** 일 만 만 / 책 권 / 집 당 | 역사 고려 충선왕이 중국 원나라에 있을 때에 연경에 세운 독서당.

**만금 萬金** 일 만 만 / 쇠 금 | 아주 많은 돈.

**만기 滿期** 찰 만 / 기약할 기 | 미리 정한 기한이 다 참.

**만기일 滿期日** 찰 만 / 기약할 기 / 날 일 | 정한 기간이 된 날.

**만끽 滿喫** 찰 만 / 먹을 끽 | 마음껏 먹고 마심.

**만끽하다 滿喫하다** 찰 만 / 먹을 끽 | 마음껏 먹고 마시다.

**만난 萬難** 일 만 만 / 어려울 난 | 온갖 고난.

**만년 萬年** 일 만 만 / 해 년(연) | 늘그막.

**만년빙 萬年氷** 일 만 만 / 해 년(연) / 얼음 빙 | 아주 추운 지방이나 높은 산지에, 언제나 녹지 않고 있는 얼음.

**만년설 萬年雪** 일 만 만 / 해 년(연) / 눈 설 | 아주 추운 지방이나 높은 산지에 언제나 녹지 않고 쌓여 있는 눈. 차차 얼음덩어리가 된다.

**만년필 萬年筆** 일 만 만 / 해 년(연) / 붓 필 | 펜대 속에 넣은 잉크가 펜촉으로 흘러나와 오래 쓸 수 있는 펜기구.

**만단 萬端** 일 만 만 / 끝 단 | 1. 수없이 많은 갈래 2. 여러 가지나 온갖.

**만단설화 萬端說話** 일 만 만 / 끝 단 / 말씀 설 / 말씀 화 | 온갖 이야기.

**만단수심 萬端愁心** 일 만 만 / 끝 단 / 근심 수 / 마음 심 | 온갖 근심 걱정.

**만능 萬能** 일 만 만 / 능할 능 | 모든 일에 다 능통함. 모든 일을 다 할 수 있음.

▶ **만담 漫談** 흩어질 만 / 말씀 담 | 재미있고 익살스럽게 세상이나 인정을 비판·풍자하는 이야기.

**만담가 漫談家** 흩어질 만 / 말씀 담 / 집 가 | 직업적으로 만담을 하는 사람. 만담을 잘하는 사람.

▶ **만당 滿堂** 찰 만 / 집 당 | 사람들이 가득 찬 방이나 강당.

**만당하다 滿堂하다** 찰 만 / 집 당 | 사람들이 방 안에 가득하다.

▶ **만대 萬代** 일 만 만 / 대신할 대 | 아주 오래 계속되는 세대.

**만대불변 萬代不變** 일 만 만 / 대신할 대 / 아닐 불 / 변할 변 | 아주 오래도록 변하지 아니함.

**만대영화 萬代榮華** 일 만 만 / 대신할 대 / 영화 영 / 빛날 화 | 아주 오래도록 대를 이어가며 누리는 영화.

**만대유전 萬代遺傳** 일 만 만 / 대신할 대 / 남길 유 / 전할 전 | 여러 대를 길이길이 전하여 내려옴.

**만도 晚禱** 늦을 만 / 빌 도 | 저녁 기도.

**만두 饅頭** 만두 만 / 머리 두 | 밀가루를 반죽하여 소를 넣어 빚은 음식. ≒ 교자(餃子), 포자(包子).

**만두소 饅頭소** 만두 만 / 머리 두 | 만두 속에 넣는 재료. 고기, 두부, 김치, 숙주나물 따위를 다진 뒤 양념을 한데 버무려 만든다.

**만득자 晚得子** 늦을 만 / 얻을 득 / 아들 자 | 늙어서 얻은 자식.

▶ **만등 萬燈** 일 만 만 / 등 등 | 수많은 등불.

**만등회 萬燈會** 일 만 만 / 등 등 / 모일 회 | 불교 마음을 밝히기 위하여 만 개의 등불을 켜고 부처를 공양하는 법회.

**만료 滿了** 찰 만 / 마칠 료(요) | 기한이 차서 끝남.

**만류 挽留** 당길 만 / 머무를 류(유) | 그만두도록 말림.

**만류하다 挽留하다** 당길 만 / 머무를 류(유) | 그만두도록 말리다.

**만리 萬里** 일 만 만 / 마을 리(이) | 10,000리. 매우 먼 거리.

**만리장성 萬里長城** 일 만 만 / 마을 리(이) / 길 장 / 재 성 | 역사 중국의 북쪽에 있는 성.

**만리전정 萬里前程** 일 만 만 / 마을 리(이) / 앞 전 / 한도 정 | 만 리까지 펼쳐진 앞길이라는 뜻으로, 젊은이의 희망이 가득 찬 앞길을 비유함.

**만리타국 萬里他國** 일 만 만 / 마을 리(이) / 다를 타 / 나라 국 | 조국이나 고향에서 멀리 떨어져 있는 다른 나라.

**만면 滿面** 찰 만 / 낯 면 | 온 얼굴.

**만면수색 滿面愁色** 찰 만 / 낯 면 / 근심 수 / 빛 색 | 얼굴에 가득 찬 근심의 빛.

**만면희색 滿面喜色** 찰 만 / 낯 면 / 기쁠 희 / 빛 색 | 얼굴에 가득 찬 기쁜 빛.

**만무하다 萬無하다** 일 만 만 / 없을 무 | 절대로 없다.

**만물 萬物** 일 만 만 / 물건 물 | 세상에 있는 모든 것. ※ 삼라만상(森羅萬象). 만유(萬有) .

**만물박사 萬物博士** 일 만 만 / 물건 물 / 넓을 박 / 선비 사 | 여러 방면에 매우 박식한 사람을 비유함.

**만물상 萬物相** 일 만 만 / 물건 물 / 서로 상 | 1. 온갖 물건의 가지가지의 모양 2. 지명 금강산에 있는 바위산의 이름. 바위가 여러 가지 형상을 나타내고 있어 기묘한 경관을 이루고 있다.

**만물상점 萬物商店** 일 만 만 / 물건 물 / 장사 상 / 가게 점 | 일상생활에 필요한 온갖 물건을 파는 가게.

**만민 萬民** 일 만 만 / 백성 민 | 모든 백성.

**만민공동회 萬民共同會** 일 만 만 / 백성 민 / 한 가지 공 / 한가지 동 / 모일 회 | 역사 1898년에 독립협회 주최로, 서울 종로네거리에서 열린 많은 사람이 참가한 민중 대회. 외세의 배격과 언론, 집회의 자유를 주장하는 민족주의·민주주의 운동을 제창하였다.

**만반 萬般** 일 만 만 / 가지 반 | 마련할 수 있는 모든 것. ※ 예시: 만반의 준비.

**❶만발 滿發** 찰 만 / 필 발 | 꽃이 활짝 다 핌.

**만발하다 滿發하다** 찰 만 / 필 발 | 꽃이 활짝 다 피다.

**❷만발효과 晩發效果** 늦을 만 / 필 발 / 본받을 효 / 실과 과 | 의학 방사선에 노출된 후, 오랜 시간이 지나서야 비로소 그 증상이 나타나는 방사선 장애.

**만백성 萬百姓** 일 만 만 / 일백 백 / 성씨 성 | 나라 안의 모든 백성. ≒ 만민, 만인.

**만방 萬方** 일 만 만 / 모 방 | 모든 곳.

**만법 萬法** 일 만 만 / 법 법 | 불교 우주 안의 모든 법도.

**만법귀일 萬法歸一** 일 만 만 / 법 법 / 돌아갈 귀 / 한 일 | 불교 모든 것이 마침내 한군데로 돌아감.

**만병 萬病** 일 만 만 / 병 병 | 온갖 병.

**만병통치 萬病通治** 일 만 만 / 병 병 / 통할 통 / 다스릴 치 | 한 가지 처방으로 온갖 병을 다 고침.

**만보 漫步** 흩어질 만 / 걸음 보 | 한가로이 거니는 걸음.

**❶만복 萬福** 일 만 만 / 복 복 | 많은 복.

**❷만복 滿腹** 찰 만 / 배 복 | 잔뜩 부른 배.

**만복감 滿腹感** 찰 만 / 배 복 / 느낄 감 | 배가 잔뜩 부른 느낌.

**만부당하다 萬不當하다** 일 만 만 / 아닐 부 / 마땅할 당 | 몹시 부당하다. 어림없이 사리에 맞지 아니하다. ≒ 천부당만부당하다(**千**不**當萬**不**當**하다).

**만부득이하다 萬不得已하다** 일 만 만 / 아닐 부 / 얻을 득 / 이미 이 | '부득이하다(마지못하여 할 수 없다.)'를 강조.

**만분 萬分** 일 만 만 / 나눌 분 | 만으로 나눔.

▶**만사 萬事** 일 만 만 / 일 사 | 온갖 일.

**만사무심 萬事無心** 일 만 만 / 일 사 / 없을 무 / 마음 심 | 모든 일에 관심이 없음.

**만사여의 萬事如意** 일 만 만 / 일 사 / 같을 여 / 뜻 의 | 모든 일이 뜻과 같이 됨.

**만사태평 萬事太平/萬事泰平** 일 만 만 / 일 사 / 클 태 / 평평할 평 | 1. 모든 일이 잘되어서 평안함 2. 성질이 너그럽거나 어리석어, 모든 일에 걱정이 없음.

**만사형통 萬事亨通** 일 만 만 / 일 사 / 형통할 형 / 통할 통 | 모든 것이 뜻대로 잘됨.

**만사휴의 萬事休矣** 일 만 만 / 일 사 / 쉴 휴 / 어조사 의 | 모든 것이 헛수고로 돌아감.

**만삭 滿朔** 찰 만 / 초하루 삭 | 뱃속의 아이를 낳을 달이 다 됨.

**만산 晩産** 늦을 만 / 낳을 산 | 늘그막에 아이를 낳음.

**만산홍엽 滿山紅葉** 찰 만 / 메 산 / 붉을 홍 / 잎 엽 | 단풍이 들어 온 산의 나뭇잎이 붉게 물들

어 있음.

**만상 萬象** 일 만 만 / 코끼리 상 | 온갖 모양.

▶**만석 萬石** 일 만 만 / 돌 석 | 곡식 일만 섬.

**만석꾼 萬石꾼** 일 만 만 / 돌 석 | 곡식 만 섬을 거두어들일 만한 땅을 가진 큰 부자.

**만선 滿船** 찰 만 / 배 선 | 물고기를 많이 잡아 배에 가득히 실음.

**만선기 滿船旗** 찰 만 / 배 선 / 기 기 | 물고기를 많이 잡아 가득 실었다는 표시로 배에 높이 다는 깃발.

▶**❶만성 慢性** 거만할 만 / 성품 성 | 오래도록 잘 고쳐지지 않은 상태.

**만성피로 慢性疲勞** 거만할 만 / 성품 성 / 피곤할 피 / 일할 로(노) | 피로가 거듭되어 늘 피로감을 느끼는 증상.

**❷만성 晩成** 늦을 만 / 이룰 성 | 늦게 이루어짐.

**대기만성 大器晩成** 클 대 / 그릇 기 / 늦을 만 / 이룰 성 | 큰 그릇을 만드는 데는 시간이 오래 걸린다는 뜻으로, 크게 될 사람은 늦게 이루어짐을 이르는 말.

▶**만세 萬歲** 일 만 만 / 해 세 | 경축, 환호를 나타내기 위하여 두 손을 높이 들면서 외치는 소리. ※ 참조 예전에 천자국은 '만세'를, 제후국(**諸侯國**)은 '천세(**千歲**)'를 사용.

**만세천추 萬歲千秋** 일 만 만 / 해 세 / 일천 천 / 가을 추 | 천만년의 긴 세월.

**❶만수 萬壽** 일 만 만 / 목숨 수 | 1. 오래도록 삶 2. 황제나 황태후의 생일을 이르던 말.

**만수무강 萬壽無疆** 일 만 만 / 목숨 수 / 없을 무 / 지경 강 | 아무런 탈 없이 아주 오래 삶.

**❷만수 滿水** 찰 만 / 물 수 | 물이 가득 참.

**만수위 滿水位** 찰 만 / 물 수 / 자리 위 | 물이 가득 찼을 때의 수면의 최고 높이.

**만숙 晩熟** 늦을 만 / 익을 숙 | 늦게 익음.

**만승 萬乘** 일 만 만 / 탈 승 | 만대의 병거(兵車)라는 뜻으로, 천자(天子)를 이름. 중국 주나라 때에 천자가 병거 일만 채를 출동시켰던 데서 유래한다.

**만승천자 萬乘天子** 일 만 만 / 탈 승 / 하늘 천 / 아들 자 | 천자(天子)를 높여 이르는 말.

**만승지국 萬乘之國** 일 만 만 / 탈 승 / 갈 지 / 나라 국 | 병거(兵車) 일만 채를 갖출 만한 힘이 있는 나라라는 뜻으로, 천자국을 가리킴.

**만시 晩時** 늦을 만 / 때 시 | 늦은 때.

**만시지탄 晩時之歎/晩時之嘆** 늦을 만 / 때 시 / 어조사 지 / 탄식할 탄 | 뒤늦게 후회함. 때를 놓쳤음을 탄식함.

**만신 滿身** 찰 만 / 몸 신 | 몸 전체.

**만신창이 滿身瘡痍** 찰 만 / 몸 신 / 부스럼 창 / 상처 이 | 온몸이 상처투성이가 됨.

**전신만신 全身滿身** 온전할 전 / 몸 신 / 찰 만 / 몸 신 | 온몸을 강조하여 이르는 말

**만심 慢心** 거만할 만 / 마음 심 | 거만한 마음.

**만약 萬若** 일 만 만 / 같을 약 | 만일. 혹시나. 뜻밖의 경우.

**만연 蔓延/蔓衍** 덩굴 만 / 퍼질 연 | 널리 퍼짐. 식물의 줄기가 널리 뻗음. ≒ 횡행(橫行), 난무(亂舞), 창궐(猖獗).

**만엽 萬葉** 일 만 만 / 잎 엽 | 1. 잎이 아주 무성함. 또는 그런 나무나 숲 2. 아주 오랜 세대.

**만용 蠻勇** 오랑캐 만 / 날랠 용 | 분별없이 함부로 날뛰는 용맹.

**만우절 萬愚節** 일 만 만 / 어리석을 우 / 마디 절 | 가벼운 거짓말로 서로 속이면서 즐거워하는 날. 4월 1일이다.

**만원 滿員** 찰 만 / 인원 원 | 정한 인원이 다 참.

**초만원 超滿員** 뛰어넘을 초 / 찰 만 / 인원 원 | 사람이 정원을 넘어 더할 수 없이 꽉 찬 상태.

**만원사례 滿員謝禮** 찰 만 / 인원 원 / 사례할 사 / 예도 례(예) | 만원을 이루게 해 줘서 고맙다는 뜻으로, 더 이상 사람을 받을 수 없음을 에둘러 표현한 말.

**❶만월 滿月** 찰 만 / 달 월 | 둥글게 찬 보름달.

**❷만월 彎月** 굽을 만 / 달 월 | 이지러진 모양의 초승달이나 그믐달.

**만유 萬有** 일 만 만 / 있을 유 | 우주에 존재하는 모든 것. ≒ 만물.

**만유인력 萬有引力** 일 만 만 / 있을 유 / 끌 인 / 힘

력(역) | 물리 질량을 가지고 있는 모든 물체가 서로 잡아당기는 힘.

**만유심론 萬有心論** 일 만 만 / 있을 유 / 마음 심 / 논할 론(논) | 철학 자연의 모든 존재에는 마음이 있다고 하는 범신론(汎心論)).

▶ **만인 萬人** 일 만 만 / 사람 인 | 모든 사람.

**만인소 萬人疏** 일 만 만 / 사람 인 / 소통할 소 | 역사 조선 시대에, 만여 명의 선비들이 연명하여 올리던 상소.

**만인주지 萬人周知** 일 만 만 / 사람 인 / 두루 주 / 알 지 | 모든 사람이 두루 앎.

**만인주지하다 萬人周知하다** 일 만 만 / 사람 인 / 두루 주 / 알 지 | 모든 사람이 두루 알다.

**만인산 萬人傘** 일 만 만 / 사람 인 / 우산 산 | 역사 예전에, 백성들이 선정을 베푼 수령에게 덕을 기리기 위해 바치던 물건. 모양은 일산(日傘)과 비슷하며, 가장자리에 수령과 고을 유지들의 이름을 적었다.

**만일 萬一** 일 만 만 / 한 일 | 만약. 뜻밖의 경우.

**만자문 卍字紋** 만자 만 / 글자 자 / 무늬 문 | '卍' 자 모양으로 된 무늬.

**만작 滿酌** 찰 만 / 술 부을 작 | 잔에 술을 가득히 부음.

▶ ❶**만장 萬丈** 일 만 만 / 어른 장 | 높이가 만 길이나 된다는 뜻으로, 매우 높음.

**만장폭포 萬丈瀑布** 일 만 만 / 어른 장 / 폭포 폭 / 베 포 | 매우 높은 데서 떨어지는 폭포.

❷**만장 滿場** 찰 만 / 마당 장 | 사람들로 가득 찬 자리.

**만장하다 滿場하다** 찰 만 / 마당 장 | 자리에 가득 차다.

**만장일치 滿場一致** 찰 만 / 마당 장 / 한 일 / 이를 치 | 모든 사람의 의견이 같음.

❸**만장 輓章/挽章** 끌 만 / 글 장 | 죽은 이를 슬퍼하여 지은 글.

**만재 滿載** 찰 만 / 실을 재 | 가득 실음.

**만전 萬全** 일 만 만 / 온전할 전 | 아주 완전함.

**만점 滿點** 찰 만 / 점 점 | 문제를 모두 맞춤. 백점.

▶ ❶**만조 滿潮** 찰 만 / 밀물 조 | 밀물이 가장 높게 들어온 상태. ↔ 간조(干潮).

**만조선 滿潮線** 찰 만 / 밀물 조 / 줄 선 | 만조 때의 바다와 땅의 경계.

❷**만조 滿朝** 찰 만 / 아침 조 | 온 조정.

**만조백관 滿朝百官** 찰 만 / 아침 조 / 일백 백 / 벼슬 관 | 조정의 모든 벼슬아치.

여러분, 언어가 공부입니다. 또는 반대로 공부는 바로 언어입니다.

여기서 언어는 소리와 문자입니다. 먼저 소리로 듣고 문자로 깊이 익히면서, 우리의 정서와 지능은 날로 발달해 갑니다. 언어로 광대한 지식을 차곡차곡 축적하여 인간은 만물의 영장이란 위치에 섰습니다.

그러므로 모든 언어를 말하고 들어본다는 것은 정말로 매우 중요한 삶의 경험입니다.

이 책에서 다루는 단어는 몇 자일까요? 1,000 자가 아닙니다. 2,000 자도, 3,000 자도 아닙니다. 5,000 자도 아닙니다. 3만자가 넘습니다. 공부에 필요한 사전에 나와 있는 모든 한자 국어를 포함하고 있습니다.

이 책이 만들어진 의도는 단순합니다. 사전에 있는 모든 단어를 처음부터 끝까지 한번 읽어보자는 것입니다. 그것도 빠르고 정확하게 읽어보려는 시도입니다. 이것은 누구도 쉽게 하지 않았던 시도입니다.

여러분, 모든 단어를 알고 있는 사람에게 더 이상의 어려운 문제는 없습니다. 그는 학습에 연관된 모든 단어를 이미 알고 있는 사람이니까요. 가장 어두운 터널의 끝까지 내려가서 순금의 단어라는 광맥을 캐낸 사람이니까요.

이것을 우리는 **근본주의적 공부 방법**이라 할 수 있습니다. 왜 모든 단어를 읽어보는 근본주의적 공부방법이 중요할까요? 여러분이 잘 아시는 IT 문명의 리더 일론 머스크는 말했습니다. 매우 중요한 결정을 내릴 때는 근본주의적인 사고를 한다고 하였습니다. 그것은 생각이나 사물을 쪼개고 쪼개어서 더 이상 나눌 수 없는 원자적인 수준까지 내려가서, 사고한다는 뜻입니다. 그러면 이제까지와는 전혀 다른 새로운 창조의 길이 보인다고 했습니다. 그 이전에는 그저 남들이 해놓은 것을 그대로 따라가는 수준이라면, 원자적 수준의 사고, 근본주의적인 사고는 전혀 새롭고 창의적인 길을 만들고 발견하는 과정입니다.

여러분, 공부도 마찬가지입니다. 아무리 어렵고 힘든 과제라도 가장 작은 단위까지 과제를 쪼개고 나누어서 단어들이 집합되어 있는 모습을 근본주의적인 시각에서 들여다본다면 전혀 어려울 것이 없습니다. 그러니 퍼즐의 모든 조각처럼 모든 단어를 알고 있다는 것은 매우 중요합니다.

우리의 국어 한자 단어책은 바르고 정확하게 읽어가는 도중에 저절로 익히고 외워지도록 배치했습니다. 그래서 기존의 사전 구성과는 약간 다른 부분이 있습니다. 뜻이 같거나 비슷한 계열의 단어를 묶어 놓았습니다.

이 책을 소리 내어 읽으면서 공부하는 방법도 매우 중요합니다. 자신의 의사를 말로 표현하는 것은 공부에도, 사회생활에도, 또 SNS나 유튜브같은 인터넷 환경에서도 매우 중요한 요소가 되었습니다.

단어의 한자 풀이를 붉은 글씨로 배치하였습니다. 한자는 우리의 선조들이 오랜 세월 생활 속에서 쓰고 다듬어온 중요한 우리의 언어입니다. 읽다보면 저절로 익혀지도록 배치했습니다. 한자 뜻풀이를 반복해서 읽어가면서 자연스럽게 익혀지도록 배치했습니다.

**다시 한 번 말하지만, 우리말 언어가 공부의 기초입니다. 또는 반대로 공부는 바로 언어의 성공적인 열매요 결과물입니다.**

이것은 국어 단어뿐만 아닙니다. 숫자도 또한 언어입니다. 숫자는 매우 추상적이고 순수한 이상적인 언어입니다. 여러분, 수학을 공부할 때는 매우 정직하고 순수한 태도로 숫자를 다뤄보세요. 수학의 길도 쉽게 풀릴 것입니다.

우리말 한자 단어를 읽어나가면서, 국어 공부뿐만 아니라 물리와 생물, 천문학, 의학, 철학이나 경제, 역사까지 공부하도록 적절하게 단어를 배치해 놓았습니다.

이 단어 책을 소리 내어 읽다보면 공부 실력이 부쩍 향상되는 것은 물론이고, 자신의 뜻을 바르고 풍부하게 말할 수 있는 능력을 키우게 될 것입니다. 좀 더 여유가 있다면 단어를 적어가면서 읽어보세요. 논술이나 작문 실력이 크게 늘어날 것입니다.

여기서 더 나아가서 언어를 익히고 다듬어서 여러분이 새로운 언어를 창조하거나 발명할 수도 있습니다. 〈반지의 제왕〉에는 작가가 만들어 낸 새로운 언어들이 보물처럼 그득해서 새로운 세상을 발견하는 기쁨을 누리게 합니다.

전 교육부 장관을 지낸 이명현 철학박사는, 우리는 생각하는 인간을 길러야 한다고 했습니다. 인간이 특별한 것은 바로 '생각하는 힘의 위대성'때문입니다. 생각을 이루는 기초는 바로 언어입니다. 여러분은 우리 단어를 읽고, 쓰고, 자신의 것으로 만들어서, 멋지고 위대한 생각을 하는 사람이 멋지고 새로운 것을 상상하는 사람이 되십시오.

이 책은 여러분을 누구보다 빠르고 정확하게 공부의 지름길로 안내할 것입니다. 모든 단어를 자기 안에 품고 있는 사람에게 공부는 보다 쉽고 밝고, 학문의 정상은 그리 높지 않습니다. 단어의 마스터가 될 수 있습니다. **여러분 위대한 사고의 힘을 가진 사람으로 여러분이 그리는 세상의 정상에 우뚝 서십시오. 다가오는 새 시대의 건강한 주역이 되십시오!**

1등급

# 국어한자단어3만자 ❶

**1판 1쇄 인쇄** · 2022년 07월 20일
**1판 1쇄 발행** · 2022년 07월 27일

**펴낸이** · 홍행숙
**펴낸곳** · 문창탑
**디자인** · 김경일
**인쇄** · 반석기획

**등록** · 105 91 90635
**주소** · 서울 구로구 개봉로 3길 87 103동 103호
**대표전화** · (02) 722-3588
**팩스** · (02) 722-3587

**ISBN** · 979-11-87433-32-3 (54710)